白钦先集·10

国家"双一流"建设学科辽宁大学应用经济学重点项目成果

白钦先金融理论研究范式探究

张　坤　著

中国金融出版社

责任编辑：肖丽敏
责任校对：李俊英
责任印制：张也男

图书在版编目（CIP）数据

白钦先金融理论研究范式探究/张坤著 . —北京：中国金融出版社，2019.7
（白钦先集）
ISBN 978 - 7 - 5220 - 0144 - 9

Ⅰ.①白…　Ⅱ.①张…　Ⅲ.①金融学　Ⅳ.①F830

中国版本图书馆 CIP 数据核字（2019）第 133727 号

白钦先金融理论研究范式探究
Bai Qinxian Jinrong Lilun Yanjiu Fanshi Tanjiu

出版
发行　**中国金融出版社**

社址　北京市丰台区益泽路 2 号
市场开发部　（010）63266347，63805472，63439533（传真）
网 上 书 店　http://www.chinafph.com
　　　　　　（010）63286832，63365686（传真）
读者服务部　（010）66070833，62568380
邮编　100071
经销　新华书店
印刷　北京市松源印刷有限公司
尺寸　155 毫米×235 毫米
插页　4
印张　16.25
字数　280 千
版次　2019 年 7 月第 1 版
印次　2019 年 7 月第 1 次印刷
定价　60.00 元
ISBN 978 - 7 - 5220 - 0144 - 9
如出现印装错误本社负责调换　联系电话（010）63263947

谨以此书献给
我们的祖国和人民

传承与创新：从 001 到 100

　　白钦先教授从教四十余年，共指导博士研究生一百名，其中丁志杰是开山弟子，张坤是关门弟子。图为2015年第二届西北金融高峰论坛期间二位弟子与白教授的合影。

作者与导师白钦先教授的合影

张坤，男，1991年1月生，山西晋中人，经济学博士、注册会计师。2013年本科毕
山西财经大学金融学专业，同年经推荐免试至辽宁大学国家重点学科金融学专业攻
硕博连读，师从我国著名经济金融学家白钦先教授，是白教授指导的第一百名博士研
生，也是白教授的关门弟子。曾在《金融评论》《中央财经大学学报》《东岳论丛》
重点核心期刊发表学术论文十余篇，曾荣获博士研究生国家奖学金、辽宁省优秀毕业
沈阳市优秀研究生等荣誉称号。现供职于中国光大银行北京分行。

先生的思想和力量
代序

崔满红①

中国著名资深金融经济学家、辽宁大学白钦先先生是我的博士研究生导师，我是先生麾下毕业的第一批博士。我读博士期间正值先生开创金融可持续发展理论期间，基本经历了先生主要经济金融学术思想的形成和发展的全过程，而且在先生的指导下完成了金融资源理论体系的初步构建。二十多年来，和先生在学术方面始终保持着交流与互动，多次参与先生主持的项目和各类研讨活动，不断得到先生的指导和斧正，先生的学术思想始终影响和鞭策着我的学术进步。

张坤博士是先生的关门弟子，他的学位论文《白钦先金融理论研究范式探究》是近年来专注于研究先生金融学术思想的标志性成果。师弟借专著出版之际，邀我写点东西，希望能对他的专著提点看法或意见。张坤博士的建议实在是另有深意，他希望的是再和他深入探讨一下如何传承弘扬先生学术思想的问题——尽管在他的博士论文写作期间，我们有过多次很深入的交流。

《白钦先金融理论研究范式探究》这一选题颇具理论难度和挑战性，如何能够做到全面系统的同时又能有所侧重，如何能够从庞大复杂的理论体系中抽象出白教授学术思想的真谛，进而有一个客观、简洁、准确的概括——实在不是一件容易的事情。

张坤博士的论文，运用文献研究法、唯物史观研究法、比较研究法、个案研究法和跨学科研究法等多种研究方法，在梳理"研究范式"概念和国内外学者对白钦先金融理论研究评述的基础上，从多个角度和维度去阐

① 崔满红，山西盂县人，经济学博士，二级教授，博士研究生导师，山西金融职业学院原院长。曾任山西财经大学科研处处长、晋商研究院院长、研究生学院院长。

述白钦先金融理论研究范式的内涵——这是论文全面系统的一面；在此基础上，进一步探索白钦先金融理论各学说之间的相互关系以及白钦先金融理论研究范式的特点，在一定程度上进行了抽象和概括——这是论文主要关注有所侧重的另一面。

通过以上两个线索的探讨，形成了学术层面的三个贡献：第一，系统化、体系化、计量化研究白钦先教授金融理论。以往对白教授金融理论研究和评述均是对其某一个具体的学说、理论或观点进行评述，本论文将白教授四十年的学术科研成果作为一个整体进行研究，以研究范式为切入点进而形成一个完整统一的理论框架。第二，以博士学位论文为载体研究导师的学术思想是学术传承的新模式。过去对老一辈学者学术思想的传承模式较为单一，大多是通过开研讨会或撰写学术评述文章展开，以博士学位论文为载体的还很少，特别是从弟子的角度去研究导师的学术思想就更少了。第三，通过研究范式这一视角对学术思想进行评述是金融学研究的一种创新视角。通过"研究范式"这一概念构建了以"世界观""方法论""价值观"——三位一体的学术思想评述分析架构；打破了过去以时间轴为研究线索的分析架构，这种研究模式是学术评述领域、经济思想史研究领域的一次全新尝试。

论文将先生的金融理论研究范式概括为"大局观、整体论和哲学人文发展理念"，这一概括与我在2008年赤壁中国金融论坛和2012年先生荣获"中国金融研究杰出贡献奖"之际，将他的学术特点多次概括为"大局观、整体论"六个字不谋而合，作者又在此基础上进行了扩展，提高到了"哲学人文发展理念"的层面，使之更为完善——这一变化也反映出对先生学术思想的研究有了不断丰富、不断深入的新成果。

近年来，围绕先生学术思想中的"大局观"和"整体论"，我本人也有不少新体会和思考，借此机会分享给大家。

总结先生的金融思维逻辑，首先要学先生看待金融的独立视角，我把先生观察金融现象的视角称为"大局观"。先生的大局观，实际是先生金融学术思想的独特视角，是先生世界观的一个重要方面。先生的金融可持续发展战略、金融发展理论，都是他的"大局观"的成果。大局，是高屋建瓴，是形而上，是一种立体结构，不只是"顾全大局"的"大局"，先生的大局观，至少包括以下四个层面：

第一个是全球化视野。先生观察问题的全球化视野，是在构建《比较银行学》学术框架，深入研究金融体制九大要素的过程中，逐步形成了一个理论体系或理论逻辑，是和先生的学术背景直接相关的。所以我们研究先生的学术思想，学习他的学术方法论，必须真正追溯他的思想根源，还必须要了解先生的学术背景。

先生是在中国人民大学的国际政治专业读的本科，国际政治专业是培养外交官的，外交官的专业就是首先构建全球化视野，你才能成为一个合格的外交官。先生攻读硕士学位也是世界经济专业，仍然是全球视角，所以先生的全球化的视野实际上是从本科与研究生教育的时候就已经开始形成。还有就是先生自少小就酷爱哲学历史与外交，这是一种一贯性的行为，为20世纪90年代之后的中国理论创新天然地形成了一个领先于别人的或者说一个先入为主的独立的视角。我们从先生的学术实践中可以看出这个独特视角的重要性。

亚洲金融危机给了学者们一个思考，为什么过去的危机叫经济危机，亚洲这一场危机叫金融危机？而且亚洲金融危机爆发之前、爆发之后，一系列的区域性危机在发生，先是拉美地区墨西哥的、阿根廷的债务危机，直到后来亚洲金融危机后形成的俄罗斯的债务危机，俄罗斯债务危机又影响到墨西哥的第二次金融危机，等等的这样一些事情，形成一个全球性的循环。

和我同一年毕业的师兄李小牧的博士论文就是研究国际金融危机的传导机制的，应该在国内是第一篇研究国际金融危机传导机制的博士论文。小牧师兄研究传导机制的视野就是全球化视野，他的研究不只局限亚洲金融危机，他研究了亚洲危机和阿根廷危机、墨西哥危机等之间的这种传导关系，这个传导机制就是因为知识时代的形成，传导已经形成了一种无形的，不再是通过资本流动、贸易等这些有形带来的，而是无形的传导机制，所以这是一种信息信号之间的相互影响和传染。所以信息时代下，一种无形的传导机制开始形成，这就是李小牧博士的研究结论和贡献。李小牧博士立论就是来自全球化的独立视角，就是先生的这个视角最好的学术传承和体现。

之后先生的学生用这个视角来研究问题的博士越来越多，所以说在中国的金融界说起先生，是公认的大家，"大家"是什么，就是高屋建瓴、高瞻远瞩，就是大视野，看问题站在了全局、全球的整体格局，洞悉这个国家或这个地区全局，把这个国家或地区的问题放在全球的整体运行机制中去，进行定位、分析，才能够得得更加完全和准确。这是一个独立的视角、全球化视角。是可谓，洞悉而后掌控，掌控而后从容。

第二个是民族责任感。先生的学术活动和学术成果具有强烈的民族责任感。先生说自己是比较传统的，其实应该说先生是很中国的，不仅传统而且是很中国的，他在很多场合能够顶住各种压力来讲一些维护民族利益的话，首先是作为学者担当了一些民族的历史责任，民族责任感是一个学者必须具备的基本素质。一个学者如果不担当民族责任，这样的学者是没有前途的——任何一个学者都是为一个民族服务的。只有民族的才是世界的，而不是只有世界的才是民族的。一个学者一定要真正维护和尊重民族的整体利益。

我们认真地去了解学界大家，不管他是哪个学术领域，一定会发现他们一定是很讲民族责任担当的人，一定是很有民族气节的人。先生经常强调，学者失去了民族气节，那你就一切都没有了。学者担当的民族责任代表着一种社会责任，不是为某个政治政党派别服务的，而是为一个民族服务的。

先生大局观中内含的民族责任，讲的是一种文化，是一种思维逻辑。以什么样的文化去思考问题，你就必然以这个民族的文化逻辑去思考问题。这不是狭隘的民族主义，而是你代表着一种分析问题的一种独立的文化视角——民族的核心利益。一个民族区别于另一个民族唯一的标志就是文化差异。那么文化的差异表现在哪儿呢？就是思考和处理问题的方式不一样，立场不一样。这就是先生的"思维的中国主体性"。

第三个是抓主要矛盾。所谓的大局观就是研究观察问题的时候，抓住主要矛盾，去寻找社会变革过程中最主要的原动力是什么。这几年我在不断重读先生的一些成果，重新认真梳理先生的理论逻辑，先生研究成果里面有一个词叫"经济金融化"，当时我觉得很别扭，但是后来我很好地接受了。"经济金融化"这个词最早是先生提出来的，认真分析之后，我们会明白"经济金融化"高度概括和揭示了社会变动的主要趋势。一个是经济全球化趋势——大格局，另一个就是驱动经济运行的原动力已经由资本的原始积累转化成金融机制，转化成金融资源的配置，金融资源的配置成为了经济发展最主要的驱动力。抓住了这个核心问题，实际上就号准了社会经济跳动的脉搏，所以先生创造一套理论出来是很正常的事情。所以，有一套理论思维，有一个独立视角，然后形成了一个思考的体系，一个理论体系的诞生就成为自然。

为什么要抓主要矛盾？大家知道矛盾的性质是由矛盾的主导方面决定的，主要矛盾是这个问题解决的核心和要害，抓住主要矛盾才能找到理论的逻辑主体，从而找到解决问题的主要途径。

通过认真学习先生提出经济金融化理论思维，在我的博士论文中用了另外一种表达方式——金融是内在于经济的社会经济资源，其实就是先生所说的经济金融化。这样的表达——试图把金融演进的过程转化成金融从外在转变为内生的历史逻辑，就是想说清楚金融是怎么从传统金融转变为现代金融的？金融怎么变成了现代经济的核心？金融内生机制是什么？马克思所讲的借贷资本到现在的金融资源，金融资本怎么从外在的工具转变成了内在于经济的战略性社会经济资源的。

实际上这是先生金融思想揭示的金融的最底层问题，现在我们越来越认识到解决金融和经济关系问题是金融理论最基础的核心问题。不把这个问题说清楚，未来的金融理论没前途。先生从一开始就认识到了这个主要矛盾，为什么能看到这个核心问题？就是先生的这个视野、这个高度，才能在时代潮流滚滚而来的时候，从滚滚洪流里面看到主流是什么。亚洲金融危机给了这个信号，所以先生提出了经济金融化概念和一系列的战略思考。

第四个是解决主要问题。找到了主要矛盾，就需要解决主要问题。认识到经济金融化就需要给这个思想一个解读，构建一个解决这个主要问题的理论逻辑。所以先生就形成了他自己的金融可持续发展战略，用来解决经济金融化的核心问题——经济金融化之后的可持续发展问题。亚洲金融危机宣告了传统金融理论的破产，搞得金融不可持续了——根本原因是我们没有认识到金融内生性的出现——"致命的自负"忽视了这种本质变化——金融已经成为经济发展内生动力，我们还把它当工具看待，先生揭示了金融的资源属性，提出了金融可持续发展战略，就是源于这样的认识——金融既然是经济的一个内生动力，自然也是一个破坏性因素，即"此金融非彼金融"，"成也金融，败也金融"。

金融成了社会经济的一个结构性要素，而且是一个最重要的结构、驱动轮，所以说金融一出问题，整个经济结构就会出问题，甚至坍塌。怎么才能够使金融不破坏经济的运行，那就要可持续发展。先生提供了一个金融与经济之间的解决思路，叫做金融可持续发展理论。金融可持续发展理论的核心是金融资源的有效配置，失效就会破坏经济发展，有效就会推动经济发展。

跟先生学了二十年，一个总的体会是，不管在哪个领域里面，做大事、做小事要有一种责任感和责任心。这种责任感和责任心表现在哪里呢？作为责任感来说，就是要敢于担当、自觉地去担当一份责任。作为一个学者，最基本的责任就是理论创新，你要为这个民族、这个领域去贡献你自己毕生的精力和智慧，这是一份责任。然后这份责任要通过不断的实践表现出来，要敢于去表现自己。所以说你要敢于去想、敢于去说、敢于去做。我们的先生是值得钦佩的敢担当、有责任感和民族责任心的金融学家。

大局观中的"观"是观察世界，是观察问题的独立的视角，是观察世界的高度。

整体论应该说是先生的方法论。怎么更好地去分析问题，更好地解决问题，更好地去构建一套理论思维框架，先生的整体论至少应该包括以下三个层面：

第一，把国别问题纳入全球背景构建分析框架。先生提出的金融理论体系不仅仅是关注中国的问题，而是从中国主体性出发，把中国问题放在全球格局中研究和思考的问题，是全球的整体性问题。先生提出过一组概念，叫全球金融和国别金融，但是他很少把国别作为具体的研究对象，始终是把现代金融放在全球背景下来研究分析解决问题的。科学研究的主流方法论，我们把它称为还原论。还原论是把一个整体解剖成很细小的个体来进行研究，之后再把它们的功能加总起来形成整体性的功能，而每一个个体功能累加起来与整体功能有时是不对应的，所以才有了整体论的研究方式，整体论就是把每一个问题放在整体中去研究。

整体论和还原论最大的区别在于整体论一般没有假设条件，基本不排斥任何一个要素的存在，不假设某个要素的某一种状态。在这种情况下思考每一个要素的问题，必须从整体上把握和分析。整体论是在动态而非静态中观测问题的，理论逻辑、思维方式是建立在动态分析基础上的，不断跟着事物的演进过程看待问题。

整体论是 20 世纪 60 年代之后，现代科学领域方法论的一个重要转换，产生了很多研究复杂问题的方法论，比如博弈论、混沌理论、自组织理论、非线性理论、复杂系统理论等。用整体论来观测、研究金融问题，先生应该是中国乃至全球金融学者中的佼佼者。先生打破还原论这种板块型的格局，率先在金融领域里头使用整体论的方法来观察分析问题，所以才有了金融可持续发展理论的产生。

可持续发展是 20 世纪 60 年代出现的，是解决人与自然的关系问题的，将它引入社会领域、经济金融研究领域，构建起一套金融可持续发展理论体系，没有整体论的思维是不可能形成的，这就是方法论的转化，而引出的新的理论路径。

第二，从金融发展全局来把握金融理论创新。亚洲金融危机之后，大家都在想亚洲经济社会怎么了，都在寻找危机的原因，但是在国内的学者中，只有以先生为代表的这批学者找到了这场危机的根源在于理论的危机。

偏好理论认为行动是由人的思维来决定的，所以亚洲金融危机产生就源于西方人给欠发达国家开的一套所谓的金融自由化理论，就是假设制度、经济金融社会环境是可以从发达国家平移到发展中国家的，再加上日本明治维新之后始终坚持的金融先导模式负效应的不断释放和放大，导致了亚洲这些国家的金融创新超越了本国经济的承载力量，爆发这场金融危机，成为必然。

所以，其根源实际上是理论的误导，这个理论大家把它称为金融发展理论，代表人物是麦金农、肖、戈德史密斯、斯蒂格利茨等。金融抑制理论、金融创新理论再加上后来斯蒂格利茨的金融约束理论，他们给这些国家开的经济发展的药方就是金融市场的开放。而金融市场的开放是有条件的，这个条件不是所谓的规范的市场规则，而是本国经济对开放程度的承载力。

当我们研究了提供这套理论的所有的学者，包括美国的学者们，他们立论的出发点在哪儿呢？是美国的民族利益。没有一个美国学者是从亚洲国家的民族利益出发来进行理论体系的构建的，所以戈德史密斯、麦金农、肖，还有斯蒂格利茨他们构建的经济发展理论都是以美国利益为出发点而建议欠发达国家向全球开放市场的。有一个美国人写了一本书叫《谁需要全球化》，这本书就告诉我们美国当时的社会经济发展需要全球化，没有全球化，它们的过剩生产能力转换不出去，经济就会危机。

在现代经济发展过程中，要想解决经济发展危机，首先要看金融解决怎么办的问题。因为从亚洲金融危机到世界金融危机来看，事实上是全局性经济危机，但危机的根源来源于金融，所以要想让经济不危机那最重要的就是理顺金融结构，解决好金融与社会经济的协调关系。

先生保持了一个理论创新的基点——首先解决金融理论问题。因为当时先生和一些学者一起讨论金融结构的时候，大家有一个共同的认识，即在经济金融化条件下未来的金融危机将会成为一种常态，经常会发生。如果导致金融危机的传统金融理论不面对现实，调整对待金融本质属性的态度，以后这种危机会不断地发生，而且会越来越严重，逐渐地会由国内危机、区域危机转化为全球危机。2004年10月，第三届全国虚拟经济研讨会在天津南开大学召开，先生做了"开放的中国经济安全与世界经济稳定"的会议发言，在这次大会上，成思危先生在闭幕式总结讲话中四次提到白教授的讲话，并予以充分的肯定和支持，他说："看来金融虚拟性的研究很可能是虚拟经济研究的重要突破口……虚拟经济（主要是金融）既可能在一定条件下优化资源配置，也可能在一定条件下劣化资源配置；既可能分散风险，也可能累积和提升风险……今后虚拟经济的研究应欢迎更多金融学者的参与。"这个话余音未落，2008年美国就引爆了一场全球金融危机。为什么会这样？就是他们没有看到传统金融理论的工具化属性会严重导致经济泡沫的事实。

资源叫配置，工具叫开发，开发要讲究效益，配置要讲究均衡，就是这么一个机制！但现在还是工具化理论指导全球金融的发展，所以金融危机是必然的。10年时间，两场危机。可见当时先生抓住金融危机的这个脉搏，找到了理论创新的基点，先生为这个事情给安南写了信，没有引起他们的高度重视，这场危机还是不可避免地来了。

第三，从社会发展的整体需要提出解决方案。把握住理论发展的全局后，就需要提出一个整体解决方案，以社会发展的整体需要提出一个办法。先生的金融可持续发展理论和战略——就是一个解决金融和社会经济协调发展的战略性建议和方案，目标是解决好我们前面提到的现代金融和经济的关系，解决好现代金融和社会的关系。

也就是说，在未来的社会发展和经济发展过程中，不能因为金融而破坏了经济的正常发展，社会的正常进步是金融可持续发展理论的最终目标。先生的金融可持续发展理论的一体化解决方案，就是要正确地处理金融内部的各种要素间的关系问题，正确地处理金融和经济的关系，正确地处理金融和社会的关系问题，进而正确处理金融经济社会的发展问题，最终达到整个社会的可持续发展。所以，这个解决方式是一个一体化的解决方案，是以社会为出发点的解决方案。

先生希望通过金融可持续发展理论和战略的研究和战略方法的提出，让全球化的社会能够可持续。我们从先生的成果可以看到，金融可持续发展理论提出的初期到后来的提法是有变化的，后来提出可持续发展战略。这是两个层面的问题。第一层面提供的是一个理论思维的框架和方式，要从全球、全社会的角度去思考金融问题，第二层面要进一步研究怎么才能够可持续，就是要去研究可持续发展战略，把金融问题上升到国家和国际战略的层面。

先生从理论创新到战略的提出和研究，涉及理论创新，理论创新之后，是理论对社会实践的指导过程，社会实践中又产生两个重要层面：一是战略定位，怎么解决战略发展问题，要在理论指导下形成战略，二是怎么去实现这个战略，理论创新、制定战略、实现战略同样重要。

制定战略是由战略理论来指导的。战略理论是什么？就是前面提到的思想成果，然后根据这个理论形成战略定位，再在这个战略定位指导下形成战略措施。怎么实施这个战略措施？先生的金融可持续发展理论已经走到了第二步，第一步理论思维的问题解决了，第二步就要解决战略问题，就是可持续发展的战略该怎么办，我相信到此应该说先生的任务是完成了，他不会再去研究某一个领域的措施该怎么办的问题——这已经是技术层面的问题，不再是理论家的任务。一个具体的部门怎么按先生的学术思想和先生的战略研究去进行战略定位，怎么解决问题，那就是具体问题具体解决了，这就不是学者的责任，学者的责任在于第一层面提供理论思考，第二层面帮助制定发展战略，战略制定完了，就是具体实施层面的事情了。

先生用整体论来思考金融问题，找到了一个解决宏观金融理论研究比较好的途径。金融理论实际上分为宏观和微观，宏观金融理论包含了所有的金融要素，微观金融理论大家习惯性地称为金融市场、公司金融等这一块。但是我觉得先生更多地从整体论来思考问题，提供的是宏观战略来解决宏观问题，所以一般称为宏观金融理论，这是一个方面。

更重要的在于先生提供的是金融基础理论的创新，就是说金融是怎么来界定的，什么是现代金融理论，什么是现代金融运行机制，什么是现代金融的可持续发展。所以，先生的学术贡献在于提供了一套现代金融的基础理论。也就是说，我们以后理解金融，从先生的概念开始到他的可持续发展方案结束，就是对金融的一个完整的、一体化的理解和逻辑体系。

先生的学术博大精深，需要我们慢慢来消化，先生的学术路径远不止"大局观、整体论"这么简单，或者说，先生的大局观和整体论只是他学术的精华之一。但是，现在的学术思想、学术传承主流是西方经济学的那套东西，但你不管用什么方法来解决问题，总得驾驭你自己的独立的视角和解决问题的路径。从大局观寻找观察问题的视角，从整体论安排解决问题的方案，一定是现代金融研究中最重要的路径之一。

以上的议论，可能是片面而不完整的，甚至是不准确的，只能算做学习先生金融思想的体会。先生的学术思想博大精深，需要我们潜心研究，慢慢消化。作为先生的学生，我们有责任做好先生学术思想的传承和弘扬工作；从这个意义上讲，张坤博士撰写的《白钦先金融理论研究范式探究》不仅仅是一篇好的论文，更是一部传承先生学术思想的专著，所以具有榜样的力量，值得我们学习，激励我们努力！

　　是为序。

2019 年 1 月于太原无为斋

摘　要

2018 年是中国改革开放四十周年。世界风云变幻，乾坤斗转星移，百年河东，百年河西，中国已然是世界第二大经济体，以综合国力之强傲然屹立于世界的东方、矗立于世界民族之林。今天的中国开创了民族复兴的新局面，今天的中国已进入社会主义新时代！取得如此举世瞩目的成就既难能可贵，又极具世界意义：她是在不断冲破西方发达国家的国家意志，特别是美国国家意志的包围中取得的胜利；她是在不断打破西方政治精英、经济精英上百次"中国崩溃论"的诅咒中取得的胜利；她是在不断否定西方主流经济学教条束缚中取得的胜利——这同时也彰显了习近平总书记关于中国道路自信、理论自信、制度自信、文化自信的远见卓识与无比正确。这一伟业缔造的背后是中国知识分子、理论工作者的潜心研究和精心策划、辛勤汗水和宝贵心血，白钦先教授就是这些杰出中国知识分子、理论工作者的典型代表之一。

白钦先教授是我国著名资深经济金融学家，全心全意、无怨无悔的教育家，是亲历中国改革开放四十年这一伟大历程并有突出贡献的历史见证者与实践者。可以说，在每一个历史转折的关头都可以找到白钦先教授笔耕不辍的身影。白钦先教授还曾受聘国务院学位委员会第四届、第五届应用经济学学科评议组成员，长期担任中国金融学会常务理事及学术委员会委员、中国国际金融学会常务理事，在中国社科院研究生院、中山大学、山东大学等多所院校担任客座教授，是教学、科研、高级人才培养与服务社会"四结合四统一"模式的提出者与践行者，培养博士、博士后百余名，为中国金融学科建设和发展多付辛劳、有所贡献。此外，他主编的《比较银行学》曾获优秀教材国家一等奖，他本人还荣获五年一届"辽宁省人民政府哲学社会科学成就奖"，同时荣获"中国金融研究杰出贡献奖"和"中国金融学科终身成就奖"。

本书选题《白钦先金融理论研究范式探究》这一严肃命题，正是选取白钦先教授及其金融理论创新发展历程为典型代表，反映改革开放以来中国经济金融历史变迁及中国金融学科建设发展历程，透过白钦先教授这一滴水来折射中国改革开放四十年的波澜壮阔。本书运用文献研究法、唯物史观研究法、比较研究法、个案研究法和跨学科研究法等多种研究方法，在梳理"研究范式"概念和国内外学者对白钦先金融理论研究评述的基础上，试图从多个角度、多个维度去阐述白钦先金融理论研究范式的内涵，总结概括白钦先金融理论学说体系；通过构建向量自回归模型，以1985—2017年白钦先教授公开发表学术论文数量为样本，研究了白钦先金融理论各学说之间的互动关系，并对白钦先金融理论研究范式的特点进行了评述。通过上述研究得出以下重要结论：

第一，白钦先金融理论研究范式的内涵包括大局观、整体论和哲学人文发展理念。"研究范式"是一个被多学科所共用的概念，在不同学科语境下其概念界定的侧重点有所不同，但至少应包括世界观、方法论和价值观三个要素——对金融研究范式概念的界定也概莫能外。白钦先金融理论研究范式的世界观是大局观，即从全球化的视野出发、抓住主要矛盾、解决主要矛盾；白钦先金融理论研究范式的方法论是整体论，即把国别问题纳入全球背景构建分析框架、从金融发展全局来把握金融理论创新、从社会发展的整体需要提出解决方案；白钦先金融理论研究范式的价值观是哲学人文发展理念，即坚持人本民本理念、坚持思维的中国主体性以及彰显深邃的哲学思辨。

第二，白钦先金融理论学说体系包括金融体制学说、金融资源学说、金融发展学说和金融人文学说，这四项理论学说在世界观、方法论和价值观三个方面各具特色：金融体制学说以体制观为世界观，论证了金融是以金融环境为核心的"九大要素"的有机统一体，在方法论方面综合运用比较研究法，在价值观方面坚持为改革开放服务、为倡导中国国际话语权发声；金融资源学说以三个层次的金融资源（基础性核心金融资源、实体性制度性中间金融资源和整体功能性高层金融资源）为世界观，论证了金融是一国战略性稀缺资源，在方法论上实现了由经济分析向金融分析的转变，在价值观方面突出强调了人与自然、人与社会、社会与经济的协调、稳定、有序、和谐的可持续发展；金融发展学说以发展的视角来考察金融，包括金融结构变迁、金融功能演进和金融发展方式转变，在方法论上区分了金融内部功能分析和金融外部功能分析，在价值观方面提出金融适度发展观，即金融自身功能的扩展不能以牺牲社会经济发展为代价，金融功能要服务于实体经济，金融适度发展也是金融可持续发展的应有之义；金融人文学说以高度抽象的"元"视角来阐述"金融从哪来，到哪去""金融的属性是什么""金融与实体经济的关系如何"，在研究方法上运用抽象分析和历史分析相结合，坚持历史唯物主义，在价值观方面强调金融从来就应当是一种大众的、共享的、普惠的发展方式。

在此分类基础上，通过构建向量自回归模型，以1985—2017年白钦先教授公开发表学术论文的数量为样本，分析了白钦先金融理论四项学说之间的互动关系：金融体制学说是基础，特别是从长期来看它是金融资源学说的格兰杰成因，并且在长期内能够促进金融资源学说的成果创新；金融资源学说与金融发展学说互为格兰杰成因，而且不论是在短期还是长期，二者都互相促进、相辅相成，其背后的根源是这两种学说具有内在对应和相互关联的多层次研究对象；金融人文学说相对其他三种理论学说而言相对独立，与其他三种理论学说之间不存在，或只存在极其弱的格兰杰因果关系。

第三，白钦先金融理论研究范式的特点具有鲜明的创新性、时代性、民族性等特征。鲜明的创新性是白钦先学术思想最大的特征，这一方面体现在白钦先教授的创新观，另一方面体现在白钦先教授学术创新的内容，包括理论学说创新、思想观念创新和培养模式创新；特别是理论学说创新与时俱进，多次为改革开放提供了前瞻性研究。在方法论方面，白钦先教授形成了独树一帜的比较研究法，论证了比较研究应比较什么、如何比较、站在什么样的立场比较等理论性问题，强调了坚持马克思主义唯物辩证法在科学研究中的重要性。在价值观方面，白钦先金融理论彰显强烈的时代性特征，反映民族的和国家的诉求。

论文的主要创新点有以下三点：第一，系统化、体系化、计量化研究白钦先金融理论在国内外尚属首次。以往对白钦先金融理论研究和评述均是对其某一个具体的学说、理论或观点进行评述，本论文将白钦先教授四十年的学术科研成果作为一个整体进行研究，以研究范式为切入点进而形成一个完整统一的理论框架；另外，运用计量方法探究白钦先金融理论学说各组成部分间的关系在国内外尚属首次。第二，以博士学位论文为载体研究导师的学术思想是学术传承的新模式。过去对老一辈学者学术思想的传承模式较为单一，大多是通过开研讨会或撰写学术评述文章展开，以博士学位论文为载体的还很少，特别是从弟子的角度去研究导师的学术思想就更少了。第三，通过研究范式这一视角对学术思想进行评述是金融学研究的一种创新视角。通过"研究范式"这一概念构建了以"世界观""方法论""价值观"——三位一体的学术思想评述分析架构；打破了过去以时间轴为研究线索的分析架构，这种研究模式是学术评述领域、经济思想史研究领域的一次全新尝试。

目　　录

第 1 章   绪论

1.1   选题的背景、目的与现实意义

2018 年是中国改革开放四十周年。在这四十年，中国发生了天翻地覆的变化，改革开放和社会主义现代化建设取得了举世瞩目的成就，在政治、经济、军事、外交、文化、科技等多个领域取得了长足发展；特别是在社会主义市场经济建设方面成效尤为显著：我国国民生产总值由 1978 年的 3678 亿元增长至 2017 年的 82.7 万亿元，成为全球第二大经济体和最具活力、最具发展潜力的新兴经济体；对外贸易总额由 1978 年的 355 亿元增长至 2017 年的 27.8 万亿元，成为世界第一大贸易国；国家外汇储备由 1978 年的 1.67 亿美元增长至 2017 年的逾 3 万亿美元，成为外汇储备最多的国家；近年来，随着"一带一路"倡议的提出、人民币纳入国际货币基金组织特别提款权、金砖国家开发银行和亚洲基础设施投资银行的设立以及沪港通、深港通"三位一体"远东国际金融中心的建立等重大战略举措的实施，中国在国际事务中将发挥更大的影响力，在国际社会中将扮演更重要的角色——今天的中国开创了民族复兴的新局面，今天的中国已进入社会主义新时代！

中国取得举世瞩目的成就并非易事，可谓艰难重重。

——她是在不断打破西方政治精英、经济精英上百次"中国崩溃论"的诅咒中取得的胜利。从 20 世纪 90 年代起，西方世界针对中国不断抛出形形色色的"崩溃论"，从 90 年代初的"政治崩溃论"到 90 年代末的"经济崩溃论"，从 21 世纪初的"社会崩溃论"再到近年来的"金融崩溃论"，试图在舆论上蛊惑民心、动摇军心。2008 年一场世界经济危机席卷全球过后，西方各国纷纷身陷泥潭、难以自拔，而中国则保持了年均 8%的高增长，成为世界经济复苏最重要的引擎，真可谓"纵观世界风云，风景这边独好"。当然，即便是在我们经济增长长期向好的现在，某些西方

媒体仍旧不时抛出"中国崩溃论"，或直接诅咒，或间接捧杀，我们有理由相信，历史将以铁一般的事实再次向世人证明"中国崩溃论"的再次崩溃。

——她是在不断否定西方主流经济学教条的束缚中取得的胜利。在西方经济理论传统中，主张自由市场经济的古典经济学派、新古典经济学派与主张政府干预的凯恩斯学派、新凯恩斯学派就市场与政府在资源配置中的作用争论了两百余年仍未有明确结论；而表现在金融领域，放松监管与严格监管的论调也是你方唱罢我登台。在这种长期的学术争论中，抑或是出于学术立场的需要，抑或是出于某种利益的诉求，西方的不少经济理论被扭曲化、极端化，譬如市场原教旨主义就是典型代表。对于中国改革开放和社会主义市场经济建设而言，如何处理好市场和政府的关系同样是最基本的问题之一。在这个问题上，中国理论界敢于打破西方教条，走出了一条适合于自己的成功之路，即一条始终坚持深化改革、坚持市场经济、坚持对外开放、坚持以人为本、坚持以民为本、坚持社会主义制度、坚持中国共产党领导的全新道路；这条全新发展路径的开辟避免了一味效仿西方发达国家经验所带来的文化自卑，把握了和平、开放、独立、自我发展的战略制高点——这不仅对于中国而言是重要的，对于所有的发展中国家而言都是具有世界意义的。打破西方主流经济理论教条这一举措彰显了中国特色社会主义道路自信、理论自信、制度自信和文化自信。

中国取得如此成就的背后离不开知识分子、理论工作者的潜心研究与策划，白钦先教授就是这些杰出的中国知识分子、理论工作者的典型代表之一。1978 年被称为改革开放元年，也恰恰是在这一年中国恢复研究生招生考试制度，白钦先教授随即考入辽宁大学世界经济专业硕士研究生（国际金融方向），并于 1982 年被中国人民银行研究生部授予经济学硕士学位，成为改革开放以来我国自行培养的第一批硕士研究生。可以说从1978 年改革开放开始，白钦先教授的学术研究就紧密围绕与改革开放相关的议题。正如白钦先教授在 2017 年度"中国金融学科终身成就奖"颁奖典礼上的感言所述，他这一生的学术研究"胸怀一个中心，即以爱国爱民、为国为民为中心；秉持坚持三个基本点不动摇，即秉持哲学人文发展理念不动摇、坚持几十年理论创新不动摇，坚持教学、科研、人才培养和服务社会四结合四统一不动摇；最终实现两个终极目标，一是为强国富民、利国利民贡献正能量，二是追求实现哲学社会科学的中国特色、中国风格、中国气派。"

白钦先教授在其四十年学术历程中形成了独具特色的金融理论研究范式，即运用他所构建的一套世界观、方法论和价值判断去发现问题、分析问题和解决问题。本书选题《白钦先金融理论研究范式探究》正是全面总结回顾白钦先教授科研学术生涯，从中提炼出具有传承价值的学术思想，为繁荣中国哲学社会科学贡献正能量。

1.2 白钦先教授简介

白钦先，男，汉族，1939年出生，山西太原人，教授、博士生导师，中国著名资深经济金融学家，全心全意、无怨无悔的教育家。自20世纪80年代以来，白钦先教授历任辽宁大学金融保险系、国际金融系副主任、国际经济学院副院长，长期担任校学术委员会副主任、校学位委员会委员、国家重点学科金融学专业博士研究生主任导师，现为辽宁大学国际金融研究所所长；还曾任中山大学特聘教授，任聘博士研究生导师和金融学科学术带头人；曾受聘国务院学位委员会第四届、第五届应用经济学学科评议组成员、中国金融学会常务理事及学术委员会委员、中国国际金融学会常务理事、太平洋盆地国家财政金融会议国际学术评审委员会中方委员、亚太金融学会中国理事、国家教委"八五""九五"社科规划经济类项目评议组成员、全国高校优秀教学成果奖评审组成员、国家"十五"国家级规划教材评审组成员、教育部国家重点科研基地专家评审组组长，同时兼任中国社科院研究生院、中山大学、山东大学、西南财经大学、华东师范大学等十几所高校的客座教授或兼职教授，上海东方教育中心顾问；长期担任中共辽宁省委、省人民政府及中共沈阳市委、市政府咨询顾问委员会委员，享受国务院特殊津贴。

白钦先教授在教育战线工作的四十年间，发表论文三百余篇、出版专著四十余部、主讲专题报告三百余场，培养博士、博士后百余名；其代表性专著《比较银行学》获第二届全国高校优秀教材奖"国家一等奖"（证书号：国优068），《各国政策性金融机构比较》获国家高校优秀教材一等奖，其主编的《中华金融辞库——政策性金融分卷》获第三届国家图书奖，其参编的《中央银行学》获全国高校社科优秀教材一等奖；其代表性作品《金融虚拟性演进及其正负功能研究》获教育部第六届全国高校社科优秀科研成果（专著）二等奖，刊登在《经济研究》2011年第10期的论文"外汇储备规模与本币国际化：日元的经验研究"再次斩获教育部第七届全国高校社科优秀科研成果（论文）二等奖，刊登在《经济评论》2005 年第 5 期的论文"金融结构、金融功能演进与金融发展的研究历程"获《经济评论》创刊三十周年以来八篇优秀论文之一；此外，其代表性学术论文还被中共中央《求是》杂志、《人民日报》《经济研究》《金融研究》《世界经济》《财贸经济》《国际金融研究》等权威杂志期刊刊登或转载。

鉴于以上卓越贡献，白钦先教授被辽宁省人民政府授予五年评选一届的"社会科学成就奖"，还荣获首届"中国金融研究杰出贡献奖"和 2017 年度"中国金融学科终身成就奖"——他是迄今为止唯一一位同时斩获两项中国金融学科最高奖项的学者，这表明学界同行对他的高度认可与充分肯定，同时这也意味着能够通过对白钦先教授及其理论创新历程为典型代表进行研究，反映改革开放四十年中国特色社会主义市场经济建设的成就以及中国金融学科建设和发展历程的变迁。

1.3 结构安排

本书基本结构如下，共 11 章：

第 1 章，绪论。阐述本书的背景、研究目的与现实意义、论文结构安排、研究方法、创新点及不足之处。

第 2 章，研究范式概念溯源及白钦先金融理论研究文献综述。研究范式作为一个哲学概念被界定为世界观、方法论和价值观的统一，自然科学家们更侧重关注研究方法的数学性、实验性和机械性，社会科学家们则突出强调了世界观和价值观的多元性、民族性、地域性、价值性等特征。金融学研究范式其内涵至少也应包括世界观、方法论和价值观三个要素。国内对白钦先金融理论的研究及评述可以分为三个类型，分别是从弟子的角度、学界同仁的角度和社会各界人士的角度展开研究的，研究的内容包括白钦先金融理论的内容、价值及影响；此外，白钦先金融理论的提出和发展还引起了不少国外学者的关注。

第 3 章，白钦先金融理论研究范式的内涵。白钦先金融理论研究范式的世界观是大局观，即从全球化的视野观察思考问题，抓住主要矛盾、解决主要问题；白钦先金融理论研究范式的方法论是整体论，即把国别问题纳入全球背景构建分析框架、从金融发展全局把握金融理论创新以及从社会发展的整体需要提出解决方案；白钦先金融理论研究范式的价值观是哲学人文发展理念，即坚持人本民本理念、坚持思维的中国主体性，研究问题的出发点和归宿点都是改革开放、都是为了强国富民。

第 4 章，白钦先金融理论发展脉络。白钦先金融理论创新历程分为三个阶段，即中国改革开放初的二十年、亚洲金融危机之后的十年和国际金融危机以来的十年，这三个阶段白钦先教授的金融理论研究侧重点各不相同，进而形成了四个相对独立但又具有内在关联的学说体系，即金融体制学说、金融资源学说、金融发展学说和金融人文学说。

第 5 章，金融体制学说。20 世纪 80 年代初，"金融体制"学说逐步形成，其研究对象是金融"九大要素"的有机统一，即发展战略、组织形式、框架结构、构造方式、业务分工、监督管理、运行机制、运转环境和总体效应的有机统一体，其中运转环境（即金融生态）是核心对象；在研究方法上，突出了多维度、交叉交错比较研究法；在价值判断方面，坚持为中国改革开放服务、坚持思维的中国主体性、坚持把握中国国际话语权。与金融体制学说相关的理论包括比较金融论和政策性金融论。

第 6 章，金融资源学说。"金融资源"学说其研究对象包括基础性核心金融资源、实体性制度性中间金融资源和整体功能性高层金融资源，其研究方法论实现了由货币分析向金融分析的转换，其价值判断坚持贯彻可持续发展的理念——这一学说是对新古典经济学"资源"范式的一种创新与发展，是经济金融学科适应时代变迁的必然产物。金融分析方法与可持续发展理念并非是对其他经济金融理论的否定；可持续发展的理念是一种普世价值，具有世界性意义。与金融资源学说相关的理论包括十大金融意识论与三维金融架构论。

第 7 章，金融发展学说。"金融发展"学说其研究对象包括金融结构变迁发展、金融功能演进发展与金融发展方式转变。在研究方法上，"功能观"比"机构观"更稳定、也更接近事物的本质，并且在借鉴古典二分法的基础上提出金融内部功能分析和金融外部功能分析，既保留了金融作为一种相对独立的价值现象的特质，也充分考虑了金融与经济之间的互动关系。在价值判断上，始终坚持金融功能扩展演进不能以牺牲经济发展为代价的适度发展理念，这对于抑制金融异化与金融负功能具有深刻意义。与金融发展学说相关的理论包括金融虚拟论、金融危机论。

第 8 章，金融人文学说。金融作为人类文明活动的一种表现形式，它到底从哪儿来、到哪儿去，金融的属性是什么，为何而生、为谁服务是金融研究领域的终极问题，人文金融学说正是运用哲学抽象的研究方法去洞悉纷繁复杂的金融活动背后的本心、本性，它是人类欲望与本能的物质化。在价值判断方面，金融活动从诞生伊始就具有服务于实体经济、服务于人的发展的特点，特别是植根于中华文明沃土上的金融、社会主义制度下的金融，更要坚持哲学人文关怀关爱。与金融人文学说相关的理论包括新普惠金融论、文化金融论。

第9章，基于四项学说科研成果的实证分析。通过实证分析的方法来研究金融体制学说、金融资源学说、金融发展学说和金融人文学说之间的互动关系，构建了向量自回归模型（VAR）并以白钦先教授1985—2017年公开发表的学术论文为样本，定量分析了四项理论学说成果间的格兰杰因果关系，并做了脉冲响应分析。分析表明金融体制学说是基础，它对于金融资源学说具有促进作用；金融资源学说与金融发展学说互为双向格兰杰成因，具有较强的相互促进关系；金融人文学说相对独立，与其他三种理论学说不具有，或只具有较弱的格兰杰成因，脉冲分析也表明其他三种理论学说对金融人文学说的促进作用不显著。

第10章，白钦先金融理论研究范式的特点。白钦先金融理论研究范式的世界观特点是具有鲜明的创新性特征和多次为改革开放提供前瞻性研究，白钦先教授的学术创新体现在两个方面，一个是他独特的创新观，另一个是他丰富的学术创新内容，包括理论学说创新、思想观念创新和人才培养模式创新。白钦先教授的研究也是超前的，特别是三次影响了中央全会的决议，为改革开放献计献策。白钦先金融理论研究范式的方法论特点是研究方法的综合性和对马克思主义唯物辩证法的坚持，特别是其对比较研究法的运用独树一帜。白钦先金融理论研究范式的价值观特点是彰显强烈的时代性特征和反映民族的、国家的诉求，在价值观方面，白钦先教授的学术思想与习近平新时代中国特色社会主义思想高度契合，他的理论创新也是坚持服务于改革开放、服务于民族、服务于国家、服务于强国富民。最后，还对白钦先金融理论的传承和再创新进行了展望。

第11章，研究范式视角下中国金融学的发展。近代以来，中国社会发展经历了维新时期、民国时期、新中国成立初期和改革开放以来四个发展阶段，在不同阶段，金融学及金融学研究特点也有显著区别，在研究对象、研究方法及价值判断方面形成了各自不同的特点。改革开放以来，在以经济建设为核心的大背景下，中国金融学科得以繁荣发展，百花齐放、百家争鸣，形成了具有中国特色的现代金融学科群；白钦先金融理论的产生与发展可以说既是这个时代金融学研究大繁荣下的产物，又在某种程度上引领了这个时代金融学研究的发展，他的理论在最大程度上是服务于中国改革开放、服务于中国"走出去"战略的实施，服务于"讲好中国故事，传播好中国声音"；特别是在根本思想上与习近平新时代中国特色社会主义思想保持了高度一致和高度契合。未来中国金融研究理论范式的发展必将响应时代的感召，彰显哲学社会科学的中国特色、中国风格、中国气派。

本研究的技术路线图如图 1-1 所示。

1.4 研究方法

工欲善其事，必先利其器。科学合理的研究方法是贯穿学术评述、经济思想研究全过程的重要环节。本书在研究方法上充分借鉴经济思想史研究、人文历史研究等学科在研究方法论上的优势与成果，分别采用了如下五种研究方法：

第一，文献研究法。所谓文献研究法即以相关文献的搜集、整理、鉴别、归纳和评析展开。在本书中，对"范式"概念的产生、应用及拓展是建立在对哲学文献、自然科学文献、社会科学文献的广泛梳理基础之上；对白钦先金融理论研究范式和相关理论学说的归纳总结也离不开对其所著三百余篇文章、四十余部专著的细致梳理与归纳。

第二，唯物史观研究法。唯物史观作为马克思主义哲学的重要构成部分，是哲学研究和历史研究相结合的研究方法，它既强调辩证地看待一个事物的矛盾对立统一面，又强调社会存在对社会意识的决定作用。该研究方法也在本书中有多处体现：譬如对金融功能的研究，既要强调金融正向功能与金融负向功能的相互对立，又要把握二者在特定条件下的互相转换，即金融正负功能的对立统一；又譬如在研究价值判断过程时，白钦先教授常常强调一个国家或一个民族的社会、历史、经济、政治、文化等多方面因素对其所形成的价值判断的决定性作用，这些诸多因素就是所谓的社会存在，是前置条件，而价值判断则是社会意识。

第三，比较研究法。所谓比较研究法是通过对两个或两个以上的对象或事物进行比较，寻找出它们之间的共性和个性的一种研究方法。对于作为学术评述而言的本书，不仅要比较白钦先教授金融理论四项学说在世界观、方法论和价值观方面的异同，还要比较白钦先金融理论与其他学者理

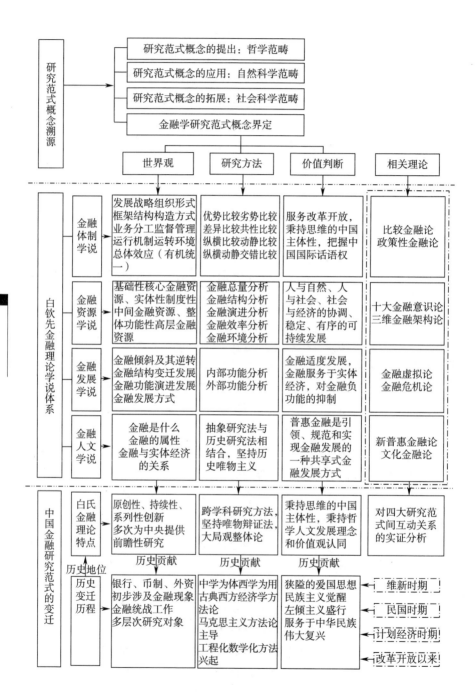

图 1-1 本研究技术路线

论研究范式方面的异同；贯穿于上述不同内容间的比较还夹杂着：不同空间维度的比较——纵向横向比较、不同时间维度的比较——静态动态比较、不同性质维度的比较——定性定量比较、不同范围视角的比较——宏观微观比较，等等。

第四，个案研究法。所谓个案研究法也称为案例研究法，通常指对某一特定对象进行深入剖析，以期了解其发展的整个过程，这种研究方法的特点是选取面上一点，并对之进行深刻的解读，以达到以小见大的效果。个案研究法的应用可以说非常广泛，特别是在经济思想史研究、学术思想评述方面尤为突出，这是因为抽象的理论或思想总得具体到特定的人或特定的物上才有价值意义，否则便是空中楼阁；反过来讲，通过对特定的人或特定的物的研究就可以窥探抽象的理论或思想。在本书中，对白钦先金融理论的解读也正是通过还原到特定的历史背景下所面临的具体问题而展开的，譬如金融体制学说就是在改革开放初期深化我国经济金融体制改革背景下产生的，金融资源学说与21世纪经济全球化、经济金融化、金融全球化的大背景紧密相关。

第五，跨学科研究法。所谓跨学科研究法也可称为交叉研究法，是指利用多个学科的视角、理论、方法和成果从整体上对研究对象进行综合性研究的方法。一方面，经济思想史、学术思想评述其本身就具有多学科交叉、综合性强的特点，它不仅涉及经济学、金融学，而且还涉及历史学、文献学、考古学、哲学、社会学，乃至自然科学等众多学科；另一方面，笔者也探索性地运用了统计学、计量经济学等实证学科的方法，定量地对白钦先金融理论体系下的科研成果数量及各个学说板块间的互动关系进行了量化分析，这也是经济思想史研究、学术思想评述方法上的一种创新。

1.5 创新点和不足

本书的创新点有三个方面。

第一，系统化、体系化、计量化研究白钦先金融理论在国内外尚属首次。从以往对白钦先金融理论研究和评述的文献来看，均是对其某一个具体的学说、理论或观点进行评述，比如1989年孔祥毅先生作的书评"谁开湖寺西南路，草绿裙腰一道斜——评白钦先同志主编的《比较银行学》"，刊登于《山西财经学院学报》时年第12期；又如陈邦来同志刊登在1998年6月3日《金融时报》的评论员文章"21世纪呼唤理性的金融发展观"，等等。本书将白钦先教授四十年的学术科研成果作为一个整体进行研究，以研究范式为切入点，形成一个统一的理论框架并构建白钦先金融理论研究的闭环，进一步运用计量方法探究理论学说体系各部分间的关系在国内外尚属首次。

第二，以博士学位论文为载体研究导师的学术思想是学术传承的新模式。过去我们对老一辈学者学术思想的传承模式较为单一，大多是通过学术研讨会或学术思想评述文章为载体予以传承，如西南财经大学主办的"刘诗白经济思想研讨会"、湖南省社科院主办的"张萍区域经济思想学术研讨会"；又如《中央财经大学学报》2017年第10期刊文"姜维壮教授学术思想综述"、2016年第5期刊文"刘玉平教授学术研究综述"、《会计研究》2015年第10期刊文"我国著名会计学家娄尔行教授的学术思想和贡献"、《高校理论战线》2005年第3期刊文"白暴力教授经济思想学术评述"等，总体来说起到了很好的学术传承和传播的作用，但挖掘的力度和深度还不够。因此，近年来通过硕士、博士学位论文为载体专门研究某一知名学者的学术观点成为学术评述、学术传承的新模式，如2010年海南大学吴欢撰写的硕士学位论文就以"樊纲经济思想研究"为选题，2012年海南大学万利撰写的硕士学位论文以"吴敬琏经济思想研究"为选题，博士学位论文方面，2014年福建师范大学的何海琳以"刘国光经济思想研究"为选题，2015年华中师范大学魏艳以"专家领导力研究——基于林木西教授的个案研究"为选题，这些学位论文的研究与学术研讨会和评述性文章相比显然更为系统、深入。也正是受此启发，笔者作为白钦先教授的关门弟子去阐释白钦先教授的学术思想较其他"非弟子"而言，可能更为全面、深入。

第三，通过研究范式这一视角对学术思想进行评述是金融学研究的一种创新视角。"研究范式"是一个拥有多个层次、丰富内涵的基本概念，既有高度抽象的、形而上的释义，又有具体指向内容的、形而下的释义。就本书而言，主要借鉴了哲学、社会科学范畴下"研究范式"概念的内涵，对金融学研究范式的概念进行了界定，明确了金融研究范式所包括的具体内容，构建了一个以"世界观""方法论""价值观"——三位一体的学术思想评述分析架构；打破了过去以时间轴为研究线索的分析架构，可以说这种研究模式是学术评述领域、经济思想史研究领域的一次全新尝试。

鉴于学术思想评述研究固有的局限性以及笔者自身理论素养的局限

性，难以全面反映白钦先教授金融理论及其背后的深刻思想。另外，本书的一些学术观点也多是笔者站在旁观者的角度对白钦先教授的思想进行揣测，难免与其本人的观点有所出入；加之白钦先教授的理论与思想也处在不断传承和创新之中，自然在下笔的同时就必然带有历史的局限性。

第 2 章 研究范式概念溯源及 白钦先金融理论研究文献综述

2.1 "研究范式"概念溯源

"研究范式"作为本书的核心概念贯穿全文,它是研究白钦先金融理论的重要视角,也是贯穿全文的一条线索。因此,在正式介绍白钦先金融理论之前有必要对"研究范式"概念做个详细的文献梳理,并界定"金融理论研究范式"的概念以建立本书的研究框架。

2.1.1 "研究范式"概念的产生——哲学研究范畴下的界定

"范式"一词在生活中被普遍使用,在不同语境下有较为丰富的内涵,如模式、套路、规则等;在学术研究的语境下,"范式"更多地与研究活动紧密相关,因而在前面加上"研究"一词以做限定更为妥当,出于这一考虑,本书使用了"研究范式"这一核心概念。当然,有些地方出于表达的需要也使用了"范式"一词,因此在本书中"范式"同"研究范式"。

"范式"这一概念源于希腊文"πρότυπο",英文写作"Paradigm"。《柯林斯高阶英汉双解学习词典》给"范式"下的定义是:①范式是一个用于解释事物是什么以及它是如何产生的模型。②范式是典型而清晰的举例。①《韦氏新世界词典》给"范式"下的定义是:①形式、例证或模型。②被某个科学共同体所广泛接受的一种观念,这些科学共同体因为能够有效地解释复杂过程、思想以及数据而作为自然科学的分支。② 从上述外文词典的释义中可以看出,"范式"一词的本义有解释、举例、规范、形式、模型等含义，而后发展为一个学术名词，成为某个科学共同体所广泛接受的一种观念。

历史上首次将"范式"作为一个严肃的科学问题来研究的是美国当代哲学家托马斯·库恩（Thomas Samuel Kuhn），1962年在其所著《科学革命的结构》（*The Structure of Scientific Revolution*）一书中他对"研究范式"进行了多处描述性定义，他认为"研究范式是一个具有整体性的认识世界的框架和价值标准，是集信念、理论、技术、价值为一身的综合性范畴。"① 此后，在库恩对"研究范式"概念进行进一步补充，提出了"科学共同体"和"共同理念"两个重要的辅助性概念，进一步丰富了"研究范式"的内涵；在其专著《必要的张力》中他指出："研究范式"是某一特定的科学共同体在某一专业或学科中所具有的共同思想信念，这一共同信念进一步规定了公共体成员们在科学研究中持有共同的基本观点、基本理论和基本方法，从而为他们的科学研究提供了共同的理论模式和解决问题的框架，从而形成该学科的一种共同的传统，并为该学科的发展规定了共同的方向。② 可以看出，库恩对"研究范式"概念的界定并非严格意义上的学术界定，而是一种描述性概念界定，这就导致了在此后，不同学者从不同侧重点对"研究范式"概念的界定达二十多种，譬如：匈牙利哲学家拉卡斯托（Lakatos）在《科学研究纲领方法论》一书中将研究范式解读为"研究纲领"，主要由硬核、保护带、方法论规则组成，其中硬核是核心，为研究奠定基本的假设和原理，保护带由辅助假设构成，是对硬核的适应性调整，方法论包括正面辅助法和反面辅助法。③ 美国哲学家拉瑞·劳丹在《进步及其问题》一书中将研究范式解读为研究传统，"所谓的研究传统就是一组普遍的假定……是关于某一研究领域中提出问题和建构理论的适当方法的假定。"④

我国哲学领域对"研究范式"概念的研究侧重于从马克思主义哲学的视角对其进行解读。常江在《当代中国马克思主义哲学研究范式反思》一文中认为哲学研究范式蕴含着哲学思考的立场、观点和方法，哲学研究范

① Thomas Samuel Kuhn. The Structure of Scientific Revolution［M］. Chicago：University of Chicago Press，1996.

② 托马斯·库恩. 必要的张力［M］. 北京：北京大学出版社，2004.

③ Lakatos. The methodology of scientific research programs［M］. Cambridge：Cambridge University Press，1978.

④ 拉瑞·劳丹. 进步及其问题［M］. 北京：华夏出版社，1991.

式的转换体现着哲学研究的立场、观点和方法的变革；马克思所实现的哲学变革本身就是哲学研究的创新范式。① 庄友刚在《当代中国马克思主义哲学研究范式转换的基础与原则》一文中提出"历时性维度"是考察和反思马克思主义哲学研究范式转换与创新的根本逻辑前提。② 汪信砚在《倡导和发展马克思主义哲学中国化研究范式》一文中对中国马克思主义哲学研究经历的三种研究范式的转换进行了归纳，分别是 20 世纪 80 年代之前的"教科书范式"、20 世纪 80～90 年代的"教科书改革范式"以及 90 年代以后的"后教科书范式"。③ 王南湜在《马克思哲学阐释中的黑格尔主义批判——对中国马克思主义哲学研究范式变化的一种透视》一文中从黑格尔哲学的视角探讨了黑格尔哲学与马克思哲学之间千丝万缕的联系，通过对半个多世纪以来黑格尔哲学在马克思主义哲学阐释中地位和作用的考察，揭示了中国马克思主义哲学研究范式的变化。④ 孙正聿在《三组基本范畴与三种研究范式——当代中国马克思主义哲学研究的历史与逻辑》一文中则认为中国马克思主义哲学研究的三个基本阶段是以"物质—规律、实践—选择、哲学—对话"为实质内容的三种研究范式，从三组基本范畴的转换而透视三种研究范式内在关联，有助于更为切实和更为深入地把握当代中国马克思主义哲学研究的历史与逻辑。⑤

在结合已有的中外哲学研究范式研究成果基础之上，2014 年黄玉兰在其博士学位论文《中国哲学史学科范式的历史考察》中对哲学范式有了明确的界定，她将"研究范式"界定为世界观、价值观和方法论的统一。⑥ 从世界观来看，研究范式中的世界观是科学共同体成员作为事物本质的看法，它是某一共同体成员在学术研究活动中持有的最基本的、共同的科学信念，这一基本的、共同的信念是这些共同体成员进行科学研究活动的大前提，是讨论不同观点的出发点。从价值观看，研究范式具有目标导向的作用，它从一定程度上预设了某项科学研究活动所能达到的基本

---

① 常江. 当代中国马克思主义哲学研究范式反思［J］. 社会科学战线，2010（7）.

② 庄友刚. 当代中国马克思主义哲学研究范式转换的基础与原则［J］. 河北学刊，2007（11）.

③ 汪信砚. 倡导和发展马克思主义哲学中国化研究范式［J］. 河北学刊，2007（6）.

④ 王南湜. 马克思哲学阐释中的黑格尔主义批判——对中国马克思主义哲学研究范式变化的一种透视［J］. 社会科学战线，2008（3）.

⑤ 孙正聿. 三组基本范畴与三种研究范式——当代中国马克思主义哲学研究的历史与逻辑［J］. 社会科学战线，2011（3）.

⑥ 黄玉兰. 中国哲学史学科范式的历史考察［D］. 湘潭大学，2014（5）.

高度和大致的研究成果，是科学共同体成员作出选择和判断的依据，有了这一依据，使他们在面对研究抉择和难题时能够作出最理智的选择，从而取得科学研究的利益最大化，为科学研究活动的顺利进行提供保障。从方法论来看，方法论是世界观和价值观的实践化，为科学研究搭建理论框架、为科研活动提供具体的操作模式。可以说黄玉兰博士对哲学范式概念的界定是建立在已有成果基础之上，具有高度的抽象性和广泛的涵盖性，笔者对此深表认同。

2.1.2 "研究范式"概念的应用——自然科学范畴下的界定

自然科学研究范式作为具体的、特定的某一自然科学研究领域学术共同体所达成的共同理念，对其的探讨实际上较哲学层面的探讨更早些。张博在其硕士学位论文《论近代科学范式形成的自然哲学基础》一文中指出：早在17世纪以前，近代科学还未完全形成，自然科学领域就存在博物学、化学传统和数理、物理学传统——这里所谓的传统就是研究范式的含义。所谓的博物学、化学传统是流行于16世纪、17世纪，具有实用主义色彩，与冶金、医学有直接联系，与哲学、宗教、政治具有间接联系的炼金术传统；而所谓的数理、物理学传统则认为数学原理是构建整个宇宙的基础，大自然是一架精密的仪器，这一传统涵盖了毕达哥拉斯—柏拉图的数学传统和机械主要力学传统——这两者共同构成近代的形而上学体系。① 在今天的自然科学研究中，数理、物理传统占绝对主导地位，然而在历史上，特别是在16～17世纪初期，博物学、化学传统却是占主流地位的，这种情况发生根本性的变化也要到17世纪的中后期，以哥白尼革命和牛顿力学的创立为标志，数理、物理传统才后来居上，形成了近代科学范式。在此之后，机械论的学者开始不断抨击博物学、化学传统，认为"化学是一种炼金术、是一种巫术。而且就其中可称为科学部分不过是服务于医学和炼金的一种技艺。"② 曾建平在《西方机械论自然观兴衰之省察》一文中指出"从近代开始，各个自然科学分支竞相模仿数理、物理传统，从而把牛顿力学的定律推广到整个自然界，使牛顿力学的思想方法成

---

① 张博. 论近代科学范式形成的自然哲学基础 [D]. 哈尔滨工业大学，2008（6）.
② 张殷全. 化学论哲学、机械论哲学、有机哲学与近代化学的建立 [J]. 化学通报，2004（10）.

为近代科学的经典思维模式。"① 吴国盛在其所著《追思自然：从自然辩证法到自然哲学》中也有类似判断，他指出"17 世纪后半叶开始，数理、物理学传统成为自然科学研究范式的主流。"② 此外，张博在其学位论文中还认为，近代科学研究范式具有数学性、实验性、机械性三大特点。③

除了对自然科学研究范式本身的研究之外，还有学者对自然科学研究范式与社会科学研究范式的特征进行了比较研究，譬如王峰、殷正坤在《社会科学范式与自然科学范式特征的比较研究》一文中就总结了这二者特征的异同：社会科学研究范式与自然科学研究范式具有相同的整体性、工具性和相对稳定性特征；社会科学研究范式与自然科学研究范式的不同点在于其多元性、民族性、地域性、价值性、目的性和互补性等特征。④这些研究为我们进一步开展社会科学研究范式的考察提供了指引。

2.1.3 "研究范式"概念的拓展——社会科学范畴下的界定

1986 年，美国学者肯尼斯·贝利（Kenneth Pele）最早将"研究范式"概念引入社会科学并加以规范，在其所著《现代社会科学研究方法》一书中指出"这个词用在社会科学中，就是观察世界的一种视野和参照框架，它是由一整套概念和假定所组成……研究者在社会世界所看到的，是按他的概念、范畴、假定和偏好的范式所解释的客观存在的事物。"⑤ 在此之后，西方不同学者从不同侧重点对社会科学研究范式的解读也形成了西方哲学社会科学的不同流派：

——自然主义代表人威尔逊（E. O. Wilson）认为，社会科学的研究对象与研究方法与自然科学在本质上是一致的，社会的存在及其运转的规律同自然界一样，因此类比运用自然科学模型去解释社会现象也是行得通的。⑥ 当然，有一些自然主义学者整体上赞同前者的观点，但对自然科学方法和模型的运用相比前者而言要谨慎得多，譬如金（Ian T. King）在其专著《社会科学和复杂性：科学的基础》就强调"社会科学中的各门学

---

① 曾建平. 西方机械论自然观兴衰之省察 [J]. 湖北大学学报，2006（6）.

② 吴国盛. 追思自然：从自然辩证法到自然哲学 [M]. 沈阳：辽海出版社，1998.

③ 张博. 论近代科学范式形成的自然哲学基础 [D]. 哈尔滨工业大学，2008（6）.

④ 王峰，殷正坤. 社会科学范式与自然科学范式特征的比较研究 [J]. 科学技术与辩证法，1996（6）.

⑤ 肯尼斯·贝利. 现代社会科学研究方法 [M]. 上海：上海人民出版社，1986.

⑥ E. O. Wilson. Consilience: The Unity of knowledge [M]. New York, Alfred A. Knopf, 1998（4）.

科都过度使用了自然科学的方法和模型，以此来寻求其科学的合理化外衣。"①

——诠释主义代表人鲍登（Romond Boundou）认为，认识相对主义和文化相对主义是当代社会科学的基本论题。所谓认识相对主义和文化相对主义，其核心要义是要尊重彼此不同的认识和文化背景，承认差异的条件下平等地交流。因此，在研究任何问题之前，社会科学都必须根据"谁，是什么，什么时候，什么地点，为什么"来定义，否则就是一种"无源之见"；如果不谈个体的差异而直接寻求所谓的"科学"以寻求普遍性，这是没有意义的。②

——批判主义代表人托马斯·尤贝尔（Thomas Uebel）在《20世纪分析传统中的社会科学哲学》一文中提出当代社会科学区别于传统研究的两大特征：一是反实证主义，并不是所有的问题都可以通过自然科学实证的方法加以研究，社会学研究的问题较自然科学而言更侧重于个别具体事物的联系，不具有可重复性，进而也没有放之四海而皆准的规律；二是对社会科学中各种实例的关注的日益增强，正因为前述社会科学研究的特点，因此对个案的研究才是有意义的、才是重要的。③

——复杂性科学主义代表人大卫·伯恩（David Byrne）在《复杂性理论与社会科学》一书中系统地介绍了复杂性社会科学概念体系，并就社会学的一些基本理论观念所内含的复杂性予以阐述，他认为，将混沌理论与批评理论相结合是应对现代社会问题的根本途径。④ 唐·约格（Ton Jorg）在《对社会科学和人文科学中复杂性的新思考》一文中也有类似表达"常规科学方法不能处理社会科学研究主题的真实复杂性，致使受这些方法的线性思维主导的社会科学研究陷入一种困境。"⑤

我国学者对社会科学研究范式的探讨始于20世纪90年代中期，早期

① Ian T. King. Social science and complexity: the scientific foundation [M]. New York, Nova Science Publisher, 2000.

② Romond Boudon. Social Science and Two relativism [J]. The Irish Journal of sociology, 2003 (12).

③ Thomas Uebel. Twentieth century philosophy of social science in the Analytic Tradition [M]. the Blackwell guide to the philosophy of the social science. New York, Blackwell Publisher, 2003.

④ D. S. Byrne. Complexity Theory and the social Science: An introduction [M]. New York, Routledge, 1998.

⑤ Ton Jorg. New thinking in complexity for the social sciences and humanities [J]. Berlin Springer, 2011.

的代表性学术观点包括：徐明明在《论社会科学范式》一文中认为"社会科学研究范式是由本体论社会观观念、认识论方法论观念、基本理论假设、研究主题和基本政策纲领五个要素，按照一定结构组成的整体，是社会科学理论体系和研究活动的重要组成部分和构成因素。"① 李学明在《论人文社会科学共同体的基本特征》一文中将"人文社会科学共同体"概念与"科学共同体"概念相对应，初步探讨了人文社会科学共同体的基本特征：共同的科学观和方法论观念，共同的基本理论假设、基本理论原理和基本理论观点、共同的研究方向、研究领域和理论主题，共同的基本政策主张，共同的内部专业交流。② 秦金亮在《国外社会科学两种研究范式的对峙与融合》一文中提出了量化研究与质化研究这两大基本范式，并就这两大研究范式在本体论基本假设、认识论假设、价值论假设等方面的差异进行了比较分析，并提出通过次序式融合、平行式融合、交叉式融合、同步主辅式融合、主辅嵌入式融合等途径实现这两大基本范式的融合。③

2001 年，我国学者欧阳康在其所著《人文社会科学哲学》一书中对"社会科学研究范式"的概念进行了界定，他认为"社会科学的范式就是指社会科学理论体系和研究活动中关于研究对象和研究活动的一组基本概念，是某一科学共同体成员围绕某一社会科学或专业所共有的信念、价值观、技术手段等的总和。"④ 这一定义同前述黄玉兰博士在其学位论文《中国哲学史学科范式的历史考察》中对哲学研究范式概念的界定在内涵上保持了高度一致，即"研究范式"至少应包括世界观、方法论和价值判断三个要素。

随后 2003 年，欧阳康在《新世纪我国人文社会科学研究的范式转换与方法论创新》一文中进一步论证了范式转换与创新对克服当前我国人文社会科学研究中"失范"状态的重要意义，并预测了中国人文社会科学范式转换的基本方向以及实现这种转换所需的方法论创新。⑤ 该篇文章也作为一篇纲领性文章主导了此后我国社会科学范式研究领域的基本方向。在此之后，"社会科学研究范式"这一词汇的含义基本稳定下来，其后的一

---

① 徐明明. 论社会科学范式 [J]. 自然辩证法研究，1996 (12).

② 李学明. 论人文社会科学共同体的基本特征 [J]. 吉首大学学报，2000 (1).

③ 秦金亮. 国外社会科学两种研究范式的对峙与融合 [J]. 山西师大学报，2002 (2).

④ 欧阳康. 人文社会科学哲学 [M]. 武汉：武汉大学出版社，2001.

⑤ 欧阳康. 新世纪我国人文社会科学研究的范式转换与方法论创新 [J]. 人文社会科学评论，2003 (4).

些学者对社会科学范式的研究在不同程度上引用了欧阳康的观点，譬如樊小军对早期社会科学三种范式及其哲学基础的研究①、郭爱妹对社会科学范式交错性的研究②以及谢青松对中国特色哲学社会科学的研究，③ 等等。

2.1.4　金融学研究范式的界定

从国外文献来看，"金融学研究范式"（financial paradigm）这一概念产生于2008年美国次贷危机后美国和欧洲学者对危机产生原因的思考和反思过程中，而且，"金融学研究范式"的这一提法在他们的研究语境下并非严格意义的学术定义，而更多的是一种辅助性概念、描述性概念。因此，"金融学研究范式"这一概念在西方还处于初步探讨阶段，尚未普及。这其中具有代表性的观点来自量子基金的创始人乔治·索罗斯（George Soros），他在2008年次贷危机后出版了一部专著《金融市场的新范式——2008年次贷危机意味着什么》来反思这场危机，其反思的一个重要角度就是"范式"，当然，他所说的"范式"并非严格意义上我们学术讨论的范式，而是基于索罗斯自己多年来的投资哲学——反身性理论。④ 此外，美国金融学者肯特·贝克（H. Kent Baker）在《金融范式转换——危机中的教训》一文中也谈及了"金融学研究范式"的内容，并且是作为学术问题予以研究，他认为，金融学研究范式转换是由基于马柯维茨市场有效性假说下的资产组合分析范式向现代行为金融分析范式转换，并以此作为视角研究投资者行为及金融危机。⑤

在我国，对"金融学研究范式"的研究事实上较西方更早一些。早在2000年，白钦先在《再论以金融资源论为基础的金融可持续发展理论——范式转换、理论创新和方法变革》一文中就提及了"范式转换"这一理论问题，文中虽未正面给"金融学研究范式"下定义，但所述议题均是"金融学研究范式"所应包含的内容，如"在方法论上，金融可持续发展理论注重理论实证和经验实证的有机结合，突出强调金融学的社会

① 樊小军. 早期社会科学的三种范式及其哲学基础 [D]. 山西大学，2009.

② 郭爱妹. 交错性：人文社会科学研究的新范式 [J]. 国外社会科学，2015（11）.

③ 谢青松. 构建中国特色哲学社会科学：意义、要求及范式 [J]. 云南社会科学，2016（9）.

④ George Soros. The New Paradigm for Financial Markets—The Credit Crisis of 2008 and what it Means [M]. Scribe Publications，2008.

⑤ H. Kent Baker, Greg Filbeck. Paradigm Shifts in Finance—Some Lessons from the Financial Crisis [J]. The European Financial Review，2013（4）.

科学属性。"[1] 同年，姚勇公开发表《金融学的范式、理论和方法：历史考察与现实审视》，对以古典西方经济学为基础的金融学大概五百年的发展历程做了详细梳理——从重商主义到亚当·斯密，从古典政治经济学危机、边际革命到新古典经济学，从凯恩斯主义到货币主义、供给学派，从新古典宏观经济学、新凯恩斯主义到新制度经济学，最终得出结论认为"当代金融学的危机最根本上是范式危机。"[2] 此后，国内其他学者也陆续开展相关方面的研究，譬如：赵新顺在《金融经济学的研究范式及其演进——行为金融与标准金融研究范式比较》一文中对金融学研究的三个基本问题概括为"物的问题""人的问题"和"经济体制的问题"，分析了标准金融理论与行为金融理论各自范式的特点，进而指出后者向前者提出的严峻挑战。[3] 殷剑峰在《结构金融——一种新的金融范式》一文中提出"结构金融"是一种以证券设计为核心的新型金融活动，它与传统金融范式——间接融资最大的区别是突出的中介功能。[4] 杨德平、张俊岩在《农村金融新范式研究》一文中认为农村金融现有的机构范式和功能范式是一定历史阶段的产物，既有进步性又有历史局限性；农村金融范式转换要以农村金融理论研究的世界观和方法论的转换为前提，[5] 等等。

综观已有的"金融学研究范式"相关研究成果，或未从正面下定义对其进行直接研究，或其所下的定义与目前已得到广泛认同的"社会科学研究范式"概念相抵触，因此，有必要在充分借鉴已有研究成果的基础上对"金融学研究范式"概念进行严格界定。[6]

本书所指的"金融学研究范式"是金融研究活动中所涉及的世界观、方法论及价值判断的总和——这一定义同"哲学研究范式""社会科学研究范式"在逻辑上保持了内在的一致。

---

① 白钦先．再论以金融资源论为基础的金融可持续发展理论——范式转换、理论创新和方法变革 [J]．国际金融研究，2000（2）．

② 姚勇．金融学的范式、理论和方法：历史考察与现实审视 [J]．经济评论，2000（11）．

③ 赵新顺．金融经济学的研究范式及其演进——行为金融与标准金融研究范式比较 [J]．河南大学学报，2006（6）．

④ 殷剑峰．结构金融——一种新的金融范式 [J]．国际金融，2006（10）．

⑤ 杨德平，张俊岩．农村金融新范式研究 [J]．经济学动态，2010（12）．

⑥ 白钦先，张坤．近现代中国金融研究范式的变迁 [J]．金融评论，2017（4）．

2.2 白钦先金融理论研究文献综述

2.2.1 国内学者对白钦先金融理论的研究

对白钦先金融理论研究的文献大致可以分为三个部分：一是收录在《白钦先集·师门问学记》《白钦先集·中国金融学科建设发展——1978—2014年》《白钦先学术思想研究》以及《第三届白钦先学术思想高峰论坛论文集》中的文献，主要是白门弟子对白钦先金融理论的研究，具有代表性的有：

崔满红在《金融资源理论：形成、方法、体系》一文中分别阐述了金融资源的提出、金融资源理论的基本内容、金融资源理论的核心（金融资源效应功能区）金融资源理论的基本结论；在该篇文章中，首次提出白钦先学术思想中的"整体与大局观"；此后，这一观点进一步凝练为"大局观和整体论"——所谓大局观是白钦先学术思想中的世界观、所谓整体论是白钦先学术思想中的方法论，崔满红教授的这一观点最早形成于2012年，最终形成文章"白钦先学术思想中的大局观和整体论"收录于《第三届白钦先学术思想高峰论坛论文集》。

秦援晋在《白钦先集》第一卷首发时撰写的"白钦先教授学术思想解读"，从思想层面阐述了白钦先教授学术思想中的"恒"因素，即人本位思想和可持续发展的资源观；从研究的若干专门领域层面将白钦先理论概括为比较金融论、政策性金融论、农村金融与合作金融论、金融功能与虚拟金融正负功能论、金融危机论、对外开放论、发展金融论以及金融教育论。其后，秦援晋博士又撰文"经济学、金融学的人文特性及其文化阐述"，进一步丰富、拓展了其前谓的"人本位思想"，指出金融是有历史的、金融是有文化内涵的、金融是有民族特征的。其后，秦援晋博士撰文"论自然科学与人文科学在方法论上的区别：白钦先教授学术方法探源"，深入比较了自然科学与人文科学在方法论上的异同，并以白钦先教授的方法论为代表阐述了人文科学方法论变革的重要性。2018年，秦援晋博士又撰文"白钦先教授学术思想中的价值根基"，从金融的本质、金融的效用、金融的伦理文化理想三个方面阐述白钦先理论的价值根基，该文收录于《第三届白钦先学术思想高峰论坛论文集》。

沈军在《白钦先教授发展金融学的学术思想与贡献研究》一文中将白

钦先教授的金融观概括为金融资源观、金融结构观、金融功能观、金融虚拟观、大国金融观；这为后来白钦先教授提出的"十大金融意识"奠定了基础。十大金融意识的提出始于 2007 年美国次贷危机爆发伊始，十大金融意识自提出至今，经历了不断增减、补充、完善，以使之与时俱进，它们分别是现代金融意识、金融危机与金融风险意识、金融功能意识、国家金融主权与安全意识、反金融霸权意识、金融体制意识、金融资源意识、政策性金融意识、互联网金融意识、人本民本金融意识、普惠金融意识和金融强国意识——这十大金融意识的提出与完善，也是白钦先新金融观、新金融发展观形成的重要理论根据。

张荔在《教书育人为国为民传承创新大业精诚》一文中将白钦先教授的学术思想和教育理念概况为"浸透着深邃的哲学底蕴和人文关怀；凸显了经济学金融学的人文价值观认同，凸显了经济学金融学理论的思想性和民族性特征，凸显了思维的中国主体性和国际话语权的中国诉求；同广大教育与理论工作者一道，彰显着哲学社会科学的中国特色、中国风格、中国气派。"张荔教授作为白钦先教授的硕士与博士研究生，辽宁大学金融学学术带头人和校社科处处长，撰写此文显然具有相当的代表性和一定的权威性。

王伟在《白钦先教授政策性金融学术思想研究》一文中全面阐释了白钦先政策性金融理论产生的历史背景及意义、两大金融族类观、政策性金融功能观和政策性金融"六大协调均衡"可持续发展观；其中所谓的两大金融族类即商业性金融与政策性金融，二者是一个经济社会发展过程中不可或缺、相辅相成的两翼；这一观点是其后白钦先"三维金融论"的重要理论源泉之一。

李钧在《构建和完善中国农村三元结构制度的战略构想——导师白钦先教授的农村金融学术思想》一文中进一步丰富拓展了上述的两大金融族类观，进一步形成了商业性金融、政策性金融和合作性金融相辅相成的三元结构；而其后，白钦先教授与文豪合作的"论三维金融架构——哲学的人文的历史的与经济社会综合视角的研究"正是在此基础上形成了白钦先教授的"三维金融架构论"，它较"三元金融论"更强调三种金融族类间彼此互动、相辅相成、共生共存共繁荣的依赖、互动。

英国剑桥大学和牛津大学访问学者、国际评估准则理事会专业委员会委员姜伟在广泛的国际学术交流过程中对白钦先教授的学术思想在国际舞台上应有什么样的重量和能够扮演什么样的角色深有感触，因而在他本人致白钦先教授荣获"中国金融研究杰出贡献奖"的贺信中提出："白老师的学术思想不仅是中国的，也是世界的。加强国际学术交流，让世界深入了解中国，了解中国学者的贡献，了解中国金融学科的发展，自然不能没有白老师的声音。希望白老师的著作能够早日翻译成外文出版发行，让其研究成果为世界所共享。"

此外，还有杨秀萍对白钦先学术思想中的哲学思想和人文发展理念的研究、杨涤对白钦先学术思想中时代性特征的研究、陈阳对白钦先思维的中国主体性研究、谭庆华对白钦先学术思想中人本主义的研究、刘刚对白钦先金融强国战略的研究、徐爱田对白钦先科研工作方法论的研究、禹钟华对白钦先学术立场的研究、常海中对白钦先金融虚拟性与金融正负功能理论价值的研究……他们从不同侧面解读和丰富了白钦先金融理论及学术思想。

二是刊登在公开刊物上的书评、序言及学术研究类文章，主要是学界同仁对白钦先金融理论的研究。

早在 1989 年孔祥毅教授就在《山西财经学院学报》上刊登《谁开湖寺西南路，草绿裙腰一道斜——评白钦先同志主编的〈比较银行学〉》为题的书评，他指出"近几年来，国外银行理论、体制、业务、技术内容被大量引入国内，但是却比较分散、零乱。由辽宁大学白钦先副教授主编、河南人民出版社出版的《比较银行学》在这方面作了有益的探索和开拓性的研究，取得了可喜的成果……首先，涉猎广泛、资料翔实；其次，有叙有论、分析深刻；最后，结构清晰、内容广泛。"[①] 时至 2017 年，白钦先教授荣获中国金融学科终身成就奖，孔祥毅教授发来贺信，在贺信中充分肯定了白钦先教授在金融理论创新方面所取得的成就"钦先兄始终秉持学者要为国家民族利益服务之核心理念，追求理论传承与创新，在'金融体制比较学说''政策性金融学说''金融结构金融功能演进与金融发展学说'、'金融可持续发展理论与战略'等多个领域取得了奠基与开创性的成就，为中国金融理论发展、中国金融学科建设作出了杰出的贡献，实为我国金融理论创新之旗手。"

1998 年 6 月 3 日，《金融时报》证券版头版头条刊登署名陈邦来的评论员文章"21 世纪呼唤理性的金融发展观"，该文的刊发是对 5 月 25 日在四川成都召开的"面向 21 世纪全球金融发展国际学术研讨会"开幕式

---

① 孔祥毅．谁开湖寺西南路，草绿裙腰一道斜［J］．山西财经学院学报，1989（6）．

上白钦先教授发言的响应与评价。在此次会议开幕式上，白钦先教授代表中国学者发言，首次以"金融资源理论与金融可持续发展战略"为题进行了演讲，郑重其事地向中外学者提出研究金融可持续发展理论和实施金融可持续发展战略的建议。在评论员文章中指出"将这一研究方向引向深入是 1998 年中国金融界的一件大事。"① 6 月 7 日，《金融时报》理论版再次刊登白钦先教授"论金融可持续发展"的长篇文章，并加编者按，认为"此文向人们展示了一个亟待研讨的重大研究议题；这方面的研究刚刚破题，有待更多的专家学者共同努力，推向深入。"

2004 年，白钦先的导师陈家盛教授应《生产力研究》之邀撰写了白钦先学术思想评述，题目为"为人惟诚、为学惟新、为道惟真——评白钦先教授学术活动与成果评述"，刊登在《生产力研究》2004 年第 9 期。陈家盛教授在该文中将白钦先金融理论及学术思想的特点概括为"强烈的时代感和广阔的视野、与时俱进富于创造性和开拓性的探索、深深的爱国主义民族自豪感与责任感、高瞻远瞩的哲学与战略高度的方法论思考、人正风正气正文正"②，陈教授从导师的视角充分肯定了弟子的成绩，在字里行间无不透露着对晚辈的关爱与提携。

2013 年，宋陆军发表"一种新金融观：人文金融观"和"一种新金融观：体制金融观"，对白钦先金融观及其学术思想展开评述，这两篇文章分别刊登在《区域金融研究》2013 年第 3 期和《西南金融》2013 年第 4 期。宋陆军在文中指出"人文金融观认为国家民族利益是经济学金融学服务与保护的对象，金融学具有鲜明的民族性特征。金融学是人学、人文之学，是社会科学，它离不开哲学的人文关怀与关爱，而秉持经济学金融学人文价值观必然是经济金融学家的神圣使命与历史责任"③ "体制金融观将国别金融及人类金融一般抽象概括为九大金融相关要素的有机整体，即金融体制。在九大金融相关要素中运行环境是核心要素，以此为架构形成一种新的分析框架。"④ 其后，宋陆军以"白钦先新金融观研究"为博士论文选题，深刻阐述了白钦先新金融观的内涵，即体制金融观、三维金

① 陈邦来．21 世纪呼唤理性的金融发展观［N］．金融时报，1998 - 06 - 03.
② 陈家盛．为人惟诚、为学惟新、为道惟真——评白钦先教授学术活动与成果评述［J］．生产力研究，2004（9）.
③ 宋陆军．一种新金融观：人文金融观［J］．区域金融研究，2013（3）.
④ 宋陆军．一种新金融观：体制金融观［J］．西南金融，2013（4）.

融观、资源金融观和人文金融观，并深入分析了四者间的互动关系。[①]

三是历次课题申报会、结题会评审、学术研讨会上的会议纪要和会议录音，主要是社会各界人士对白钦先金融理论的研究。

2000 年 3 月，科技部批准白钦先教授带领的学术团队立项"知识创新体系中的资源理论创新——金融资源理论与实践研究"（Z00005），2006 年 1 月结题。由张亦春、秦池江、景学成、郑振龙和孔祥毅等权威金融专家所组成的评审组高度肯定了白钦先教授提出的金融资源论，他们认为："2000 年国家软科学项目（编号：Z00005）'知识创新体系中的金融资源理论创新——金融资源理论与实践'的最终研究成果《金融可持续发展理论研究导论》及《21 世纪新资源理论——关于国民财富源泉的最新研究》是我国改革开放以来在金融基础理论与实践（金融可持续发展战略）研究领域取得的一项突出的具有原创性特征和中国'自主性知识产权'特征的优秀学术成果。（1）该成果在经济全球化、经济金融化、金融全球化日益深化和知识经济初见端倪的形势下，在国内外首次提出并系统全面地揭示了金融的资源本质属性，提出'金融是一种资源，是社会资源，是一种战略性稀缺资源'的理论学说，这一学说极富时代特征，并由此引起了传统金融基础理论的范式转换、理论创新和方法变革，也引发了传统资源观和传统金融观的根本性变革，构成了知识经济条件下中国国家知识创新体系的一部分。具有重大的金融基础理论原创性意义。（2）该成果以金融资源学说为基础，首次将可持续发展的思想理念创造性地扩展运用到金融领域，在此二者结合的基础上，提出了金融可持续发展理论与战略，引起社会各界和经济金融理论界的广泛关注、热烈反响与深入研究讨论，也同中央提出的全面协调可持续的科学发展观的战略决策保持了高度的协调与一致性。（3）该成果不仅是国内，也是世界金融科学研究的创新成果。以金融资源学说为基础的金融可持续发展理论与战略也受到美国、英国和德国等国际著名金融学家的肯定与支持。该成果通过揭示金融资源的'一般资源与特殊资源二重属性'，以及'功能性高层金融资源'这两条通道，保持了与西方经济金融学理论视角的平滑连接与过渡。"

1993 年 9 月，白钦先教授主编的《各国政策性金融机构比较》出版，该项成果经人民银行吴晓灵副行长、楼继伟司长、赵海宽所长、虞关涛研究员、陈家盛教授、孔祥毅教授等专家鉴定，结论认为："《各国政策性金

---

① 宋陆军. 白钦先新金融观研究 ［D］. 辽宁大学，2014（6）.

融机构比较》是我国国际金融研究领域取得的一项突出的学术成果，该成果对各国政策性金融机构问题进行了全面、系统、多角度、全方位的比较研究，在许多方面取得突破性和开创性进展，填补了政策性金融研究的空白，并达到国内外相当高的水平。该项目的立项是超前的，完成是及时的，并具有相当的难度。该项目成果为我国政策性金融机构体制的设计和建立提供了理论依据和可资借鉴的经验，对于深化我国金融体制改革具有重要的理论意义和实际指导价值，其社会效益是巨大的。"

2012 年和 2017 年，白钦先教授分别荣获"中国金融研究杰出贡献奖"和"中国金融学科终身成就奖"，在这两次颁奖典礼上，有来自全国高校、研究院以及实务部门的各界人士，他们在颁奖典礼上高度评价了白钦先教授的学术成就和学术特点。具有代表性的包括：

中国社科院经济研究所所长裴长洪研究员在颁奖典礼上指出："目前社会上的奖项很多，光我们社科院也有好多奖项，什么'孙冶方奖''浦山奖''胡绳奖'等。社会上的这些奖项大体上有两种类型，一类是评一篇文章或者是评一部著作，这是多数奖项的评法。咱们今天颁的这个奖项不完全是这样，实际上它在一定程度上是评一个人，评一个学者。'杰出贡献奖'是评一个学者，那么作为学者被评的最重要的标准是什么呢？我想应该是他的学术思想，也就是所谓'学术传世'。但是，中国的学术传统不仅仅是评一个人的学术思想，它讲的是道德文章。所以，实际上要根据立德立言的情况来评。白老师确实是立德、立言，学术传世，他具备了作为一个杰出学者所需要的评判条件。"

厦门市政协副主席、厦门市人民政府前副市长厦门大学江曙霞教授在颁奖典礼上指出：白钦先教授非常开拓、非常创新地率先概括出了金融相关的九大要素，然后逐一进行比较，建立了比较研究的理论框架，提供了做比较研究的分析范式，我们后面做的一些研究都因为他的开拓和创新而受益。白钦先教授做的各种金融比较研究，即使从今天再看，也是非常系统全面的，在国内外都比较少见。白钦先教授的研究成果不仅为我们中国金融理论研究作出重要贡献，也为中国金融的改革和金融体制的建设作出重要贡献。

以白钦先学术思想为主题的学术论坛开展过四次，第一次是 2000 年在辽宁沈阳召开的"白钦先金融理论创新座谈会"，第二次是 2009 年在湖北赤壁召开的"中国金融发展高级论坛暨《白钦先集》首发仪式"，第三次是 2017 年在辽宁沈阳召开的"中国金融学科终身成就奖颁奖典礼"分论坛"白钦先学术思想高峰论坛",第四次是 2018 年在山西太原召开的"第三届白钦先学术思想高峰论坛"。在历次会议上,有来自全国各地的学界、政界、实务界的专家从不同侧面座谈了白钦先学术思想的内涵。

其中最具代表性的是 2018 年"第三届白钦先学术思想高峰论坛"上郑振龙教授以"白钦先学术思想评述"为题做的主旨发言,全面总结回顾了白钦先教授四十年科研创新生涯。他指出"白钦先教授是金融体制为研究对象的比较金融学学科体系的奠定者、是中国特色的政策性金融理论的首创者和中国政策性金融实践的首倡者、是以金融资源学说为基础的金融可持续发展理论与战略的开创者、是发展金融学理论与学科体系建设的积极倡导者和推动者、是经济学金融学哲学人文关怀关爱和国家性民族性的坚定秉持者、是科学研究、学科建设、人才培养和服务改革开放四位一体的卓越实践者"。郑教授的精彩发言引起与会学者的强烈共鸣。

此外,还有辽宁大学校长程伟教授、中国金融出版社原副总编杜华女士、中共辽宁省委政研室处长赵斌女士等诸多专家对白钦先金融理论创新的诸多感悟、点评,由于篇幅所限此处不再赘述。

2.2.2 国外学者对白钦先金融理论的关注

值得注意的是,对白钦先金融理论的关注不仅限于国内,同时还受到了德国、美国、英国和日本等著名学者的关注与肯定。

在 1998 年 5 月召开的"21 世纪全球金融发展国际学术研讨会"上,德国柏林经济学院黑尔教授高度评价了白钦先教授的金融资源论及金融可持续发展学说,他表示对白钦先教授的理论很感兴趣,并对白钦先教授的很多观点,如金融经济、金融主权、金融危机、可持续发展等深有同感。

美国金融学会前会长,著名金融学家,伯克利大学洛杉矶分校教授麦克·布鲁楠 2000 年在与中国访问学者郑振龙教授的讨论中表示"金融资源理论这一思想很深刻、很新颖,我们西方学者、特别是青年学生对费时费力的基础理论研究不感兴趣,我们老了,希望东方学者,尤其是中国学者继续深入研究"。

英国著名货币金融专家、英格兰银行货币政策委员会顾问、英国约克大学麦克·威肯教授及英国实证经济学家史密斯教授同中国访问学者李安勇教授交流探讨中也曾表示"白钦先教授大胆提出金融资源学说,这是很有原创性意义的一种金融理论,很深刻、很有时代感,又富有东方文化的特色,也反映了知识经济时代财富越来越由非自然资源而来,由非传统产业创造的事实。"

2008 年 5 月，由美国全球金融学会与浙江理工大学主办的"第十五届全球金融年会暨 WTO 与金融工程国际会议"在杭州召开，白钦先教授在开幕式上做了"实施自主、公平、对等、均衡与可持续发展的对外经济金融开放战略"为题的主旨发言，引起与会国外（境外）专家的热烈反响：

——沙特阿拉伯石油矿产大学教授乌特曼博士（Dr. Usamah Ahmed Uthman）评论道：白钦先教授提到的问题非常典型，在很多国家都存在，特别是在一些发展中国家。国家的主权和安全，的确是一个国家的最高战略，也应该是最高战略。

——美国孟菲斯大学教授雷扎伊博士（Dr. Zabi Rezaee）评论道：白钦先教授的演讲非常精彩，在中国金融对外开放和美国金融霸权，以及地位平等的问题上，我和您有着强烈的共鸣，而您清醒地认识到了这个应该被关注的、但却未被关注的问题。美国的经济衰退和中国经济的持续高速增长，给中国提供了一个可以改变这种不均衡和不平等状况的机会。

白钦先教授主持的国家社科基金重点项目（07AJY014）和教育部委托项目（09JF001）"全球金融危机与国际货币金融体系改革"的科研成果引起了美国、日本著名学者和高官的高度关注，2010 年该项目的阶段性成果——白钦先教授与中山大学张志文副教授合作的"外汇储备规模与本币国际化：日元的经验研究"一文由张志文副教授在哈佛大学作专题报告，哈佛大学著名经济学家、美国国务院负责国际经济事务的前副国务卿理查德·库伯教授亲自主持，报告会上，反响热烈、探讨深入，时任日本驻波士顿总领事馆副总领事 Hisashi Nakatomi 及耶鲁大学教授、日本著名经济学家滨田弘一（Koichi Hamada）会后特邀报告者共进午餐并做进一步讨论。

第3章 白钦先金融理论研究范式的内涵

"金融学研究范式"是金融研究活动中所涉及的世界观、方法论及价值观的总和；基于这一定义，笔者拟从世界观、方法论及价值观三个方面阐述白钦先金融理论研究范式的内涵。

3.1 白钦先金融理论研究范式的世界观：大局观

总结白钦先金融学术思想的内在逻辑，首先要考察白钦先教授是怎样观察、思考金融问题的，即白钦先金融理论的世界观。笔者将白钦先教授观察金融现象的视角概括为"大局观"，所谓"大局"是一种立体结构，不只是"顾全大局"的"大局"，至少包括以下三个层面。

3.1.1 全球化视野

全球化视野是以白钦先教授为代表的金融可持续发展战略和金融发展理论的一个完全独立的视角，也是国内金融理论的工作者们最早把全球化作为金融理论创新研究的一个流派。

白钦先教授观察问题的全球化视野是在构建《比较银行学》学术框架、深入研究金融体制九大要素的过程中逐步形成的一个理论体系或理论逻辑，它与白钦先教授的学术背景直接相关。所以研究白钦先学术思想必须真正追溯他思想的根源，了解白钦先教授的学术背景。白钦先教授本科毕业于中国人民大学国际政治专业，这个专业是培养理论外交官的，而外交官的基本素养就是要构建全球化视野，所以白钦先教授的全球化的视野实际上是从本科受教育的时候就已经开始形成。这是一种一贯性的行为，为20世纪90年代之后的中国理论创新天然地形成了一个领先于别人的或者说一个先入为主的独立的视角。举两个反映白钦先教授全球化视野的事例予以说明：

白钦先教授在 20 世纪 90 年代末的讲演中就以"一个东方大国的崛起"为题，详细阐述中国对外开放战略与自身发展战略的内涵。他提出"中国是一个后发的、赶超的、东方的、发展中的、转轨的、正在和平崛起的社会主义大国"，准确定位中国发展的历史阶段和世界地位。这一观点形成于 20 世纪 90 年代中期，在那个时候中国的经济总量在 6000 亿美元左右，同墨西哥、西班牙的经济总量相当，不足美国经济总量的 10%，时至今日，中国经济总量超过 12 万亿美元，大约是美国经济总量的 60% 多，成为全球第二大经济体；在同一讲演中，他还有针对性地指出"美国的今天绝对不是中国的明天"，在回答听众提问时将中美关系发展趋势概况为"时好时坏、不好不坏，好也好不到哪儿、坏也坏不到哪儿。"近二十年中美关系的实践也证实了这一观点。可以说白钦先教授能准确把握国家大势离不开观察问题、分析问题的全球化大视野。

20 世纪 80 年代末至 90 年代初，在讨论和制定辽宁省和沈阳市经济与社会发展"七五"规划的过程中，白钦先教授撰文"关于建立东北及东北亚区域性金融中心和金融市场的总体构想与阶段性对策"，深刻分析了改革开放、国际经济、政治形势的发展对沈阳城市建设的利与弊，以"跳出沈阳看沈阳"的一种大局观视野分析沈阳发展的问题，他指出"沈阳是东北经济区的沈阳""处于东北亚中心地带的沈阳""多功能和多种市场组合中的沈阳""处于改革开放大潮中的沈阳"。虽然分析的是地方性发展，但着手点却不限于地方、不围于具体的某个问题，这也是白钦先学术思想中全球化视野的一种应用。

3.1.2 抓住主要矛盾

所谓的大局观就是研究观察问题的时候，抓住主要矛盾，去寻找社会变革过程中最主要的原动力是什么。我们知道矛盾的性质是由矛盾的主要方面决定的，而主要矛盾又是这个问题解决的核心和要害，抓住主要矛盾才能找到理论的逻辑主体，从而找到解决问题的主要途径。

通过对白钦先教授金融理论创新历程的回顾我们可以发现，他将现代经济问题高度概括为一句话"经济金融化"。认真分析之后，我们会明白"经济金融化"高度概括和揭示了社会变动的主要趋势。一个是经济全球化趋势——大格局，另一个就是驱动经济运行的原动力已经由资本的原始积累转化成金融机制，转化成金融资源的配置，金融资源的配置成为经济发展最主要的驱动力。抓住了这个核心问题，实际上就号准了社会经济跳动的脉搏。这是白钦先金融理论及其背后的深刻思想所揭示的金融的最底层问题；现在我们也越来越认识到解决金融和经济关系问题是金融理论最基础的核心问题。不把这个问题说清楚，未来的金融理论是没有前途的。

针对这个问题白钦先教授在世纪之交撰写了多篇相关学术论文，形成了一系列研究成果，如"百年金融的历史变迁""经济全球化和经济金融化的挑战与启示""面向21世纪从战略高度审视和处理金融问题""金融全球化——一把双刃剑""金融全球化下的中国金融业的战略目标""金融强国：中国的战略选择"……这些成果详尽阐述了当今世界正在进行一场深层次的变革，即经济全球化、经济金融化、金融全球化，金融已从传统上是一国内部的行业性和被动适应性的局部性微观问题逐步转变成全球各民族国家与经济体经济社会发展稳定的核心性、战略性、主导性要素①——这是人类文明发展过程中所面临的主要矛盾。也正是沿着这一线索，开创了金融发展学的研究领域。

所以，有一套理论思维，有一个独立视角，然后形成了一个思考的体系，一个理论体系的诞生就成为自然。作为一个学者，是否能够号准时代进步的脉搏很重要。白钦先金融理论研究的侧重点从一开始就认识到了这个问题的主要矛盾——为什么能看到这个核心问题？就是白钦先教授观察问题、思考问题的全球化视野、抓主要矛盾，才能在时代潮流滚滚而来的时候，从滚滚洪流里面看到主流是什么。

3.1.3 解决主要问题

找到了主要矛盾，就需要解决主要问题。认识到经济金融化就需要进一步地构建一个解决这个主要问题的理论逻辑。所以白钦先金融理论中的金融可持续发展战略应运而生，用来解决经济金融化的核心问题，即经济金融化之后的可持续发展问题。

亚洲金融危机宣告了传统金融理论的破产，传统金融发展模式不可持续了，其根本原因是我们没有认识到金融内生性的出现，"致命的自负"忽视了这种本质变化，金融已经成为经济发展内生动力，我们还把他当工具看待。白钦先教授提出的金融资源论以及基于该理论的金融可持续发展说深刻揭示了金融的资源属性，提出了金融可持续发展战略，就是源于这样的认识——金融既然是经济的一个内生动力，自然也是一个破坏因素。

---

① 白钦先，刘刚. 金融强国：中国的战略选择［J］. 经济与管理研究，2006（6）.

金融成了经济的一个结构性要素，而且是一个最重要的结构、驱动轮，所以说金融一出问题，整个经济结构就会出问题，甚至坍塌。那么，如何才能够使金融不破坏经济的运行？白钦先教授给出的解决思路即金融可持续发展学说。金融可持续发展学说的核心是金融资源的有效配置——失效就会破坏社会经济发展，有效就会推动社会经济发展。这一观点已为2008年爆发的美国次贷危机所证实。

这一推论对于中国——这个发展中的大国而言也极具启示意义。金融领域必定是21世纪大国间竞争、争夺和博弈的战略性新领域，体现在以下几个方面：金融风险与危机的全球化尖锐地提出了全球金融的共同安全问题和预警救援体系问题；金融资源，特别是全球性国际金融资源开发配置的垄断性和不对等性日趋显著；金融资源开发配置和流动日趋全球化，大国间争夺此类资源的主导权与控制权的斗争日益激烈；防止金融大国"玩金融牌"掠夺别国财富、延缓别国发展，防止金融大国搞"金融霸权""金融侵略"。① 所以正是有了对问题本质清晰的认识——从全球化的视野抓住问题的主要矛盾，才能做出正确的应对措施。

3.2 白钦先金融理论研究范式的方法论：整体论

整体论是白钦先金融理论研究范式的方法论。所谓方法论就是怎么更好地去分析问题、更好地解决问题、更好地去构建一套理论思维框架。笔者认为，白钦先金融理论研究范式的方法论至少包括以下三个层面。

3.2.1 把国别问题纳入全球背景构建分析框架

白钦先教授提出的金融理论体系不仅仅是关注中国的问题，而是从中国主体性出发，把中国问题放在全球格局中研究和思考的问题，是全球的整体性问题。白钦先教授曾提出过一组概念，叫全球金融和国别金融，但是他很少把国别作为具体的研究对象，始终是把现代金融放在全球背景下来研究分析解决问题的。

科学研究的主流方法论，我们把它称为还原论。还原论是把一个整体解剖成很细小的个体来进行研究，之后再把它们的功能加总起来形成整体

---

① 白钦先. 面向21世纪从战略高度审视与处理金融问题［J］. 国际金融研究，2000（12）.

性的功能，而每一个个体功能累加起来与整体功能有时是不对应的，所以才有了整体论的研究方式，整体论就是把每一个问题放在整体中去研究。整体论和还原论最大的区别在于整体论一般没有假设条件，基本不排斥任何一个要素的存在，不假设某个要素的某一种状态。在这种情况下思考每一个要素的问题，必须从整体上把握和分析。整体论是在动态而非静态中观测问题的，理论逻辑、思维方式是建立在动态分析基础上的，不断跟着事物的演进过程看待问题。

整体论是 20 世纪 60 年代之后，现代科学领域方法论的一个重要转换，产生了很多研究复杂问题的方法论，如博弈论、混沌理论、自组织理论、非线性理论、复杂系统理论等。用整体论来观测、研究金融问题，白钦先教授应该是中国乃至全球金融学者中的佼佼者。白钦先教授打破还原论这种板块型的格局，率先在金融领域中使用整体论的方法来观察分析问题，所以才有了金融可持续发展理论的产生。

可持续发展是 20 世纪 60 年代提出的，是解决人与自然的关系问题的，将它引入金融研究领域，构建起一套金融可持续发展理论体系，没有整体论的思维是不可能形成的，这就是方法论的转化，而引出的新的理论路径。

3.2.2 从金融发展全局来把握金融理论创新

亚洲金融危机之后，大家都在想亚洲经济社会怎么了，都在寻找危机的原因，但是在国内的学者中，只有以白钦先教授为代表的这批学者找到了这场危机的根源在于理论的危机。

偏好理论认为行动是由人的思维来决定的，所以亚洲金融危机产生就源于西方人给欠发达国家开的一套所谓的金融自由化理论，再加上日本明治维新之后始终坚持的金融先导模式负效应的不断释放和放大，导致了亚洲这些国家的金融创新超越了本国经济社会的承载力量，爆发这场金融危机，成为必然。所以，其根源实际上是理论的误导，这个理论大家把它称为金融发展理论，代表人物是麦金农、肖、戈德史密斯、斯蒂格利茨等。金融抑制理论、金融创新理论再加上后来斯蒂格利茨的金融约束理论，他们给这些国家开的经济发展的药方就是金融市场的开放。而金融市场的开放是有条件的，这个条件不是所谓的规范的市场规则，而是本国经济对开放程度的承载力。

当我们研究了提供这套理论的所有的学者，包括美国的学者们，他们立论的出发点在哪儿呢？是美国的民族利益。没有一个美国学者是从亚洲国家的民族利益出发来进行理论体系的构建的，所以戈德史密斯、麦金农、肖，还有斯蒂格利茨等构建的经济发展理论都是以美国利益为出发点而建议欠发达国家向全球开放市场的。有一个美国人写了一本书叫《谁需要全球化》，这本书就告诉我们美国当时的社会经济发展需要全球化，没有全球化，它们的过剩生产能力转换不出去，经济就会危机。

在现代经济发展过程中，要想解决经济发展危机，首先要看金融解决怎么办的问题。因为从亚洲金融危机到世界金融危机来看，事实上是全局性经济危机，但危机的根源来源于金融，所以要想让经济不危机那最重要的就是理顺金融结构，解决好金融与社会经济的协调关系。

白钦先教授保持了一个理论创新的基点——首先解决金融理论问题。因为当时白钦先教授和一些学者一起讨论金融结构的时候，大家有一个共同的认识，未来的金融危机将会成为一种常态，会经常发生。如果导致金融危机的传统金融理论不面对现实，不调整对待金融本质属性的速度，以后这种危机会不断地发生，而且会越来越严重，逐渐地会由国内危机、区域危机转化为全球危机。这个话余音未落，2008 年美国就引爆了一场全球金融危机。为什么会这样？就是他们没有看到传统金融理论的工具化属性、工程化属性会严重到导致经济泡沫的事实。资源叫配置，工具叫开发，开发要讲究效益，配置要讲究均衡，就是这么一种机制！但现在还是工具化理论指导全球金融的发展，所以金融危机是必然的。10 年时间，出现两场危机，可见当时白钦先教授抓住金融危机的这个脉搏，找到了理论创新的基点。为此，白钦先教授特地以中国学者的身份给联合国秘书长科菲·安南写了信，但遗憾的是没有引起他的高度重视，这场危机还是不可避免地来了。

3.2.3 从社会发展的整体需要提出解决方案

把握住理论发展的全局后，就需要提出一个整体解决方案，以社会发展的整体需要提出一个办法。白钦先教授的金融可持续发展理论和战略——就是一个解决金融和社会经济协调发展的战略性建议和方案，目标是解决好我们前面提到的现代金融和经济的关系，解决好现代金融和社会的关系。也就是说，在未来的社会发展和经济发展过程中，不能因为金融虚拟过度而破坏了经济的正常发展，社会的正常进步是金融可持续发展理论的最终目标。金融可持续发展理论的一体化解决方案，就是要正确地处理金融内部的各种要素间的关系问题，正确地处理金融和经济的关系，正确地处理金融和社会的关系问题，进而正确处理金融经济社会的发展问题，最终达到整个社会的可持续发展。所以，这个解决方式是一个一体化的解决方案，是以社会为出发点的解决方案。

通过金融可持续发展理论和战略的研究和战略方法的提出，让全球化的社会能够可持续。我们从白钦先教授的成果可以看到，金融可持续发展理论提出的初期到后来的提法是有变化的，后来提出可持续发展战略。这是两个层面的问题，第一层面提供的是一个理论思维的框架和方式，要从全球、全社会的角度去思考金融问题，第二层面要进一步研究怎么才能够可持续，就是要去研究可持续发展战略，把金融问题上升到国家和国际战略的层面。白钦先教授从理论到战略提出和研究，第一是理论创新，理论创新之后它会指导社会实践，社会实践中又产生两个层面，一是战略定位，怎么解决战略发展问题，要在理论指导下形成战略，二是怎么去实现这个战略。比如制定规划就有战略目标、战略重点、战略措施这样三个层面。

怎么制定战略？就是由战略理论提供的。战略理论是什么？就是前面提到的这套指导思想，然后根据这个理论形成战略定位，再在这个战略定位指导下形成战略措施。怎么实施这个战略措施？白钦先教授的金融可持续发展理论已经走到了第二步，第一步理论思维的问题解决了，第二步就要解决战略问题，就是可持续发展的战略该怎么办，我相信到此应该说白钦先教授的任务是完成了，他不会再去研究某一个领域的措施该怎么办的问题——这已经是技术层面的问题，不再是理论家的任务。一个具体的部门怎么按可持续发展理论和可持续发展战略去进行战略定位、解决问题，那就是具体问题具体解决了，这就不是学者的责任，学者的责任在于第一层面提供理论思考，第二层面帮助制定发展战略，战略制定完了，就是具体实施层面的事情了。因此，如何把白钦先金融学术思想转化成为社会实践的战略措施，是中国的金融实践工作者需要继续努力的问题。

白钦先教授引领我们用整体论来思考金融问题，找到了一个解决宏观金融理论研究比较好的途径。金融理论实际上分为宏观、微观的，宏观金融理论包含了所有的金融要素，微观金融理论大家习惯性地称为金融市场、公司金融等这一部分。笔者认为白钦先教授更多地从整体论来思考问题，提供的是宏观战略来解决宏观问题，所以一般称为宏观金融理论。另外，也是更重要的在于白钦先教授提供的是金融基础理论的创新，就是说金融是怎么来界定的，什么是现代金融理论，什么是现代金融运行机制，什么是现代金融的可持续发展。所以白钦先教授的学术贡献在于提供了一套金融的基础理论，就是原理；换句话说我们以后理解金融，可以从白钦先教授界定的概念开始到他的可持续发展方案结束，就是对金融的一个完整的、一体化的理解和逻辑，即形成一个理论的闭环。

3.3　白钦先金融理论研究范式的价值观：哲学人文发展理念

金融的哲学人文发展理念是学界通常所说的价值观判断问题，是金融理论的道德红线。众多的经济学金融学文献在讲到哲学人文发展理念时通常一带而过，对此白钦先教授不以为然，他认为"哲学人文发展理念"应当包括如下一些要素：（1）秉持天本、地本、人本、民本理念；（2）对自然、对生命的敬畏、珍惜与珍重；（3）对人的本能、本性与本心的理解与尊重，对人类生存延续与发展本能本性与合理欲望的理解与尊重，对人的仁心、爱心、良知、良心的理解与尊重；（4）恪守经济金融伦理、诚实信用、公平正义、循法循规；（5）承担社会责任。[①] 在此，笔者不一一展开论述，着重就白钦先学术思想中的人本民本理念和思维的中国主体性进行简析。

3.3.1　坚持人本民本理念

作为一种社会价值论，人本主义在积极意义上肯定人的价值，承认人生存对于社会发展的积极意义，并以人作为理论演绎的终极关怀，反对一切主宰人、剥夺人的自我控制权的超验力量。其实前述功能观与人本主义是一脉相承的，是人本主义在金融功能研究领域的自然延伸。人本主义就是要求以人为本，就是要注重人的需求满足和未来发展，一切活动包括理论研究活动均要以人的合理需求满足和未来发展为中心；人的任何合理欲望都应当受到尊重，人的任何合理欲望都应受到约束。

在1998年提出的以金融资源学说为基础的金融可持续发展理论中，金融功能被作为高层金融资源得到充分的重视，并最终强调通过对金融资源的合理开发和运用实现金融可持续发展，进而实现经济与社会的可持续

---

① 白钦先，张坤. 普惠金融概念的再界定及其本质性特征的阐释 [J]. 广东财经大学学报，2017（5）.

发展。以金融资源学说为基础的金融可持续发展理论首次将可持续发展的思想理念引入金融发展领域，体现了高度以人为本的哲学理念。传统上理论界坚持认为只有自然资源消耗与环境恶化才有可持续发展问题，甚至明确提出反对将可持续发展理念泛化，但以金融资源学说为基础的金融可持续发展理论突破了传统理论界固守的资源消耗与环境恶化这一狭小领域的局限，实现了可持续发展理念向经济与社会领域的扩展。可持续发展就是不仅要考虑当前的发展，也要考虑未来的发展，其中心就是以人为本，强调人文关怀，强调人与自然、人与社会、社会与经济的高度协调与和谐发展。将可持续发展理念引入金融发展领域，是对当前金融理论研究过度技术化、模型化、工程化趋势的一种纠偏，是促使金融学研究回归人文科学性质的一种努力。

在一定范围内，自然科学的特点之一是某种确定性，而社会科学，特别是经济学与金融学，却从一开始就是不确定的，不确定性是其基本特征。其原因固然很复杂，但最根本的原因就在于人文社会科学的人性、人文性、哲学性特质。自然科学与工程技术尚时时需要人文哲学的关怀与关爱，更何况社会科学自身了。所以白钦先教授主张的坚持人本民本理念在当前金融学理论研究以西方微观研究模式为标杆的大环境下，这是非常难能可贵的。

亚当·斯密在撰写《国富论》之前已开始了《道德情操论》的撰写，只是在实践中发现前者更抽象、更深刻、更难以把握。这值得我们深思，在亚当·斯密看来，前者是理念，后者是理论，以理念引领指引理论与实践，以理性社会人引领理性经济人，才能平衡统一稳定。遗憾的是在此之后，许多人自觉或不自觉地选择性忘却了《道德情操论》，而只留下理性经济人。1947年萨缪尔森发表著名的《经济分析的基础》一书，公开声称他已经成功地去掉了经济学的传统价值论基础，而代之以数理分析。在西方经济学发展史上，这无疑是一个里程碑，但福兮祸兮则难以说清。

3.3.2　坚持思维的中国主体性

作为从事国际经济和国际金融教学与研究工作的专业学者，白钦先教授的日常工作就是面对和接触世界各国经济与社会发展中的趋势、成果、经验与问题，这就产生如何正确对待别国与本国、别人与自己的严肃问题。

白钦先教授在20世纪80年代后期公开出版的专著《比较银行学》绪

论中指出："中国要现代化，但现代化并不等于西方化或外国化。现代化必须中国化、民族化。这不是一个新问题，而是一切国家和民族都面临的、传统的、共同的问题。通过对各国金融体制的比较研究，我们看到，各国经济体制、金融体制方面的相互吸引借鉴、渗透和影响是显而易见的。"他还认为："发展中国家的学者，在西方强势文化面前，应保持自己的独立视角、独立判断与思考。"

2018 年，美国总统特朗普率先挑起了影响全球经济发展的中美贸易摩擦，看看美国强词夺理、攻击中国经济政策的理由，其实白钦先教授早就担心过。中美 2017 年双边贸易统计数据口径差异巨大。中方统计中美贸易顺差是 2758 亿美元（不含两国间的服务贸易的逆差数据）；美方统计美中贸易逆差至 3752 亿美元；双方统计相差高达 994 亿美元。

事实上从十多年前开始白钦先教授就在学术讲演、博士生授课和同国际经济界学者的交流中，不断呼吁与强调改革现存过时的国际贸易理论与统计指标方法的重要性与主张。因为它已严重脱离了当代最基本的时代特征和客观实际，并对发展中国家极为不利。在全球化"你中有我，我中有你"，信息化和知识经济日益深化的条件下，应提出"大国际经济贸易"的概念与理论和全信息统计体系与方法"。在这一理论与统计口径下，国际间的国际经济贸易统计应包括：（1）传统有形贸易的进出口额；（2）按在最终出口产品中附加值比重权重调整计算一国的出口值；（3）外资与合资企业在东道国就地销售额应分别统计在外国的出口和东道国的进口中；（4）服务贸易的进出口额；（5）非商品与服务贸易的投资收益。

以这一理论与统计指标来观察中美经济贸易活动，情况就完全不同了。（1）传统有形贸易仅占两国贸易的 1/4；（2）经过最终产品附加值权重调整后的中国出口会比以往小得多；（3）美国对中国每年数百亿美元的服务贸易顺差；（4）五六万家美资在华企业就地年销售几千亿美元；（5）大量非贸易投资收益。如此观察与统计，中美经贸就不是传统观察视角与统计的中国顺差、美国逆差，而是中美大体平衡，甚而是倒过来，中国逆差、美国顺差了，美国才是大赢家。这样，美国施压人民币升值、中国对美国贸易顺差影响美国就业论就从根本上瓦解了，失去了正当性和基本依据。

国际经贸知名人士、世界贸易组织总干事拉米先生也早在 2009 年 7 月至 2010 年 10 月间，或发表文章，或发表讲演，多次专门发出改革现存国际贸易指标与方法的呼吁。并指出，中国之所以成为全球贸易保护主义的攻击目标，是因为现存的国际贸易统计指标与方法不合理，不能如实反映国家间经济贸易活动的实际情况，他进而指出，中国作为全球最大的加工贸易出口国，以最终产品出口值统计，而非按附加值的份额计算，就人为地大大夸大了中国的出口值，对此中国学者身在其中，应有深切的感受，必有切肤之痛，更应有所作为。为此，白钦先教授建议：（1）中国经济金融理论界与学者应责无旁贷地成为传统国际贸易理论与方法改革的积极倡导者和实践者；（2）中国政府可以在世界贸易组织框架内正式提出这一改革建议，正式提出"大国际经贸概念"与"全信息统计指标与方法"提案，并在有关国际经济贸易活动与会议中发出呼吁并加以阐述；（3）中国国家有关当局在国家统计中应实行"旧"与"新"统计指标的"双轨制"，即中国既公布按传统口径的数据，也提供按新概念、新口径、新指标的统计数据，以告世人，以正视听，以主导这一问题的中国话语权。①

3.3.3 深邃的哲学思辨

什么是哲学？哲学（Philosophy），源出希腊文 philosophia，意为爱智慧。按照古希腊哲学家毕达哥拉斯的说法，爱智慧者即寻求真理者。古代所说的哲人、哲学家，首先是智者，爱智慧者，追求真理者。哲学是研究世界万事万物包括人类自身从哪里来，到哪里去，经过怎样的演变达到怎样的终极形式，是研究万事万物的生成、演变、本质属性、发展规律的理论体系。是人们对整个世界包括自然界、社会和人类本身及其思维的根本观点的理论体系。是对自然知识和社会知识的概括和总结。哲学是研究客观世界普遍规律的科学，是理论化系统化的世界观和方法论。归根结底哲学是研究人类认识发展规律的科学。哲学是透过现象看本质的最本源、最本真的学问，是高度的抽象化的理论学说。哲学的根本问题是思维对存在、精神对物质的关系问题，古今中外所有的哲学派别都根据对这一问题的不同回答区分开唯物主义和唯心主义两大阵营。

作为理论化系统化的世界观和方法论，哲学的特点是对人类社会面对的宇宙间万事万物给予本源、本质、规律性的回答。本源、本质、规律性的回答具有严密的逻辑性、抽象性，客观条件性，事物之间的联系性、全面性和相互作用的对立统一性。在事物之间联系性、条件性和对立统一性

---

① 白钦先等．"十二五"时期我国经济社会发展改革问题笔谈［J］．经济研究，2010（12）．

的作用下，万事万物的发展变化既是绝对的又是相对的，是必然性与偶然性的辩证统一，最终走向其本质本源的合乎规律的终极化形式。

依据白钦先教授的学术研究脉络，白钦先教授的开山之作——"金融体制比较说"问世于1989年，在他当年出版的《比较银行学》著作中阐述了这一理论。其贡献不仅确立了比较金融学的研究对象——"各国金融体制"，而且将"金融体制"定义为是金融"发展战略、组织形式、框架结构、构造方式、业务分工、监督管理、运行机制、运转环境和总体效应"九大相关要素的有机整体。九大相关要素有机整体正是白钦先教授针对全球几十个不同类型国家金融体系的演变与经验教训，进行了持续十年之久的比较研究，从中高度凝练和抽象出来的，遵循了从个别到一般的哲学世界观和方法论。随后几十年，白钦先教授在授课和有关学术讲演中，不断分析强调了九大要素的整体性及相互联系与制约性；强调了金融"运行环境"在九大要素中的核心性地位，实际上是强调了"条件性"的决定性地位；强调比较各国金融体制，必须抓住、记住、理解六个字，即"特征""环境""优劣"。首先是不同国家或同一国家不同发展阶段某种金融态势、制度的"特征"，然后分析比较这些特征是在何种特殊环境背景下形成的，最后是分析鉴别这些特征在何种环境背景下为优，何种环境背景下为劣，从而决定其取舍。强调了"运行环境"这一要素的核心性和极端重要性，强调了民族、社会历史传统与文化要素的深刻性、稳定性、决定性。强调了中国要现代化，这个现代化必须民族化、中国化。现代化不是西方化、美国化。明确反对脱离具体特殊环境背景盲目照抄照搬的教条主义。强调学习研究别人的东西，"切忌只有因袭而无创造，只见别人而无自己"。这些理论观点都是白钦先教授哲学思想的生动体现。

20世纪90年代末，白钦先教授提出了金融资源论。金融资源论正是白钦先教授用20年时间潜心研究现代金融的本质特征而提出的。他指出，"金融是一种资源，是一种社会资源，是一国的战略性稀缺资源"。金融资源具有客观性、层次性、复杂性、脆弱性与稀缺性五大基本特征。白钦先教授特别强调了功能性金融资源的客观性和稳定性，它更少受人的主观意志的支配与控制，它更难能、更难成、更难得因而更稀缺。功能性金融资源是最抽象的金融资源的表达形式。

白钦先教授将本身具有哲学意义的可持续发展理念与思想运用于对金融资源的有序有效适度开发利用，并将其提到国家和全人类的战略的高度。在阐述金融资源论的意义时也渗透着哲学思想和分析范式在其中。在即将进入 21 世纪前叶的 20 世纪末期，全球化浪潮给经济金融带来的巨大变化，使传统经济理论不能回答为什么经济越是全球化、经济越是金融化、金融越是全球化，金融危机发生的频率就越高，危害就越大这一重大现实问题。白钦先教授在"论经济一体化与经济金融化的挑战与启示""面向 21 世纪知识经济时代的新金融观""关于以金融资源理论为基础的金融可持续发展理论研究的几个问题"等几篇文章中，精辟地分析了金融危机频发、危害更大的原因，里面充满了哲学思想和分析范式。其中，"经济一体化与经济金融化的十大挑战与对策"的论述直接站在哲学的高度，大手笔、大格局、从各民族国家或经济体的利益出发，从全球性稳定发展的高度出发，高瞻远瞩地分析了挑战来临的原因和我们对策的选择。他说：迄今为止，人类社会的整体、全球经济金融发展已经达到了一个质的飞跃，在此前提下，全球各经济体经济金融发展稳定性的整体性和相互依存制约度空前增强。一体化负效应时时存在，金融波动已经成为常态，绝非偶然事件；金融波动与危机的全球联动互动加剧，危及国家安全；不稳定性的增强，使金融安全成为国家安全的重要组成部分，由金融资源的不合理开发与配置导致的金融危机更不可忽视；金融资源开发、配置、流动的全球化与国别间争夺此类资源主导权主控权的矛盾日趋激烈，民族国家经济金融决策的外部制约因素复杂化与深化；经济金融活动的全球化与金融监管的国别化的矛盾日益加强。金融在提升了它对各经济体资源配置能力与效率的同时，也迅速提升和积累了它自身的系统性风险。因此，树立大金融意识，金融系统化意识至关重要。总之，运用金融资源理论和哲学分析范式能够很好地解释与回答面临的严峻的现实与理论挑战。金融作为稀缺性的战略性的和社会性的资源，它也有一个像自然资源的适度开发利用而不能乱砍滥伐的问题，否则，将导致经济的不可持续发展。

　　白钦先教授的学术思想中具有哲学高度的批判思维。在对戈德史密斯的金融结构论修正、补充和扩展中，具有更鲜明的体现。白钦先教授的学术研究从不盲从，对外国的东西从不照抄照搬，而是崇尚立足国情与西方经济金融理论平滑对接原则上的原创精神。白钦先教授在对"金融结构、金融功能演进与金融发展学说"的持续研究中，对戈德史密斯的金融结构论给予了高度的肯定与评价，同时也进行了修正、补充和扩展，得出了金融结构的演进和金融功能的提升与扩展是金融发展的创新思想。

　　在修正、补充和扩展戈德史密斯的金融结构论时，白钦先教授就提出：简单地讲"金融结构变迁即金融发展"是值得进一步探讨的。变迁与发展二者的关系更可能的是有时有些是正相关，有时有些可能是负相关，负相关不是发展而是倒退。适度的、优化的金融结构变迁可以促进金融发展，从而促进经济发展；非适度的、非优化的金融结构变迁可能促使金融倒退，从而抑制经济发展。为此，白钦先教授使用了"金融结构演进"这一新概念来代替戈德史密斯"金融结构变迁"的概念。因为"演进"一词包含了变化、变迁与提升之意，即包含了质与量两个方面的统一深化之意。

白钦先教授多次强调：思想、理论、理性思维与研究活动是无国界的，是任何力量与偏见都无法阻挡的，中国学者、东方人同美国学者、西方人同时并行研究金融结构、金融功能与金融发展问题的实践就证明了这一点。白钦先教授作为中国学者，在金融基础理论研究领域取得的巨大进展，彰显了哲学社会科学的中国特色、东方人的智慧与理论的自信。

第4章 白钦先金融理论发展脉络

4.1 中国改革开放初的二十年

从时间上讲，20世纪80年代和90年代是白钦先教授金融理论创新与发展的早期阶段，这一时期其理论研究的主要着力点以"各国金融体制比较"为主，与中后期的研究成果相比，这一时期多以金融机构、金融市场、金融业务等具体对象为主要内容——这些丰富的、具体的、详细的个案研究共同构成了整个白钦先金融理论的微观基础。

其中白钦先教授的硕士学位论文《美国联邦储备制度的历史演变》是白钦先金融理论的开端，其通过大量翔实的史实数据案例透视了美联储自建立、改革与完善、发展与加强和再改革的四个时期，揭示了美国由自由资本主义向垄断资本主义转变的本质。其后，又进一步公开发表了《各国银行与工商企业关系的比较研究》《试析国外商业银行和政策性银行的异同》《历史的审视与现实的思考——近百余年来经济与社会发展中的日本金融》等系列性文章，积累了大量的、最新的、丰富的一手资料，为《比较银行学》的诞生奠定了基础。1989年《比较银行学》正式出版，其内容包括了对美国、欧洲资本主义国家（如英国）、东欧国家（如匈牙利、南斯拉夫）、社会主义国家（如苏联）、后发资本主义国家（如日本）以及发展中国家等多个国家金融体制的全面研究阐述，可以说这是当时对各国金融体制相关要素研究较为全面的百科全书。

在早期阶段，金融体制的研究还要最大限度地服务于中国金融体制改革，因此在这一时期，白钦先教授的大量研究成果还与中国金融体制改革紧密相关，如《中国金融体制改革的理论与实践》《中国金融体制改革的方法论思考》《关于发展我国个体经济和私营经济的战略与对策》《浅析银企融合的弊病》《我国银行外汇业务交叉的种种问题与对策《以市场经济原则重新构筑中国的银行体制》《关于建立和发展中国期货市场的多层思考》以及《产融结合、主办银行与重塑银企关系》等系列性文章。

值得一提的是，在金融体制比较研究的过程中，进一步形成了政策性金融理论。政策性金融理论最早是《比较银行学》中的一个章节，而后发展为相对独立的一个学科。1993年白钦先和曲昭光合著的《各国政策性金融机构比较》由中国金融出版社出版发行，标志着政策性金融理论的诞生；此后，政策性金融理论学科体系不断丰富，并相继出版了《各国进出口政策性金融体制比较》《各国农业政策性金融体制比较》《各国开发性政策性金融体制比较》《各国中小企业政策性金融体制比较》等系列丛书。

4.2　亚洲金融危机之后的十年

1997年亚洲金融危机的爆发是一个契机，从这个时候开始，白钦先教授的理论不仅仅只在关注具体的金融业务，转而开始思考金融与经济的关系——为什么金融能够迅速成就一个国家或地区的经济繁荣，又为什么金融能迅速摧垮一个国家的经济体系乃至让一个政权崩溃？正可谓"成也金融、败也金融"。

白钦先教授基于金融资源理论与金融功能理论的视角对上述问题予以了回答，并发表了系列性文章：《再论以金融资源论为基础的金融可持续发展理论——范式转换、理论创新和方法变革》《金融全球化——一把双刃剑》《百年金融的历史变迁》《以金融资源学说为基础的金融可持续发展理论和战略——兼论传统金融观到现代金融观的变迁》《金融虚拟性命题及其理论渊源》《金融结构、金融功能演进与金融发展理论的研究历程》《论金融功能演进与金融发展》《金融结构视角下的金融稳定论》《金融结构、金融功能与金融效率——一个基于系统科学的新视角》《关于金融衍生品的虚拟性及其正负功能的思考》以及《对虚拟经济内涵的再探讨》等。

专著方面也形成系列性成果，包括《金融虚拟性研究》《金融虚拟性演进及其正负功能研究》《金融效率论——二元视角下的理论分析与中国实证研究》《中国股票市场资源配置功能研究》《政策性金融功能研究——兼论中国政策性金融发展》《金融功能扩展与提升》《复杂系统范式视角下的金融演进与金融发展》《金融产业演进与金融发展——基础理论的构建及延伸》等。

这一阶段对金融问题的研究具有了较高的抽象程度，即从金融资源配置及金融正负功能的角度去研究金融问题——这同业务层面、工具层面、机构层面等具象的研究有着本质区别，是白钦先金融理论由形象向抽象的过渡。

4.3　全球金融危机以来的十年

2008 年美国次贷危机爆发进而引发全球性金融危机，这一事实再次印证了金融资源论与金融功能论的结论，即金融资源的过度配置和金融功能的异化是危机爆发的直接原因；与此同时，根源背后更深层次的根源是什么——这引发了白钦先教授更深层次的思考。

美国次贷危机爆发后，白钦先教授对次贷危机的后果、成因及反思进行了深入研究，形成了《金融虚拟化的道德风险及其市场影响——次贷危机的深层反思》《金融阈值视角下的金融危机——从美国次贷危机看被漠视的金融临界点》《金融虚拟化与金融共谋共犯结构——对美国次贷危机的深层反思》《国际金融危机中的金融负外部性考察》《美元霸权的危机转嫁机制研究——一个简单的数理模型》《美国金融倾斜"迷失陷阱"与金融监管改革评析》《金融危机后对金融监管理论与实践的反思》以及《华尔街与山西票号经营理念比较研究——"贪婪、豪赌"与"节制、稳健"的历史对比》等系列性文章。

更进一步地，抛开金融问题本身，金融问题背后反映的是人的本能、本心、本性，是欲望、是需求、是道德、是伦理，金融也有哲学问题，即金融从哪来、到哪去，为何而生、为谁服务的问题。这一系列的研究成果可以说抽象程度更高，更具有一般性，已不是就具体问题谈具体问题：《关于普惠金融的多重思考》《普惠金融概念的再界定及其本质特征的阐释》《重提普惠金融是对金融普惠性异化的回归》《中国普惠金融理论与实践若干问题思考》《金融回归本源，金融的本元在哪里》以及《金融与实体经济关系的哲学思考》等——可以说这些成果正是对上述"危机背后更深层次的原因是什么"的回答。

此外，近些年来也发表了一些对以往研究进行再创新和再发展的成果：例如在金融结构论、金融功能论和金融资源论基础上进一步提出金融发展方式转变，形成了《基于金融发展视角的征信基础理论研究》《再论次贷危机的根源与金融发展方式转变》《互联网金融可持续发展研究——

基于金融资源观视角》等；又如对政策性金融本质特征的拓展和完善，发表了《中国政策性金融廿年纪之十辨文》《在回顾与反思的基础上深化政策性金融改革》《论政策性金融的本质特征——公共性》以及《政策性金融公共性与财政公共性的比较研究》等系列性文章，进一步完善、深化了白钦先金融理论相关体系。

以上是作者对白钦先教授学术创新四十年的简要梳理，而白钦先教授本人对自己学术创新四十年的历程也有一个总结性的概况，即他在2017年荣获"中国金融学科终身成就奖"颁奖典礼上的讲话，他谈道："我人生的历程用一句话说就是'胸怀一个中心，秉持坚持三个基本点不动摇，最终实现两个终极目标。'所谓胸怀一个中心，这个中心就是爱国爱民、为国为民的家国情怀。秉持坚持三个基本点不动摇，一是秉持哲学人文发展理念不动摇，这是做人做事的底色与底线，也是做人做事的价值观认同；二是坚持几十年理论创新不动摇；三是坚持教学、科研、人才培养和社会服务四结合四统一不动摇。实现两个终极目标：一是为强国富民、利国利民贡献正能量；二是作为一个哲学社会科学工作者，有我的职业与专业，有我特别关注的领域，就是万众一心、殚精竭虑，一生追求实现哲学社会科学的中国特色、中国风格、中国气派。"

第 5 章　金融体制学说

5.1　金融体制学说产生的背景

5.1.1　历史环境背景

与金融体制相关的理论研究始于 20 世纪 70 年代，当时的中国正处于"文革"刚刚结束，改革开放刚刚开始，在经历了十年"文革"动荡后，整个国家可谓百废待兴，濒临崩溃的国民经济急需改革除弊，长期"左倾"的意识形态急需拨乱反正，禁锢已久的思想观念急需冲破藩篱。而作为一名金融理论工作者急需从一个特定的角度研究世界各国金融发展历程和现状、方式与战略、经验与教训，以为中国金融的改革提供借鉴和途径。因此，金融体制的研究从出发点到归宿点都十分明确，就是为中国金融改革开放、人才培养和经济金融体制改革提供决策参考。当然，这也是那个时代赋予所有中国知识分子的道义与责任——国家兴亡，匹夫有责。

5.1.2　学科发展背景

从学科发展背景来看，在中国新民主主义革命的过程中和新中国成立后计划经济时期，形形色色的教条主义和全盘苏化对中国经济金融学科乃至整个哲学社会科学学科建设带来巨大影响，特别是在十年"文革"浩劫中学术研究走上了怀疑一切、否定一切和打倒一切的极端主义道路，金融学科建设基本停滞不前，甚至有些方面退化明显。这在某种程度上直接导致了改革开放后，一些学者由于本国学科发展的相对落后进而对西方文化与制度的崇洋媚外、不分良莠、趋之若鹜、唯恐不及，简单概括为经济、金融学术研究领域中的中国思维西方化、教条化。彼时的中国理论界亟须找到一种理论、一种分析框架，形成一种分析研究范式从根本上解决这一顽疾。

然而，在当时的历史条件下，对金融体制相关的研究基本处于空白状态，可供借鉴的资料文献也极其有限。从目前掌握的资料来看，我国学术界最早使用"金融体制"这一词汇的是江枫（1958）在《金融研究》上刊登的一篇译作《组织金融体制的列宁原则和苏联的信用改革》，其原作者是姆·阿特拉斯，从标题就能看出其充满了计划经济体制思想，进一步究其内容，其所谓的"金融"其实指的就是银行，通篇文章论述的是"四十年来苏联国家银行取得的辉煌成就：马克思列宁主义关于社会主义货币、信用和银行学说正确性的活生生的证明。"① ——这些内容对于改革开放中正在转轨期的中国而言借鉴意义并不大。而在当时人们更多地使用的是"银行体制"这一词汇，或者说与我们现在讨论的"金融体制"比较相关的一个词汇是"银行体制"；姑且不论"银行体制"与"金融体制"的区别有多大，事实上就连"银行体制"这一词汇开始普遍使用也是在1979年1月国务院批转中国人民银行报告《成立国家外汇管理总局，改革中国银行体制》之后，同年9月巫启玉（1979）在《金融研究动态》刊登《银行体制必须垂直领导吗》一文标志着学术界正式开展对"银行体制"的研究②；次年，虞关涛（1980）发表《当前世界各国的银行体制》③、陈锡古（1980）发表《银行体制改革中几个主要问题的探讨》④、张达、贾杰三（1980）发表《四川银行体制改革初议》⑤ 等才将这一问题普及化。总之，囿于当时的研究条件，在20世纪80年代初对世界各国银行体制、金融体制进行研究可借鉴的资料还是非常有限、非常困难的。⑥

5.2 "金融体制"研究范式的主要内容

5.2.1 世界观：九大金融要素的有机统一

白钦先教授在其所著《比较银行学》中将"金融体制"定义为"以

① 姆·阿特拉斯，江枫. 组织金融体制的列宁原则和苏联的信用改革［J］. 金融研究，1958（1）：46-47.

② 巫启玉. 银行体制必须垂直领导吗［J］. 金融研究动态，1979（9）：1-4.

③ 虞关涛. 当前世界各国的银行体制［J］. 金融研究动态，1980（5）：28-31.

④ 陈锡古. 银行体制改革中几个主要问题的探讨［J］. 中国金融，1980（5）：18-19.

⑤ 张达，贾杰三. 四川银行体制改革初议［J］. 金融研究动态，1980（3）：10-14.

⑥ 张坤，白钦先. 金融基础理论的创新与发展——金融体制研究范式的研究对象、研究方法与价值判断［J］. 江西财经大学学报，2017（9）.

运转环境（金融生态）为核心的九大要素的有机统一，即金融发展战略、组织形式、框架结构、构造方式、业务分工、监督管理、运行机制、运转环境（金融生态）和总体效应（功能）。"①

——金融发展战略。金融发展战略是一定时期内对一个国家或经济体金融发展方向、发展速度与发展质量、发展点以及发展能力的重大选择、规划及策略。金融发展战略可以帮助金融当局指引长远发展方向、明确发展目标，指明发展点，并确定金融发展所需能力，实行经济、金融快速、健康、持续的发展。在明确金融发展战略的定义基础上，进一步可以形成解决一国金融发展问题的战略框架：它由愿景、战略目标、业务战略、职能战略共同构成。愿景回答了未来要成为一个什么样的国家或经济体；战略目标回答了未来要达到一个什么样的发展目标；业务战略回答了未来需要哪些发展点，需要在银行、证券、保险还是信托等领域有哪些作为；职能战略回答了未来一国金融需要什么样的发展能力，是资金融通、是风险管理、还是价格发现等。白钦先教授总结各国金融发展历史，首次提出金融发展的三种战略，即常规型、滞后型和超前型，而与这组概念相关的是"金融倾斜技巧逆转"等。

——金融组织和框架结构。在西方金融学教科书中，对金融组织（金融机构和金融市场）的介绍占了很大篇幅，具有典型代表性的有 Frederic Mishkin 所著《货币金融学》、Frank Fabozzi 所著《金融市场与金融机构》等。虽然在改革开放之初，在这些西方经济金融文献还未被翻译到中国，但在那个时代，东方学者同西方学者一样也开展了对金融机构和金融市场的相关研究，甚至在某些方面比西方学者更早、更全面：白钦先教授在《比较银行学》中不仅对各国金融组织有较为全面的阐述和比较，而且创新性地提出了金融框架结构的问题，这也为其后续的研究"金融结构和金融功能演进发展说""三维金融架构论"奠定了基础。

——金融构造方式。所谓的金融构造方式主要研究的是一个国家（或经济体）金融体系在形成的过程中政府如何发挥作用。在金融体系构造过程当中，如果政府处于辅助地位、干预程度较低或予以不干预时，这一国家金融体系的构造方式通常为自然构造和自然再构造；如果政府处于主导地位、干预程度较高时，这一国家金融体系的构造方式通常为人为构造及人为再构造。对金融构造方式的研究是西方发达国家学者较少关注、较晚

① 白钦先. 比较银行学［M］. 郑州：河南人民出版社，1989.

关注的理论问题，但恰恰是这一点值得发展中国家学者予以高度重视，因为金融构造方式的选择在很大程度上关系到金融抑制和金融深化的问题、关系到对外开放程度的问题、关系到国民财富流入流出等问题，而这些问题如果处理不好常常引来金融危机、经济危机，20世纪90年代末的东南亚金融危机、21世纪初的阿根廷金融危机就是典型例子。另外，从更广泛意义上讲，金融构造方式是反映"政府"与"市场"这两种资源调配机制在金融领域如何搭配、协作的问题，特别是对于发展中国家由"大政府、小市场"向"市场在资源配置中起决定作用"转变具有深刻借鉴意义。

——金融业务分工与监督管理。金融业务分工取决于金融发展战略框架中的业务战略，而后者又进一步决定了金融秩序的监督、监管。处理好金融业务分工就是要处理好以下几对关系：中央银行业务与商业银行业务职能分离、结合，商业银行业务与政策性银行业务分立、结合，银行业务与非银行业务分立、结合，直接金融业务与间接金融业务分立、结合，长期金融业务与短期金融业务分立、结合，政府开发性政策性金融业务与商业性开发性金融业务分立、结合，等等。金融秩序的监督、监管又进一步强化、规范了上述业务分工，譬如对商业性金融的监管与对政策性金融的监督要区别对待，对国内金融活动的监管与对国际间金融活动间监管区别对待，对金融相关法律制定过程中对相关法律、法规及部门规章的考虑等。

——金融运行机制。金融运行机制是指在社会金融活动过程中影响金融活动的各个因素的结构、功能及其相互关系，以及影响、发挥这些功能的作用过程和作用原理及其运作方式。白钦先教授将金融运作机制分为三种类型即经济的竞争淘汰机制、法律的保护与强制机制和金融当局监督管理机制三种；这三种机制具有不同的哲学基础，是功利主义、绝对主义、空想共产主义思想在金融领域的表现。这三种机制在现实生活中以竞争淘汰机制为主、法律保护与强制机制、金融当局监督管理机制为辅，三者共同交叉适应配合运行——这与当时说到运行机制只讲竞争淘汰机制有很大不同。这样一种运作机制搭配方式既保证了经济、金融的效率也兼顾了社会公平与金融发展权、话语权的分配。竞争淘汰机制的实现通过价格机制、供求机制和风险机制实现。

——运转环境（金融生态）。在《比较银行学》中将运转环境解读为金融体系产生、发展、演变和运行所依赖的社会环境、经济环境和金融环境，其中每一子环境又包括若干相关要素：经济环境包括生产力一般发展水平、商品经济发达程度、经济体制、经济开发程度等；金融环境包括一国货币化程度、金融体系的普及程度、金融制度的完善程度、金融市场开放程度等；社会环境包括一国所处的历史阶段、民族文化特点、自然禀赋、政治制度、社会稳定状况、自然环境、交通条件等。可见，运转环境是一种复杂的、多层次的立体环境，其对金融体系的演进的影响通过不同的方式造成不同程度的影响。在新形势下有学者借用了仿生学的概念，对经济环境、金融环境、社会环境进行进一步抽象概括，将其概括为"金融生态"，即对金融的生态特征和规律的系统性抽象，本质反映金融内外部各因素之间相互依存、相互制约的有机的价值关系。对金融生态的研究已成为近年来金融理论研究的一个新热点。

——金融总体效应与功能。金融总体效应是指一国金融体系的总体效率和构成要素间协调适应的吻合程度。金融总体效应与功能包括两个层面，一是外部效应，它是指金融同经济社会的相适应程度；二是内部效应，它是指金融内部各个要素间彼此相互协调适应的程度。[①]

5.2.2　方法论：比较研究法

在金融体制学说的研究过程中，白钦先教授系统地、大量地、自觉地运用了比较研究方法对各国金融体系"九大要素"（研究对象）进行了研究，并且在比较研究过程中对"比较法"的方法论进行了阐述与论证。

在此之前，不少学者对金融体制的研究主要是对各国金融相关要素进行陈述性介绍、阐述，如 1980 年中国人民银行金融研究所编译室在《金融研究动态》刊登的《外国银行体系简介》一文是我国早期对国外银行体系的比较研究，而其所谓的比较主要是通过列举南斯拉夫、日本、韩国、意大利、美国、英国、联邦德国、新加坡这八个国家在金融建设、发展过程中设立的一些机构、颁发的法律和执行的政策等，该篇文章并未阐述各国间彼此的异同。[②] 又如甘培根（1984）发表的《西方中央银行体制的比较》一文其所运用的比较法主要是针对西方发达国家中央银行组织方

---

① 张坤，白钦先. 金融基础理论的创新与发展——金融体制研究范式的研究对象、研究方法与价值判断［J］. 江西财经大学学报，2017（9）.

② 中国人民银行金融研究所编译室. 外国银行体系简介［J］. 金融研究动态，1980（12）：1–11.

式、独立性、决策权及分支机构等方面采用分类的办法进行归类整理，也并未就不同类别间差异及差异的形成展开更深层次讨论。① 而同期国外的学者譬如联邦德国学者尤·斯图柏尔（1979）在其所著《世界各大金融中心》一书中对欧洲、美洲及远东地区的金融中心有较为详尽的介绍，当然，其主要也是平铺直叙，并未比较异同。② 当然，笔者认为此前的学者未能更深入、广泛运用比较法主要是囿于在当时历史条件下收集资料相当困难进而对世界各国金融共同要素抽象度的局限，而在金融体制学说研究背景下进行的比较研究之所以能克服这一局限在很大程度上也源于各国金融体制相关资料的广泛收集与积累，也正因此而奠定了比较法运用与扩展的基础。

比较研究的前提是世间事物普遍存在多样性和差异性，因此差异性分析是比较研究的切入点，但非落脚点，比较分析的最终目的是探寻造成事物差异的根源；那些形式不同、形态各异的现象背后未必是不同的根源和本质，可能同中有异、异中有同，也可能大同小异、小同大异。因此，比较研究法的基本立足点就是同中寻异、异中求同。以金融体制学说中的比较法的运用为例，它既比较优劣，也比较异同；既静态比较，也动态比较，或动静交错比较；既比较个性，也比较共性；既横向比较，也纵向比较，或纵横交错比较。通过对各个金融体制各个要素的比较分析阐明金融体制发展演变规律；而规律的表现形式则要受到不同国家、不同历史阶段、不同社会条件、不同经济金融环境中等客观因素的影响，因而表现形式又是多种多样的。各国金融体制比较既要探究发展演变的一般规律，也要揭示不同国家、不同条件下的特殊规律。如果说普遍性和共性是直接地展现各国金融体制发展演变的一般规律和共同趋势，那么无限多样和鲜明的差异则以生动具体的特殊表现形式，迂回地贯穿了各国金融体制发展演变的一般规律和共同趋势。相比归纳法、演绎法而言，比较法更适合于不同事物间的差异分析，这正是因为它不仅能够挖掘不同事物间的共性，而且更能鉴别不同事物间的特殊性。

5.2.3 价值判断：服务改革开放、秉持思维的中国主体性

金融体制学说的提出产生于改革开放之初，其发展伴随改革事业的推进，因此，它自始至终伴随对外开放、见证改革发展、服务民族复兴。在

① 甘培根. 西方中央银行体制的比较［J］. 四川金融研究，1984（8）：17−23.
② 尤·斯图柏尔，孙树茜（译）. 世界各大金融中心［J］. 国际经济评论，1979（1）.

20 世纪 80 年代中后期至 20 世纪 90 年代中期，以中共中央十四届三中全会发布《中共中央关于建立社会主义市场经济体制若干问题的决定》为标志，中国经济金融体制改革进入高潮，那时金融改革所面临的问题是史上从未有过的，可供借鉴的经验也是极少的。正是在这样一种背景条件下，金融体制学说研究就以"现代脑、世界眼、中国心"这样一种定位服务于改革开放事业，其丰富的研究成果不仅开阔了当时人们的视野、更以其宏大的体系与框架、深入全方位的比较，深刻的环境、特征、优劣利弊分析为明确改革方向提供了某种借鉴。

在金融体制学说的研究过程中，特别是在比较研究各国金融体制相关的金融环境、经济环境和社会环境过程中不可避免地会涉及对待中西方文化的态度，这个问题反映在学术研究过程白钦先教授将其概括为经济学的民族性问题。在人类文明发展史上，经济学、金融学原来是政治学的一门分支，政治学是哲学的一部分，原来它们是在一起的；当然，后来独立了、分开了，从学科发展角度讲这种一定程度的分立是历史性进步，是专业化研究的需要，但彻底分离绝对是历史性的倒退。曾有一位美国国会议长坦率地承认：经济学都是政治经济学，特别是国家政治经济学。尼克松时期的财政部部长康纳利（1971）在十国集团会议上也曾说"美元是我们美国的货币，但却是你们（世界）的问题。"① 不难看出，包括西方官员、学者都认为，经济学、金融学研究中充满了民族感情、国家利益、民族利益的博弈，而现如今我国经济金融学术研究中却很少讲这一点。

因此，时刻秉持金融理论为中国改革开放实践服务、把握中国的国家话语权和思维的中国主体性是金融体制学说研究过程中始终坚持的价值判断。中国既要现代化，也要民族化；只有民族化，才能现代化；现代化不是西方化、美国化，学习别国"切忌只有因袭而无创造，切忌只见别人而无自己。"②

---

① 于杰."美元是我们美国的货币，但却是你们（世界）的问题"．[OL]．http：//www.sohu.com/a/123336972_479801，2017　01 - 04.

② 张坤，白钦先．金融基础理论的创新与发展——金融体制研究范式的研究对象、研究方法与价值判断［J］．江西财经大学学报，2017（9）.

5.3 "金融体制"研究范式下的相关理论

5.3.1 比较金融论

"金融体制"范式的研究直接催生了"比较银行学"（后发展为"比较金融学"）这一金融子学科。1981年，白钦先教授首次为辽宁大学国际金融专业本科生开设了"比较银行学"这门课，这在当时是实验性的，教材是用铅字打印机打印的校内印刷教材，而且是一边授课，一边修订，最终形成了一章一本的单元本教材；1984年，白钦先教授进一步将"比较金融学"纳入金融研究生教育范畴，率先为国际金融专业硕士研究生开设了专业学位课"各国金融体制比较"；但直到1989年教材《比较银行学》才由河南人民出版社正式出版发行，可以说这部教材从构思、撰写到出版发行前前后后历经长达十个年头。也正因为有了十年的积淀，该教材于1992年获"国家优秀教材"一等奖，1994年获中国金融教育发展基金会首届"金晨奖"一等奖，并得到多位著名权威专家高度评价：我国著名资深金融学家、原中国人民银行金融研究所研究员、研究生部教授虞关涛认为该书"资料浩繁、内容丰富、论点精辟，实为国内这一学术领域当前不可多得的一部巨著"；原中国人民银行上海分行副行长、金融研究所所长洪葭管研究员认为该书"在理论框架上有创新，在内容上显然比同类著作更为完备……感到作者勤奋研究所取得丰硕成果的可贵，和建筑在较深造诣上对货币银行学作出贡献之可钦佩"；我国资深金融学家孔祥毅教授在《山西财经学院报》上以"谁开湖寺西南路，草绿裙腰一道斜"为题发表了书评；中国社会科学院研究员何德旭博士也在《金融时报》发表书评，给予热烈评价；此外，《新华每日电讯》《经济参考报》《世界经济导报》《辽宁日报》等多家报社杂志社特为此发了书讯。国家教育部门的奖杯和业界专家的口碑不仅是对这部优秀教材的认可，更是对"比较金融学"这一子学科产生的肯定。

1996年，辽宁大学获评金融学博士学位授予点，"比较金融学"自然而然地纳入其授课范围并成为该博士授予点的学科特色之一；同年，白钦先教授受聘中山大学特聘教授，"比较金融学"的课程也在中山大学开设。至此，"比较金融学"全面覆盖金融高等教育本、硕、博三个阶段，时至今日仍是一些高等院校金融教育的必修课程之一。

随着《比较银行学》的出版和备受认可，以"金融体制"研究范式为基础的一系列相关研究也随之产生，相关的专著及学术论文成果颇丰。1993年，由白钦先教授和曲昭光博士合著的《各国政策性金融机构比较》由中国金融出版社出版发行，该书作为《比较银行学》的系列书籍和姊妹篇在辽宁大学和辽宁省委分别立项，并最终得到国家教委"八五"重点社会科学科研项目立项。其后，由白钦先教授主持编纂的《各国进出口政策性金融体制比较》《各国开发性政策性金融体制比较》《各国农业政策性金融体制比较》——"各国政策性金融体制比较三部曲"分别于2002年、2005年和2006年由中国金融出版社出版发行，与《比较银行学》形成了金融体制比较研究丛书系列，并成为国家"211工程"资助项目成果。另外，由白钦先教授主编的《各国金融体制比较》作为21世纪高等学校金融学系列教材也分别于2008年、2013年出版了第二版、第三版。

值得一提的是由陶玲琴、刘万翔主编的《比较金融学》于2005年由科学出版社出版发行，2008年发行了该书的第二版，这表明比较金融学的研究越来越受到国内其他学者的关注，"金融体制"比较研究不再是一家之言，而正在为更多学者所接受、继承并进一步形成不同的流派。此外，与"金融体制"相关的学术论文更是卷帙浩繁，仅在中国知网检索中搜索关键词"金融体制"，与其相关的学术论文、报刊报道、会议纪要达215万余条，对"金融体制"的研究热度可见一斑。

在"金融体制"范式研究变迁过程中，相关学科也随之发展、演进。从最初在大专阶段开设的"外国银行制度比较"到研究生阶段开设的"各国金融体制比较"，从"比较银行学"到"比较金融学"，这一系列蜕变经历了从"无"到"有"——中国改革开放以来，金融知识体系、课程体系、人才培养体系从无到有；从"外国"到"各国"——改革开放进程不断深入，摆脱了过去主观上强调中国、外国的意识形态，融入了全球开放性经济、金融体系，将中国融入各国之中；从"银行"到"金融"——非银行金融体系迅速发展并大有超过以银行为主导的传统金融体系，仅通过对银行的研究已难以把握现代金融的全貌；从"制度"到"体制"——随着经济金融改革进程的深化，单一规章的制度性改变难以继续推进改革，只有多元相关要素的体制性改革才能进一步深化改革；从知识性"介绍与传授"到深层次"比较与研究"——金融高等教育的定位由知识传承到知识创新。时至今日，上述种种理论的、教学的、实践的、实务的蜕变过程对于未来我国金融学科建设、人才培养和实业发展仍具有借鉴意义。

创新是学术研究的灵魂。"金融体制"研究范式的变迁诠释了学术道路上创新与再创新的曲折历程。比较银行学研究对象"九大要素"的提出以及由"外国银行制度比较"到"各国金融体制比较"的蜕变历程是20世纪80年代"金融体制"范式研究的初次创新，是原始创新、是系统性创新、是整体性创新。而进入21世纪后，白钦先教授认为随着经济金融形势的变化以及学科发展的需要，"金融体制"范式研究急需再创新，并且这一时期的再创新与之前这一学科诞生时的那种创新是有区别的，它是局部性、更加细化、针对特定问题、突出实践指导意义的创新。

研究对象方面，更加突出了金融发展战略要素与金融监督管理要素这二者的结合，进而形成了新时期下"金融体制"研究范式的新课题——金融体制的顶层设计，在白钦先教授指导的博士中有很多人就以此为学位论文选题展开进一步研究：2004年赵怡博士的学位论文《中国农村金融体制战略性重构研究》、2005年何昌博士的学位论文《金融可持续发展实现研究》、2007年杜欣博士的学位论文《中国金融非均衡发展研究》、2013年文豪博士的学位论文《中国金融发展方式转变研究》及2016年武飞甫博士的学位论文《金融结构调整与金融发展方式转变互动研究》等。在研究方法方面，通过借鉴管理学研究问题的方法，引入财务分析模型进一步丰富了对各国农业政策性金融体制的比较，形成一系列跨学科科研成果，指导笔者完成了系列文章：《农业政策性金融机构财务指标的国际比较》（2016）、《农业政策性金融机构资产项目的国际比较》（2016）、《农业政策性金融机构负债与所有者权益的国际比较》（2016）以及《政策性金融机构预算管理的理论基础与政策选择》（2017）等。通过借鉴法学研究视角，进一步细化了对政策性金融体制立法方面的研究，与王伟博士合作发表了《中外政策性金融立法比较研究》（2005）、《政策性金融监督机制与结构的国际比较》（2005），与李钧博士合作发表了《我国政策性金融立法及相关问题研究》（2005），与谭庆华博士合作发表了《政策性金融立法的国际比较与借鉴》（2006）等。在价值判断方面，将秉持中国思维主体性、把握中国国际话语权的主张落实在具体问题和具体对策上，特别是在中国信用评级机构及主权信用评级这一热点问题上，与黄鑫博士合作发表了《信用评级市场的进入策略》（2010）、《美元霸权和信用评级垄断支撑美国霸权》（2010），与谭庆华博士合作发表了《信用评级、公共产品与国际垄断霸权——对信用评级市场本原的思考》（2012）等。与"金融体制"范式相关的理论创新远不止上文列举的这些，更有巨大的创新空间值得未来进行探索与研究。

5.3.2　政策性金融论

白钦先教授是较早提出政策性金融理论的学者，二十余年来，他有关政策性金融的理论和政策建议为中国政策性金融制度的建立和发展作出了贡献。

政策性金融论最早是《比较银行学》中的一个章节，后独立发展为一个相对独立的学科。早在编纂《比较银行学》的过程中，白钦先教授通过对世界各国银行体制的比较就发现不论是在西方发达国家还是在发展中国家，普遍存在一种特殊的金融组织形式——政策性金融，即"同商业性金融彼此对称、平行、并列的两大金融族类之一，是在一国政府支持或鼓励下，以国家信用为基础，不以利润最大化为其经营目标，运用种种特殊融资手段，严格按照国家法规限定的业务范围、经营对象，以优惠性利率或条件直接或间接为贯彻、执行、配合政府的特定经济政策、产业政策和社会发展政策乃至外交政策，而进行的特殊性资金融通行为或活动的总称。"①。

回顾政策性金融过去二十余年曲折发展历程，其理论与实践中面临的种种困难或问题可概括为以下十个重大议题：

——政策性金融长久性战略决策与阶段性权宜之计的是与非之辨。这首先要从理论上加以阐述。发展社会主义市场经济，建立与完善市场经济体制是国策，是长久之计。然而，市场经济体制并非万能，它的选择不一定完全及时、完全有效、完全合理，在利益诱导下，许多极具全局性、公共性特征的项目，它会不予选择或自觉地滞后选择，这也是市场行为，市场的选择。此外，是资源配置目标与配置主体的严重错位与失衡：资源配置目标是经济有效性与社会合理性，配置主体有微观（企业）与宏观（政府机构，包括政策性金融）主体，微观配置主体更立足于选择经济有效性目标，宏观配置主体更偏向选择社会合理性目标，两个目标都具备的选择也有，但很少，也很难。这一矛盾用政策性金融便迎刃而解，它的政策性、公共性定位，它不以利润最大化为最高目标，而以贯彻执行国家经济政策、产业政策与社会政策为最高宗旨。政策性金融与市场经济共生，

---

① 白钦先. 中华金融辞库·政策性金融分卷 [M]. 北京：中国金融出版社，1998.

是客观存在的全局性长久性战略决策，不会也不能是局部性、阶段性、临时性权宜之计，绝不是市场经济某一特定阶段的阶段性功利主义权宜之计的选择，而是有它严肃的、经济必然性与崇高而潜在的重大社会责任。

——三维金融架构视角下政策性金融不可或缺不可替代之辨。商业性金融、政策性金融、合作性金融三者在各国金融体制中的地位与作用是不同的，以商业性金融为主，以政策性金融为辅，前者为主体，后二者为两翼，前者是全方位的，后二者在空间上、在地域上，在不同系统上是有局限与限定的；三者的人性前提假设各异，前者是人性自私自利，政策性金融是群体的国家的公共性，合作性金融是集体合作互利；三者的最高目标分别是企业利润最大化、国家公共利益最大化和集体利益服务公平最大化；三者遵循的思想或政策主张分别是个人主义、国家主义和集体合作主义；三者的社会伦理功能则差异更大，分别是唯利是图、道德冷血，公共利益至上、强调整体协调均衡，崇尚团结合作互助与和谐。三者相克相生，"克"就是差异、不同，各有利弊长短制约，就是特殊性、多样性，但共同形成一国或经济体的金融体制谓之相克相生；三者各自独立、相互各异又客观存在形成一个统一体；三者又相互依赖、相互促进与影响，既发展了自己又促进了对方，谓之相辅相成。

——政策性金融的本质特征及识别指标之辨。20世纪90年代中后期在研究与撰写《中华金融辞库·政策性金融分卷》时，当时关于政策性金融的特征各界达成如下共识：（1）政策性，政策性金融服从和服务于政府的某种特殊的产业或社会政策目标或意图。（2）优惠性，政策性金融以比商业性金融更加优惠的利息率、期限、担保等条件提供贷款或保证提供贷款。信贷资金的贷款可得性，在中国当时条件下更多地不是表现在利率优惠上而是贷款紧缺条件下的政策性贷款可得性上。（3）融资性、有偿性，是一种在一定期限内有条件让渡资金使用权的资金融通活动。

进入21世纪后，现实形势的发展、现实的倾向性和针对性的日益凸显，以及理论认识的升华都对政策性金融的本质特征的概括产生诸多的促进和影响，进而对政策性金融本质特征的概括有了新的表述：（1）公共性、政策性，（2）国家主权信用性，（3）融资性、优惠性，（4）特定选择性、非竞争性；其中，政策性金融的最本质性特征是公共性。

政策性金融的公共性是政策性金融以国家信用为基础，在非排他、非利益诱导机制安排下提供具有特定选择对象的金融服务以实现其最高宗旨——金融资源配置社会合理性的本质性特征，是新历史阶段下对政策性金融本质的最新认知与概括，也是对中国政策性金融运行二十余年后进一步深化改革提出的一般性指导原则，对于规范政策性金融健康有序发展具有战略意义；政策性金融公共性的内涵包括目标的公共性、活动范围的公共性以及运作机制的公共性；其具体内容及侧重点取决于一国的基本国情，与经济、政治等诸多因素紧密相关。

——政策性金融机构是国家机关、政府机构或企事业单位定性之辨。政策性金融机构肯定不是国家机关，既不是立法或司法机关，也不是一般的国家政府行政机关，这一点很清楚，也无歧义；一般的企业或事业单位也不是；最典型的特征是不以利润最大化为其最高宗旨，也不执行特定政策性银行法之外的任何特定政策或意图，也不受一般银行法的约束；应是政府特定机构，即政府政策性公共性金融机构，或有的称为特殊公法性法人机构，或永久性法人机构，而对进出口政策性金融机构由于对外需要强调其国家或官方机构这一特性。

——政策性金融最高宗旨单一性目标与双重性目标之辨。政策性金融机构并不是一般以追求利润最大化为目标的工商企业，也不同于商业性金融；它是政府机构公共性机构，不以利润最大化为目标，而以政策性公共性宏观目标为其最高宗旨；但在具体运营管理中实行商业化市场化运作，如此表面看似像企业而实质非企业，一定要说它是企业也只能说是"特殊企业"。市场化运作只是管理的手段，而手段则是为实现最高宗旨而采取的具体方法，它们二者的关系类似于中国传统思想中的"道"和"术"；手段和宗旨不能相提并论正如"道"和"术"不能简单混淆，二者绝非一个层面上的问题。政策性金融商业化运行的手段必须服从于、依附于、服务于政策性的最高宗旨目标。

——政策性金融可持续发展必须实现的六大协调均衡之辨。概括地说，这六大协调均衡是：（1）实现商业性金融和政策性金融总量与结构间的总体协调均衡；（2）实现国家资源宏观配置主体同微观配置主体，宏观目标社会合理性同微观目标经济有效性间的协调均衡；（3）实现赋予政策性金融的特殊宗旨、目标、任务同其拥有的资本与资金综合实力间的协调均衡；（4）实现政策性金融性质职能的特殊公共性、政策性、非营利性同其具体业务运营管理的市场性之间的协调均衡；（5）实现履行政策性金融公共性职能而产生的财务缺口同国家赋予其的自动补偿机制间的协调均衡；（6）实现国家对政策性金融全力综合配套支持同适度监督间的协调均衡。①

——财政性"输血"与金融性"造血"的利弊得失之辨。财政性资金的提供是必要和重要的，金融性资金的借贷也是必要和重要的；二者均不可或缺、不可替代，但二者可以协调互补、良性互动。所以，并非是所有的事情、所有的领域、所有的项目、所有的政策性目标，都适合使用财政性资金，或非用财政性资金不可；也并非是所有的事情、所有的领域、所有的项目、所有的政策目标都适合运用金融的方式解决，或是非用金融方式解决不可。这意味着二者都有各自独立的适用的特定范围或领域，但二者间却有很大的兼容互渗区，这就有待于科学的论证与选择，准确判断使用哪种方式更好。但我们的倾向性也是非常明确与肯定的，即凡是可以运用金融方式解决的问题，绝不使用财政的方式来解决。

——政策性金融立法严重滞后与适度超前的得失利弊之辨。政策性金融不同于商业性金融，商业性金融分别制定一部银行法、证券法、保险法就可以了。商业银行机构可以成千上万家，或大或小、或强或弱、或全国性、国际性，或地方性、区域性，如此并无根本差别同属一类。故一部银行法可适用于所有商业银行。而政策性金融机构就各个不同，也很复杂。它不是民营企业是政府机构，公共性金融机构，它并不服务于所有企业与个人，只同特定产业特定领域的特定项目发生联系，且不以利润最大化为其最高目标，而以贯彻执行国家的经济政策、产业政策、社会政策或意图为其最高宗旨。所以政策性金融法所遵循的基本原则是"一行一法原则"，即各类机构分别立法，分别实施，如"农业发展银行法""国家开发银行法""进出口银行法""中小企业发展银行法"等。

——政策性金融监督同商业性金融监管的是与非之辨。对政策性金融机构的监督是不同行政部门对政府公共性机构的一种平行的专业职责或协调，而对商业性金融机构的监管则是国家或政府即"官"对"民"（企业）的非平行的而是居高临下的强制性监察权的行使。前者实施监督的主体是国家或政府，后者监管的主体是政府各金融监管当局；前者监督的客体是政府特殊机构或特殊公共性法人机构，而后者监管的客体是一切商业性金融类企业；国家对前者监督是通过相应的政策性银行法立法构筑的一

① 白钦先，王伟．政策性金融可持续发展必须实现的"六大协调均衡"［J］．金融研究，2004（7）．

种特殊权力制约结构与机制形成的稳定制度安排，是自动实现的，是无形的，而政府对后者的监管则是通过专门的监管机关强制实现的，是有形的。

——对党的十八届三中全会推进政策性金融改革解读与落实之辨。党的十八届三中全会关于推进政策性金融改革的正确决定正如一剂强心针，中国政策性金融体制改革迎来新阶段。在新阶段下，中国政策性金融改革应当分为三个层面，首先是要完善中国政策性金融制度的顶层设计，包括明确政策性金融定性、定位、经营范围、经营方针，特别是要推进中国政策性金融立法进程；其次要进一步完善、优化存量，即推进现有的三家政策性金融机构改革，使其回归到正确的发展路径上，改变现有的混乱定位，进而再次明确各自的业务范围和业务领域；最后是优化增量，即有针对性地筹建几家新的政策性金融机构，特别是能够有力扶持棚户区改造、城镇化改革和脱贫攻坚的政策性金融机构。切忌就事论事的具体操作，以防政策性金融再次被人为异化，被否定、被转型、被削弱与被取消。

第 6 章　金融资源学说

6.1　金融资源学说产生的背景

6.1.1　历史环境背景

19世纪70年代，以英国经济学家杰文斯（William Stanley Jevons）、法裔瑞士经济学家瓦尔拉斯（Walras）和奥地利经济学家门格尔（Carl Menger）为代表的边际学派开启了新古典经济学对古典政治经济学的革命，这些经济学家将经济学研究的核心议题由"劳动是财富之父，土地是财富之母"推向"边际收入等于边际成本"，即经济学由探究财富源泉的研究范式向解决稀缺资源有效配置的研究范式过渡。在此之后，不论是剑桥学派、洛桑学派、奥地利学派，还是后起的货币学派、凯恩斯学派、新凯恩斯学派、理性预期学派、新兴古典学派，所有西方主流经济学家所达成的共识是，经济学是研究稀缺资源有效配置的学科，至于不同学派间的差异主要体现在其对有效配置的定义及其实现方式上，譬如，对所谓"有效"的理解可以分为瓦尔拉斯均衡与非瓦尔拉斯均衡，或者在博弈论视角下有合作博弈均衡与非合作博弈均衡（纳什均衡）；而实现方式上有通过价格信号的市场机制和通过数量信号的配额机制之分①，也有帕累托改进与卡尔多—希克斯改进之分，等等。但从总体上来讲，不论其有千种风情、万种变化，归根结底都是围绕资源配置过程中"广义边际收益"与"广义边际成本"所展开的讨论，故新古典经济学研究范式的兴起史称"边际革命"。

可以说，新古典经济学派对经济问题的研究本质上是一种"资源"范式，是边际资源范式，而且近百年来这一研究范式在西方经济学界占据主

---

① 袁志刚，欧阳明. 宏观经济学（第二版）[M]. 上海：上海人民出版社，2003.

流地位、不可撼动。直到 20 世纪 90 年代，中国学者白钦先教授正式公开提出金融资源与金融可持续发展说，从可持续发展的视角对金融资源配置予以研究，这与西方新古典学派所秉持的边际范式迥然不同。虽说这一提法当时直接针对的是金融问题，但在某种意义上讲，它是对整个经济学研究范式的创新与变革。

到了 20 世纪末期，经济全球化、经济金融化、金融全球化日益深化，知识经济初见端倪，这一变化导致理论与实际脱节、现实世界面临诸多全新挑战。自第二次世界大战以来，一些自然资源并不丰富的国家和地区，例如亚洲"四小龙""四小虎"，它们土地有限、自然资源匮乏，但经济与社会却迅速发展，国民富有程度迅猛提高；与此同时，美国曾经的第一产业制造业逐步衰落，由最高时的 30% 强降低到 12% 左右，取而代之的是金融业，其创造的 GDP 占美国 GDP 的 20% 以上，占美国服务业 GDP 的 40% 以上——这些事实都表明，以自然资源禀赋为主要解释变量的传统经济理论面临严峻挑战，对财富源泉的探究需要新的突破。从 20 世纪 80 年代日本经济金融泡沫的形成与破灭到 90 年代南美金融危机的爆发、东南亚金融危机的爆发，伴随经济全球化、经济金融化、金融全球化，金融危机发生的频率越来越高、破坏性越来越大，传统经济金融理论不仅没有合理地解释这一现象，更无法预测金融危机的发生并提供相应的政策建议。

新的问题与挑战呼唤新的理论创新。在金融资源研究范式正式形成以前，国内外学者在传统经济学理论基础上做了不少探索，其中"资源跨期配置"和"资源概念泛化"就是重要的尝试，它们对于金融资源研究范式的形成具有重要意义。

6.1.2　学科发展背景

（一）新古典经济学所寻求的一些突破

新古典经济学对稀缺资源进行配置的研究思想可以简要概括为——满足约束条件下的最优化问题，即

$$\max U(x_1, x_2, \cdots, x_n) \quad s.t. \quad f(x_1, x_2, \cdots, x_n) = 0$$

通常在效用函数可导假定下，其拉格朗日一阶条件为：

$$\frac{\partial L}{\partial x_1} = \frac{\partial L}{\partial x_2} = \cdots = \frac{\partial L}{\partial x_n} = \lambda$$

其中，$L(x_1, x_2, \cdots, x_n, \lambda) = U(x_1, x_2, \cdots, x_n) - \lambda f(x_1, x_2, \cdots, x_n)$。这是对稀缺资源进行配置研究中最基本的边际分析范式，它是一种静态均衡、

是一种无跨期分析范式。后来，也是至关重要的，随着跨期均衡概念的引入，边际分析的应用也由单一期间向两期间、多期间甚至无限期间拓展，这便形成了新古典经济学框架内对原有边际分析范式的一次重大突破，如果说站在今天"可持续发展理念"的视角来看，跨期均衡是构成可持续发展的重要元素之一。在这方面，西方新古典经济学家们做了大量探索，特别是在经济增长研究领域内，拉姆塞—卡斯—库普曼斯模型的提出和世代交叠的戴蒙德模型的提出，是可持续发展思想理念在边际分析范式框架内的一次重大尝试。

在拉姆塞模型中，考虑了每个时点的家庭消费、效用、总人口数量、有效工资、家庭财富等，故家庭瞬时效用函数 $u(C(t))$ 及家庭效用函数 U 分别表示为

$$u(C(t)) = \frac{C(t)^{1-\theta}}{1-\theta}, \theta > 0 \text{ 且 } \rho - n - (1-\theta)g > 0$$

$$U = \int_{t=0}^{\infty} e^{-\rho t} u(C(t)) \frac{L(t)}{H} \mathrm{d}t$$

实际工资 $W(t)$ 及单位有效劳动工资 $w(t)$ 分别为

$$W(t) = A(t)\left[f(k(t)) - k(t)\frac{\mathrm{d}f(k(t))}{\mathrm{d}t}\right]$$

$$w(t) = f(k(t)) - k(t)\frac{\mathrm{d}f(k(t))}{\mathrm{d}t}$$

实际利率 $r(t)$ 及复利现值系数 $R(t)$ 分别为

$$r(t) = \frac{\mathrm{d}f(k(t))}{\mathrm{d}t}$$

$$R(t) = \int_{t=0}^{t} r(\tau)\mathrm{d}\tau$$

其中，$C(t)$ 是每个家庭成员在 t 时刻的消费，$u(\cdot)$ 是瞬时效用函数，$L(t)$ 是经济中总人口数，$K(0)$ 为每个家庭的初始财富值，H 是家庭总数量，ρ 是折现率，n 是人口增长率，g 是技术增长率，θ 是相对风险规避系数。则有每个家庭的预算约束可表示为

$$\int_{t=0}^{\infty} e^{-R(t)} C(t) \frac{L(t)}{H} \mathrm{d}t \leqslant \frac{K(0)}{H} + \int_{t=0}^{\infty} e^{-R(t)} W(t) \frac{L(t)}{H} \mathrm{d}t$$

有了上述表达式，则拉姆塞模型就可以转换为边际分析的基本形态，即

$$\max U = \int_{t=0}^{\infty} e^{-\rho t} u(C(t)) \frac{L(t)}{H} \mathrm{d}t$$

$$s.t. \int_{t=0}^{\infty} e^{-R(t)} C(t) \frac{L(t)}{H} dt \leqslant \frac{K(0)}{H} + \int_{t=0}^{\infty} e^{-R(t)} W(t) \frac{L(t)}{H} dt$$

$$L = B \int_{t=0}^{\infty} e^{-\beta t} \frac{c(t)^{1-\theta}}{1-\theta} dt + \lambda \Big[k(0) + \int_{t=0}^{\infty} e^{-R(t)} e^{(n+g)t} w(t) dt$$

$$- \int_{t=0}^{\infty} e^{-R(t)} e^{(n+g)t} c(t) dt \Big]$$

其中，$B \equiv A(0)^{1-\theta} L(0)/H$，$\beta \equiv \rho - n - (1-\theta)g$。每个家庭在每个时点上选择 c，即选择无穷多的 $c(t)$，那么对于任意时刻 t 来说，$c(t)$ 的一阶条件为

$$B e^{-\beta t} c(t)^{-\theta} = \lambda e^{-R(t)} e^{(n+g)t}$$

两边同时取对数并对 t 求导可得跨期均衡稳态条件下各经济量间的数量关系：

$$\frac{c(\dot{t})}{c(t)} = \frac{r(t) - n - g - \beta}{\theta}$$

$$\frac{C(\dot{t})}{C(t)} = \frac{r(t) - \rho}{\theta}$$

通过对拉姆塞模型的考察我们可以发现，相比基本的静态无跨期均衡，拉姆塞模型中涉及无穷期间内每一时刻的消费水平及工资水平，而消费水平又决定着这一时刻的即时效用及边际效用，工资水平又决定着这一时刻的即时成本及边际成本，因此，从根本上讲，拉姆塞模型所使用的分析范式仍旧是资源边际分析范式。

而戴蒙德模型较拉姆塞模型的进步则是考虑了经济个体的出生与死亡，打破了拉姆塞模型中家庭数量恒为 H 的假设，并且其明确了跨期消费及跨期收入间的关系，即 C_{1t} 和 C_{2t} 分别表示 t 期年轻人和老年人的消费，则出生在 t 期的人的效用 U_t 依赖于 C_{1t} 和 C_{2t+1}，则有

$$U_t = \frac{C_{1t}^{1-\theta}}{1-\theta} + \frac{1}{1+\rho} \frac{C_{2t+1}^{1-\theta}}{1-\theta}$$

其中 $\theta > 0, \rho > -1$。因为终身消费的现值应当等于初始财富（假设等于0）加上终身劳动收入的现值，则约束条件为

$$C_{1t} + \frac{1}{1+r_{t+1}} C_{2t+1} = A_t w_t$$

如此又进一步将该问题转换为边际分析范式的基本情形，利用拉格朗日乘子：

白钦先金融理论研究范式探究

$$L = \frac{C_{1t}^{1-\theta}}{1-\theta} + \frac{1}{1+\rho}\frac{C_{2t+1}^{1-\theta}}{1-\theta} + \lambda\left[A_t w_t - \left(C_{1t} + \frac{1}{1+r_{t+1}}C_{2t+1}\right)\right]$$

关于 C_{1t} 和 C_{2t+1} 的一阶条件为

$$\frac{1}{1+\rho}C_{2t+1}^{-\theta} = \frac{1}{1+r_{t+1}}C_{1t}^{-\theta}$$

进而得到结论 $C_{1t} = \dfrac{(1+\rho)^{1/\theta}}{(1+\rho)^{1/\theta} + (1+r_{t+1})^{1-\theta/\theta}}A_t w_t$，可以看出利率决定了经济体个体的收入中用于第一期消费的比率及储蓄率（1 - 消费率）。[①]

通过对戴蒙德模型的考察我们同样可以发现，该模型在分析范式上与拉姆塞模型可谓如出一辙，从根本上讲仍旧是跨期分析与边际分析的结合；只不过不同的是戴蒙德模型考虑了人口数量的变化等技术细节，进一步丰富了模型所包含的外生性因素。

尽管拉姆塞模型和戴蒙德模型从根本上讲是资源边际分析的产物，但这二者将静态分析、单一期间分析推广拓展至动态分析及跨期分析就是一种难能可贵的进步，特别是跨期分析中的一些约束性条件，如避免"寅吃卯粮"、任意时刻净资产为正等，这些思想与可持续发展的思想在某种程度上是一致的，或者说是可持续发展思想中某些要素的量性表现形式。另外，从产生年代来看，拉姆塞模型与戴蒙德模型的提出大致在 20 世纪五六十年代，是新古典经济学形成半个世纪之后的又一次发展小高潮，也是在其特定的分析范式框架内寻求的一次突破。

（二）资源概念的泛化与拓展

随着经济社会的发展及人类认知能力的提升，资源概念的泛化与拓展成为另外一个重要的学科背景。从技术进步和生产力发展的角度来看，经济发展经历了劳力经济阶段、工业经济阶段和知识经济三个阶段，相应地在不同阶段，人类对自然资源、对资源的看法也有所不同：

——劳力经济阶段，由于科学技术的低下和人类开发自然资源的能力很低，对于大多数资源来说短缺主要体现在开发劳力的供给，因此，经济发展主要取决于劳力资源的占有和支配，劳动生产率主要取决于体力劳动者的体力。

——进入 19 世纪后，随着蒸汽革命和电气革命的爆发，人类步入工

---

① 戴维·罗默. 高级宏观经济学 [M]. 上海：上海财经大学出版社，2006.

业经济阶段，经济的发展主要取决于自然资源的占有和配置。由于科学技术不断发展，人类开发自然资源的能力不断增强，使得大多数可认识的资源都成为短缺资源，特别是土地、矿石、石油、煤炭等不可再生自然资源成为制约经济发展的重要因素。正如亚当·斯密在《国富论》中所述"劳动是财富之父，土地是财富之母"。这里所说的"土地"应该理解为对一切不可再生自然资源的指代。

——进入 20 世纪后半叶，科学技术迅猛发展，经济发展主要取决于智力资源的占有和支配，科学成果转化为产品的速度大大加快，形成知识形态生产力的物化，形成了人力资源、技术资源、信息资源等一系列的社会性资源，进而形成了与自然系统相对应的社会系统。社会资源也可称作社会人文资源，是直接或间接对生产发生作用的社会经济因素，其与自然资源相比具有社会性、继承性、主导性、流动性、不均衡性等特点。① 自然系统和社会系统共生、共存、共繁荣的有机结合体便是知识经济，如图6-1 所示。

图 6-1　自然资源与社会资源构成的两大系统示意

资源概念的泛化与拓展，特别是社会人文资源概念的提出为金融资源概念的产生与其社会属性的确定奠定了基础；另外，新古典经济学资源边际研究范式主要的研究对象是以自然资源为主，对于人文社会资源未必完全适用、有效——也正因为如此，经济学研究范式有了变革的契机。

6.2　金融资源学说的主要内容

6.2.1　世界观：三个层次的金融资源

首先，"金融资源"作为一个专有的学术名词，其最早提及可追溯至美籍比利时经济学家雷蒙德·戈德史密斯（Raymond W. Goldsmith）于

---

① 霍明远. 资源科学的内涵与发展 [J]. 资源科学，1998（3）.

1955 年所著《资本形成与经济增长》，在该书中，戈德史密斯曾谈到"本书应该探讨金融资源和传递渠道对经济增长的速度和性质的影响……"但彼时戈氏并未就此展开论述，其所谓的"金融资源"只是被顺便提及的一个辅助性概念，是偶然的和非系统的，因而在当时以及此后的几十年里，这一概念并未得到西方学界的重视，当然对它的理解也没有取得实质性进步。此外，在 20 世纪 90 年代中后期，一些中国学者在学术演讲或学术文章中也曾使用过"金融资源"一词，同样也都不是正面的和系统的，且其含义往往等同于"信贷资源"，或是一种泛指的模糊概念。将"金融资源"作为专有学术名词郑重其事地提出并予以研究始于白钦先教授 1998 年 5 月 26 日在泛太平洋国家经济会议上公开向中外学者提出"金融是一种资源，是一种社会资源，是一国的战略性稀缺资源。"

其次，金融是不是资源，它是一种怎样的资源，它的定性定位又是怎样的——这是金融资源论的基石。可以明确地回答：金融是资源，它符合资源的基本属性，即它是人类社会资财之源。定位，金融资源属于非自然资源，即社会资源。定性，金融资源的特殊属性在于它既是一种资源配置方式，也是一种资源配置手段；它本身也是资源，故可以配置，通过金融资源的配置即可配置其他一切资源，这是金融资源区别于其他一切自然资源、社会资源的最基本性质。① 这与"货币是商品，是从所有商品中分离出来固定充当一般等价物的特殊商品"在逻辑上是一致的。

最后，"金融资源"研究范式的研究对象可以分为以下三个层次：

——基础性核心金融资源，即货币及货币资本金。这里所说的货币是指最广泛意义上的货币，包括人们普遍接受的用于支付商品劳务和清偿债务的货币、包括充当交换媒介、价值贮藏、价格标准和延期支付标准的货币、包括超额供给或需求引起的对其他资产超额需求的货币、包括购买力暂栖的货币、包括作为公共净财富的流动资产等，简而言之即承担货币职能（价值尺度、流通手段、贮藏手段、支付手段和世界货币）的一般等价物。从形态上来讲，有物物交换的货币、有非金属货币、金属货币、纸币、电子货币、数字货币等；从发行方来看，有法定货币、私营货币、区域货币等。

货币资本金是以货币形式存在的资本，它是产业资本在其循环过程中所采取的一种职能形式。它的职能是购买生产资料和劳动力，为生产剩余价值

① 白钦先. 再论以金融资源论为基础的金融可持续发展理论——范式转换、理论创新和方法变革 [J]. 国际金融研究, 2000 (2).

准备条件。在社会生产与再生产过程中，经过购买阶段、生产阶段和出卖阶段，货币资本 G 依次转变为商品 W（包括劳动力 A 和生产资料 P_m）、生产资本 P 和包含剩余价值的商品资本 W' 和包含剩余价值的货币资本 G''，如此完成一个完整的资本循环过程。[①] 如图 6-2 所示。

$$G\text{——}W \begin{cases} A \\ \\ P_m \end{cases} \cdots\cdots P \cdots\cdots W'\text{——}G' \cdot G\text{——}W \begin{cases} A \\ \\ P_m \end{cases} \cdots\cdots P \cdots\cdots W'\text{——}G''$$

图 6-2 资本循环中的货币资本金示意

——实体性制度性中间金融资源，即金融实体与金融制度，具体包括金融市场、金融机构、金融工具、金融法律、金融法规、金融人才等。事实上，由金融实体和金融制度构成的金融资源往往都具有相对具体的特定对象和表现形式，是一种客观物质存在，最容易"看得见、摸得着"，而且也最容易成为被配置的资源或配置其他资源的手段。

金融市场又称为资金市场，包括短期货币市场（包括同业拆借市场、商业票据市场、银行承兑汇票市场、短期政府债券市场、大额可转让存单市场等）和长期资本市场（包括中长期债券市场、股票市场、基金市场、保险市场、融资租赁市场等），是资金融通的市场，是在经济运行过程中资金供求双方运用金融工具调节彼此资金盈余并形成资金价格的活动，是所有金融交易活动的总称，是金融资源进行配置的载体。与其他市场相比，金融市场是以资金为交易对象的市场，它不仅体现着单纯买卖关系，更体现了借贷关系、体现了资金所有权和使用权相分离的原则，当然，这种市场可以是有形的，也可以是无形的。

金融机构是指从事金融服务业有关的金融中介机构，为金融体系的一部分，金融中介机构包括银行、证券公司、保险公司、信托公司、基金公司和租赁公司等，金融机构是一种金融实体、是实体性金融资源，同时它也是参与金融资源配置的主体、配置其他资源的主体。此外，从更为广义的角度来讲，金融机构还可以包括货币当局、金融监管当局以及交易清算类金融机构。

金融工具是指在金融市场中可交易的金融资产，是用来证明借贷关系的书面证明，它是金融资源配置的对象。不同的交易类型对应的金融工具

[①] 洪功翔. 政治经济学 [M]. 合肥：中国科学技术大学出版社，2008.

各不相同，它们在偿还性、流动性、风险性和收益性方面各不相同，进而可以具体分为股票、债券、远期、期货、期权、互换、外汇、保单、黄金等。值得一提的是我们在这里所说的金融工具是广义上的金融工具，即作为金融资金进行配置的对象，它与狭义的、我们日常生活中使用的，或会计准则规定的金融工具的定义还是有一定区别的。《企业会计准则》中所规定的金融工具只有四大类，即现金资产、以公允价值计量且其变动计入当期损益的交易性金融资产、持有至到期投资以及贷款和应收款项、可供出售金融资产。显然，当前语境下的金融工具是广义下的金融工具。

金融法律与金融法规是制度性金融资源的最重要组成部分，它是规范一切金融资源配置活动的准绳。从法律渊源的视角来看，与金融活动相关的法律法规可以分为六个层级，即宪法、法律、（行政）法规、（部门）规章、司法解释以及国际条约和协定。宪法是由全国人民代表大会制定和颁布的具有最高法律效力的基本法，是所有法律的母法，是国家的根本大法，适用于国家全体公民，其应当也自然应当统御于一切金融相关活动之上。金融法律是由全国人民代表大会及其常委会制定和颁布的法律，它的法律效力仅次于宪法，是在特定的金融活动领域内具有最高效力的法律，目前我国金融法律包括《中国人民银行法》《商业银行法》《票据法》《保险法》《担保法》《信托法》《证券投资基金法》《银行业监督管理法》等。金融法规是由国务院制定和颁布的行政法规，其效力仅次于宪法及金融法律，目前我国的金融法规主要有《储蓄管理条例》《企业债券管理条例》《外汇管理条例》《人民币管理条例》《国有重点金融机构监事会暂行条例》《金融资产管理公司条例》《金融机构撤销条例》《外资保险公司管理条例》《外资银行管理条例》《期货交易管理条例》《证券公司风险处置条例》《证券公司监督管理条例》《非法金融机构和非法金融业务活动取缔办法》《金融违法行为处罚办法》《个人存款账户实名制规定》等。金融部门规章是国务院的组成部门及直属机构就执行法律、国务院行政法规、决定、命令的事项在职权范围内制定的规范性法律文件的总称，目前我国金融部门规章有人民银行发布的《支付结算办法》、证监会发布的《上市公司信息披露管理办法》、国务院国资委发布的《中央企业债券发行管理暂行办法》等。司法解释是最高人民法院、最高人民检察院在总结司法审判的基础上发布的指导性文件和法律解释的总称，在我国与金融活动相关的司法解释如《关于审理涉及金融资产管理公司收购、管理、处置国有银行不良贷款形成的资产的案件适用法律若干问题的规定》《关于适用〈中华人民共和国公司法〉若干问题的规定》等。

金融人才是隐藏在金融实体、金融制度背后更深层次、更为抽象、更为稳定的金融资源要素；如果说金融实体、金融制度是外在表现的话，金融人才是决定前者的基础和根本。当前，不论是政府官员还是学界学者，普遍认同的一个观点是"21世纪将是高科技的竞争，归根结底是人才的竞争。"金融业的发展也离不开金融人才，特别是高端金融人才的培养与引进，金融人才作为金融资源中唯一能够发挥主观能动性的战略性要素被各个国家或经济体高度重视。

——整体功能性高层金融资源。整体功能性高层金融资源这一提法是白钦先教授在研究金融资源以及提出金融资源学说过程中与国内其他学者相区别的重要理论创新点之一。回顾20世纪末，当时国内不少学者都开始对金融资源予以关注和研究，也发表了不少真知灼见，推动了人们对这一概念的理解与认识；但客观地来讲，大部分学者的关注点往往都集中在货币、资金、市场、机构、人才等"看得见、摸得着"的层面，用"金融资源"研究范式的话说便是集中在基础性核心金融资源层面和实体性制度性中间金融资源层面，而未更深入一层。

2003年白钦先教授在《论以金融资源学说为基础的金融可持续发展理论与战略——兼论传统金融观到现代金融观的变迁》一文中率先提出"整体功能性高层金融资源"这一概念，从而将金融资源学说中的研究对象进行了丰富和拓展。所以，如何理解"整体性功能性高层金融资源"是把握白钦先金融资源学说的重中之重。笔者拟从四个角度对其进行解读：(1)各部分简单加总并不是总体。虽然金融总体是由各个相对独立的部分构成的，但总体绝非各部分的简单加总，而是各部分的有机组合。(2)整体功能的实现在于各组成部分间相互组结合的方式。相同的机构、工具、人才可以组成差别巨大的金融资源配置方式，因此改变金融资源的配置、结合方式就可以改变金融资源的功能、效率进而生产力。(3)基础性、实体性、制度性金融资源只有在整体中才能称为真正意义上的金融资源。金融资源是基础性核心金融资源、实体性制度性中间金融资源与整体功能性高层金融资源的统一。基础依赖于高层，高层支配基础。货币也好、金融工具也罢，离开了整个金融大环境就失去了它作为基础、实体的意义，就如同人的手臂一旦离开了人体就失去了其作为手臂的意义一样。甚至，有的金融基础性、实体性、制度性要素就根本无法单独存在，或从整体中剥离出来，如金融意识。因此，即使一部分金融资源从整体中剥离出来，其功能和价值也一定会有别于它在金融资源整体中的功能和价值，譬如一块金锭在金融大循环中是可以充当一般等价物的货币，具有计价、支付、流通等功能，但一旦其从金融流通活动中剥离出来，作为一个孤立的个体，充其量不过是一块密度较大的金属，仅此而已。（4）整体功能性金融资源只有在金融运行活动中才能体现出来。金融是一个不断运动的活动有机体，有其独立的运行规律和"生命特征"，并维持它的整体功能。如果货币停止流通、交易禁止进行，不仅整体性功能随之丧失，而且其作为资源、作为配置其他资源的属性一并丧失，不再具有资源的性质，那些所谓的货币也好、机构也好、人才也好，只不过是作为一种物理客观存在罢了。——正是基于上述这样一种理解，整体功能性金融资源是金融资源研究对象的重中之重。

综上所述，多层次金融资源示意如图 6 - 3 所示。

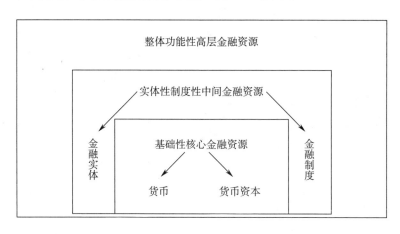

图 6 - 3　多层次金融资源示意

6.2.2　方法论：从经济分析到金融分析

所谓货币分析可归结为对两个基本问题的研究：第一，货币价值是如何决定的，从而一般物价水平如何决定的；第二，货币现象与实体经济的关系如何，货币对于实体经济而言是否中性。从货币分析的发展历程来看，经历了如下三个历史发展阶段[①]。

——古典和新古典经济学的货币分析。其代表性思想可通过现金交易

---

① 姚勇. 从货币分析到金融分析——金融可持续发展观的理论基础和理论意义 [J]. 城市金融论坛，1999（3）.

方程式高度抽象概括：MV = PT；其中 M 表示流通中的货币量，V 表示货币流通速度，P 表示一般物价水平，T 表示一定时期内商品交易总量。现金交易方程式的提出人欧文·费雪认为，货币流通速度 V 主要取决于社会文化因素，如人们的支付习惯、信用发达程度、运输与通信条件等，这些因素往往在短期内难以发生迅速变化；另外，一定期间内的生产水平及商品交易总量 T 也取决于资本、劳动力、自然因素、技术因素等非货币性因素，同样在短期内也难以发生迅速改变；因此，在这里 V 和 T 都相对稳定、相对独立、相对外生。进而可以得出结论，流通中的货币量 M 决定了一般物价水平 P，或者说货币供应量的变化是导致一般物价水平变动的原因。基于这种分析，货币数量的变动只会导致一般物价水平的变动，而不会对实际经济产出造成影响；货币不构成实体经济的组成部分，它与实体经济之间只是相对独立的关系，货币只是作为一种"现象"存在罢了，即货币相对实体经济保持中性——正如古典经济学家们所称，货币就是蒙在实体经济上的一层"面纱"。基于这种观点，表现在方法论上就是古典经济学家们所主张的"两分法"，即货币与实物分离、货币分析与真实经济分析分离、一般价格水平与商品交换价格水平分离。"两分法"作为一种研究方法，它只强调了货币作为交易媒介、价值尺度的功能，而忽视了它价值贮藏、资本转移及储蓄配置等其他方面的功能，更无暇顾及金融与经济间的互动关系。这种分析方法的缺陷在短期、简单经济分析中表现得还不明显，但是随着分析期间的扩大和经济日益金融化的现实，其缺陷就愈加凸显出来，一个无法回避也不容置疑的事实便是货币、金融对现代经济发展的重大影响，毫不夸张地说，现代经济的核心便是金融。

  ——凯恩斯革命及其货币分析的变革。凯恩斯通过引入货币资产（Money Asset）这一概念将货币引入真实经济的分析过程，从而在根本上否定了古典学派的"二分法"，取消了古典经济学在价值论意义上的货币歧视。凯恩斯的货币需求论可概括为交易性动机、预防性动机和投机性动机，其中交易性动机和预防性动机主要取决于产出水平，而预防性动机则与利率相关。在凯恩斯看来，货币需求既与产出水平 Y 相关，又与利率水平 r 相关，即货币需求 Md = kY − hr。这一假设也打破了此前经济学家们普遍认为的利率是实物资本利率的货币表现，其高低取决于实物资本供求的这一假说。因此，在凯恩斯看来货币对真实经济就总是非中性的。

  ——现代经济学的货币分析。第二次世界大战后，新古典综合派在凯恩斯的基础上进一步发展了货币非中性的分析方法，如经典的 LS—LM 模型的提出，充分阐述了货币在短期经济波动中扮演的重要角色，即货币在短期经济中的非中性；斯泰因建立的凯恩斯—魏克塞尔模型全面深入地阐述了货币供应的增长率、私人部门的金融资产净额与货币存量在长期中影响着实际变量的均衡，即货币在中长期中的非中性。然而，正当凯恩斯主义和新古典综合派如日中天、如火如荼之际，货币主义的代表性人物弗里德曼却再次抛出货币中性的观点，他认为真实货币需求 Md/P（名义货币需求 Md 与物价水平 P 的比值）不仅应包括凯恩斯所涉及的货币、债券，还应当包括其他金融资产乃至实物资本，具体包括名义恒久收入 Y、非人力财富占总财富的比重 w、持有货币的预期收益率 R_m、持有债券的预期收益率 R_b、持有股票的预期收益率 R_e、一般物价水平的预期波动率 gP 以及其他扰动项因素 u，用公式可表示为：

$$Md/P = f(Y, w, R_m, R_b, R_e, gP, u)$$

通过资产收益结构的改变而直接对就业、产业、收入产生影响，而不必通过利率传导。一旦货币冲击被人们所预期，其结果只能导致物价水平的上涨而不会对实体经济均衡产生影响；也正是基于此，货币当局最有效的选择是执行单一的货币政策，即以不变应万变。当然，弗里德曼本人也并未完全否认货币非中性，至少他也表示在短期内，货币仍可能是非中性的——正如绝大多数经济学家认为和实际经济运行所表明的那样。

回顾近三四十年西方经济学的发展历程，20 世纪 70 年代末，供给学派复活了"萨伊定律"，形成对凯恩斯主义的全面反攻；到 80 年代，理性预期学派则进一步主张货币政策在短期和长期均无效——显然，货币分析又回到了古典经济学的"两分法"和"中性论"。这种反复与回归在一定程度上表明西方经济学的分析逻辑进入了穷途末路，特别是在进入 90 年代后，许多西方经济学家也在试图重新构建经济理论的假设和前提，寻求宏观经济理论的微观基础、注重经济理论与实证科学方法论的结合等，都是迷途知返后的一种新趋势。[①] 但是，从实际情况来看，金融越来越强的虚拟性，信息技术、工程技术的迅猛发展及在金融领域的普及，金融创新、金融自由化、金融霸权主义等种种变化都把金融推向了另一个未知的方向，一个脱离传统发展轨迹的方向。单纯的货币分析也许会进一步完善，但绝不可能完全涵盖和有效解释日益复杂的金融过程及其对真实经济学的广泛影响。因此，金融分析成为货币分析的必然补充与发展。

---

① 姚勇. 金融学的范式、理论和方法：历史考察与现实审视 [J]. 经济评论，2000（6）.

那么，所谓金融分析是指在货币非中性假设基础上，通过研究金融变量与经济变量间的相互关系，考察金融内生性的一种研究方法。细心的读者可能会发现，对金融分析概念的界定事实上是建立在货币分析概念基础之上的，即建立在对货币分析所关注的第二个问题——货币是否中性这一问题的回答之上。金融分析基于这样一种事实或假设：货币活动不仅具有价值尺度、交易手段的功能，而且货币活动无时无刻不产生着分配效应、贮藏效应等多种经济效应，这些效应时刻对真实经济产生作用力与反作用力；金融活动、经济活动共生、共存、共繁荣，彼此不可分割、不可孤立。换句话说，对金融活动的研究已不能脱离对经济活动的研究；同样，对经济活动的研究也不能抛开对金融活动的考虑。过去那种以"资本市场的运营、资本资产的供给和定价，使用相近的替代物给金融契约或工具定价"① 的研究方式已然不完全适用于经济金融化的现代经济。具体来讲，金融分析包括：

——金融总量与结构分析。通过对一国国家或地区金融业 GDP、货币供应量、金融资产总额、信贷资产总额、证券市场市值、银行业资产总额、保险承保规模等总量性指标的考察可以反映金融总体规模，通过对金融相关率、政府债务杠杆率、私人部门杠杆率、银行部门杠杆率、保险相关率、保险渗透率以及各子行业 GDP 的比率等一系列相对指标的考察可以反映该国或该地区的金融结构。

——金融功能分析。金融功能是金融与经济相互协调、适应与吻合的程度，是金融与经济的核心关系。功能往往比结构更为稳定，更接近事物的本质属性。对金融功能的研究可以从金融基础性功能（服务型功能和中介性功能）、主导性功能（资源配置核心功能和风险规避与经济调节的扩展功能）和衍生性功能（包括风险管理、风险交易、信息管理、公司治理、宏观调控、消费引导、区域协调和财富再分配等功能）三个层次展开。

——金融演进分析。金融功能的扩展与提升即金融演进，金融功能的演进即金融发展，既包括质性功能的发展也包括量性功能的发展，量性与质性相辅相成，互为因果，在不同的发展阶段各有侧重。当然，金融演进主要是指金融正向功能的扩展与提升，这并不排除金融负功能的变化，后者与金融脆弱性、金融风险、金融危机紧密相关。

① 伊特韦尔. 新帕尔格雷夫经济学大辞典［M］. 北京：经济科学出版社，1996.

——金融效率分析。金融效率分析是对金融功能分析的补充和深化，可以通过金融效率的高、低、优、劣对金融的某种特定功能予以定性或定量的测度，例如运用全要素生产率模型、DEA 模型、Malmquist 指数分析等。

除此之外，金融分析还可以包括金融社会学分析、金融环境分析、金融复杂系统分析、混沌分析以及其他多学科、跨学科的综合性分析等。

6.2.3 价值观：金融可持续发展观

可持续发展的战略思想是金融资源学说所秉持的鲜明价值观，它作为一种高度抽象的哲学理念，事实上并非仅针对金融这一特定问题，而是具有一般性、普适性；它的形成并非一日之功，而是在漫长岁月的变迁过程中随着人类文明进程的发展而逐步改进、修正所形成的。

进入 20 世纪后半叶，人类文明进程进入一个极其动荡不安的历史阶段，局部战争的频发、世界人口的激增、环境问题的凸显、生态环境的失衡、经济金融危机的爆发以及不同文明间的冲突，甚至关于"世界末日"的流言都不得不使地球上的人们开始关注生存、思考发展。正是在这种背景下，才开始从科学研究的角度对发展进行思考。

在 20 世纪 60 年代之前，你很难在书刊或报纸上找到关于"环境保护"的思想或类似言论，那个时候"改造自然""利用自然""战胜自然"似乎才是时代的主流。1962 年，打响这场变革第一枪的是美国海洋生物学家蕾切尔·卡逊（Rachel Carson），她的专著《寂静的春天》通过讲述农药对人类环境的破坏引发了美国乃至全世界对环保事业的重视。1972 年，在瑞典首都斯德哥尔摩举行的"世界人类环境大会"首次发布了《人类环境宣言》。[1] 1983 年，联合国大会通过决议成立了世界环境与发展委员会（WCED），并于 1987 年在日本东京公布了前挪威首相的"布兰特伦报告"——《我们的共同未来》，呼吁世界各国将可持续发展纳入发展目标；1990 年，联合国发布《21 世纪议程》，并在 1992 年的里约峰会上通过了"里约宣言"，102 个国家首脑共同签署这一议程，普遍接受了可持续发展的思想。

而在以经济学研究为代表的社会科学研究领域，对发展的看法也经历

---

① 牛文元. 可持续发展理论的内涵认知——纪念联合国里约环发大会 20 周年 [J]. 中国人口资源与环境，2012（5）.

了从经济增长到经济发展、从经济发展到经济可持续发展的转变历程。"经济增长"与"经济发展"是两个既紧密联系又完全不同的概念。经济增长是一个明确可以度量的标准，它被定义为本期国民总产出相对于上一个时期的总产出所增加的百分比。对于世界绝大多数国家而言，经济都是呈增长态势，只不过各国国家在不同时期有不同的增速和平稳程度不同而已。例如英国在工业革命后从 1780—1838 年用了 58 年的时间使国民生产总值翻了 1 番，美国在 1839—1886 年用了 47 年使国民生产总值翻了 1 番，日本从 1885—1919 年用了 34 年使国民生产总值翻番，而中国则在 1977—1987 年仅用了 10 年就使国民生产总值翻番。[①] 传统的西方经济学理论，包括我们在第一部分中谈到的西方经济学界框架内的一些创新和突破，对发展的研究更侧重的是经济增长，即一个单纯的量变过程，而不涉及质的问题。然而，随着工业革命、电气革命和科技革命的到来，经济发展不仅只包括经济增长的速度、增长的平稳程度和结果，国民的平均生活水平如教育水平、健康卫生标准、自然环境、社会结构、财富分配等都是区别发达国家和发展中国家的重要因素。因此，经济发展是对一个国家总体发展水平的综合分析概念；各个国家由于各种不同的经济基础、历史背景、社会结构和政治体制，在最终的结果上也迥然不同。可以说经济发展更多考虑的是各国经济发展成败得失的原因，是关注一个国家如何发生"质变"及其因素。

从经济发展到可持续发展是发展观的又一次演进。所谓的可持续性发展观是"人与自然、人与社会、社会与经济的协调、稳定、有序、和谐的可持续发展。"[②] 可持续发展观更突出强调发展的整体性、发展的内生性与发展的综合性，即：可持续发展揭示了"发展、协调、持续"的系统本质、可持续发展反映了"动力、质量、公平"的有机统一、可持续发展创建了"和谐、稳定、安全"的人文环境。[③] 满足金融可持续发展观的发展方式必将自觉地、有效地、合理地处理好经济发展与金融发展的关系、处理好金融"质性"发展与"量性"发展的关系、处理好金融渐进式发展和金融跃进式发展的关系、处理好金融内涵式发展和金融外延式发展的关

---

① 袁志刚，欧阳明. 宏观经济学［M］. 上海：格致出版社，2008.

② 白钦先. 白钦先集——传承与创新［M］. 北京：中国金融出版社，2009.

③ 牛文元. 可持续发展理论的内涵认知——纪念联合国里约环发大会 20 周年［J］. 中国人口资源与环境，2012（5）.

系、处理好金融整体和金融局部的关系、处理好金融效率与金融公平的关系、处理好国内金融与国外金融的关系、处理好发达地区金融和欠发达地区金融间的关系等。

最后强调的一点是，金融分析的方法及可持续发展的理念并不排斥其他金融理论，而是作为桥梁构建了金融机构视角与金融功能视角的通道，也同时保持了它与西方经济学理论视角的平滑连接和过渡；可持续发展的理念旨在造福全人类的发展，不同国家、不同地区、不同民族都应沐浴其中，它作为一种普世价值是具有世界性意义的。

6.3 "金融资源"研究范式下的相关理论

6.3.1 十大金融意识论

十大金融意识论的提出始于 2007 年美国次贷危机爆发伊始，作为向中央有关部门提交的政策建议以应对次贷危机产生的影响。十大金融意识论是建立在金融资源论的基础上逐步衍生发展而来的，它侧重于从国家主权视角对金融资源的开发利用进行研究。十大金融意识自提出至今，经历了不断增减、补充、完善，以使之与时俱进，它们分别是：

——现代金融意识。经济全球化、经济金融化、金融全球化以来，金融在整个经济中的比重逐步提高，并逐步成为经济发展的"核动力"，这大大不同于农业社会、工业社会，现代金融对经济发展具有先导作用，"市场引导—政府协调—金融先导—区域倾斜"是促进经济社会发展的新模式。[①]

——金融强国意识。金融成为现代经济发展的"核动力"的另一个重要表现就是：一个现代化的经济大国，如果没有强而有力的金融体系就不可能有强而有力的经济体系，前者是后者的必要条件。特别是对于 21 世纪的中国，我们已经由一个贫穷落后的国家发展成了经济大国，但还称不上是经济强国，这其中一个重要的原因就是我国金融体制改革的道路仍任重道远，利率市场化改革、汇率市场化改革仍在进行中，深化金融体制改革是金融强国的必经之路。

——国家金融主权与安全意识。目前，中国在国际金融事务中的话语

---

① 孔祥毅. 中部崛起战略中的金融协调 [J]. 山西财政税务专科学校学报, 2006 (1).

权仍不充分，这集中表现在我们在国际货币基金组织、世界银行等国际性金融机构中话语权的比重同我们的 GDP 占世界 GDP 的比重以及国际贸易额占世界贸易总额的比重严重不匹配。在国际金融领域中话语权的不足会制约我国经济实力的增长，一个典型的例子就是在国际大宗商品交易市场中，由于我们没有自己的远期市场从而缺失了相关商品的定价权，导致了中国人"买啥啥贵、卖啥啥贱"，往浅了说是中国企业会受到亏损，往深了说是中国的国家利益遭到了侵害。因此，在执政过程中政府决策层要有金融主权与金融安全意识。

——反金融霸权意识。中国是一个东方的、后发的、赶超的、正在发展中的社会主义大国，在她的崛起过程中必定会遭遇西方资本主义发达国家的强烈抵制和包围，这种抵制和包围不仅体现在金融领域，还体现在文化、体育、意识形态等多个方面。实现民族振兴和国家崛起必须要冲破敌人的包围，一个重要的武器就是旗帜鲜明地反对霸权主义，联合世界各个发展中国家，共同维护发展中国家的共同利益。近年来金砖国家间深入合作正是一种反霸权主义的新尝试。

——政策性金融意识。政策性金融是现代金融中不可或缺的重要组成部分，金融体制研究范式中"政策性金融论"以及下一节"三维金融架构论"都有深入分析。在此，笔者重点强调的是，在商业性金融、政策性金融和合作性金融中，政府能够实施直接干预的是政策性金融，这是它的定性定位所决定的。正因为如此，作为执政者而言，树立政策性金融意识，发挥好政策性金融在现代经济金融中的作用是非常重要的。

——金融危机与金融风险意识。金融是把"双刃剑"，运用得当它可以促进经济良好发展，运用不当它不仅会制约经济发展，甚至会带来意想不到的灾难性后果。自20世纪90年代以来，由于金融风险导致的"黑天鹅"事件屡见不鲜，给个人、企业、国家乃至整个世界带来沉重打击，从巴林银行的倒闭到东南亚金融危机的爆发，再到美国次贷危机、欧洲债务危机和整个全球经济衰退，其背后都有决策层危机意识淡薄、风险意识不足之嫌。亡羊补牢，犹未为晚，金融危机意识和金融风险意识应警钟长鸣。

——互联网金融意识。随着"互联网＋"概念的普及，越来越多的传统事物与新兴互联网相结合，产生了许多新的事物。金融也不例外，在与互联网结合过程中，产生了网上银行、手机银行、支付宝、蚂蚁金服、个贷平台等众多新生事物，这些新产品极大丰富金融服务、带来便利的同时也带来新的问题和新的挑战，如金融消费者权益保护的问题、金融电信诈骗、网络诈骗的问题以及个人征信问题等，都是亟待决策层解决规范的问题。

——人本民本金融意识。金融是为最广大的人民群众服务是决策层必须坚守的政治底线。从理论上来讲，金融自产生伊始就有服务经济发展、服务社会发展的基本属性，它惠及的是整个社会生产而非特定对象；然而，现实生活中，随着资本的积累，一些金融手段为资本家垄断并成为获取超额利润的工具，金融违背了它普惠性的基本属性，最终带来了"人"和"资本"的对立，才有了社会主义取代资本主义的历史必然。我国是社会主义国家，我们的金融决策当局对人本民本更应敏感、积极，更要树立人本民本金融意识。

6.3.2　三维金融架构论[①]

"三维金融架构论"是由白钦先教授率先提出，并以《论三维金融架构——哲学的人文的历史的与经济社会综合视角的研究》一文公开发表为标志正式推向理论界。他将"三维金融架构论"定义为现代市场经济体系国家或经济体中，由商业性金融、政策性金融和合作性金融这三种相互联系却有着本质不同的金融组织形态和金融资源配置方式相互影响、相互作用、相互融合所形成的整体系统架构。[②] 基于三维金融架构理论下的新金融观正是对这一理论的应用与推广：它同样是从不同金融组织对金融资源配置采取不同方式这一本质性差异入手、排除了现代金融纷繁复杂的外在表现，将现代金融主体划分为商业性金融、政策性金融以及合作性金融；它不从具体机构、具体业务、具体工具、具体功能作为研究突破口，而是自上而下地从宏观层面对金融进行研究，是一种具有大局意识的金融观。基于三维金融架构理论的金融观更加突出和强调商业性金融、政策性金融及合作性金融三者间彼此联系、相辅相成、相生相克的立体式结构，揭示了现代金融是多种金融资源配置方式共生共存共繁荣的本质；明确指出了

---

①　将"三维金融架构论"作为"金融资源"范式下的一种具体理论主要是从商业性金融、政策性金融与合作性金融是配置金融资源的不同方式这个角度出发的，就该理论研究过程中也包含了大量的"金融体制""金融功能"甚至"金融人文"的范式研究要素，可以说其具有较高的综合性。正因为如此，宋陆军博士称"三维金融架构论"是白钦先教授金融理论体系中的"中观基础"，起到了承上启下的作用、是连接"金融体制论"和"金融资源论"的纽带。

②　白钦先，文豪. 论三维金融架构——哲学的人文的历史的与经济社会综合视角的研究[J]. 东岳论丛，2013（6）.

商业性金融、政策性金融及合作性金融是构建现代金融、和谐金融必不可少的三种基本资源配置方式，缺一不可；是决策当局在深化金融改革过程中首要考虑的宏观性、战略性问题，是顶层设计必须解决的问题。具体而言，本书拟从以下几个方面对"三维金融观"做如下解读：

——三维金融观下各种金融资源配置方式所占据的市场地位。从上述对各类金融机构的分类归集可以看出，商业性金融门类和数量占了绝大多数，而政策性金融与合作性金融门类相对单一，数量也不及商业性金融；进一步从其资金规模来看，商业性金融资金总量占整个金融体系资金总量的90%甚至更高的比率，所以从整体上而言，现代金融是以商业性金融为市场主体，政策性金融与合作性金融具有补充、辅助作用。但这一结论并不意味着商业性金融在任何领域都是占主体地位的，在某些特定的领域，政策性金融或合作性金融可以、能够、必须占主导地位，商业性金融反而是辅助和补充。例如，政策性金融在基础设施建设、区域开发、进出口、对外投资担保及保险、社会保障、外汇投资管理、银行不良资产重组等领域应当充当主要角色；而合作性金融因其扎根基础、情系民生的特点，其在"三农"、中小企业融资等领域往往更容易发挥其有效作用而应处于基础性主体地位，以互联网金融为代表的新型合作金融则在创业投资、公益事业等"草根"领域展现出重要的作用与意义，填补了以往这些领域的金融"空白"，对促进民间经济金融活力具有重要意义。

——三维金融观下各种金融资源配置方式具体从事的业务。各类金融资源配置方式具体从事的业务及服务的领域是由其在不同领域所处的市场地位不同所决定的。由于商业性金融占据现代金融的主体地位，因此，其服务领域及所办理的业务也最为广泛，其往往以公司制企业或社会法人的身份广泛参与各类经济、金融活动，触及经济社会各个领域。而从具体实践来看，短期资金融通（以工商企业营运资金贷款为主）以商业性金融机构为主导，而长期资金融通（以股权资金筹集及长期债务发行为主）则以金融市场为主导。政策性金融所从事的业务及服务的对象主要以弥补商业性金融力所不及的范畴，包括商业性金融涉入能力有限的领域、商业性金融不愿涉入的领域以及商业性金融不能涉及的领域；例如，大规模基础设施投资建设因其前期投资巨大、收益回报慢的特点与商业金融机构需要保持一定资金周转率的特点相违背，过多投资于该类项目不仅会降低商业性金融机构的盈利能力，甚至还会提升其流动性风险，因此商业性金融机构的涉入能力是有限的；还比如"三农"贷款、中小企业融资贷款，因这类贷款是高风险、低收益类贷款，与商业性金融要求风险收益对等的经营原则相冲突，其是不愿涉入的；还有就是出于国家安全、军事机密等特殊考虑，有些国计民生的命脉领域及支柱产业是商业性金融禁止涉入的。上述这些商业性金融"软肋"的存在就为政策性金融开展业务、有所作为提供了表现机会，围绕这些特定领域、群体开展业务就成为政策性金融从事业务的重点，特别是在长期性、开发性领域政策性金融较商业性金融更有比较优势。而合作性金融在业务范围这方面有些类似于政策性金融，是对商业性金融、政策性金融所难以涉及或涉及不足的领域再一次查漏补缺，特别是与农村、农民、农业相关的业务应由其承担起来。

　　——三维金融观下各种金融资源配置方式的宗旨目标。商业性金融是以实现金融资源配置有效性为最高宗旨的，这一有效性在很大程度上可以解读为金融有效市场的构建，即三个层面的构建：一是微观主体理性人的构建，如果金融体系中所有市场参与者（包括所有广义上的借款人和出借人）作为经济决策的主体都是充满理智的，既不会感情用事，也不会盲从，而是精于判断和计算，各个主体所追求的唯一目标是自身经济利益的最大化，那么最终各方博弈的结果必然会促成金融资源配置的有效性。二是在上述条件无法满足的情况下，由于个别市场参与者感情用事或存在偏差性预期的情况下，可以通过增加市场参与者数量、提高信息透明度、合理引导投资者预期等手段实现整个金融系统的预期无偏差，使过于乐观和过于悲观的投资者在整体数量上大体相同、使过于激进和过于保守的投资者在数量上大体相同，这样从整个系统来看资源配置仍是有效的（当然不排除局部无效）。三是在上述两个条件都难以满足的金融机构，特别是那些规模较大的商业性金融机构通过自身逐利行为进行无风险套利可以实现整个金融系统资源配置有效性，这一机制也是商业性金融资源配置方式在应对"羊群效应""群体一致性偏差"等现象时所采取的对策；商业性金融机构不仅从微观层面实现了自身利润最大化，而且从宏观层面促进了金融资源配置的有效性。值得一提的是，从理论上讲，商业性金融实现金融资源配置有效性并不要求上述三个条件都必须满足，而是只要满足其一便可实现金融资源配置有效性；从实践结果来看，现实生活中由于多方面人为或其他客观因素的存在，如交易成本变动、违约风险、道德风险、逆向选择等，绝对意义上的金融资源有效配置是不存在的，商业性金融只能根据不断变化的情况及时调整自己的对策与行为，在不断变化中实现资源配置动态有效。政策性金融则是以金融资源配置的社会合理性为最高宗旨，是商业性金融实现资源配置有效性基础上为配合国家特定经济政策或意图、保障"强位弱势群体"金融发展权及金融话语权所采取的必要机制，是对金融资源配置有效性的提升与扩展，即有效未必合理，合理必须有效。而合作性金融的宗旨目标在某种意义上是商业性金融及政策性金融在特定范围内的一种结合：从对外关系来看，合作性金融大多是弱者的联合，具有对抗金融强权的属性，是金融弱势群体保障自身金融发展与金融话语权的一种协作组织，因而其有助于金融资源配置的社会合理性；从内部来看，合作性金融为保障自身可持续发展也必须追求资金在内部的有效配置，在资金优惠性及有偿性二者间找到平衡点，从而实现合作性金融可持续内生增长，故合作性金融也是讲究金融资源配置有效性的。

——三维金融观下各种金融资源配置方式的运作机制。商业性金融是以排他性产权界定为基础的市场行为，正如新制度经济学家科斯认为的那样"市场的真谛不是价格，而是产权；只要有了产权，人们自然会'议出'合理的价格来"；[①] 当在交易成本为零的理想状态下市场经济会自发实现帕累托最优均衡。商业性金融本质上正是这样一种排他性运作机制。以商业性货币借贷为例，首先，借贷行为以贷款人对货币资金的排他性占有为前提，贷款人能够按照自己的意图支配该笔资金；其次，借贷行为转让的是货币资金的使用权而非所有权；再次，借款人在借贷期间能够垄断贷款资金的使用权，独享资金使用带来的效用；最后，从成本效益角度看，每笔贷款达成的背后是风险和收益的匹配，是边际成本与边际收益的对等。而政策性金融则是基于非排他性制度的运作机制。首先，政策性金融是为弥补单一市场机制运作缺陷所产生的一种制度安排，因而其必然采取与商业性金融不同的运作机制；其次，政策性金融在资金使用方面具有正外部性，投资的项目也多具有公共性，受益对象是大多数社会成员；再次，资金价格——利率不再是唯一引导资源配置的信号，而成为国家对特定群体或项目扶植力度的体现；最后，从成本收益角度看，政策性贷款风险收益往往不匹配，边际成本一般高于边际收益，在一定程度上对经济效率的牺牲是为追求高社会效益为前提的。合作金融在运作机制方面与其宗旨目标类似，同样是对商业性金融与合作性金融运作机制优点的综合借鉴：从对外关系来看，其资金来源与使用局限在小团体内部，虽然由此可

---

① 李政军. 萨缪尔森公共物品的性质及其逻辑蕴涵［J］. 南京师大学报（社会科学版），2009（5）.

能放弃了更好的投资机会，但却把机会留给了小团体内部，解决了内部借款人的融资需求，因此说合作性金融是一种解决弱势群体资金需求的有效机制，是具有经济效益和社会效益的"双效"机制；而从内部关系来看，合作性金融还具有商业性金融运作机制的特点，即在内部范围内采用优胜劣汰的方式，尽可能做到风险收益匹配、成本效益对等，这也是合作性金融实现保值、增值、可持续发展的必然机制选择。

　　——三维金融观下各资源配置方式的哲学基础。对各类金融资源配置方式哲学基础的研究在某种程度上是对传统金融学研究范式的突破，是不同于以往以效率研究为核心的研究范式；是经济研究、社会研究、人文研究、历史研究、价值研究、哲学研究相结合的研究范式；是对19世纪中叶以来经济学庸俗化发展的思考与批判，是对经济理论回归人文理性、回归哲学人文关怀关爱的呼唤；是实证分析与规范分析相结合、突出价值判断的研究范式；所以，三维金融观是一种跨学科、跨领域、综合式的人文社会金融观。对于三维金融观下的研究方法在本书第三部分再展开详细探讨，此处主要阐述三维金融观下各资源配置方式的哲学基础。

　　形而上谓之气，形而下谓之器。商业性金融、政策性金融以及合作性金融是特定的资源配置方式，有丰富的具体内容及表现形式，是形而下谓之"器"；内容及形式的建立依托于特定的哲学思想，商业性金融、政策性金融和合作性金融从哲学层面分别代表着功利主义、绝对主义和合作主义，不同的思想源泉是形而上谓之"气"；而连接"气"与"器"之间的纽带是以相应哲学思想为基础、为指导实务内容而建立起来的相关经济理论，这些理论分别是市场经济理论、政府干预理论和信用合作理论。

　　商业性金融的伦理学基础是功利主义（Utilitarianism）。最早对"功利主义"进行系统性阐述的是18世纪英国法理学家、哲学家、经济学家杰里米·边沁（Jeremy Bentham），他认为伦理道德必须建立在人趋乐避苦的本性和自我利益追求之基础上："当我们对任何一种行为予以赞同或不赞同的时候，我们应该看该行为是增多还是减少当事者的幸福。"[①] 每个人都得到自己最大利益时，社会也就达到了"最大多数人的最大幸福"，社会总体的幸福程度是每个个体幸福程度的加总。在边沁之后，另一位英国哲学家詹姆斯·穆勒（James Mill）（同时他也是英国古典经济学的创始人之一）对功利主义进一步进行修正，形成了古典功利主义：首先，穆勒强

---

　　① 周辅成. 西方伦理学名著选辑（下卷）［M］. 北京：商务印书馆，1987.

调功利主义所主张的幸福快乐源于精神快乐，而非肉体快乐；其次，功利主义行为的评价标准是最大多数人的幸福，而非行为者本人的幸福；最后，功利主义下的公平正义观是效率观，只要是能够促进社会生产效率的行为即是公平正义的。在此之后的两个多世纪，功利主义成为西方社会哲学伦理思潮中最具影响力的流派，对西方政治哲学、法律哲学以及经济哲学产生了巨大影响，特别是在经济学领域，它排除了其他哲学伦理的影响而独自成为主流经济学的伦理框架，构成了市场经济理论的哲学基础。[1]从西方主流经济学理论发展历程来看，也印证了这一推论：从古典主义的亚当·斯密、大卫·李嘉图到新古典主义的马歇尔、萨缪尔森，从货币学派的弗里德曼到新制度学派的科斯，尽管他们流派不同、观点各异，但有一点是相通的，即他们的学术思想都以资源效率为研究核心，都为市场行为做代言，从本质上讲都是功利主义经济学理论，或者如马克思所谓的庸俗经济学。值得肯定的是功利主义及其相关经济理论的普及确实在很大程度上提升了经济效率、促进了社会发展，其贡献在于它为衡量一种经济行为是否是公平正义的、是否在道义上立得住脚提供了一个普遍适用的标准，即成本收益标准——从社会成本收益角度来看，一种经济行为如果其边际收益高于边际成本，那么它就是合理的、正义的，是应受到鼓励、支持和保护的，因为它有助于社会总效益的提升，能够使"社会蛋糕"做得更大，能够为最大多数人谋取最大的利益。而通过上文对商业性金融运作机制、宗旨目标的论述可以看出，商业性金融产生的哲学基础正在于此，其对金融资源配置的出发点与落脚点均在于效率优先，因此说商业性金融是功利主义哲学观在金融领域的体现。

政策性金融的哲学基础是绝对主义（Absolutism）。绝对主义是批判功利主义的产物，是对功利主义伦理困境的突破。尽管大多时候功利主义具有广泛的适用性，但随着人类文明的不断发展及生产力的进步，其局限性也日益明显，特别是在经济领域，很多现实案例都陷入功利主义道德困境。试举一例简要说明：20 世纪美国某汽车制造商曾陷入一起"质量门"诉讼，原因在于其油箱设计未能安装相应保护措施，致使汽车在遭遇车祸时造成油箱爆炸的概率远大于安装之后的概率，因此，消费者保护团体要求该生产商加装油箱保护设备以避免车祸后消费者生命受到二次伤害。这一诉讼请求看似非常合理，但汽车制造商却断然拒绝并在法庭上给出了其

---

① 徐大建. 功利主义道德标准的实质及其缺陷［J］. 上海财经大学学报，2009（4）.

拒绝的理由：其实早在汽车设计初期，该制造商就对加装油箱保护设备进行了成本分析，加装保护设施的成本为每台汽车 10 美元，以当时的年产量 1 万台计，成本将增加 10 万美元；如果不加装保护设备的话，据估计事故概率为万分之一，那么这样一来每年生产的 1 万台车中理论上只会有一台车出事故，即使由此造成车毁人亡，哪怕是车载满员的情况下也只需要赔付 4 个人的生命赔偿金，而根据当时的法律规定，由此造成的人身损害赔偿金为每人 1 万美元，这样一算，不安装保护措施的成本仅为 4 万美元，远低于安装成本，因此厂商最终决定不安装保护设备并以其为营利性机构作为辩护理由。此言一出舆论哗然，媒体纷纷谴责该厂商的行为是对生命的亵渎，也有媒体发问"人的生命是否可以标价"，甚至还有媒体以"一条命不足 10 美元"为噱头炒作该事件。透过本案我们可以看出，厂商行为带有明显的功利主义色彩，其决策与行为是在功利主义指导下进行的。从实践来看，当功利主义在面对人的生命权利、人格尊严等问题时会表现出明显的缺陷和漏洞，而这种缺陷和漏洞并非局限于特定情景下的个案，而是具有普遍性，是植根于功利主义思想深处的。道德绝对主义的产生正是基于对功利主义的这种批判。绝对主义最早可以追溯至古希腊苏格拉底及亚里士多德的道德哲学，英国哲学家霍布斯所提出的自然法则也有它的踪迹，而最具代表性的则是德国哲学家康德。[①] 根据康德的观点，道德原则的设立必须是客观的、绝对的，道德的本性是完全独立于任何爱好和感情的，因为爱好和感情具有主观性，是因人而异的；"道德、伦理、公平"作为具有普遍意义的法则应对任何人、任何事、任何情景都具有适用性；如人的生命、自由以及财产具有不可剥夺的权利，在任何时间、任何地点、任何条件下都普遍适用，侵犯这些权利的行为就是不道德、不公平、不符合伦理的；绝对主义哲学思想认为功利主义的原则应有适用范围，特别是在经济生活中，功利主义下的市场行为虽然有助于经济效率的提升，但与此同时，这种高效有可能是建立在特定社会群体"绝对权利"受到侵蚀基础之上的。因此，要想缓解这一矛盾就必须采取非市场行为进行有效干预，这也就为政府干预论提供了哲学思想基础。从西方经济理论的发展历程来看，政府干预论的雏形最早可以追溯至 19 世纪德国经济学家李斯特的保护幼稚工业论，而成形于 20 世纪的凯恩斯主义宏观经济学，后经斯蒂格利茨、曼昆等学者对微观基础的补充与完善形成了今天我们在

---

① 魏慧敏. 浅谈康德道德的绝对主义［J］. 湖南工业职业技术学院学报，2012（6）.

教科书上看到的"新凯恩斯主义宏观经济学",其理论学说为政府"逆风而动"的市场干预行为提供理论支持。而金融理论作为经济理论的重要组成部分,其发展的内在逻辑与经济理论也应一致,如果一个经济体中只有唯利是图、道德冷血的商业性金融,其对金融资源的配置效率固然是高的,但其必然是建立在牺牲弱势群体金融发展权与金融话语权的基础之上;而金融发展权与金融话语权不应是一种特权,而应作为现代经济条件下为所有市场参与者所共享的基本权利。要想解决这一矛盾就必须由国家政府出面,通过一定的机制、措施保障全体公民金融发展权与话语权,而这一机制本质上就是白钦先教授所创的政策性金融"强位弱势群体论":所谓"强位"是指这些领域或群体在各国或各地区经济与社会发展中具有特殊战略的重要地位与影响……所谓"弱势"是指它们在国民经济整体、市场竞争力、技术装备、生产规模、劳动生产率等方面总体水平偏低,总体处于弱势,始终是一个特别弱势的群体,亟待政府特别的关爱、支持与扶助。① 政策性金融是以保障"强位弱势群体"金融发展权与金融话语权的有效机制,是以促进金融资源配置社会合理性为最高宗旨的配置方式。综上可以看出,政策性金融的哲学基础带有绝对主义色彩。

合作性金融的哲学基础是合作主义(Corporatism)。合作主义也称"社团主义""组合主义",其源于 19 世纪法国空想社会主义,其思想代表人物包括克劳德·昂列·圣西门、查尔斯·傅立叶、路易·勃朗以及罗伯特·欧文等人。合作主义主张对分化的权力进行制度化的整合,强调国家和社会团体的制度化合作,国家和利益团体的关系是互动合作、相互支持的。② 从实践来看,欧文于 1800 年在苏格兰自己的几个纺织厂内进行了空前的试验,以合作协助的原则组建起生产消费合作社,并在此期间创立了史上第一个学前教育机关,成为当今幼儿园和托儿所的前身;1824 年欧文在美国印第安纳州买下 1214 公顷土地,开始新和谐移民区试验。但不幸的是上述试验均以失败告终,欧文也因此破产。1849 年德国人雷发巽在莱茵河地区创办了世界上第一个信用合作社,标志着现代意义上组织化运作的合作性金融的开始。而在我国,合作主义思潮于"五四运动"时期从国外传入,为当时一部分资产阶级知识分子和青年学生所倡导,他们认为:人类社会的不平等和资本主义向社会主义的过渡,可以通过宣传和

———————————

① 白钦先,曲昭光.各国政策性金融机构比较[M].北京:中国金融出版社,1993.

② 王威海.西方合作主义理论述评[J].上海经济研究,2007(3).

组织各种合作主义的小团体来逐步实现；其方法是通过集资个人股份，开办银行或信用社、合作社等，补助小本经营、提倡互助互利，鼓励个人储蓄、解放平民经济。根据这一指导思想还于当时创设了上海的平民周刊社、国民合作储蓄银行，长沙的大同合作社、合作期成社，武昌的时中合作书报社、仙桃镇消费合作社，无锡的合作研究社等，可谓风靡一时。进入21世纪后，经济环境与社会风貌较过去大不相同，合作性组织与合作性金融也面临诸多新挑战，特别是在商业性金融迅猛发展的背景下，大量社会可贷资金流向经济发达地区和收益高、风险低的大项目、大企业，由此造成以"三农"、中小企业为代表的社会弱势群体长期得不到有效的资金供给；而从上文对合作性金融宗旨目标、业务范围及运作机制的特点来看，其植根基层的特点有助于缓解这一矛盾，这也成为新历史阶段下赋予合作性金融新的历史使命；当然，这一举措要想取得实质性成效必须依赖于合作性金融机构对其合作本质的坚守，即"自愿、互信、合作、自治、互助"——"自愿"是前提，"互信"是基础，"合作"是手段，"自治"是保障，"互助"是目的。尽管合作主义在历史实践过程中表现得不是那么抢眼，甚至大多以失败告终，但在新的发展阶段，特别是在互联网金融迅猛发展的今天，可以预见合作性金融对商业性金融、政策性金融功能的补充与完善是可行的，也是必要的，因此我们有理由相信合作性金融的成功实践将是对合作主义的一次正名。

——三维金融观下体制内金融与体制外金融。如前文所述，商业性金融、政策性金融与合作性金融共同构成现代金融的主体内容，这里所说的主体内容事实上是指体制内金融，而体制外金融从广义上来说也是金融活动，也应予以一定的关注，特别是当前在我国部分地区，体制外金融活动规模已经不可小觑，甚至在一定条件下还会反作用于金融体系，造成局部资金链断裂、金融恐慌乃至社会动荡，因此，控制体制外金融活动规模不仅对于金融协调发展有重要意义，对于社会稳定也同样意义重大。那么，体制内金融与体制外金融有什么关系呢？笔者认为，体制内金融结构失调是体制外金融活动产生与存在的重要原因之一。从我国目前金融结构来看，商业性金融占绝对主导，政策性金融与合作性金融发展相对滞后，特别是某些政策性金融机构还出现商业化倾向、某些合作性金融机构以"合作"之名行"商业"之实，更加加剧了三维架构的失衡。这一现状的直接后果就是我国金融体系规模日益庞大、广义货币投放日益增多、社会融资规模日益增长的同时，中小企业、"三农"融资日益困难；在难以通过正规途径获取信贷资金的条件下，为了企业的存续，一些企业主不得不借助高利贷渡过难关，由此为高利贷等体制外金融活动创造了存续条件；而当体制内金融结构失调更加严重时，对于体制外资金的需求就会更大，同时会吸引更多资金盈余者把资金投向民间借贷，使体制外金融活动规模越来越大；由于体制外金融活动缺乏必要的监管，往往与金融犯罪、社会犯罪脱不开干系，所以从社会发展来看，三维金融架构的协调不仅利于金融发展，对于社会维稳、构建和谐社会也具有积极意义。

　　综上所述，我们用一张九宫格分析图来总结三维金融架构共生共存、相辅相成的互动关系，如图 6-4 所示。

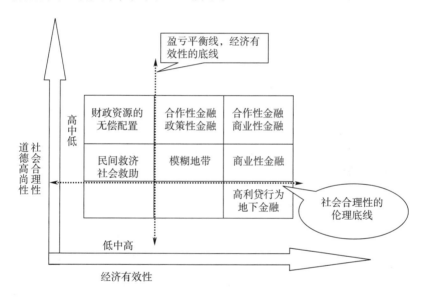

图 6-4　三维金融的九宫格分析

第7章 金融发展学说

7.1 金融发展学说产生的背景

7.1.1 历史环境背景

20世纪50年代至今，经济全球化是世界发展的最重要主题。这一方面表现在全球贸易规模迅猛发展，为经济全球化提供了物质基础。第二次世界大战刚刚结束时的1947年全球贸易规模只有450亿美元，到半个世纪后的1997年全球贸易规模就达到了6.1万亿美元，而到了2016年这一数字更是增长为15.6万亿美元。[①] 另外，跨国企业的迅猛发展使世界各国间的联系更为紧密，更为相互渗透。全球化进程中跨国企业的发展大致经历了三个阶段，第一个阶段是20世纪60年代至70年代，主要是欧美发达国家间跨国企业的相互渗透，第二个阶段是80年代至20世纪末，主要是欧美发达国家向亚非拉等第三世界国家渗透，第三个阶段是进入21世纪以来，发达国家与发展中国家相互渗透；当然需要强调的是这种相互渗透仍是非对称的，仍是以发达国家向发展中国家渗透为主。由此一来，经济全球化带来的结果就是实现了生产要素在全球范围内的生产、交换、分配和消费，同时世界各国经济体你中有我、我中有你，相互依赖、相互影响；更进一步地这种经济关系还渗透在了政治、社会、外交、文化等众多领域，它打破了传统地缘政治的态势与格局，进而引发了全世界、全人类面临的新问题、新挑战。

与经济全球化同步进行的是经济金融化，换句话讲即经济与金融相互渗透、密不可分，成为一个整体。经济金融化表现在以下几个方面：第一，社会经济关系金融化，即越来越多地表现为金融关系，如债权债务关

---

① 日本贸易振兴机构（JETRO）．世界贸易投资报告［R］．2017－07－31.

系、股权股利关系、风险保险关系等。第二，社会资产金融化，以我国居民存款占 GDP 的百分比为例，1978 年我国居民存款余额为 210.6 亿元，当年 GDP 总额为 3645.2 亿元，二者间的比例为 5.77%；到 1999 年，我国居民存款余额上升至 5.96 万亿元，当年 GDP 总额为 8.97 万亿元，二者间的比例为 66.44%；再到 2017 年，我国居民存款总额进一步上升至 62.6 万亿元，当年 GDP 总额突破 82 万亿元，二者之比为 76.34%。其实，除了居民存款，其他股权类资产、债权类资产和衍生金融类资产等金融资产占 GDP 的比重同样也呈现类似关系。可以看出，随着经济的增长，金融资产的存量也在增加，并且其增长率大于前者。第三，融资非中介化，不论是在发达国家还是在发展中国家，绝大多数国家社会融资规模不断扩大的过程中都经历融资结构变化的过程，即由传统的银行间接融资为主到由现代的金融市场直接融资为主。这种融资结构的转变与前述社会资产的金融化存在密切关系，后者是因，前者是果。

在经济全球化和经济金融化的大浪潮下，金融全球化成为必然结果。由此带来的结果就是金融不再仅仅是一个产业性问题、行业性问题、专业性问题，而是一个影响全球各国经济与社会稳定发展的战略性问题、全局性问题乃至主权性问题。因此，深入研究金融与经济间的互动关系成为理论热点。

7.1.2 学科发展背景

在探究金融与经济的互动关系理论研究方面，国外学者的代表性学者包括罗纳德·麦金农、E.S. 肖和戈德史密斯，他们是最早尝试研究金融与经济间的互动关系的学者，开创了金融发展理论的先河。

1973 年，罗纳德·麦金农的《经济发展中的货币与资本》和 E.S. 肖的《经济发展中的金融深化》两本书的出版，标志着以发展中国家或地区为研究对象的金融发展理论正式形成。麦金农提出"金融抑制论"，他认为发展中国家对利率和汇率的控制扭曲了市场价格，不能反映真实的市场需求，从而降低了金融活动配置资源的效率；投资效率的降低又进一步打击金融投资者的积极性，使投资减少，经济增速减缓，即所谓的"金融抑制"。而肖从金融与经济的互动制约关系出发，提出了"金融相关率"（FIR）来衡量金融与经济的互动关系。不论是麦金农还是肖，他们二者的分析都是建立在经济分析的基础上展开的，即以哈罗德—多马经济增长模型为基准，修改了模型中关于储蓄率为常数的假设，进而分析得出的结论。因此，从这个意义上说，麦金农和肖的金融发展论源于经济发展论。

1969 年，美籍比利时经济学家戈德史密斯出版的《金融结构与金融发展》将金融发展理论由经济分析的视角转入金融分析的视角。戈氏理论认为，"金融结构即金融工具与金融机构的相对规模……金融结构的变迁即金融发展。"他通过构建一系列指标体系衡量一个国家或经济体的金融发展程度，这些指标包括金融相关率、金融机构在金融资产总额中的比重、银行在金融系统中的地位等。他认为，现代类型的金融制度由西欧逐步扩展到除共产主义国家外的整个世界，在这一扩展过程中，金融发展程度不同的国家可以通过上述指标体系进行衡量并呈现出一定的规律性。可以说，戈德史密斯提出的金融机构观及金融发展论大大地拓宽了人们对金融问题观察的视野，具有重要的理论意义与政策含义，也受到了国内外学界的普遍认可。但是，任何理论都有与时俱进的问题，在戈氏理论提出三十年后，他本人及国内外学术界对这一问题的认识深度仍停留在原有水平。

7.2 金融发展学说的主要内容

7.2.1 世界观：金融与经济的互动关系

白钦先教授在广泛汲取、借鉴国外金融发展理论的基础上进一步修正完善了金融发展理论，从而促进了金融发展理论的发展，形成了循序渐进、体系完善的金融发展学说。白钦先金融发展理论的产生与发展先后经历了三个阶段：

——第一阶段是 20 世纪 90 年代，从金融结构的视角研究金融发展，即对"金融倾斜及其逆转"的研究和进一步修正了戈德史密斯的金融结构论。90 年代初期，白钦先教授出版的专著《比较银行学》中就将"融资结构"作为金融"九大要素"之一进行研究；其后，在对世界各国金融体制的比较研究过程中进一步发现，大多数国家都是先有间接金融，后有直接金融，先有短期金融，后有长期金融，并且间接金融与短期金融、直接金融与长期金融之间有一种大致的对应关系；而从发展的先后顺序、业务量和市场占比来看，往往间接金融先于直接金融，其规模比重也远远高于后者——白钦先教授便将这种非对称、非平衡发展称为"金融倾斜"。进入 21 世纪后，随着世界各国经济金融形势的发展变迁，原有的以间接金融为主导的"金融倾斜"被"逆转"，直接金融后来者居上，这成为 21

世纪世界金融领域最深刻的变革，白钦先教授将其概括为"金融倾斜的逆转"。在《百年金融的历史性变迁》中，白钦先教授指出，"金融倾斜及其逆转"大体上反映了由传统金融向现代金融、由以银行机构为主体的金融到以非银行金融机构为主体的金融、由金融机构为主导的简单金融到金融市场为主导的复杂金融、由相对封闭的国别金融到高度开放的国际金融的结构变迁。这种变迁体现了现代金融结构的复杂性和多层次性。

如前文所述，在戈氏提出金融结构发展论三十年后，他本人及国内外学术界对这一问题的认识深度仍停留在原有水平。而进入 20 世纪 90 年代后期，白钦先教授进一步对戈氏理论进行了修正和扩展：一个是对其"结构论"的修正和扩展，另一个是对其"发展论"的修正和扩展；前者是基础，后者是理论上的外推，在此我们先讨论前者，后者在下文"金融发展论"中再详细展开。戈德史密斯认为"金融结构即金融工具与金融机构的相对规模"，而白钦先教授认为"金融结构是金融相关要素的组成、相互关系及量的比例。"这一修正与扩展有三个亮点：一是将"金融工具与金融机构"改为"金融相关要素"，显然后者的涵盖性要远远大于前者，金融结构的范畴也不应仅限于"机构"和"工具"间；二是将"相对规模"改为"相互关系"，相互关系不仅包含相对规模这一"量"上的关系，还包含了彼此互动、彼此制约的"质"的关系；三是将对"比例关系"进一步拓展，不仅包括金融要素（如金融机构和金融工具）间的比例，还可以包括金融要素同经济要素（如 GDP、价格指数、进出口额等）、社会要素（人口、年龄、面积）间的比例。可以说，白氏的金融结构论的范畴不仅涵盖了戈氏金融结构论的范畴，而且还做了较多的新突破和新探索。

——第二阶段是从金融功能的角度研究金融发展，金融功能的演进即金融发展。对金融功能的研究，西方代表性学者是罗伯特·默顿和兹维·博迪，在他们的专著《金融学》中有如下表述"从功能的视角研究金融比从机构的视角去研究金融更为稳定、更为本质……金融体系的功能可分为以下三大核心功能：一是便利清算和支付的功能，二是聚集和分配资源的功能，三是风险分散的功能；此外，金融体系还具有充分挖掘决策信息和有效解决委托—代理关系中激励不足的问题。"[1] 如图 7 - 1 所示。

而在中国，白钦先教授将金融功能进行了层次划分，即基础功能、核

---

① 兹维·博迪，罗伯特·默顿. 金融学 [M]. 北京：中国人民大学出版社，2010 (1).

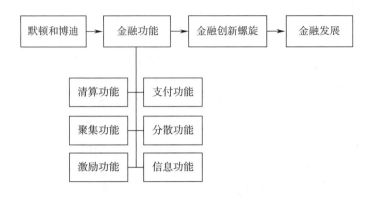

图 7 - 1　默顿和博迪为代表的金融功能示意

心功能、扩展功能和衍生功能。这里需要强调的是白钦先的金融功能论与默顿、博迪的金融功能论大体都是在 20 世纪 90 年代相近的同一时期各自独立进行的，后者则是在 2000 年才引入中国；这表明思想理论研究是没有国界的，或是彼此影响，或是各自独立进行。

　　基础功能包括服务功能和中介功能。所谓的服务功能是指金融活动为生产活动、经济活动和社会活动顺利开展提供的支持性功能。譬如货币所承担的职能就是基础性金融服务功能的重要体现：首先，货币所提供的价值尺度，为商品交换等价原则的实践提供了交换的标准，倘若没有一个普遍的、可接受的"尺子"，那所有商品的交换将停留在物物交换的最初级阶段；其次，充当交易媒介的职能也大大降低了商品交换的交易成本，所有商品只需要同充当一般等价物的货币进行交换即可，大大节省了寻找潜在交换对象所需的潜在成本，这就为大范围的、非临时性、非偶然的商品交换提供了基础；最后，货币的价值贮藏这一功能，使财富实现跨期支配成为可能，如果没有货币、没有金融，很难想象在农业社会利用易腐变质的农产品作为贮藏价值的工具，因为这些农产品本身价值会随着时间的推移而迅速贬值甚至完全失去价值。而中介功能是指金融作为中介机构实现资金盈余者和资金赤字者之间价值融通的渠道。在很多教科书中，对"金融"的定义用最为简单的一句话可以概括为"资金的融通"，这虽然并不完全正确，但在很大程度上把握了金融活动的最基本的功能之一。由于生产能力、生产周期、生产条件以及消费者消费偏好、储蓄偏好、风险偏好等种种客观差异的存在，资金的盈余者和资金的赤字者在现实经济中并存成为一种常态，而且，盈余者与赤字者会随着时间、条件的变化互相转换，并非盈者恒盈、赤者恒赤，借与贷的转换也体现着这种转化的过程，可以说盈余者与赤字者二者间资金融通的需求是客观存在并长期存在的，金融中介功能也是长期性、基础性的。之所以说服务功能和中介功能是金融的基础性功能，其原因有两个：一是货币从金融自产生伊始便承担着服务经济社会生产和价值交换中介的功能，从始至终、从古至今，从未改变；二是金融的服务功能和中介功能是其他后续功能产生、发挥的基础，没有服务性功能和中介性功能其他金融功能无从谈起。当然，服务功能与中介功能虽同为基础性功能，但二者也并非完全对等，金融的服务性功能较之中介性功能而言更为基础；但把二者统一在基础性功能在很大程度上也源于实践过程中这两项功能往往交织在一起，不能完全割裂。另外，还要强调的是，金融基础性功能本身并不创造社会财富，但社会财富创造的过程却离不开金融基础性功能。

核心功能即资源配置功能，所谓金融的资源配置功能是指金融活动可以实现消费和储蓄在不同时间和空间维度上的分配，从而引导社会生产实现更高社会价值的作用。其要点有如下几点：第一，金融资源配置功能其所配置的资源不仅包括狭义上的自然资源，还包括社会资源，即金融活动具有配置一切经济资源的功能；这是由于经济金融化所带来的必然结果，诚如前文对金融资源学说的研究中所阐述的那样，金融既是一种资源，也是配置其他一切资源的手段。第二，金融活动可以实现资源在空间维度上的配置，这种空间的划分标准可以是地理的，如东部地区相对于西部地区、沿海地区相对于内陆地区、国内相对于国外，也可以是经济上的，如发达地区相对于不发达地区，城市地区相对于农村地区，还可以是从某一产业地区向另一产业地区，等等。第三，金融活动可以实现资源在时间维度上的配置，这里所指的时间维度也是广义的时间维度，对于消费者而言意味着当期与未来，对于生产者而言意味着短期与长期，对于一个产业而言则意味着起步期、成长期、稳定期、衰退期等不同的产业生命周期，对于整个经济体而言则意味着繁荣、衰退、复苏、危机等不同的经济周期。第四，资源配置的功能主要通过引导金融资本的流动来实现，在现代市场经济条件下，以货币为主要形态的金融资本其规模水平和流动水平都远远超过商品经济初期以实物为主要形态的产业资本——这是经济金融化的一个重要标志；也正因为如此，金融实现资源配置的过程无须直接以实物资本、产业资本为对象，而是以货币资本、金融资本为对象，通过对后者的引导可以有效影响前者的流动配置，后者是手段，前者是目的。第五，金融配置资源功能的机制是以市场机制为主、政府干预机制为辅；所谓的市场机制是指运用价格（对于金融活动而言即利率）来引导货币资金从低收益领域向高收益领域流动，从而实现整个经济整体效率的提升。特别要强调的是，这里一个重要的假设就是高收益与高效率对应、低收益与低效率对应，只有在这种情况下，通过市场价格机制才能使其自发地提升经济效率；相反，如果是在高收益与低效率对应、低收益与高效率对应的情况下，资本的逐利性必将导致整体经济效率的降低。当然，这种情况并非普遍，只是存在于特定条件、特定产业或特定问题上，如基础设施建设、扶贫开发等领域，在这些领域中政府通过行政性手段干预资金的配置往往更为有效。因此，我们说金融资源配置功能的机制是以市场机制为主、政府干预机制为辅。

扩展功能包括经济调节功能和风险规划功能。所谓的扩展是针对核心功能的扩展，与作为核心功能的资源配置功能同时发挥作用的还包括经济调节功能和风险规划功能。经济调节功能是指政府通过金融的手段干预经济增长。金融调节经济增长的方式主要通过货币政策、财政政策、税收政策、产业政策、外汇政策等途径实现，譬如在经济低迷时，通过实行宽松的货币政策刺激社会总需求以实现短期经济复苏，如次贷危机过后，美联储执行的量化宽松政策说到底就是一种宽松的货币政策；而在经济高涨时，通过缩紧银根降低社会总需求，抑制经济泡沫滋生。此外，一个国家金融的发达程度也是这个国家经济发达程度的重要体现，如货币化程度、利率市场化程度以及外汇管制程度都从不同侧面反映着一国金融与经济的结合紧密程度；一般来讲，经济、金融越是发达的国家，货币化程度越高、利率市场化程度越高、对外汇的管制程度越低——这些都是市场机制相对完善的重要体现。风险规划功能是指微观经济主体利用金融的手段进行风险管理。过去很长时间里，人们对于风险普遍持厌恶态度，因此在企业管理过程中总是尽可能地规避风险；因而在很长一段时间里，金融之于风险的功能也被称为风险规避功能；但是随着认知水平的提升，一个微观主体对风险的态度并不总是绝对厌恶的，在很多情况下，适度地承担风险将带来相应的收益，因此，运用金融的手段来实现风险规划功能较之风险规避更为准确。一个微观主体在现实生活中面临的风险是多种多样的，以企业为例，它可能面临的风险包括外部风险和内部风险，其中外部风险有政治风险、法律风险、合规风险、经济风险、政策风险、社会和文化风险、自然风险、技术风险、市场风险等，内部风险有操作风险、控制风险、运营风险、财务风险、战略风险等，如此多样的风险有些是可控的，有些是非可控的，因此，针对不同风险运用金融手段采取的管理策略也不同，大致可以包括这七种风险管理策略：完全承担、完全规避、风险转移、风险转换、风险对冲、风险分散和事件管理。具体而言，对于那些无法预见的不可控风险，企业往往选择完全承担，譬如无法预见的政治突发事件、自然灾害，而对于可以预见的不可控风险，企业则可以采取完全规避，退出相关领域；所谓风险转移是指通过企业风险交易将风险转移给另外一方，最典型的就是保险；风险转换是指将一种风险转换为另外一种风险，譬如通过期货交易可以实现将价格风险转换为基差风险；风险对冲则是通过恰当管理多个不同风险间的相关性，使其总的风险相互抵消而低于单个风险的简单加总，譬如多种外币结算、资产组合设计等；风险分散用我们常说的一句话就是"不要把鸡蛋装在一个篮子里"，是运用风险间的非相关性进而化解、降低总的风险水平；事件管理则是在风险发生之前采取相关措施降低风险可能发生的概率，譬如风险准备金的提存就能够降低企业破产倒闭的风险。总之，上述与风险相关的策略和措施都离不开各种金融工具和机构的参与配合，这也正是金融风险规划功能的集中体现。

派生功能（也可称为衍生功能）包括信息传递功能、公司治理功能、引导消费功能、区域协调功能、财富再分配功能等。派生功能是金融体系为了进一步提高资源配置效率而在核心功能及扩展功能基础上的衍生。派生功能分为两个层面，一是微观层面，如信息传递、公司治理，二是宏观层面，如引导消费、区域协调、财富再分配。从信息经济学的角度出发，信息不对称会使整个经济资源配置效率发生扭曲，而金融市场、金融机构所承担任务正是扭转这种扭曲；充分考虑、撮合资金供求双方的交易需求，确定合理的资金价格就是一种价格发现机制，也是一种信息制造机制，通过价格信号调节资金供给和需求。此外，特别是对于直接融资市场上的上市公司、公众公司而言，强制信息披露机制也是消除股东和经营者直接的信息不对称，并能够通过股价的变化衡量经营者的经营成果，从而实现公司合法、合规、高效、安全的公司治理职能。宏观层面，金融活动可以通过利率的期限结构、区域差异调节消费和储蓄的关系以及区域间发展不平衡问题。即期利率的上升会促使人们更偏好于储蓄而减少当期消费水平，即期利率的下降则会促使人们更多地选择在当期消费而不是储蓄，此外，针对不同消费项目采取的多层次优惠贷款利率也在很大程度上影响着消费支出，最典型的就是对于耐用消费品如汽车贷款利率及首付比率的调节。对于区域差异的形成及区域差异的调节也和金融活动密切相关，金融资本出于逐利的需求往往会在发达地区和欠发达地区间形成"抽水机效应"，即吸收欠发达地区的资金后转而将其投入发达地区以求更高的回报率，这样一来富者越富、贫者越贫；而要想化解这种"马太效应"，就必须通过政策性金融予以调节，通过向欠发达地区发放优惠贷款，扶植欠发达地区基础设施及相关产业的发展，缩小甚至抵消金融逐利性带来的区域间差异。

综上所述，多层次金融功能如图 7 - 2 所示。

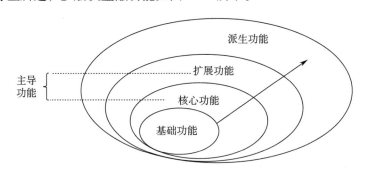

图 7 - 2　多层次金融功能示意

——第三个阶段是 21 世纪以来对"金融结构调整和金融发展方式转变"的研究，它是对金融结构发展理论的进一步深化。2010 年 10 月，中国共产党第十七届五中全会审议通过了《关于制定国民经济和社会发展第十二个五年规划的建议》，以科学发展观为指导，以经济发展方式转变为主线，为我国建设小康社会构建了一幅宏伟蓝图。金融发展方式转变是经济发展方式转变的应有之义，也是重中之重。应《经济研究》编辑部约稿，白钦先教授就"十二五"时期我国金融结构调整与金融发展方式转变笔谈了自己的看法。可简要概括为：第一，金融结构调整是金融发展方式转变的现实前提和物质基础；第二，金融发展方式转变是金融结构调整的出发点与归宿点；第三，要以科学与合理的金融发展方式引领金融结构调整；第四，通过具体的金融结构调整来实现金融发展方式转变，从而塑造一种科学的金融发展方式。此后，白钦先教授指导的博士武飞甫就以《金融结构调整与金融发展方式转变互动研究》为博士论文选题，进一步地对金融发展方式与金融结构的互动关系进行了考察分析，从而更加丰富了金融结构论的内涵。

7.2.2　方法论：金融内部功能分析与外部功能分析

金融发展理论对金融功能的研究是重点、亮点与创新点，因此，在研究方法上也突出了金融功能分析法。金融功能分析法借鉴了古典经济学的二分法，并在此基础上进行了拓展，把金融功能分析划分为两个层次，即金融内部功能分析和金融外部功能分析。在古典经济学中，所谓的二分法是把经济分为实体经济和货币，实体经济研究与产出相关的制度、资源、技术等因素及其相互关系，而货币作为一种现象不影响实体经济因素，从而不影响产出水平，它只是像浮在实体经济上的一层"面纱"。因此，在古典经济学的二分法下，实体经济是实体经济、货币（金融）是货币（金融），二者之间具有不可逾越的鸿沟。

金融功能分析法借鉴了古典二分法的研究思路，把金融功能划分为了金融内部功能和金融外部功能。一方面，通过金融内部功能分析保留了金融活动的相对独立性，即金融活动自身运作所产生的影响及效能，它不依赖于实体经济而产生的作用，如金融的基础性功能——价值尺度、交易媒介、贮藏手段、充当一般等价物等功能；另一方面，通过金融外部功能分析打通了货币（从而金融）与实体经济之间的关系，打破了古典经济分析框架下不可逾越的鸿沟，金融不再是浮在实体经济上的面纱，它在自身运作的基础上会不断与经济、社会产生互动，对经济、社会产生进一步影响，从而发挥资源的配置、风险的调节、协调区域经济的发展和引导消费等效能。可以说，金融内部功能分析法和外部功能分析法是同时融合了古典主义和凯恩斯主义对经济与金融二者关系的看法，既保留了金融活动作为一种价值运动形式的相对独立性，又把它放在实体经济运行的大环境下去考虑其对实体经济的影响。

写到这里，不由地使笔者想到了爱因斯坦对光本质的解读，爱因斯坦认为，光既是由粒子构成的，也同时是一种波，即光的"波粒二象性"。这一理论分析方法完美地结合了之前的"粒子说"和"波动说"，当然，后来也被科学家们所证实和认可。那么，对金融活动及其功能的研究不也可以借鉴这种辩证法吗？金融内部功能分析与金融外部功能分析相辅相成，它既保留了金融活动的相对独立性，又强调了金融与经济的互动关系，二者充满辩证思想：金融内部功能分析是基础，金融外部功能分析是衍生；金融内部功能的发挥决定着金融外部功能的发挥，金融外部功能的变化也会制约金融内部功能的发展；特别是这里所说的"决定"和"制约"，在很大程度上就可以表现在金融发展学说所秉持的价值观。

7.2.3　价值观：金融适度发展观以及金融可持续发展观

从理论上讲金融适度发展观应当被包含在金融可持续发展观之下，即金融适度发展是小概念，金融可持续发展是大概念。在前文金融资源论的阐述中对可持续发展观的内涵已有较为全面的阐述，在此我们不再赘述；在这里我们重点要阐述的是金融可持续发展观的重要内涵之一：金融适度发展观。

所谓金融适度发展观是指金融功能的发挥要以促进经济发展为目的，不能以牺牲经济发展为代价。通过金融的外部功能分析可以看出，金融活动对经济活动具有资源配置、调节风险、引导消费、协调区域发展等功能，这些功能在正常情况下有利于经济社会持续稳定的发展，这种情况我们就称为金融功能的发挥保障、促进了经济发展，这种金融功能就是好的金融功能。然而，在某些极端情况下，金融活动对社会经济的发展并非总是积极的，例如短期内外汇价格的大幅波动，从资源配置的角度来讲外汇价格的波动可以使资源配置向市场出清的方向变化，但是这种变化如果过于剧烈，往往事与愿违，很可能导致一个国家或地区货币体系的崩溃，1998 年亚洲金融危机就是一个典型的例子。又如，将不动产信贷资产以证券化的形式分层打包并在二级市场流通，这一金融行为所具有的功能不仅将信贷风险重新配置，而且还为市场提供了流动性，加快了整个社会资产、资金、资源的周转速率，为经济注入了活力；但是，当资产证券化这一金融活动过度衍生，其衍生金融产品的市场价值是其所对应的实体经济交易价值的几十倍甚至上百倍的时候，金融活动所体现出的功能对经济活动而言就不再是好的，反而是具有危险性、破坏性的，资产证券化本身所创造的系统性风险已远远大于它所化解的流动性风险，进而表现为整个经济体现风险水平的提升，说到底，2008 年美国次贷危机的爆发就是这样，金融功能，特别是金融外部功能的过度演化不仅没有化解实体经济的风险，反而给实体经济带来新的、更大的风险。

通过上面的论述我们可以得出一个重要的推论，就是金融功能的演进与发展要适度，即金融适度发展观。所谓的"度"就是要把握好金融与经济间的关系，金融自身功能的演进与发展不能以牺牲经济持续稳定发展为代价；任何以牺牲经济社会稳定发展而自我实现的金融功能都不是真正意义上的金融功能（正向功能）；进一步地，那些以牺牲经济社会稳定发展、超过"适度"发展而自我实现的金融功能就是金融负功能；金融负功能的一个集中体现就是金融危机的爆发，一切金融危机的根源就是金融功能的过度演化与衍生。另外，金融功能的发挥要以促进实体经济的发展这一价值判断也同近年来中央对金融工作的定调保持了高度一致。不论是2017年7月闭幕的全国金融工作会议所提出的"回归本源，服从服务于经济社会发展"，还是党的十九大报告指出的"深化金融体制改革，增强金融服务实体经济能力"，都把金融活动的根本宗旨定位在了服务实体经济上——服务实体经济就是对金融功能的最基本的要求。反观近年来我国金融实务部门出现的"脱实向虚"、金融空转、影子银行等现象，究其本质都是金融活动自我演化从而自我增值，这种自我实现的方式不仅没有促进实体经济的发展，反而造成了融资难、融资贵的困难，阻碍经济社会的稳定发展。因此，不论是深化当前的金融体制改革还是在未来较长时间内，处理好金融自身功能同经济社会协调发展之间的关系将始终是居于重要地位的。

7.3 "金融发展"研究范式下的相关理论

7.3.1 金融虚拟论

金融虚拟性是金融发展到一定阶段后展现出的一种特性。白钦先教授的金融虚拟论是于2004年10月在南开大学召开的第三届全国虚拟经济研讨会上公开提出的。在会议上，白钦先教授提出了"金融虚拟性"的概念，并分析了它的特征、演进及正负影响，并建议将金融虚拟性作为虚拟经济的重要研究组成部分。这一观点和主张在提出伊始就受到了与会学者的强烈反响，在这次大会上，成思危先生在闭幕式总结讲话中四次提到白钦先教授的讲话，并予以充分的肯定和支持，他说："看来金融虚拟性的研究很可能是虚拟经济研究的重要突破口……虚拟经济（主要是金融）既可能在一定条件下优化资源配置，也可能在一定条件下劣化资源配置；既可能分散风险，也可能累积和提升风险……今后虚拟经济的研究应欢迎更多金融学者的参与。"此后，"虚拟经济与金融虚拟性"被批准为2005年国家自然科学基金资助项目，与徐爱田博士合著的《金融虚拟性研究》以及与常海中博士合著的《金融虚拟性演进及其正负功能研究》相继出版，成为这一理论的重要阶段性成果；特别是后者还获得了第六届全国高校社科优秀科研成果二等奖、辽宁省自然科学学术成果一等奖等多项表彰，成为白氏金融理论体系中具有突出社会影响力的理论之一。

虚拟经济是20世纪90年代以来理论界研究得很热的一个话题，但至今分歧仍很大，不同学者对于"虚拟经济"的概念界定就有二十多种，这也从一个侧面反映了这一课题的敏感性、挑战性和艰巨性。但是，从国内外学者的已有研究来看，大多数学者都从金融出发，特别是美国学者还专门统计了虚拟经济中70%是金融、30%是房地产和知识产权等，这也从一个侧面反映出金融与虚拟经济的密切关系。

金融虚拟性概念的提出是金融基础理论的重大创新和重大挑战。在"虚拟经济"从而"金融虚拟性"概念建立的基础上，白钦先教授进一步考察研究了金融虚拟性的演进及正负功能，特别是着重研究了金融衍生产品的虚拟性和正负功能。在庞大的金融体系大家族中，金融衍生产品的虚拟性最强，它的产生、发展和演变过程在很大程度上可以代表虚拟经济的演变过程，换句话说，金融衍生产品是虚拟经济的核心，是当代金融最具有复杂性、神秘性、破坏性的"金融核动力源"。对于人类、国家与民族而言，金融衍生产品的极端战略重要性是不能被轻视和疏忽的，是再怎么强调都不过分的，认识和揭示金融衍生产品的虚拟性及其正负功能是科学工作者的历史性使命。许多学者关注金融、研究金融，特别是就金融衍生产品这一问题，往往是从具体交易业务和微观运行操作这个视角上展开的，很少有人关注它在整体上隐藏着某种被人为操纵的可能性。由金融虚拟所导致的种种金融危机、经济危机的爆发表明：迄今为止，我们对金融的认知与研究仍是相当初步的和肤浅的，特别是对金融虚拟的研究更是初步的和有待进一步提升的。对此，作为理论工作者必须时刻保持清醒的认知和足够的警惕，否则金融危机就在眼前。

在研究虚拟经济与金融虚拟性的过程中，除了明确界定"金融虚拟性"概念和其发展演进的历程以外，还需要厘清"金融虚拟性"同"虚拟经济"二者间的关系。就这一问题，有些学者认为"金融完全是虚拟经济"，"虚拟经济完全就是金融"，即二者是完全等同和等价的；而一些学者则认为"金融完全不是虚拟经济"，"虚拟经济完全不是金融"——可以肯定地说，这两种认识都是片面的。准确和科学的表述应该是：金融既非完全就是虚拟经济，也非完全就不是虚拟经济，而是部分是、部分不是；虚拟经济既非完全就是金融，也非完全就不是金融，而是部分是、部分不是。它们二者之间既有重叠的部分，又有各自相对独特而不能彼此互

白
钦
先
集

相包含的部分，因此不能笼统地说金融都是虚拟的，也不能说虚拟经济就是金融。通常而言，虚拟经济包括同实体经济联系不紧密且不协调适应的衍生型金融工具、具有金融期权特征的商业性房地产以及知识产权。

近年来，我国金融领域出现金融业"脱实向虚"倾向，即金融发展脱离服务实体经济，而形成自我循环、自我实现这一倾向，这一表现形式正是金融虚拟性过度发展所造成的后果。针对这一问题，白钦先教授提出"金融从哪来、到哪儿去""金融的属性是什么""金融为何而生、金融为谁服务"——这三个被他称作是"金融本元"的问题予以研究，进而形成了白氏金融理论研究范式中的一种新研究范式"金融人文研究范式"；可以说这一新研究范式的产生在一定程度上继承了金融虚拟论的部分观点和部分成果，也体现了白氏金融理论体系间各个研究范式间的相互影响、相互继承、相互促进。

7.3.2　金融危机论

金融危机是金融发展中断的极端表现。白钦先教授对金融危机相关理论的研究也是从金融功能发展的视角切入的。早在 2005 年，白钦先教授在《经济评论》期刊上公开发表的"金融结构、金融功能演进与金融发展理论的研究历程"一文就明确提出将金融功能划分为"金融正功能"和"金融负功能"，并特别突出地强调了对金融负功能的研究，它同金融脆弱性、金融风险与金融危机紧密相连。其后，2008 年恰值美国次贷危机爆发——这成为金融负功能及金融危机理论的试金石，结合对美国次贷危机的形成原因及我国应当如何予以应对，白钦先教授又公开发表了十余篇相关方面的论文，进一步丰富了白氏金融危机论，特别是"金融虚拟化与金融共谋共犯结构——对美国次贷危机的深层反思""金融虚拟化的道德风险及其市场影响——次贷危机的深层反思"以及"再论次贷危机的根源与金融发展方式转变"等文章所提出的"共谋共犯观点""树立十大金融意识"为决策当局积极应对次贷危机所带来的影响具有重要意义。

2008 年美国次贷危机的发生机制是美国金融系统的共谋共犯，它是一场道德危机。在这场危机中，整个美国金融系统在利益最大化的共同目标下相互配合、相互结利、相互合作，然后欺骗了所有的投资者，特别是外国投资者。在这场次贷危机中，首先是不符合借款资质、没有预期稳定现金流的借款人为获取住房而向银行申请了住房抵押贷款，这构成了整个危机中最原始、最根本的风险；其后，房地产经纪人为了获得佣金，也积极促成借款人、地产商与银行金融机构间的买卖合同，甚至不惜造假粉饰了一些完全没有借款资质的客户，进一步将最初的风险扩大；而银行部门在追求利润的驱使下低估了房地产市场的系统性风险，仅依靠历史经验就简单地认为房地产市场将长期保持上涨趋势，殊不知地产泡沫已经悄然滋生；更将上述这些风险进一步扩大的是从事资产证券化的机构，也称为特殊目的机构（SPV），它们同样是在利益的驱使下，大肆开展资产证券化业务（ABS），把原来属于间接融资市场的风险、银行系统风险进一步向直接融资市场、证券市场扩散；而且与此同时，一些从事衍生金融工具设计、交易的大型投资银行对这些资产证券化产品背书，又进一步开发出CDO、CDS等衍生金融工具，后者的市值是原生的ABS的数十倍、甚至上百倍，追求这样的巨额收益所带来的巨额风险，已非实体经济所能承受之重；此外，加之以格林斯潘为代表的货币管理当局为美国利益站台、为美国制度最优、金融最强的政治口号标榜，再一次忽悠了美国人民、更忽悠了世界人民！

美国次贷危机的推手是市场原教旨主义。"原教旨主义"最初是一个宗教概念，它用来解释传统最高宗教权威受到挑战时，对这种挑战毫不妥协地予以坚决回击，在多数情况下，不惜采取政治手段或军事手段。所以，原教旨主义有极强的保守性、对抗性、排他性及战斗性。而这一理念后来被经济学家所借鉴，市场原教旨主义是特指那些对自由主义市场经济高度崇拜、认为市场能够自动实现均衡而无须政府对市场进行监管的观点或理念，也可概括为"只要允许人们追求自己狭隘的私利，公众的利益就可以达到最大化。"20世纪80年代，美国的里根总统与英国的撒切尔夫人就是典型的市场原教旨主义代表者，在他们任期内，美国、英国相继放松或取消政府对经济、金融活动的干预，提高了国内和国际资本的自由流动程度，在一定程度上也激发了企业家精神。然而，过度的自由必将付出成本和代价，美国次贷危机的爆发正是宣告了市场原教旨主义的破产。

美国次贷危机的根源是极端的消费主义生活方式。曾几何时，美国的先民也曾吃苦耐劳、勇于开拓，其典型的代表就是西部牛仔精神——独立、自由、叛逆、粗犷、豪迈、潇洒、飘逸，为了追求财富去搞了美国的"西部大开发"，缔造了一代美国梦，可以说他们以勤劳节俭开创了美国最初的繁荣。但是后来这精神却越来越淡化，被华尔街通过投机与操作来追求金钱利益的方式所冲淡，更重要的是这种行为方式也越来越植根于美国人心中，越来越习惯于借钱生活、提前消费，更有甚者以借钱为荣；在消费主义的影响下，消费不再是满足自身的基本物质需求，而是为了满足因消费而产生的某种欲望。现代美国的经济消费实际上成了一种新的社会价值的符号，一种身份的认同，就像鲍德里亚《消费社会》中所说"被消费的不再是物质商品，而是符号即身份象征"——此时的物品已不仅仅是满足基本的生存需求，而是可以给消费者带来快乐和享受，更多的是一种象征——财富的象征、地位的象征。事实上，1929年开始的大萧条已经在一定程度上暴露出消费主义严重的弊病，而2008年美国次贷危机的爆发更是将这一弊病暴露得更为充分。

美国次贷危机之所以能演变为全球性金融危机其根源是美元霸权。正如美国前财政部长康纳利所言"美元是我们的货币，却是你们的问题。"从1944年布雷顿森林体系的建立开始，美元霸权就开始形成。在当时确定了1盎司黄金等于35美元的游戏规则，事实上这一兑换比率已经高估了美元的购买力1/3，可谓巧取；而后，其他各国的货币同美元挂钩，美元同黄金挂钩，使美元成为世界货币兑换的枢纽，美国自然而然地也承担了世界中央银行的责任，然而到了1971年，美国总统尼克松公开宣布美元与黄金脱钩，瞪眼睛赖了全世界的账，此乃豪夺。这一前一后的巧取豪夺就是美元霸权给美国带来的国家利益。无巧不成书，2008年的次贷危机表面上是发生在美国，而实际上获益的是美国，亏损的是全世界。一方面，美国通过发放次级贷款及相关各类金融衍生工具的商业模式支撑了美国十余年的经济增长；另一方面，又透过美元的世界货币地位将这一金融模式推广至全世界，特别是忽悠欧洲不少国家都买了大额CDO、CDS，而危机一旦爆发全世界都得跟着买单。更令人发指的是在危机爆发后，全世界都在救市的同时美国人只救机构而不救市，因为那些大的金融机构是美国的，而从事股票、证券交易的市场是世界的，美国人并不着急。所以，透过危机看本质，这场次贷危机可能很快过去，但美元霸权未必能在短时间内崩溃。

美国次贷危机带给中国的启示。如上所述，透过次贷危机我们不仅看到市场原教旨主义理论不可持续、亟待反思，极端消费主义同样不可持续、亟待修正——这两点具体到金融领域就是要秉持金融适度发展的价值判断，即金融自由化和金融创新要有度，金融功能的扩展不能以牺牲经济发展为代价。而作为政策建议，通过对美国次贷危机的详细考察与深刻反思，白钦先教授进一步总结概括出"十大金融意识"，这"十大金融意识"经历了不断增减、补充、完善，以使之与时俱进，它们分别是现代金融意识、金融强国意识、国家金融主权与安全意识、反金融霸权意识、金融体制意识、金融资源意识、政策性金融意识、金融功能意识、金融危机与金融风险意识、互联网金融意识、人本民本金融意识和普惠金融意识——对这些金融意识的贯彻和落实也必将贯穿于中国金融改革发展事业的全过程中，任重而道远。

第8章 金融人文学说

8.1 金融人文学说产生背景

8.1.1 历史环境背景

近些年来，经济学、金融学的人文性特征成为理论界越来越关注和热议的话题。经济学作为一门社会学科其研究方法大量借鉴自然科学研究方法的同时是否意味着一定要以放弃价值判断为前提？经济学的理论框架是否在效仿数学、建立公理化体系后就可以完美地解释实际现象？经济学研究过程中的实证分析与规范分析是否在根本上存在对立……这些种种争论的背后其实质是对"经济理性"和"人文关怀"的争论。

事实上，这一争论所反映出的问题也并非局限于理论界，而是有着深远广泛的影响，上至国家决策、下至百姓生活。一个典型的例子就是改革开放以来，对"效率与公平"的讨论，从党的十三大提出"在促进效率提高的前提下体现社会公平"，到十四大的"兼顾效率与公平"，到十五大和十六大的"坚持效率优先、兼顾公平"，再到十七大、十八大的"初次分配和再次分配都要处理好效率和公平的关系，再分配更加注重公平。"这一变化也反映了决策层对"经济理性"与"人文关怀"认识的不断改变、不断加深。然而，在实践过程中，特别是在改革开放初期，由于整个国家刚刚经历了"文革"动乱，国民经济处于崩溃边缘，实际上我们在对待具体问题时采取了优先效率；不争论、不讨论，不再纠结"姓社还是姓资"，取而代之的是"黑猫白猫，能抓住耗子就是好猫"。笔者认为，这种选择是迫于当时历史条件所限，不争论、不讨论也是一种政治智慧；但这并不意味着永远不讨论、永远不争论，特别是在改革开放已经四十年的今天，在中国跻身世界第二大经济体、但人民内部贫富差距日益扩大的今天，有必要重新审视这一问题。

8.1.2 学科发展背景

对于"效率和公平"不同的学者有不同的解读和态度。譬如曼昆，他形象地把效率比作社会蛋糕的大小，把公平比作如何分割这块蛋糕；政府常常在如何做大蛋糕和分配蛋糕这两个政策目标的实现上存在矛盾，因而需要不断权衡（Trade-off）[①]，从而形成一个不断调整、不断试错、不断优化的过程；与曼昆或明或暗的态度相比，罗尔斯与弗里德曼则鲜明地认为应把优先权交给效率。[②] 甚至一些学者还提出了"效率"比"公平"更应当优先考虑的理论依据——"涓滴效应"，也称为库兹涅茨倒"U"形曲线，即在经济的发展初期，贫富差距会随着经济增长而扩大，但增长到一定程度后会有一个拐点，在此之后，贫富差距会随着经济的增长而逐步缩小，并且这一过程自发的、在非干预状态下自然而然形成的。

然而，大量实证分析表明"涓滴效应"是一个伪命题。在发展中国家，如巴西、南非、印度、阿根廷，随着整个国家经济的快速增长我们看到的是富人越来越富、穷人越来越穷，并且这种贫富差距的程度是非收敛的；特别是在拉美国家，基尼系数长期居高不下，社会贫富差距悬殊正成为撕裂这些国家的伤口，过大的贫富差距成为拉美国家陷入中等收入陷阱的重要原因。反而倒是在一些西欧国家，特别是那些第二次世界大战后建立的"福利国家"，即所谓强调人权、强调平等、强调人文的国家，在 20 世纪五六十年代则纷纷出台了一系列旨在缩小社会贫富差距的政策，譬如英国建立的英国国家医疗服务体系（National Health Service），瑞典、德国等采取的高个人所得税政策在很大程度上缩小了社会贫富差距的程度，进而才契合了库兹涅茨倒"U"形曲线效应。事实上，正是因为在"人文关怀"的氛围下，西欧国家社会财富的分配被适当地予以干预，从而得到合理的分配，进而调动了全社会的生产积极性，生产出更大的蛋糕，形成了良性循环。倒"U"形曲线更像是"人文关怀"下得出的结果，而非自由"经济理性"下的产物。由此我们不难看出，同样是经济分析，为什么得出的结论大致不同甚至截然相反，造成这种差异的根源是过分着迷于经济理性而忽略了人文关怀。

更进一步往深了讲，我们国家作为社会主义国家与资本主义国家相

---

① 曼昆. 经济学原理 [M]. 北京：北京大学出版社，2006.

② 罗尔斯. 正义论 [M]. 北京：中国社会科学出版社，2009.

比，根本的差异到底在哪？如前所述，由于历史的原因曾经一度不讨论"姓社还是姓资"的问题，但在社会主义市场经济建设已取得较高成就的今天，我们经济领域绝大部分游戏规则却都是效仿西方资本主义国家、甚至是直接拿来主义，这一点是否值得我们去仔细思考？如果抛开政治因素和意识形态因素，从纯学术上讲"社会主义"和"资本主义"是否可以理解为社会主义就是以社会为核心的主义，即以人与社会关系为核心的主义；而资本主义是以资本为核心的主义，是以资本和利润为核心的主义。从这个意义上讲，以人与社会为核心的主义是对人性的追求，是讲"人文关怀"的主义；而以资本和利润为核心的主义是对物质的追求，是讲"科学理性"的主义。① 在18世纪、19世纪，蒸汽革命和电气革命的那个年代，物质文明刚刚起步，对物质的追求似乎更贴近人的本性或动物本性，因而更容易得到人们的青睐；但是随着现代化及后现代化的到来，一味追求物质文明使人类社会不免陷入对物质欲望和感官刺激过度追求的旋涡中，"科学理性"不再理性，低级趣味、急功近利、世风日下、冷酷无情、唯利是图随处可见。在这样的时代背景下，理想、信念、伦理、道德必然成为时代的呼唤，人文精神也必然成为人类社会自我救赎、自我发展的必然选择。我想这也正是"社会主义"代替"资本主义"的必然性所在。

正是在这种大背景下，当代国内外不少学者已将"人文精神"大旗再次高举，不少"以人为本"的社会发展理论、经济发展理论开始逐步对经济增长理论进行修正、补充和完善，譬如阿玛蒂亚·森对现代社会经济发展过程中全体社会成员"参与"和"分享"重要性的强调②、帕森斯和斯梅尔对经济学研究过程中对遵循社会学、社会规律重要性的强调③以及赫尔所说的"经济学是一门社会科学，经济要运转良好，没有一个良好运转的社会是无法想象的。"④

当然，金融学作为经济学的重要分支之一，强调它研究的人文性特征进而形成独具特色的"金融人文学说"正是在这种大背景下应运而生的。

白钦先金融理论研究范式探究

① 唐钧. 社会政策：经济理性与人文关怀［J］. 社会政策研究，2016（9）.

② 权衡. 一个放松规制的市场体系会导致高度的不稳定性［N］. 文汇报，2014-06-16.

③ 帕森斯，斯梅尔. 经济与社会［M］. 北京：华夏出版社，1998.

④ 塞巴斯蒂安·杜里恩，汉斯约里·赫尔. 危机后的反思——西方经济学改革之路［M］. 成都：西南财经大学出版社，2014.

8.2　金融人文学说的主要内容

8.2.1　世界观：金融的三个本元问题

金融人文学说的研究对象与研究方法是从高度抽象的哲学视角对金融问题进行考察，因此研究对象的抽象性和研究方法的抽象性是这种范式的一大特点，大有上升至金融哲学层面，研究金融终极问题的意思。白钦先教授曾把金融领域的终极问题概括为三个本元，它是对"金融人文"范式研究对象的高度概括，即"金融从哪来，到哪去""金融的属性是什么""金融与实体经济的关系如何"。用白钦先教授本人的话说，这三个本元问题是顶级级别的战略性问题，是悠悠万事，唯此为大；是世界金融、中国金融共同面对的永恒问题。

——金融从哪来，到哪去。这一本元问题又可分解为三个子问题，即金融从哪里来，金融为何而生，金融为谁服务。（1）金融从哪里来。货币信用从而金融，归根结底地说，产生于人类生产力的最低限度的发展。有了剩余产品和私有财产，产生于交换的需要。货币的产生，加速了交易的进行，更降低了交易成本，又反过来大大促进了生产与交易的发展。需要强调的是，生产与交换一开始就是社会的生产、社会的交换，而不是特定的个人、特定的群体间的生产与交换，记住这一点很重要也很必要。换句话说，没有任何权势者个体乃至皇族贵族集团，任何劳动者个体或群体，任何单一的企业群体和产业群体能够拥有脱离全社会整体而单独建立和形成一种真正独立的生产或交易市场体系（包括货币从而金融体系）的意志、意愿和能力。这表明生产与交换、货币信用、从而金融在任何意义上讲都是社会性的，乃至全社会的生产与交易行为，从而金融是服务于、从属于社会的，从一开始就是。（2）金融为何而生。金融为促进人类经济与社会发展的需要而生，不是为用钱生更多的钱而生，不是为资本为极少数人垄断、投资收益为极少数人独享而生。所以白钦先教授一再强调货币、信用从而金融从来就是普惠的，或者说应该是普惠的就是这个意思。这里的金融是指全部金融、一般金融，不是部分金融、特定金融、特殊金融，更不是金融机构在内部组织结构中创建一个普惠金融部、处、科、股就万事大吉的金融。（3）金融为谁服务的问题。金融要回到经济与社会发展中去，特别是回到竭诚为实体经济发展服务中去，换句话从另一个角度说也就是金融为谁服务的问题。无论是从货币信用从而金融的产生、发展这一本质特征，这一根源，这一源泉的理论角度，还是从逻辑上、从经济与社会发展稳定的现实实践的角度来看，金融必须竭诚为最广泛的社会大众、自然人与法人服务。不是全要为大企业服务、为大富豪服务、为金融精英聚积社会财富服务。为什么加上"竭诚"二字，因为占企业总数99.7%的企业都是中小微企业，人口总数99%多的金融消费者都是劳动者，不是富人是穷人，他们都是被边缘化的弱势群体；金融机构是强位强势群体，你不能居高临下，你不能以恩赐施舍的姿态行事、不能三心二意、不能嫌贫爱富、不能避实就虚。

——金融的属性是什么。这个问题解释得通俗一点就是你如何对金融的自然属性和社会属性定位，就是你对金融的自然属性或社会属性的价值观认同判断问题。再具体通俗一点就是你认为金融是一种脱离人与社会的自然技术工程现象，还是它是在哲学人文理念关怀关爱下产生发展演进，它的一切理念与行为应当充分反映、渗透、表现出对人的本性、本能和本心，对人的爱心、仁心、良知、良心，对人的合理欲望与需求的敬畏、尊重、关注与关心，以及恪守道德伦理、公平正义、诚实信用、责任担当、友善包容、和谐共享理念。从另一个视角即理论视角观察，前者是一种认为金融是从属于自然技术、数学工程科学这一范畴的，后者则认为金融一刻也不能离开哲学人文理念的关怀关爱——这是它的底蕴与灵魂。脱离人的本性与本心，人的合理需要、欲望与利益，以数学，工程技术为手段，以追求个人或企业利益最大化为目标以市场原教旨主义为最高宗旨，将人的贪婪本性极度放大，不仅最终将会摧毁市场经济本身也会摧毁人类社会本身。从金融的过度衍生、过度虚拟扩张而引发的美国次贷危机，从房屋抵押贷款为背景的金融衍生产品竟然扩张到580万亿美元这一事实可知：金融一旦离开了哲学、人文理念的关爱，肆意贪婪与私欲，通过技术工程就可将金融变成为魔鬼并使其疯狂变成"核动力源"，最终毁灭人类社会本身。与此相类似，克隆人在技术上已无障碍，化学武器、生物武器为何在战争中禁用？连自然科学都需要遵循人类伦理道德底线，都需要哲学人文关怀关爱，更何况金融！遵循哲学人文关爱发展理念，是一种信仰、认知与秉持，一种不同种族、民族共同拥有的一种信念、是非观、行为观。

——金融与实体经济的关系如何。实体经济是金融的本源、基础与底线，金融必须依赖于、依从于、服从于、服务于实体经济；金融不能远离实体经济，更不能脱离实体经济而在金融体系内自我循环。进一步地，实

白钦先金融理论研究范式探究

体经济要更实、虚拟经济不虚：实体经济的发展必须更坚实、更牢固、更强大，切忌实体经济虚化、弱化、空壳化；虚拟经济不虚，就是虚拟经济的发展不膨胀、不泡沫化、不浮肿、不漂浮化、要适度，也就是虚拟经济的发展必须建立在实体经济基础之上，并且扎根于、依从于、服务于实体经济，而不能自我扩张，自我实现。从某种意义上说，实体经济与金融（虚拟经济）的关系有些类似于哲学上的物质与意识的关系，二者有很大的相同或相似之处。同意识的反作用相比，虚拟经济及金融的某种程度的独立性与反作用都很高，能动性作用都很大，但再大也大不过决定性作用，本源的作用。尤其金融不能脱离实体经济，不能虚；金融不能完全独立、不能在自身系统内空转、自我循环，自我实现，否则灾难必然发生。这就是金融的哲学，这就是金融哲学的"人与物""实与虚""有与无""本与标"的界限与平衡。

8.2.2　方法论：跨学科、多视角的研究方法

金融人文学说的一个重要特点是，在研究某一特定问题时，不将其局限于一个特定的经济金融问题予以研究，而是把它作为一个人文社会科学所共同关注的综合性问题予以对待，进而这个特定的问题也是政治问题、社会问题、历史问题、法律问题、伦理问题、文化问题、哲学问题。多层次、多视角、综合性的人文研究视角便是"金融人文"范式研究方法的特点。

——从政治视角出发。往远了说，经济学最早是从政治学独立出来的，经济学天生就带有政治学的色彩；而且"经济学"一词最早也是同"政治"连在一起使用的，称为"政治经济学"，是法国重商主义者蒙克莱田在其所著《献给国王和王后的政治经济学》最早提出的。再到后来，马克思主义经济学提出"经济基础决定上层建筑"，而政治因素恰恰是"上层建筑"中最为重要的一环。再到现在，不论是国内经济还是世界经济，都脱离不了国内政治氛围和各国国家间政治博弈的影响，从而经济活动是政治活动的基础，政治活动是经济活动的延伸。因此，从政治视角出发研究经济问题、金融问题可以起到追本溯源、透过现象看本质的效果，特别是一些政治学研究的方法的引进，如对博弈论的借鉴，大大丰富了经济学金融学的研究方法，甚至说开辟了经济金融学研究的新领域。

——从社会学视角出发。类似于政治学与经济学的关系，经济学与社会学也存在着继承、剥离的关系。在亚当·斯密、约翰·穆勒的著作中，

经济学与社会学的研究对象与研究方法高度融合，马克思·韦伯也经常使用"经济社会学"这一学术名词。直到 20 世纪，经济学和社会学才有了各自的侧重面，二者相对分离形成两个学科，经济学研究利益最大化和追求物质利益的问题，而社会学则侧重研究社会结构、教育、人权、家庭、犯罪的问题。然而，事实上，在追求利益最大化的过程中往往又掺杂着社会、人权、犯罪等问题，它并非一个简单的、纯粹的过程；所以正如韦伯所说，离开社会关系，任何利己的打算都不可能实现。因此，从社会学视角出发对经济、金融问题的考察更能从人性、善恶的角度找到追求利润最大化背后的原动力；事实上，20 世纪 80 年代后期所涌现的"新经济社会学""新制度经济学"正是社会学与经济学融合碰撞下的产物。

——从历史视角出发。古人有"以史为镜，可以知兴替。"人类社会是一个绵延不断的历史过程。同样，人类并不是来到这个世界上就有金融的，金融也不是一成不变的。我们今天面对的现代金融与整个金融历史之间有一条脐带连接着。按意大利史学家克罗齐的见解：一切历史都是现代史，因为现代不过是历史累积而成的一种结果。现代金融的产生经历了以物易物到一般等价物的产生、经历了金银铸币到银行券再到法定纸币的变迁、经历了由票号银钱业到现代银行业的转变、经历了商业信用从而银行信用的转变……它是一个绵延不断、承上启下、不断发展变化的历史过程，任何一环都有它的前世今生。金融作为人类文明历史洪流中的一支，其生产力和生产关系必然服从于历史规律，即那些看不见、摸不着，但以铁的必然性发挥作用的东西。把握历史的规律"先进的代替落后的""民主的代替封建的"就是把握了金融的规律。

——从法学视角出发。现代经济学、金融学用马克思主义经济学的标准来划分都属于商品经济条件下的经济学，而商品经济的根本性基础是个人财产权神圣不可侵犯的立法精神和保护性法则。换句话说，没有个人对财产的依法占有就不会有商品经济从而市场经济；进一步地讲，商品经济条件下政府之所以存在是因为它可以保护社会成员财产权不受侵害，而且政府行为也必须受到法律约束，法无授权即不得为。此外，现代经济也是契约经济，各自形形色色交易的达成不仅需要契约精神这种道德层面的约束，更需要具有强制执行力的法律予以保障。因此，从法学视角对经济金融问题进行研究，可以更好地透视交易背后的权利和义务。

——从伦理学视角出发。如果说亚当·斯密的《国富论》代表了对经济物质的追求，那么他的《道德情操论》则代表了对伦理精神的追求；事实上《道德情操论》（1759 年首次出版）较《国富论》（1776 年首次出版）更早完成并出版，[①] 这充分表明亚当·斯密也认为经济学并非简单的技术性问题，而是有善恶、有人文、有价值判断的问题。然而，当代新古典主义经济学却认为价值判断不属于经济学的研究范畴，这就为资产资本化、资本唯利润最大化的市场原教旨主义清除了道德包袱，在他们口中所谓的"正义"就是"符合绝大多数人的利益"，即伦理学上所谓的"功利主义"——这显然与亚当·斯密的初衷是背道而驰的。我们今天重拾经济学、金融学研究方法中的伦理分析，不仅是对于先哲思想的回归，更是对当今世界经济金融危机背后伦理道德缺失的纠正与弥补。

——从文化视角出发。文化是地理环境、风俗习惯、宗教信仰、社会习惯等因素综合作用所形成的、对一国经济金融具有更加持久性影响的、不易在短期内发生巨大变化的因素。因此，从文化视角对金融现象进行分析可以使分析视角更为综合、更为持久、更具有可信度。譬如 20 世纪七八十年代，在我国西北地区回民聚集地，曾出现大量银行存款利息无人领取的奇怪现象，当地银行一时也不知如何处理这些应付利息，因此这一问题还被郑重其事地上报了中央。结果经过调查发现，在伊斯兰文化中，利息被认为是不劳而获的、是不道德的，这就解释了为何在回民聚集区会出现这种现象；但是利息毕竟是商品经济、市场经济的产物，在我们今天看来它也并非不道德，而是有一定的合理性；于是为了避免《古兰经》里对"里巴"（利息）的否定，伊斯兰人发明了储蓄投资银行，银行和储户之间的关系不再是借贷关系，而是一种商业合作伙伴关系，银行将储户存款进行投资，共负盈亏，如此获得了道义和宗教上的合理性。所以，有些时候金融不单单是经济问题，还是文化问题。

——从哲学视角出发。诚如上文在"金融人文"研究对象里所介绍的那样，"金融人文"范式的研究方法也具有高度的抽象性，极而言之有上升至金融哲学的层面。所谓的"金融从哪来，金融到哪里去，金融为何而生"与哲学终极问题"我从哪来、为何而生、要到哪里去"可以相类比，"金融为谁服务"与我的"人生观、世界观、价值观"是怎样的可以相类比，"金融与实体经济关系之辨"可以与"物质决定意识，还是意识决定物质"的唯物论与唯心论相类比……从哲学层面思考金融问题可以抛开具体情境的局限、有总览全局、步步为营之功效，更能从终极意义上把握金

---

① 《道德情操论》于 1759 年首次出版，《国富论》于 1776 年首次出版。

融活动的规律。

以上多视角、多学科交叉研究的方法不仅丰富了政治学、社会学、历史学、法学、伦理学、文化学、哲学本身的研究内容，而且更重要的是把金融问题居于核心位置，从多个人文学科侧面展现金融的内涵和外延，它们共同形成的智慧合力将大大有助于我们研究它、把握它、应对它。

8.2.3 价值观：对优秀中华文化的传承

白钦先金融理论植根于中国大地，浸润于历史悠久的中华文明，其理论研究过程中所秉持的价值判断也时刻彰显着中华文明和谐包容、礼义廉耻、道法自然的光辉思想，具有强烈的东方文明色彩。白钦先教授历来主张和强调经济学的民族性特征，他认为"经济学的形式与内容受到民族国家社会历史文化与环境强烈影响，彰显着强烈的民族性特征"。[①] 在金融理论范式研究过程中我们发现，经济学的民族性特征对经济学的研究对象、研究方法及价值判断产生了不同程度的影响，特别是对价值判断的影响最为强烈；换句话说，一种理论范式，它的价值判断也充分体现着它所代表的民族性特征。就"金融人文"范式所秉持的价值判断而言，受到了儒家、道家、法家等诸子百家思想的影响，其本身也是对先哲思想的传承与发扬。

首先，儒家思想中"和谐""民本""礼治""仁爱"的思想对白钦先金融理论的价值判断具有直接影响。（1）白钦先教授在研究金融可持续发展说过程中，将"可持续发展"解读为"人与自然、人与社会、社会与经济的协调、稳定、有序、和谐的可持续发展。"[②] 这与儒家思想中关于多个层次内涵的"和谐"异曲同工，即人与自然的和谐儒家称为"天人合一"、提倡"爱万物"；人与社会的和谐儒家称为"天下为公""公而忘私"的"尚公"原则以及"中国为一人、天下为一家"之大同境界。（2）在关于普惠金融的研究过程中，白钦先教授始终强调"金融必须竭诚为最广泛的社会大众、自然人与法人服务"，其中的"竭诚"与"最广泛"与儒家思想的"民本"思想高度契合，《尚书·五子之歌》中有"民惟邦本，本固邦宁"的说法，即黎民百姓是安邦定国的根本，只有百姓们安居乐业，社会才能稳固发展、国家才能长治久安；金融作为现代经济社

---

① 白钦先. 试论经济学的民族性特征 [J]. 西南金融，2012（5）.

② 白钦先. 白钦先集——传承与创新 [M]. 北京：中国金融出版社，2009.

会生活的重要一环，必须坚持竭诚为最广泛民众服务，民才得以固，国才得以宁。（3）儒家思想中有"君君臣臣，父父子子"的"礼治"思想，有些人简单地将其解读为封建等级制度，事实上这是不确切的，正确的理解应为"君王要像君王一样，臣子要像臣子一样，父亲要像父亲一样，儿子要像儿子一样。"第二个"君、臣、父、子"应作动词解释；这里的"礼治"思想要求社会成员既不能越位，也不能缺位，要充当好自己所扮演的社会责任。白钦先教授把这种"缺位""越位"思想应用到对三维金融架构的解读上，即商业性金融、政策性金融和合作性金融在整个经济社会生活中扮演的角色各不相同，有各自不同的侧重点；因此，在某个具体领域中，它们既不能"越位"，也不能"缺位"；政策性金融不与商业性金融相竞争，商业性金融也不能完全替代政策性金融……这正是金融领域中的"本位"思想和"礼治"思想。（4）在对虚拟经济和衍生金融市场的研究过程中，白钦先教授强烈反对金融作为一种单纯的技术手段无限繁衍，失去人本、仁心的金融与克隆人、生化武器并无两样，必将站在人类文明发展的对立面；金融的发展秉持人文关怀关爱与儒家"仁爱"思想互为表里，"对于克服片面发展工具理性、唯科学主义盛行所造成的人生意义失落和危机，自有补偏救弊之功。"[1]

其次，道家"无为而治""善者因之"的思想对白钦先金融理论的价值判断具有一定影响。（1）譬如在考虑什么样的金融发展方式是好的金融发展方式时，白钦先教授认为要以渐进式金融发展为主、跳跃式金融发展为辅；要以质性金融发展为主、量性金融发展为辅。所谓的渐进式、质性发展方式它更加强调金融发展的内在规律、内在逻辑，是一种自发的、由内而外的发展方式，而非人为的、通过行政手段予以干预的、由外向内的发展方式——这便是金融发展的"自然之道"。作为金融决策当局，要遵循这种规律，不要违反它、违背它，要"无为而治"；所谓"无为"不是无所作为，而是要"治大国者如烹小鲜"，依靠经济、金融的自发性调节，避免激进式的改革，其实质上也是对价值规律的理解和尊重；更进一步讲，这也同西方货币主义学者所主张的单一规则货币政策、建立稳定的预期、尽可能减少政府政策冲击、实施"小政府、大市场"的主张殊途同归。（2）又譬如，白钦先教授在对各国银行体系的初始构造与再构造的比较过程中，总结出自然构造与人为构造两种构造方式并分析了这两种构造

---

① 吴立群.儒家仁学思想与社会主义核心价值体系的构建［J］.船山学刊，2008（3）.

方式的辩证关系：对于有充分商品经济基础和时间准备的国家要优先考虑自然构造，即道家所说的"善者因之"，顺应经济内部发展的自然规律，较少地人为干预；而对于那些没有充分商品经济基础、后发的、赶超的、转轨的发展中国家，则要优先考虑人为构造方式，即道家所说的"其次利导之"，采取适当的政策倾斜、规章制度、甚至强制手段予以干预。（3）此外，人文金融范式中对金融活动背后所反映出的人心、人性的认知在某种意义上也是对道家思想的改造和创新。与老子宣扬的无欲论、寡欲论，庄子鼓吹的安贫乐道论相比，白钦先教授则认为人的一切合理欲望应当受到尊重，这种欲望包括金融活动所代表的对生产、交换、储备、增值、繁衍的需求，如果没有这些欲望，金融就不会存在。人类对衣食住行的物质需求是客观存在的、自然形成的和长久作用的，这也是客观规律，要"因循利用"，不能反其道而行之。

最后，法家"动无非法"的思想为白钦先金融理论中的政策实践提供了借鉴意义。如果说"什么样的政策是好的"涉及价值判断问题，那么"如何把这种好的政策贯穿下去"便是实践层面的问题；没有强而有力的实践，即便是理论上趋于完美的构想也终究是空中楼阁。法家思想在某种程度上便是关于实践的思想。春秋时期法家有三个派别，分别是重势的慎到、重术的申不害和重法的商鞅，他们分别强调了权威的重要性、治理的重要性以及法律的重要性，譬如在《管子·明法》中有"明主在上位，有必治之势，则君臣不敢为非"、《韩非子·定法》中有"君无术则弊于上，臣无法则乱于下"、《韩非子·有度》中有"故明主使其君臣，不游意于法之外，不为惠于法之内，动无非法"等的表述，这些表述翻译为今天我们熟知的话便是"法律的权威性""法无授权即不得为"等。白钦先教授关于构建中国金融体制的不少政策主张也无不都强调了法律的重要性，特别是在政策性金融立法方面，多年来大声疾呼中国政策性金融立法、较早实行"一行一法"及不同于商业性金融的监督管理方式贡献了力量；此外，在对于中国普惠金融的实践中，他也强调中国普惠金融乃至世界普惠金融的实践，远非银行内部机构设置几个普惠金融部门那么简单，而是需要在长远的、战略性、决策性层面出台相关的保障机制、从顶层设计、从制度上防止金融普惠性的异化。

综上所述，金融人文学说所秉持的价值判断彰显着它的民族特色，是现代社会对优秀中华传统文化的传承与载体。

8.3 金融人文学说下的相关理论

8.3.1 新普惠金融论

联合国在 2005 年 "国际小额贷款年" 的宣传文献中正式提出 "普惠金融" 的概念。[①] 最初是针对金融排斥，由于收入较低、地理位置较远、银行程序复杂等原因，使大量贫困人口、低收入人群、中小微企业被排斥在正规金融服务体系之外，不能通过正常途径获得金融产品和服务而提出的。联合国 2006 年在其出版的《建设普惠金融体系》蓝皮书中，以发展中国家为研究目标，指出 "每一个发展中国家都应该不断健全法律、政策和监管框架，构建完善的普惠金融机构体系，共同为弱势群体提供其需要的金融产品和服务"。[②] 世界银行扶贫协商小组（CGAP）在其出版的《服务于所有的人——建设普惠金融体系》一书中指出，普惠金融就是要让所有人特别是弱势群体享有平等的金融权利，让金融权利惠及所有阶层。[③] 一些国际组织和机构则试图通过一系列指标体系的构建诠释世界各国金融发展的普惠性，如世界银行的中小企业调查（World Bank Enterprise Surveys）推出的《全球金融包容性指数》（*Global F - index*），[④] 小额信贷高峰会（Microcredit Summit Campaign）分析了贫困家庭获得的小额贷款数额变化情况[⑤]，以及国际货币基金组织的金融可获得性调查（IMF's Financial Access Survey）[⑥] 等。另外，一些学者则从金融排斥的视角对普惠金融予以研究，如 Kempson 和 Whyley（1999）指出，金融排斥包括地理排斥、

---

① UNITED NATIONS. International Year of Microcredit［J］. Ethos, 2005（6）：26.

② UNITED NATIONS. United Nations Capital Development Fund：Building Inclusive Financial Sectors for Development［M］. New York：United Nations, 2006（5）.

③ CGAP. Access for all：Building Inclusive Financial Systems［M］. Washington D. C：CGAP, 2006. 6.

④ HELMS B. Access. Building inclusive financial systems［M］. World Bank Publications, 2006. 31.

⑤ GUILLERMO - ORTIZ. Experience from Inclusive Finance in Mexico［R］. The G20 Summit, 2012（6）.

⑥ DEMIRGUC - KUNT & KLAPPER. Measuring Financial Inclusion：The Global Findex Database［R］. Policy Research Working Paper Series No. 6025, 2012（4）.

评估排斥、自我排斥等;① Jianakoplos 和 Bernasek（1998）②、Devlin（2005）③，Puri 和 Robinson（2007）④ 分别从社会人口学特征、家庭经济状况和心理因素角度分析了金融排斥的成因。还有一些学者从金融服务的角度考察了普惠金融发展的状况，如 Sarma（2008）从银行渗透度、金融服务可得性即使用情况来测评普惠金融发展情况;⑤ Arora（2010）从银行服务范围和便利性考察了金融服务可得性在发展中国家间的差异。⑥ 上述国际政治、金融机构以及众多学者的文献或主张概括来说：（1）首次提出了普惠金融的概念，但没有严密科学的定义；（2）针对金融排斥，针对弱势群体这一特定现象或特定群体而提出普惠金融问题；（3）将普惠金融同发展中国家紧密联系，但令人疑惑的是发达国家有没有金融普惠性问题，还是暗示发达国家的金融已实现了普惠金融，或它们没有普惠金融问题，只有发展中国家金融才有？这是亟待澄清和回答的重要问题。

鉴于此，白钦先教授经过多年的思考与研究，探索性地提出了对普惠金融概念的再界定：普惠金融是引领、规范和实现金融发展的，突出强调秉持金融的哲学人文发展理念、突出强调彰显金融为促进人类经济与社会发展而生、突出强调坚持金融为最广泛社会大众竭诚服务的，一种共享的金融发展方式。

关于普惠金融概念的再界定中，用了三个"突出强调"，即突出强调秉持金融的哲学人文发展理念，突出强调坚持金融为促进人类经济与社会发展而生，突出强调坚持金融为最广泛社会大众竭诚服务。这三个突出强调提出与回答了有关普惠金融的三个本质性问题，也指出了有关金融、特别是普惠金融的三大本质性特征，其所秉持的发展理念与传承五千年的中华文明的内涵高度契合，其三大本质性特征与儒家"天本地本人本民本"

① KEMPSON & WHYLEY. Kept out or Opted out? Understanding and Combating Financial Exclusion［M］. The Policy Press, 1999.

② JIANAKOPLOS & BERNASEK. Are Women More Risk Averse?［J］. Economic Inquiry, 1998（36）：620 – 630.

③ DEVLIN. Detailed study of financial exclusion in the UK［J］. Journal of Consumer Policy, 2005（28）：75 – 108.

④ PURI M. & D. ROBINSON. Optimism and Economic Choice［J］. Journal of Financial Economics, 2007（86）：71 – 99.

⑤ SARMA. Index of Financial Inclusion［R］. Indian Council for Research on International Economics Relations, 2008.

⑥ ARORA. R. U. Measuring Financial Access［R］. Griffith University. Discussion Paper in Economics, 2010（7）：1 – 21.

"仁心爱心良知良心""以义取利、以义制利"的宝贵思想不谋而合，而且也同我国"十三五"规划所提出的"创新、协调、绿色、开放、共享"的全新发展理念高度一致。从这个意义上讲，普惠金融的实践不仅是源远流长中华文明传承的重要部分，也是当前改革突破深水区、攻坚期，实现两个"百年奋斗目标"的必经之路。有鉴于此，决策当局对普惠金融实践的理解也不应该再局限于技术性、细节性、工具性环节，而是应该从抽象性、战略性、持久性的高度予以重新认识、重新解读。具体而言，笔者建议：首先，国家有关当局和理论界应关注到上述倾向与不足，着力研究相关的基础性理论和政策性问题，使之建立在理性、理论支撑和科学政策的基础之上。其次，从国家最高发展理念、战略终极目标的高度认识和贯彻执行这一问题，而不是将注意力和重点集中在某些具体的政策和实践问题上。再次，金融当局和业界应结合对"十三五"发展规划，特别是对国家新的发展理念的学习，贯彻讨论中国特色社会主义市场经济下的中国金融同西方市场经济下的金融的相同与不同，中国特色的金融在回答普惠金融是什么、姓什么（价值观认同）、为何而生和为谁服务，以及如何理解与贯彻共享是普惠金融的最本质核心特征这一理念与实践问题。最后，金融调控、监管当局以及金融产业界，应严肃思考中国为什么要建设发展金融，是为促进人类经济与社会发展，而不是为利润最大化；是为最大多数人而不是为极少数人服务，并将普惠与共享融化在中国金融的"血液"中，融化于发展理念与业务政策的实践中。普惠与共享的金融业务发展与金融监管理念中，利润最大化及指标是否也如西方国家那样，成为首要的、核心的引领目标与指标。

8.3.2 文化金融论

从学术研究的角度讲，文化金融论有狭义和广义之分，前者是指金融机构的企业文化或者说是企业文化对金融机构的影响，后者则是指社会文化对金融属性的影响，包括对金融体制、金融意识、金融战略、金融形态等的影响。

在我国，狭义角度上的文化金融论由来已久，甚至最早可以追溯到20世纪90年代初，在那个经济转轨、全民下海的时期，也迎来了现代化公司企业的"婴儿潮"，不少今天我们耳熟能详、经营成功的企业都可以追溯到那个年代，也正是在这种背景下，公司制企业的治理成为实务和理论研究的热点，特别是到了20世纪末、21世纪初，在整个金融行业蓬勃发展的过程中，国有银行股份制改革、地方性、区域性银行如雨后春笋般全面铺开的这个阶段，对金融企业治理和金融企业文化建设的研究也成为热点，譬如对金融企业文化建设与人才培养的研究（殷孟波，2001）、对核心竞争力与金融企业文化的研究（蒙宇，2003）、对全球化竞争与国有金融企业文化建设的研究（何问陶，2005）等。

而对广义层面文化金融论的研究是近些年来才逐步兴起的一个前沿性学科新议题，特别是在近五年来才得到逐步认知和重视，譬如对金融文化趋同对区域金融合作影响作用的研究（张望，2010）、对新常态下金融文化生态的新特征的研究（陆岷峰，2015）、对中国传统文化与金融发展传承的研究（刘绘芳，2016）等。白钦先教授也是最早从文化层面对金融进行考察的学者之一，他在不同场合和多篇文章中指出"金融是有人性的、金融是有历史的。"

——金融是有人性的。对人性的探讨，自古至今争论很多。中国古代就有"人之初，性本善"的说法，即性善论；而西方则有人的"原罪"一说，意在人自出生起就是带着罪恶来到世间的，因此人的一生就是赎罪的一生，即性恶论。由于中西方文化中对人性最基本的判断不同，导致其后衍生出来的社会形态、意识形态、政治制度可谓大相径庭。中国传统文化中对人性的肯定多一些，反映在现实政治经济生活中就更倚重于"人治"，而西方文化中对人性的否定多一些，反映在现实政治经济生活中则更倚重于"法治"。但应当强调的是，"人治"也好"法治"也好，都各有利弊；就中国而言，自古以来我们也并非没有"法治"，而是更为突出了"人治"，较西方而言"法治"显得相对落后。正是因为对人性基本判断的不同，中西方金融发展特点也走上了不同道路。中国古代的钱庄票号走的是"以义制利"的道路，它强调"君子爱财取之有道"，山西票号也以诚信立本，生意之所以能做大做强，靠的是彼此的信任和对道义的坚守；直到现在，在中国华北地区，特别是山西地区，开店做生意的商人之所以在店中供奉"武财神"关公，是因为关公是讲义气、讲诚信的典型代表。而西方走的是"以法制利"的道路，不论是三权分立制衡制度的建立，还是以意思自治、契约自由为原则的民商法系的建立，都体现着法律在政治、经济、文化等各个领域的重要作用。所以说，金融是有人性的，金融也时刻体现着人性。

——金融是有历史的。从世界发展史来看，金融业起源于公元前2000年巴比伦寺庙和公元前6世纪希腊寺庙的货币保管和收取利息的房款业务；到公元前 5 世纪，在雅典和罗马先后又出现了银钱商，直到 16 世纪末期，在意大利的威尼斯才出现了现代意义上的银行；1694 年英国建立的英格兰银行是第一家股份制银行，它开启了资本主义国家金融业迅速发展的历史之门。从中国发展史来看，中国的金融业最早可以追溯至公元前 256 年，周朝出现了专门办理农耕赊贷的"泉府"，而后在南齐时又出现了收取实物抵押贷款的"质库"，直到明朝末年，才出现了现代银行的前身票号；而真正意义上的现代商业银行是随着鸦片战争国门被迫开放涌入中国的外国银行，如英国的丽如银行、渣打银行、汇丰银行，德国的德华银行，日本的横滨正金银行等，中国人自己创办的第一家银行是中国通商银行……透过金融的历史变迁这个小小的窗口，我们可以再次验证历史前进的铁律"先进的取代落后的"，而这一历史的铁律也恒久适用于金融发展。

2010 年由白钦先教授指导的博士研究生秦援晋以《文化金融学初探》为题撰写了博士论文，以文化视角对金融行为和社会金融伦理、法律、制度进行了全面剖析。通过对"理性经济人"概念的质疑批评，揭示了人作为金融伦理本位的本质特征；强调了正义、诚信、节制、责任作为文化基本要素对构建稳态金融秩序的重要意义；凡是文化元素的缺失必将导致金融陷入病态，特别是关键性元素"正义"的缺失更是"恶金融"之源，即金融危机之源。文化金融的原理对于认识、分析后金融危机时代的金融有创新性的学术价值，它至少是提供了一种全新的视角，为重建朴素刚健的金融伦理提供了借鉴，有助于人们探索后危机时代金融的走向。

第9章 基于四项学说科研成果的 实证分析

9.1 研究目的：白钦先金融理论的内在逻辑

在第 4 章到第 8 章中笔者全面阐述了白钦先金融理论学说体系，即金融体制学说、金融资源学说、金融发展学说和金融人文学说。从研究的时间先后顺序来讲，金融体制学说形成于 20 世纪 80 年代末期，金融资源学说形成于 90 年代末期，金融发展学说形成于 21 世纪初，金融人文学说形成于 2010 年后。从研究的逻辑角度来讲，金融资源学说是微观基础，它为后续的研究提供了详细的原材料和金融分析的框架；金融资源学说是对金融微观基础的抽象，从"资源"的视角对金融表现的本质进行分析，构建了一套理论研究的框架；金融发展学说是进一步的总结，将一切金融问题纳入发展视角下进行研究；金融人文学说则是对前三者的约束和引领，不论金融是资源也好还是功能也罢，金融的发展都应该遵循的最根本的"道"是什么——这是金融人文学说要解决的问题。

与四项理论学说的提出相伴随的是相关科研成果的形成，特别是公开发表的学术论文。因此，结合上述对四项学说内在逻辑的简要分析，我们可以大胆假设：与四项理论学说相关的科研成果在发表的时间和数量上也具有某种特征，即这种特征能够反映四项理论在形成过程中的内在逻辑关系——金融体制学说的研究成果能促进金融资源学说的研究成果；金融资源学说的成果又进一步促进了金融发展学说的研究成果；而金融人文学说的成果相对独立，对前三者成果的数量应该没有显著的刺激作用。

9.2 理论模型

9.2.1 向量自回归模型

向量自回归模型（VAR）被广泛运用于时间序列分析，它可以考察多个变量间的互动关系。其基本理论模型如下：

设变量 $\{y_t\}$ 和 $\{z_t\}$ 为时间序列，且满足如下关系式：

$$y_t = b_{10} + r_{11} y_{t-1} + r_{12} z_{t-1} + \varepsilon_{yt} \tag{9.1}$$

$$z_t = b_{20} + r_{21} y_{t-1} + r_{22} z_{t-1} + \varepsilon_{zt} \tag{9.2}$$

其中，$\{y_t\}$ 和 $\{z_t\}$ 都是平稳的；$\{\varepsilon_{yt}\}$ 和 $\{\varepsilon_{zt}\}$ 均为白噪声过程，即 $\varepsilon_{yt} \sim i.i.d(0, \sigma_y^2)$，$\varepsilon_{zt} \sim i.i.d(0, \sigma_z^2)$；$\{\varepsilon_{yt}\}$ 和 $\{\varepsilon_{zt}\}$ 彼此不相关。则称式（9.1）和式（9.2）为一阶向量自回归过程，记作 VAR（1）。当然，在此基础上还可以进一步外推，将滞后期拓展至 p 阶，得到 VAR（p）。

在研究白钦先金融理论研究范式的互动关系时，选择 VAR 模型有助于考察各个研究范式间的动态关系，这种关系既包括被研究对象若干滞后期的影响，也包括其他接受变量若干滞后期对其的影响。

9.2.2 滞后阶数 p 的确定

在实际计量经济学的应用中对期数 p 的确定有多个准则，常用的是 AIC（Akaike Information Criterion），SBC（Schwarez Bayesian Criterion）和 HQC（Hannan Quinn Criterion）。在正式确定滞后阶数之前，必须设定最大可能的滞后阶数 P_{max}，一方面要考虑到具体情形中滞后某一变量变化产生影响的"余波"持续的时间，当然，从理论上来讲，这种"余波"可以是无限长，因此从这点考虑更倾向选择较大的 P_{max}；另一方面，从计量分析所具有的样本限制来看，较大的 P_{max} 会减少估计的有效样本，从而致使参数估计的精度下降。因此，在大部分经济分析中，最大滞后期一般选择 3 到 5。

在确定最大滞后期 P_{max} 后，进一步确定 VAR 模型的滞后期 p，通常采用似然比检验法（Likelihood Ratio Test）确定。假设 M 为 VAR 模型的最大滞后阶数上限，最终确定的滞后阶数 p 必然小于等于 M。似然比检验从最大滞后阶数上限 M 开始，即从 VAR（M）开始：

$$y_t = A_0 + A_1 y_{t-1} + A_2 y_{t-2} + \cdots + A_M y_{t-M} + u_t \tag{9.3}$$

（1）先检验$H_0^1: A_M = 0$，$H_1^1: A_M \neq 0$，若检验结果拒绝零假设$H_0^1: A_M = 0$，则终止检验过程，取 p = M；否则进行下一步检验。

（2）检验$H_0^2: A_{M-1} = 0$，$H_1^2: A_{M-1} \neq 0$，若检验结果拒绝零假设$H_0^2: A_{M-1} = 0$，则终止检验过程，取 p = M - 1；否则进行下一步检验。

……

（i）检验$H_0^i: A_{M-i+1} = 0$，$H_1^i: A_{M-i+1} \neq 0$，若检验结果拒绝零假设$H_0^i: A_{M-i+1} = 0$，则终止检验过程，取 p = M - i + 1；否则继续检验。

……

（M）检验$H_0^M: A_1 = 0$，$H_1^M: A_1 \neq 0$，若检验结果拒绝零假设$H_0^M: A_1 = 0$，则终止检验过程，取 p = 1；否则取 p = 0。

以上每个零假设均以前一个零假设为真为条件。检验$H_0^i: A_{M-i+1} = 0$，$H_1^i: A_{M-i+1} \neq 0$ 的似然比统计量为：

$$\lambda_{LR} = T \left(\log \left| \sum (M-i) \right| - \log \left| \sum (M-i+1) \right| \right) \sim \chi^2(m) \tag{9.4}$$

其中，T 为可用的样本容量，$\sum (m)$ 为估计的 VAR（m）模型所得到的误差u_t的方差协方差矩阵的极大似然估计量。m 等于系统中的限制数量。

在实践中，使用 AIC、SBC 以及 HQC 准则确定的 VAR 模型滞后阶数可能是不同的，因此也常常需要 LR 检验辅助滞后阶数的选择。

9.2.3 模型稳定性检验

在确定滞后阶数后，还应对向量自回归模型的稳定性进行检验，检验的方法为 AR 特征根检验法。简单来说，如果被估计的 VAR 模型所有单位根的模小于 1，即位于单位圆内，则其是稳定的，否则，模型不稳会导致某些结果将不是有效的。具体内容可参考 Lutkpohl（1991）。[①]

9.2.4 格兰杰因果检验

格兰杰因果检验（Granger Causality Test）定义如下：

设有两个变量 Y 和 Z，定义两个信息集：

$$F_{1t} = \{ y_t, y_{t-1}, y_{t-2}, \cdots \}$$

---

① 高铁梅. 计量经济分析方法与建模［M］. 北京：清华大学出版社，2009.

$$F_{2t} = \{y_t, z_t, y_{t-1}, z_{t-1}, y_{t-2}, z_{t-2}, \cdots\}$$

信息集F_{1t}由变量 Y 的历史信息生成；信息集F_{2t}由变量 Y 和 Z 的历史信息共同生成。显然，信息集F_{2t}所包含的信息要多于信息集F_{1t}所包含的信息。

称z_t不是y_t的格兰杰成因，如满足条件：

$$E(y_t \mid F_{1t-1}) = E(y_t \mid F_{2t-1}) \tag{9.5}$$

也就是在y_t的滞后信息条件下，滞后的z_t对预测y_t没有帮助。如果这个条件不成立，则称z_t是y_t的格兰杰成因。

特别地，以线性回归模型表示，关于y_t和z_t的回归方程可以表示为：

$$y_t = \alpha_{10} + \alpha_{11} y_{t-1} + \cdots + \alpha_{1k} y_{t-k} + \beta_{11} z_{t-1} + \cdots + \beta_{1k} z_{t-k} + e_{yt} \tag{9.6}$$

$$z_t = \alpha_{20} + \alpha_{21} z_{t-1} + \cdots + \alpha_{2k} z_{t-k} + \beta_{21} y_{t-1} + \cdots + \beta_{2k} y_{t-k} + e_{zt} \tag{9.7}$$

z_t不是y_t的格兰杰成因，当且仅当：

$$H_0 : \beta_{11} = \cdots = \beta_{1k} = 0 \tag{9.8}$$

y_t不是z_t的格兰杰成因，当且仅当：

$$H_0 : \beta_{21} = \cdots = \beta_{2k} = 0 \tag{9.9}$$

本书选用格兰杰因果关系作为工具，正是在提出白钦先金融理论研究范式互动关系的基础上，对这一假设的统计学验证。

9.2.5 脉冲响应分析

在建立 VAR 模型的基础上，还可以进一步地分析当模型受到某种冲击时对系统的动态影响，这种方法称为脉冲响应函数法（Impulse response function）。其基本思想如下：

设两变量 VAR 模型的基本表达式满足式（9.1）和式（9.2）及扰动项白噪声假设，系统从 t = 0 时刻开始运行，y_{t0}与z_{t0}已知；当 t = 0 时刻给扰动项（ε_{10}, ε_{20}）一个冲击（1, 0）且当 t > 0 时，（ε_{1t}, ε_{2t}）=（0, 0），则称为第 0 期给y_t以脉冲。将y_{t0}、z_{t0}、ε_{10}、ε_{20}代入式（9.1）和式（9.2）可得y_{t1}、z_{t1}，将y_{t1}、z_{t1}、ε_{11}、ε_{21}再次代入式（9.1）和式（9.2）可进一步得出y_{t2}、z_{t2}……如此反复迭代，可求得y_t、z_t并分别称为由y_t的脉冲引起的y_t和z_t的响应函数。这一思想可进一步推广至多变量多滞后期数的 VAR 模型中[1]。

① 詹姆斯·汉密尔顿, 刘明志（译）. 时间序列分析 [M]. 北京：中国社会科学出版社, 1999.

具体到本书中，对白钦先四项金融学说理论成果构建 VAR 模型后，结合前述的格兰杰因果分析，可进一步分析那些具有格兰杰成因的变量间的互动关系，从而更为形象、准确地反映它们的变化。

9.3 变量确定

本书确定了四个时间序列 $\{x_{1t}\}$ $\{x_{2t}\}$ $\{x_{3t}\}$ $\{x_{4t}\}$ 分别表示 1985—2017 年以来白钦先教授公开发表的金融体制学说、金融资源学说、金融发展学说和金融人文学说的年度文章数量，数据来源于"中国知网"对白钦先教授历年发表文章的检索。原始数据如表 9 – 1 所示。

表 9 – 1 　　白钦先教授历年金融学说相关论文发表篇数统计 　　单位：篇

年份	金融体制学说x_{1t}	金融资源学说x_{2t}	金融发展学说x_{3t}	金融人文学说x_{4t}	合计
1985	2	0	0	0	2
1986	3	0	0	0	3
1987	0	0	0	1	1
1988	1	0	0	0	1
1989	3	0	0	0	3
1990	0	0	0	0	0
1991	1	0	0	0	1
1992	2	0	0	0	2
1993	2	0	0	0	2
1994	3	0	0	0	3
1995	2	0	0	0	2
1996	1	0	0	1	2
1997	2	2	0	0	4
1998	1	3	0	1	5
1999	2	2	1	0	5
2000	4	2	2	1	9
2001	2	1	1	3	7
2002	2	0	1	0	3
2003	3	2	2	0	7
2004	5	4	3	1	13
2005	9	1	4	0	14
2006	3	1	3	1	8
2007	2	1	5	1	9

年份	金融体制学说x_{1t}	金融资源学说x_{2t}	金融发展学说x_{3t}	金融人文学说x_{4t}	合计
2008	2	4	3	1	10
2009	2	4	1	0	7
2010	3	2	4	1	10
2011	2	2	4	0	8
2012	2	2	2	3	9
2013	3	3	2	3	11
2014	3	3	1	2	9
2015	2	0	3	4	9
2016	3	1	2	3	9
2017	2	1	2	3	8
共计	79	41	46	30	196

9.4 实证分析

9.4.1 统计分析

我们将白钦先教授历年各研究范式相关论文发表篇数统计表转为直方图以便我们做一些直观分析，如图9-1所示。

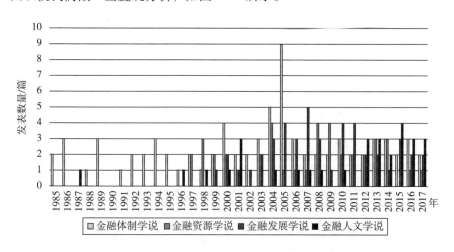

图9-1 白钦先教授历年各研究范式发表文章数量直方图

通过直方图我们可以直观地看出，以 2000 年为界限，在 2000 年之前，即 1985—1999 年，年均发表数量为 2.4 篇；2000 年之后，即 2000—2017 年，年均发表数量为 8.9 篇，显著地高于前者。这主要是因为在 2000 年之前，白钦先教授尚未年满 60 周岁，还承担着不少行政工作、担任各类社会职务，因而其工作侧重点多表现在出任各级政府顾问、亲自参与经济金融体制改革；而在 2000 年之后，白钦先教授年满 60 周岁，逐步卸任行政工作和社会职务，转而有更多的精力从学术研究的角度促进经济金融体制改革。

从四类学说公开发表的文章数量来看，金融体制学说相关的文章数量最多，有 79 篇，其次是金融资源学说和金融发展学说，分别是 41 篇和 46 篇，而金融人文学说相关的文章数量最少，为 30 篇。

从发表年份来看，金融体制学说形成时间最早，持续时间也最长，可以说贯穿了整个白钦先金融理论创新发展的全过程，这也同金融体制的相关研究是其他研究的基础、前提有关。金融资源学说理论成果最早发表于 1997 年，并在 2004 年和 2008 年达到两次小高潮，而金融发展学说的理论成果最早发表于 1999 年，在 2007 年和 2011 年达到两次小高潮；从最早理论成果形成的时间和形成各种研究成果的小高潮来看，也进一步证实了金融资源学说是维系金融体制学说同金融发展学说的纽带，是一种过渡，因而金融发展学说的形成略晚于金融资源学说。金融人文学说的相关成果最早可追溯至 1987 年，在此之后一直到 2011 年，相关成果并不丰富，但也没有中断，可以说星星点点、断断续续，而在 2012 年之后，这一学说的相关成果集中爆发，一度均超过了其他三类学说的成果数量，可以说是一枝独秀；从这个侧面也能看出，金融人文学说相对于其他三种理论学说而言相对独立，是对它们三者的再抽象。

当然，上述这些分析都是精确度较低的统计学分析，有些时间点的划分还有赖于经验上的划分，因此下面我们进一步地引入了计量经济学模型来辅证我们的判断。

9.4.2　计量分析

第一步，时间序列平稳性检测。运用 ADF 单位根检验法对各研究范式下每年发表文章数量时间序列 $\{x_{1t}\}$ $\{x_{2t}\}$ $\{x_{3t}\}$ $\{x_{4t}\}$ 进行平稳性检验，得出的检验结果如表 9 - 2 所示。

表 9 – 2　　　　　　　各理论学说成果数量时间序列平稳性检验

参数	ADF 统计量	临界值	结论
x_{1t}	– 3.883500	– 2.617434	平稳
x_{2t}	– 2.946807	– 2.617434	平稳
x_{3t}	– 5.061493	– 2.617434	平稳
x_{4t}	– 2.736563	– 2.617434	平稳

注：临界值代表 10% 的显著性水平。

结果表明：序列 $\{x_{1t}\}$ $\{x_{2t}\}$ $\{x_{3t}\}$ $\{x_{4t}\}$ 的 ADF 值均小于 10% 显著性水平下的临界值，为平稳序列，可以直接对其进行 VAR 建模。

第二步，滞后阶数 p 的确定。如前所述，对经济问题的研究最大滞后阶数 M 一般确定为 3～5 年，考虑到金融理论创新和科研工作的实效性，我们把最大滞后阶数确定为 3 年。对变量 $\{x_{1t}\}$ $\{x_{2t}\}$ $\{x_{3t}\}$ $\{x_{4t}\}$ 构成的模型进行预估价，滞后期为 3 年。估计结果如下所示：

$$\begin{aligned}
x_{1t} = &+ 0.270\,x_{1t-1} - 0.005\,x_{1t-2} + 0.133\,x_{1t-3} \\
&+ 0.590\,x_{2t-1} - 0.017\,x_{2t-2} - 0.306\,x_{2t-3} \\
&+ 0.369\,x_{3t-1} - 0.307\,x_{3t-2} - 0.153\,x_{3t-3} \\
&+ 0.182\,x_{4t-1} - 0.040\,x_{4t-2} + 0.061\,x_{4t-3} \\
&+ 1.059 + e_{1t}
\end{aligned}$$

$$R^2 = 0.38$$

$$\begin{aligned}
x_{2t} = &- 0.019\,x_{1t-1} - 0.242\,x_{1t-2} + 0.257\,x_{1t-3} \\
&+ 0.626\,x_{2t-1} - 0.458\,x_{2t-2} + 0.217\,x_{2t-3} \\
&+ 0.292\,x_{3t-1} - 0.240\,x_{3t-2} + 0.331\,x_{3t-3} \\
&- 0.073\,x_{4t-1} - 0.145\,x_{4t-2} + 0.079\,x_{4t-3} \\
&+ 0.460 + e_{2t}
\end{aligned}$$

$$R^2 = 0.69$$

$$\begin{aligned}
x_{3t} = &+ 0.102\,x_{1t-1} + 0.283\,x_{1t-2} + 0.234\,x_{1t-3} \\
&+ 0.370\,x_{2t-1} + 0.151\,x_{2t-2} + 0.238\,x_{2t-3} \\
&+ 0.094\,x_{3t-1} - 0.236\,x_{3t-2} + 0.235\,x_{3t-3} \\
&- 0.299\,x_{4t-1} - 0.080\,x_{4t-2} + 0.439\,x_{4t-3} \\
&- 1.023 + e_{3t}
\end{aligned}$$

$$R^2 = 0.86$$

$$x_{4t} = + 0.098\, x_{1t-1} - 0.150\, x_{1t-2} + 0.086\, x_{1t-3}$$
$$+ 0.049\, x_{2t-1} + 0.056\, x_{2t-2} + 0.391\, x_{2t-3}$$
$$- 0.202\, x_{3t-1} + 0.270\, x_{3t-2} - 0.211\, x_{3t-3}$$
$$+ 0.249\, x_{4t-1} + 0.100\, x_{4t-2} + 0.338\, x_{4t-2}$$
$$- 0.102 + e_{4t}$$

$$R^2 = 0.60$$

有了对模型的预估计后，我们进一步地运用 AIC、SIC、HQC 以及 LR 准则对滞后阶数 p 进行确定，根据表 9 – 3 对滞后阶数的分析，在 SIC 准则下最优滞后期数为 1，而在 AIC、HQC 及 LR 准则下最优的滞后阶数应确定为 3，综合考虑上述判断，取最优滞后阶数 p 等于 3，即等于最大滞后阶数。

表 9 – 3 　　　　　　　　　　滞后阶数 p 确定标准分析

Lag	LogL	LR	FPE	AIC	SIC	HQC
0	– 202.0368	NA	10.85233	13.73579	13.92262	13.79556
1	– 171.6153	50.70259	4.201326	12.77435	13.70848 *	13.07319
2	– 156.2412	21.52377	4.667981	12.81608	14.49751	13.35398
3	– 128.8355	31.05973 *	2.584350 *	12.05570 *	14.48444	12.83268 *

注：＊代表该准则下的最优滞后阶数。

第三步，模型稳定性检验。利用 AR 特征根检验法，对估计 VAR 模型的特征根进行检验，以确定其模型是否都小于 1。通过 Eviews 8.0 对特征根的检验，可以看出该模型所有特征根的模型均小于 1，输出结果如图 9 – 2 所示。由此可以确定所估计的模型是稳定的。

Inverse Roots of AR Characteristic Polynomial

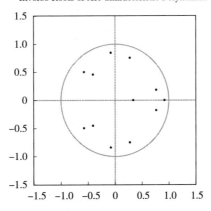

图 9 – 2　模型稳定性检验 AR 特征根的分布

第四步，格兰杰因果检验。通过上述对时间序列平稳性的检验，可知序列 $\{x_{1t}\}$ $\{x_{2t}\}$ $\{x_{3t}\}$ $\{x_{4t}\}$ 均为平稳序列，可以直接对其进行格兰杰因果检验。表 9－4 显示了运用 Eviews 8.0 分别考察滞后期为 1 阶、2 阶、3 阶，显著性水平为 10% 情形下四项研究范式之间的格兰杰因果关系。

表 9－4　　不同滞后期的四种研究范式成果间格兰杰因果检验分析

滞后期	原假设	F 统计量	P 值	结论
1	x_2 不是 x_1 的格兰杰原因	5.47196	0.0264	拒绝原假设
	x_1 不是 x_2 的格兰杰原因	0.453	0.5062	接受原假设
	x_3 不是 x_1 的格兰杰原因	1.09298	0.3044	接受原假设
	x_1 不是 x_3 的格兰杰原因	0.58519	0.4505	接受原假设
	x_4 不是 x_1 的格兰杰原因	0.25239	0.6192	接受原假设
	x_1 不是 x_4 的格兰杰原因	2.00429	0.1675	接受原假设
	x_3 不是 x_2 的格兰杰原因	5.61871	0.0246	拒绝原假设
	x_2 不是 x_3 的格兰杰原因	5.46291	0.0265	拒绝原假设
	x_4 不是 x_2 的格兰杰原因	0.04959	0.8253	接受原假设
	x_2 不是 x_4 的格兰杰原因	1.28146	0.2669	接受原假设
	x_4 不是 x_3 的格兰杰原因	0.0184	0.893	接受原假设
	x_3 不是 x_4 的格兰杰原因	1.98113	0.1699	接受原假设
2	x_2 不是 x_1 的格兰杰原因	2.76635	0.0814	拒绝原假设
	x_1 不是 x_2 的格兰杰原因	0.08111	0.9223	接受原假设
	x_3 不是 x_1 的格兰杰原因	0.9178	0.4119	接受原假设
	x_1 不是 x_3 的格兰杰原因	1.79636	0.1859	接受原假设
	x_4 不是 x_1 的格兰杰原因	0.2862	0.7534	接受原假设
	x_1 不是 x_4 的格兰杰原因	0.68202	0.5144	接受原假设
	x_3 不是 x_2 的格兰杰原因	4.94837	0.0151	拒绝原假设
	x_2 不是 x_3 的格兰杰原因	3.92367	0.0324	拒绝原假设
	x_4 不是 x_2 的格兰杰原因	0.14955	0.8618	接受原假设
	x_2 不是 x_4 的格兰杰原因	0.73456	0.4894	接受原假设
	x_4 不是 x_3 的格兰杰原因	0.13962	0.8703	接受原假设
	x_3 不是 x_4 的格兰杰原因	0.97405	0.3909	接受原假设
3	x_2 不是 x_1 的格兰杰原因	1.6539	0.2046	接受原假设
	x_1 不是 x_2 的格兰杰原因	4.85617	0.0092	拒绝原假设
	x_3 不是 x_1 的格兰杰原因	0.25241	0.8588	接受原假设
	x_1 不是 x_3 的格兰杰原因	2.0676	0.1324	接受原假设
	x_4 不是 x_1 的格兰杰原因	0.23455	0.8714	接受原假设

滞后期	原假设	F 统计量	P 值	结论
3	x_1 不是 x_4 的格兰杰原因	0.34827	0.7907	接受原假设
	x_3 不是 x_2 的格兰杰原因	5.01097	0.0081	拒绝原假设
	x_2 不是 x_3 的格兰杰原因	1.84548	0.1671	接受原假设
	x_4 不是 x_2 的格兰杰原因	0.01186	0.9982	接受原假设
	x_2 不是 x_4 的格兰杰原因	1.66102	0.2031	接受原假设
	x_4 不是 x_3 的格兰杰原因	2.39671	0.0942	拒绝原假设
	x_3 不是 x_4 的格兰杰原因	1.11159	0.3647	接受原假设

注：x_1 代表金融体制学说，x_2 代表金融资源学说，x_3 代表金融发展学说，x_4 代表金融人文学说。

以下，我们逐一分析各研究范式间的格兰杰因果关系：

——金融体制学说与金融资源学说，在滞后期为 1 阶、2 阶情形下，金融资源学说是金融体制学说的单向格兰杰原因，在滞后期为 3 阶情形下，金融体制学说是金融资源学说的单向格兰杰成因。这一结果表明：从长期来看金融体制学说的成果先于金融资源学说的成果，金融体制学说是金融资源学说的基础；从短期来看，金融资源学说的成果先于金融体制学说的成果，短期内金融资源学说的研究会促进金融体制学说的研究。

——金融体制学说与金融发展学说，在滞后期为 1 阶、2 阶、3 阶情形下，金融体制学说与金融发展学说之间均不存在格兰杰成因。这一结果表明：作为白钦先金融理论体系形而下的金融体制学说与作为形而上的金融发展学说之间不存在统计学意义上的关联，这也从某个侧面说明，要使各个理论学说构成一个互动的体系，作为纽带与桥梁的金融资源学说所发挥的作用是非常重要的。

——金融资源学说与金融发展学说，在滞后期为 1 阶和 2 阶情形下，金融资源学说与金融发展学说之间强烈地互为格兰杰成因，在滞后期为 3 阶情形下，金融发展学说强烈地是金融资源学说的格兰杰成因，而较弱地接受"金融资源学说不是金融发展学说的格兰杰成因"这一假设。这一结果表明：虽然从统计学上并没有百分之百地证明金融资源学说与金融发展学说之间的强烈互动关系，但可以说是"十有八九"地证明了这二者之间的互动关系，特别是在短期内二者互为格兰杰成因毋庸置疑。

——金融人文学说与其他三种金融学说，在滞后期为 1 阶、2 阶情形下，金融人文学说与其他三种金融学说都互不为格兰杰成因，在滞后期为

3阶情形下，金融人文学说与金融体制学说、金融资源学说互不为格兰杰成因，只能勉强拒绝"金融人文学说不是金融发展学说的格兰杰成因"这一假设。这一结果表明：金融人文学说与其他三种学说几乎没有统计学上的关联，即它是一种相对独立的学说。

第五步，脉冲响应分析。在成功构建 VAR 模型和进行格兰杰因果检验的基础上，我们进一步地对具有格兰杰因果关系的变量进行脉冲响应分析。

——金融资源学说对金融体制学说的冲击响应，以及金融体制学说对金融资源学说冲击的响应，分别如图 9-3、图 9-4 所示。

Response of X_2 to Cholesky One S.D. X_1 Innovation

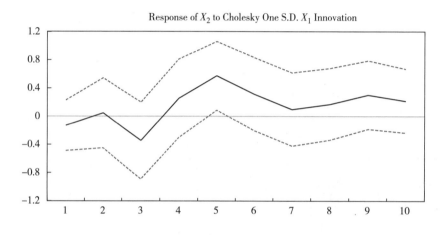

图 9-3　金融资源学说对金融体制学说的脉冲响应

Response of X_1 to Cholesky One S.D. X_2 Innovation

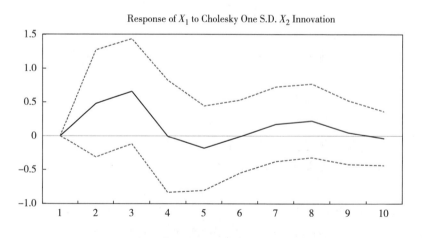

图 9-4　金融体制学说对金融资源学说的脉冲响应

由图 9-3 可以看出金融资源学说对金融体制学说的冲击反应较为缓慢，

白钦先集

是在长期内才能体现出促进效果，由图 9-4 可以看出金融体制学说对金融资源学说的冲击反应则较为灵敏，在短期内就能体现出促进作用。这一结论与格兰杰因果分析中的结论不谋而合，进一步印证了前文的判断。

——金融资源学说同金融发展学说的脉冲响应分析，如图 9-5、图 9-6 所示。

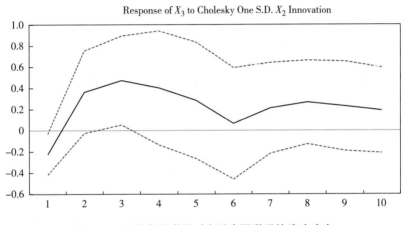

Response of X_3 to Cholesky One S.D. X_2 Innovation

图 9-5　金融发展学说对金融资源学说的脉冲响应

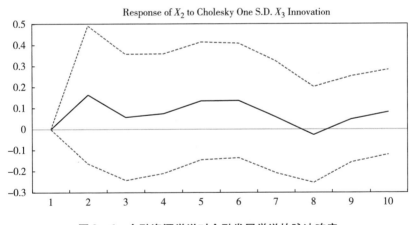

Response of X_2 to Cholesky One S.D. X_3 Innovation

图 9-6　金融资源学说对金融发展学说的脉冲响应

通过图 9-5 和图 9-6 的分析我们可以进一步明确金融资源学说和金融发展学说之间的相互促进关系，这种促进关系不仅在短期内有效，在长期内也是有效的。

——金融人文学说对其他学说的脉冲响应分析，如图 9-7、图 9-8、图 9-9 所示。

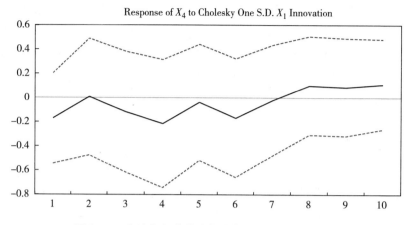

图9-7　金融人文学说对金融体制学说的脉冲响应

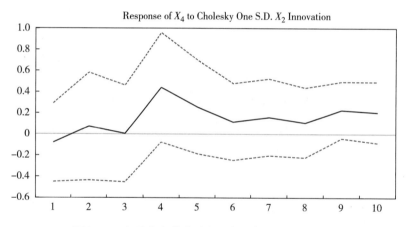

图9-8　金融人文学说对金融资源学说的脉冲响应

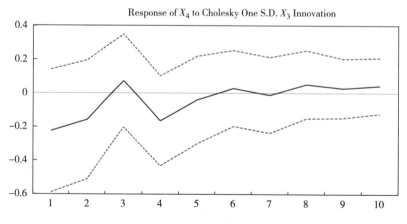

图9-9　金融人文学说对金融发展学说的脉冲响应

白
钦
先
集

通过图 9-7、图 9-8、图 9-9 的分析我们可以看出，金融体制学说、金融资源学说和金融发展学说对金融人文学说的贡献并不显著，这进一步验证了它们之间不存在紧密的数量关系，也说明了金融人文学说是相对独立的。

9.5 主要结论

通过对白钦先教授 1985—2017 年公开发表的学术论文进行分析可以得出以下主要结论：

第一，白钦先金融理论创新历程时间长、成果多，特别是在 2000 年后，其年均发表的论文篇数远多于在此之前。从各个具体的金融理论学说来看，不同学说下的成果数量差异较大，金融体制学说的相关成果最多，金融人文学说的相关成果最少，金融资源学说和金融发展学说的相关成果介于二者之间；从时间分布来看，金融体制学说最早，其次是金融资源学说、金融发展学说，最后是金融人文学说。

第二，金融体制学说是基础，特别是从长期来看它是金融资源学说的格兰杰成因，并且在长期内能够促进金融资源学说的成果创新；当然，在短期内金融资源学说的成果也能促进金融体制研究的开展。

第三，金融资源学说与金融发展学说互为格兰杰成因，而且不论是在短期还是长期，二者都互相促进、相辅相成，其背后的根源是这两种学说都具有多层次研究对象，并且这种多层次研究对象之间具有逻辑上的内在联系，因而才会导致这两种学说及其成果间的高度相关、互动。

第四，金融人文学说同其他三种学说相比相对独立，这一方面表现在金融人文学说同其他三种学说之间不存在或只存在极其弱的格兰杰因果关系，另一方面从脉冲响应分析来看，其他三种学说对金融人文学说只存在较弱的正向作用，甚至为负的作用。在笔者看来，这种作用应当解释为统计学上的"作用"，而非实际意义上的促进作用。从另一个层面上讲，这也表明金融人文学说与前三者不在同一个层次上，是对前三者高屋建瓴地引领、渗透，更是前三者的神与魂。

第 10 章　白钦先金融理论研究范式的特点

通过前述章节的论述，笔者全面阐述了白钦先金融理论研究范式的内涵，深刻分析了金融体制学说、金融资源学说、金融发展学说、金融人文学说的世界观、方法论和价值观的内涵。如果说前面这三个章节是从横向维度上全面剖析了白钦先金融理论体系，那么在本章，笔者拟从纵向维度上分析白钦先金融理论研究范式各个要素的特点，即从世界观、方法论和价值判断这个角度考察白钦先金融理论研究范式的特点。

10.1　世界观特点

具有鲜明的创新性特点

对于学术研究而言，不论是自然科学研究还是社会科学研究，创新的重要性可谓更加突出。白钦先教授在 2012 年获得首届中国金融研究杰出贡献奖之际，在接受《中国金融》杂志社主编魏革军先生专访时就指出"创新是学术研究的灵魂"，[①] 回顾白钦先教授四十年的学术研究生涯，我们可以发现：鲜明的创新性是白钦先学术思想中最显著的特征，并且自始至终、贯穿如一。具体体现在以下两个方面：一是白钦先教授的创新观，二是白钦先教授学术创新的内容。

与日常生活语境下对"创新"一词的使用不同，作为一个严肃的学术问题，白钦先教授认为学术"创新"应当至少包括四个方面的内涵：

——学术创新是针对人类文明发展历程而言的。在日常生活或政治宣传口号中所指代的"创新"往往是指在某个局部或某个具体问题上的尝试

---

① 魏革军．创新是学术研究的灵魂——访辽宁大学教授白钦先［J］．中国金融，2012 (6)．

或改进，在某些特定的语境下还可指代冲破困难、求新求变的开拓精神；而在学术语境下，衡量某一理论或学说是否具有创新性应站在整个人类文明发展历程的大背景下考虑，即这种理论或学说是否是人类文明发展历史上首次提出。因此，严格意义上讲真正的学术创新都具有首创性、原创性和开创性，而不能将创新混同、等同于一般意义下的变革、变迁、变化、变更、革新。以白钦先教授的学术研究成果为例，如金融体制论、政策性金融论、三维金融架构论等就具有鲜明的原创性和首创性特征，这些理论所涉及的诸多核心概念就是古今中外史上首次郑重其事提出并予以充分科学论证。

——学术创新并非空中楼阁，而是具有一定的传承性，这一方面表现在新理论的某些内容部分借鉴了旧理论的内容，另一方面新理论至少还要能够解释旧理论所能解释的现象。以金融资源理论为基础的可持续发展说为例，"金融资源"这一概念最早是由西方经济学家戈德史密斯提出的，但戈氏在提出这一概念时并未予以详细研究，而是作为一个辅助性概念一带而过，随后几十年西方经济理论界及戈氏本人再未提起，更无进一步地研究；白钦先教授正是捕捉到了戈氏理论中对"金融资源"研究的空白，将"金融资源"单独作为一个核心概念予以考察和研究，进而促成了理论创新，即形成了金融资源理论——这便是学术创新中传承性的一个具体表现。[①] 此外，在戈氏理论中对金融发展的观点是以金融机构数量、金融资产规模、金融工具种类等量性增长为主导的一种发展观；而白氏理论中不仅继承了量性发展观，还创新性地提出了质性发展观——对量性发展观的继承是新理论涵盖旧理论的必要条件，是新理论能够解释旧理论所能解释现象的必要条件；对质性发展观的提出则是在旧理论基础上的突破，即如下所述。

——学术创新要有所突破，即能解释过去理论所无法解释的现象。仍以金融资源理论为基础的可持续发展说为例，金融资源观及金融质性发展观的提出是对戈氏理论的一种突破：在戈氏理论中，金融机构观和金融量性发展观是对金融发展现象的一种直白概括，囿于这一原因，戈氏的理论缺乏高度抽象概括能力和触及本质的穿透力，进而也就无法解释金融危机、金融抑制等更复杂的金融现象；而白氏理论正是在这一点上找到了突

---

① 白钦先. 论以金融资源学说为基础的金融可持续发展理论与战略 [J]. 广东商学院学报，2003（10）.

破口，白钦先教授提出的金融资源观和金融质性发展观较前者而言更具抽象性、更贴近事物的本质，因而也就能创新性地解释戈氏理论所无法解释的现象，即将金融危机、金融抑制等现象归结为金融资源配置过程中出现的种种问题。

——成功的学术创新成果要能预测特定情形下的某些现象、趋势或问题，就社会科学研究而言，要能够为政策决策提供服务。理论研究归根到底是要为实践服务，科学的理论能够有效预测在满足特定条件时发生的现象，进而使人们做出正确的决定，自然科学与社会科学概莫能外；但社会科学与自然科学相比具有特殊性，即社会科学理论涉及价值判断的问题，用白钦先教授的话说即"经济学的民族性特征"，一个成功的经济学理论要在最大程度上维护它所代表民族国家的利益与话语权；就中国社科学者的学术创新而言要服务于中国改革开放、服务于中国国际话语权把握、服务于社会主义现代化建设。①

以上四点是白钦先教授在学术创新中始终追求、秉持、贯彻的基本原则与学术操守，可以说能够做到其中的一点或几点已非常不易，而他四十年来的学术创新生涯始终高标准、严要求，用这四条创新的黄金标准鞭策、砥砺着他的学术创新事业。

白钦先教授四十年学术生涯产生的创新成果主要包括以下三个方面。

——理论学说创新。在2017年中国金融学科终身成就奖颁奖典礼上，白钦先教授作为获奖人发表的感言中就提及"坚持几十年理论创新不动摇，可以说创新就是我的生命，是生存工作的动力与源泉，是一种激情与愉悦，并不是创新本身。"② 回顾白钦先教授四十年的学术生涯，理论学说创新是其成果最为丰富、影响最为广泛的学术成果：从20世纪80年代初提出的金融体制比较论到90年代初在此基础上提出的政策性金融论，从90年代末提出的金融资源论到21世纪初进一步深化为可持续发展论，从21世纪初提出的金融功能演进论到进一步深化的金融发展理论，从进入21世纪以来提出的三元金融论到三维金融架构论以及由此进一步深化而来的新普惠金融论……这些理论学说成果在提出之时引起学界广泛关注，以金融资源论为代表的一些成果还被认为是极具颠覆性、极具挑战传统研究范式的理论成果，该类型的创新是比应用型研究更难能可贵的基础

① 白钦先. 试论经济学的民族性特征［J］. 西南金融，2012（5）.

② 白钦先. 白钦先集［M］. 北京：中国金融出版社，2018.

型研究突破，被认为是理论学说创新中的全盘式创新。此外，在这些理论学说提出之后，持续的后续研究也不断跟进，从而进一步丰富了这些学说理论的架构体系。以政策性金融论为例，该项理论的提出是在 20 世纪 90 年代初，而针对政策性金融论的补充、发展与完善从未间断，特别是在 2008 年前后针对政策性金融异化趋势的反驳以及 2015 年前后进一步提出政策性金融的公共性，使政策性金融理论的后续研究迎来了两次小高潮，这也可以视作是全盘创新之后的局部性、持续性、补充性创新。①

——思想观念创新。如果说理论学说是对生活现象的抽象，那么思想观念则是对理论学说的再次抽象；思想观念是比理论学说更持久、更高级、更一般层次的道。上述列举了白钦先教授理论学说研究的诸多成果，可以说涉及面很广，侧重点也各有差异，那么从这些不同中寻找出的相同点是什么呢？笔者认为就是这些理论学说背后所秉持贯彻的学术思想观念，即白钦先金融理论始终秉持的哲学人文发展理念与价值观认同，即以人为本、以民为本。说到人文发展理念和价值观认同，其实在科学研究过程中，不论是自然科学还是社会科学或多或少、或明或暗都有涉及，比如克隆作为一种技术已经很成熟，但克隆人是科学界共同禁止的，这就是技术背后的人文发展理念和价值观认同在发挥作用；又比如古典西方经济学创始人亚当·斯密在出版了《国富论》之后还出版了《道德情操论》，该书出版的最直接目的就是抨击 18 世纪中期以来英国市场经济逐步走向成熟过程中出现的种种社会问题，特别是金钱至上的重商主义和孟德维尔为代表的极端利己主义，即所谓的"私人恶行即是公共利益"，亚当·斯密直言孟德维尔的哲学是"放荡不羁的体系"和"十分有害的学说"。可见不论是自然科学还是社会科学，其发展都要受到某种约束，这种约束历来就有、深入人心，但真正将其说清楚、道明白并总结为是"哲学人文发展理念与价值观认同"的是白钦先教授，是一位东方学者、中国学者。因此，从这个意义上讲这一思想观念的创新具有世界性意义。

——培养模式创新。与理论学说创新和思想观念创新相伴随的是白钦先教授在从事高等教育职业生涯中探索出的一条高级人才培养模式，即教学、科研、人才培养和服务社会四结合四统一的创新型培养模式。这是白钦先教授在长期实践中总结概括出来的，不是胡思乱想造出来的；也是吸取了中国古代工匠艺人带徒弟的办法，即言传身教，动眼动耳动脑动手，

①　白钦先，张坤．中国政策性金融廿年纪之十辨文［J］．东岳论丛，2014（11）．

用心用情用行，不间断、不拘泥。随时随地尤其在科研实践中或指点迷津，或拨乱反正，或捅破一层窗户纸、柳暗花明又一村，让学生深度参与其中，逐步琢磨、推敲、体验与体会，从中找到乐趣、找到感觉、找到自我，这是一种取精华去糟粕的扬弃。在白钦先教授看来这四者就是一回事，是一件事的不同侧面与阶段，只不过教学、科研是手段，人才培养、服务社会是目的，彼此相互联系、相互衔接、相互统一。

上述学说理论创新、思想观念创新和培养模式创新是白钦先教授学术创新中的三个不同侧面，但本质上却又是同一回事，它们往往你中有我、我中有你、互促互进、相辅相成，说到底都是为了教书育人、为了服务社会。

10.2　方法论特点

10.2.1　突出比较研究法的综合研究

白钦先教授特别擅长于战略性思维、多视角观察、注重历史的审视和现实的反思、突出哲学关怀和人文关爱，深刻的思想性是白钦先金融理论研究方法最突出的特点。在白钦先教授公开发表的不少文章中，从题目中我们就可以看出这一鲜明的特点，譬如"论三维金融架构——哲学的人文的历史的与经济社会综合视角的研究"①"历史的审视与现实的思考——近百余年来经济与社会发展中的日本金融"②"试论综合视角下的农村合作金融改革——基于哲学、历史、人文、经济与社会的综合视角"③"华尔街与山西票号经营理念比较研究——贪婪、豪赌与节制、稳健的历史对比"④ 等，这也是经济学、金融学对其社会科学本质的一种回归。

在这些综合性研究方法中，被白钦先教授运用得最多的是比较研究法，即持续性、系统性的比较研究。既比较异同，也比较优劣；既横向比

---

① 白钦先，文豪. 论三维金融架构——哲学的人文的历史的与经济社会综合视角的研究 [J]. 东岳论丛，2013（6）.

② 白钦先. 历史的审视与现实的思考——近百余年来经济与社会发展中的日本金融 [J]. 日本学刊，1996（11）.

③ 白钦先，胡巍. 试论综合视角下的农村合作金融改革——基于哲学、历史、人文、经济与社会的综合视角 [J]. 经济问题，2014（9）.

④ 白钦先，宋陆军. 华尔街与山西票号经营理念比较研究——贪婪、豪赌与节制、稳健的历史对比 [J]. 区域金融论坛，2012（1）.

较，也纵向比较；既静态比较，也动态比较；且常常横纵交错、动静结合比较；既比较个性，也比较共性。说到比较研究方法，白钦先教授特别指出要避免两种倾向性的问题：其一是将"比较"蜕变为平铺直叙单摆平行并列的像杂货铺摆列不同商品似的客观展示，从而将这一方法庸俗化、简单化，从而丢掉了它的最优处的本质特征。其二是照搬照抄、生吞活剥，只见别人全无自己，只有因袭全无创造，必然是水土不服、食古不化、消化不良；更有甚者是忘掉自己，唯恐抛弃传统文化不彻底，且常以他人之长、之优、之强、之盛比己之短、之劣、之弱、之衰，是更脱离特定的经济金融社会环境的机械对比，结果越比越觉得己不如人，技不如人、体不如人、种不如人、族不如人、心不如人、脑不如人，丧失自我、自尊、自信与勇气，为他人所降服、掳了去，心衰、心死，为人所同化，只求形、不求意，只求形式、不求本质，以细节的真实精准美感掩饰本质的虚伪贫瘠，忘记自身是主、规律是主，外来因素是客，一旦座次颠倒，反客为主，一切就都颠倒了。这种倾向在国内理论界更普遍，以至于成为一种潮流，一种思维方式、定式与模式，而且不由自主地用，尤其是在中外比较中更强烈——这是十分有害的。① 由此可见，比较研究方法的运用要充分考虑一国的特殊国情、特殊环境，内容决定形式，目的决定方法，研究方法要为研究目的、研究内容服务。事实上，其他研究方法的运用也概莫能外。

此外，白钦先教授对数理模型、工程模型等实证经济学的研究方法是持开放而谨慎的态度。一方面，白钦先教授对这种新生研究方法的态度整体上是积极的和认可的，他也曾指出"如果一些科学研究需要而又可能运用数学模型，又能将复杂的问题变得简单，既定性也定量地研究与表达，为什么不可以用……在一些情况下，老年与青年学者合作研究，确有取长补短之优，可收互补双赢之利，何不乐而为之，采而用之。"② 事实上，白钦先教授也经常同他指导的博士研究生合作，既有定性分析也有定量分析，既有深刻的哲学思想，又有严谨的数量分析，这种模式下也产生了一批高质量的学术研究成果，其中最具代表性的就是同他指导的博士研究生张志文（中山大学）合作的"外汇储备规模与本币国际化：日元的经验

---

① 白钦先. 人有道术亦有道（白钦先集第八卷）［M］. 北京：中国金融出版社，2018.

② 白钦先. 传承与创新：学术文章暨讲演（白钦先集第六卷）［M］. 北京：中国金融出版社，2012.

研究"一文，发表在《经济研究》2011年第10期。这篇文章通过历史的考察和数据的分析，回答了凭借中国高外汇储备推进人民币国际化这一主张有无可能性的问题——以日元国际化的经验实证得出高外汇储备与本币国际化二者负相关的结论。这一研究引起美国国务院前负责国际经济事务的副国务卿、哈佛大学理查德·库伯教授，日本外务省、日本驻波士顿副总领事Hisashi Nakatomi，日本著名经济学家、耶鲁大学教授滨田弘一及IMF著名学者的高度关注与肯定。另一方面，白钦先教授也是谨慎的，他常常对"唯数学化、唯模型化、唯工程化"的研究模式提出质疑：将复杂的经济金融社会要素间的关系都通过数学模型变成必然的因果关系，未必都是准确的和正确的，有时虽有美感却易误导。改革开放以来，将工程、数学与模型引入经济学与金融学理论研究是一种历史的进步，但却不能脱离哲学、人文关怀与关爱，脱离人文社会经济金融环境和价值判断，将其飘浮于空中，最终难免陷入唯工具主义的深渊之中。

10.2.2　坚持马克思主义唯物辩证法

唯物辩证法即"马克思主义辩证法"，它是研究自然、社会、历史和思维的哲学方法，是辩证法的高级形态。概括地说，唯物辩证法包括"三大规律"——对立统一规律、质量互变规律、否定之否定规律；"五大范畴"——现象和本质、原因和结果、内容和形式、必然性和偶然性、可能性和现实性；以及"三个基本观点"——联系的观点、发展的观点和一分为二的观点。对马克思主义唯物辩证法的坚持和运用也始终贯穿于白钦先金融理论。试举几例说明之：

——白钦先教授在对我国经济金融发展方式转变与结构调整的相关研究中就指出，可持续的金融发展是量性发展与质性发展的统一，而又以质性发展为主；是跳跃性发展与渐进性发展的统一，而又以渐进性发展为主——这个定义是对金融发展、金融可持续发展的高度抽象概括，它体现着金融内部量变质变规律（变化规律），也体现着金融外部肯定否定规律（发展规律），是对金融"质"与"量"的辩证性概括。

——从商业性金融、政策性金融、合作性金融的提出到"三元金融论"再到"三维金融架构论"的研究历程来看，也体现遵循了否定之否定规律，体现着事物发展是前进性与曲折性的统一。从最初提出三种不同形态的金融族类并相对独立地对其进行研究，到后来的有意识地主张三者间的互动关系研究，再到最后的自觉地、强调三者相辅相成、不可分割的研究，每一次理论的升级都是对否定因素的舍弃与积极因素的保留，是一个新陈代谢、日益完善的过程。所以理论的发展历程也是一个由低级向高级不断变化的过程，在这个过程中要不断经历否定与再否定，这是规律、是必然。

——白钦先教授始终坚持强调对规律的认识与认知。他常说"规律是什么？规律就是看不见、摸不着但以铁的必然性发挥作用的那种东西。"白钦先教授常常告诉他的学生朋友："规律是可以认知和把握的，复杂事物也是可以认知与把握的，不管它如何神秘莫测，如何高不可攀，如何具体、如何独具特殊性，或有无数的答案、可能与不确定性，思想的力量、逻辑的穿透力坚韧无比，可超越时空、穿越历史、穿透铜墙铁壁跨越万里山峦、江河湖海，迎艰难险阻战宙宇严寒……从而增强自信与定力，民族的、国家的、个体的自信与定力。思想是火，是光；逻辑是刀，是剑。"——这也体现了白钦先教授作为唯物主义者对哲学可知论的坚持。

——白钦先金融理论研究方法始终坚持"一分为二的观点"。所谓"一分为二的观点"表现为唯物辩证法主张全面地看待事物：既要看到普遍联系，又要承认它们之间的区别（在比较研究过程中既比较相同点，也比较异同点）；既要看到事物运动的绝对性，又要承认事物的相对静止（既动态比较，也静态比较）；既要看到事物的正面又要看到事物的反面（既有优劣比较，也有利弊比较）；既要看到个别，又要看到一般（既比较个性，也比较共性）。从这个意义上讲，白钦先教授的比较研究法不仅丰富了对经济、金融理论研究的内容，也是对唯物辩证法的继承与创造性使用。

10.3　价值观特点

反映民族和国家的诉求

在 2017 年度中国金融学科终身成就奖颁奖典礼上，白钦先教授作为获奖人畅谈了他这一生学术生涯的感触，并将其概括为"胸怀一个中心，秉持坚持三个基本点不动摇，最终实现两个终极目标——胸怀一个中心就是胸怀爱国爱民、为国为民的家国情怀；坚持三个基本点不动摇，即坚持哲学人文发展理念不动摇、坚持几十年理论创新不动摇、坚持教学、科研、人才培养和社会服务四结合四统一不动摇；最终实现两个目标，一是强国富民、利国利民，二是彰显哲学社会科学的中国特色、中国风格、中国气派。"可以说，这是白钦先教授对其学术生涯最为凝练的概括。通过这个概括我们可以看出，白钦先教授把爱国爱民、为国为民摆在第一位，这也足以见得他对家国情怀的高度重视。事实上，在此之前的不少研究中，白钦先教授就不止一次地指出包括经济学、金融学在内的社会科学与自然科学的最重要的一个区别就是它是讲历史的、讲人文的，它是有立场的、它是为它的国家和民族服务的。

在20世纪80年代后期公开出版的专著《比较银行学》绪论中白钦先教授指出："中国要现代化，但现代化并不等于西方化与外国化。现代化必须民族化、中国化。"到90年代，白钦先教授在全国各地的讲学中曾以"一个东方大国的崛起"为题向各位听众阐述了中国作为一个东方的、后发的、转型的、正在崛起的大国所面临的机遇与挑战，提出"美国的今天绝不可能是中国的明天……从而中国的发展绝不能简单地照搬照抄西方经验，要走出一条适合自己的道路。"进入21世纪后，在2010年《经济评论》创刊三十周年的学术论坛上，白钦先教授以"中国经济学理论工作者与学术期刊的神圣使命"为题，阐述了经济学理论工作者在改革开放过程中的特殊使命，并提出了经济学的思想性和民族性特征（或者在一定程度上的政治性问题），他指出民族国家是经济学所反映和代表的利益主体，是它服务与保护的对象，经济学的形式与内容受到民族、国家、社会、历史、文化与环境的强烈影响——上述事例都充分展现出白钦先金融理论始终坚持为国为民、利国利民。

不仅在理论研究过程中白钦先教授始终秉持家国情怀，而且在工作中他也从不忘记自己是一名黑眼睛、黄皮肤的中国学者。作为从事国际经济和国际金融教学与研究工作的专业学者，白钦先教授大量面对和接触到的是世界各国的民族社会历史文化与科学技术，经济与社会发展中的趋势、成果、经验与问题，这就产生如何正确对待别国与本国、别人与自己的严肃问题，但又不是通过简单的激烈言辞或公开宣言一类的方式表现出来，而是通过严肃的专业性问题稳定而鲜明地贯彻。特别是在对待中西文化差异优劣这一问题上，白钦先教授常常引用梁漱溟先生的观点："西洋偏长于理智而短于理性，中国偏长于理性而短于理智。西方的科学注重解决的是人与物的关系，而我们注重解决的是人与人之间的关系问题。我们的文化是向内的注重解决人自身的问题，而西方文化是向外的注重解决的是人与物的关系。"① 白钦先教授还进一步做了补充：任何国家或民族都应有勇气承认别国的长处和自己的不足，这是充满自信的表现；任何国家或民族都应有能力吸收、接受和消化别国优秀文化与先进经验，同时又保持自己的民族性而不被同化、异化或弱化，这是强而有力的表现——这一原则与态度表现了白钦先教授对祖国的无限热爱，表现了我们民族的尊严、自豪与自信。

① 梁漱溟. 中国文化要义［M］. 上海：上海人民出版社，1949.

第11章 研究范式视角下中国金融学的发展

11.1 近现代中国金融研究范式变迁

票号的衰落、银行业的兴起标志着近代金融制度诞生，这是商业革命的产物，又是工业革命的准备，可以称为金融革命。[①] 这一中国金融史上的巨变同中华文明由古代向近代演变在时间上是一致的，也可以说金融史的变迁是整个文明史变迁的重要组成部分；金融实体的变迁必将导致人们对其研究范式的转换，金融研究范式的转换也能在一定程度上反作用于金融实体的发展。

中国近代史始于 1840 年中英鸦片战争，中国现代史始于 1949 年新中国成立，近现代史大致上算二百年。这二百年的历史从军事、政治、文化，特别是经济、金融变革的角度笔者将其划分为四个时期：第一个时期是 1840—1912 年民国政府成立，这一时期主要是资产阶级维新派（又称资产阶级保皇派）主政，戊戌变法是政治、经济、文化领域的一次重大变革。第二个时期是 1912—1949 年新中国成立，这一时期是资产阶级革命派（又称民族资产阶级）当政，是中华民国统治大陆的时期，也是抗击外敌、国共对抗的特殊历史时期。第三个时期是 1949—1978 年，这一时期是新中国成立初期实施计划经济体制的三十年。第四个时期是 1978 年改革开放至今，是全面建设社会主义市场经济的四十年。

虽说上述历史时期的划分是以政治事件为标志，但实际上政治乃是经济的延伸，特定的政治背景总是能与特定的经济发展阶段相联系，特定的经济发展阶段又决定了与之相适应的金融发展水平；而特定的金融发展水平又与人们认识金融、研究金融的研究范式息息相关。因此，将中国近现

[①] 孔祥毅. 山西票号与中国商业革命［J］. 金融研究，2000（8）.

代金融研究范式的变迁史划分为上述四个时期是可行的，事实证明，这四个不同的历史时期金融研究范式间的差异也是显著的。

11.1.1 维新时期金融研究范式

近代中国金融的启蒙始于资产阶级维新派登上历史舞台，尤其是戊戌变法将这一思想的解放推向高潮，尽管变法最终以失败告终，但其留给后世的影响是极其深远的。资产阶级的诞生势必带来资产、资本、信用、货币等一系列与金融相关的新鲜事物，最早对这些新鲜事物进行观察、研究的也往往是那个时代改革的先驱们，如康有为、梁启超、郑观应、盛宣怀、张謇等一批维新派，这些人的所思、所想、所悟汇集起来便代表了近代中国金融研究的范式。

——维新时期金融研究对象。这一时期金融研究的对象比较集中，也较为单一，主要是以下三个方面：

一是银行。康有为在其代表作《理财救国论》中就详细记载了其"理财之道者，妙用银行以为枢"的论断，他认为"入其国，银行得法，盛大繁多，其国之富实可知。入其国，银行无法，寡少枯槁，其国之贫乏可知……夫以国家银行，能操全国之金融多寡高下而调和之，上之资国，下之济民，中之对外，无一不宜。"并且对国家银行之职能也有明确论述"国家大银行既立，则有相须而成者四事即当举行，不可迟，不可缺者也：一曰稍借外债以资挹注；二曰发行纸币与公债，以广流通而资保证；三曰铸行金主币，收回旧银币、纸币、铜元，以划一币纸；四曰大收购金银，以益厚现款准备。"[1] 梁启超在其所著《中国改革财政私案》也有记载"银行为国民经济之总枢纽，所关者不只在财政而已，然国民经济不发达，则财政亦无可言，故言财政必推本于银行。"并对于国民银行之发展有"广设银行、防止倒闭、约束管理、维持稳定、立足国情"五大政策建议。[2] 此外，郑观应有"办银行以商务为本说""办银行既要利国更要利民说"[3]，盛宣怀有"银行振兴实业论""银行官督商办说"[4]"央行商用论"，[5] 张謇有"以中央银行为金融基础地方银行行为之辅、民立银行定

① 康有为．理财救国论［M］．香港：宏业书局，1987．

② 梁启超．饮冰室合集——中国财政改革私案［M］．上海：中华书局，1989．

③ 郑观应．盛世危言·银行上［M］．北京：华夏出版社，2002．

④ 巩为为．盛宣怀与"官助商办"［J］．中国经济史研究，2004（3）．

⑤ 盛宣怀．愚斋存稿［M］．台北：文海出版社，1974．

政府入股之制及银行以法律为保障论"。①

二是币制。康有为在其所著《金主币救国议》中有"今万国皆变金主币，而吾国不改，则银价日落，而吾民日困，租税生计无法定"的论述，并就货币起源、币材币型选择、货币本位制等具体问题进行详尽阐述，以论证其金币救国论。② 梁启超关于币制的研究可概括为"三论"即"恃本位币以为之纲论""整理币制必以兑换货币为之枢纽论""定币制以划一物价标准论"。③ 郑观应在其所著《圜法》④《铸银》⑤ 和《银行下》⑥三篇中对币制也有一定研究，他主张应顺应世界币制发展的大趋势，以黄金为本位币，铸银元以取代洋钱，办银行以发行钞票。

三是外资。梁启超所著《外债评议》就提出借重外资开发资源必须遵循三论：借外资以开发国中天然无限之富源论，只有政治组织完善之国家才可以借外债与有税源、盈利保证始可对外借债论，保障国家生计权与政治权、债款由我处置论。⑦ 张謇主张利用外资以振兴实业，他提出可以通过合资、借款、代办的方式利用外资："合资，此为利用外资最普通方法，凡利害参半之事业用之，盖有利与外人相共，亏损亦然……借款，凡事业之确有把握者用之，在外人方面，仅处于债权地位，与所营事业之盈亏无涉……代办，凡先难后易而可以永久获利之事业用之，如开垦荒地，兴办时购置机器，须费较巨，垦熟后继续进行，需费不多……"⑧

——维新时期金融研究方法。以康有为、梁启超为代表的维新派认为，银行也好、外资也罢是随着国门被迫打开而带来的舶来品，他们对待这些舶来品的态度实质上反映了当时维新派对待中学和西学的态度，张之洞将这一态度概括为"中学为体，西学为用。"⑨ 这一思想在金融相关问题研究及其方法论上就表现为康有为在其《物质救国论》里表述的"中国之病弱在不知讲物质之学……中国国事百变，医杂药乱，而中国不救，其贫弱益百千倍，日坠益危，皆由病论误之。今经欧洲大战之效，物质之

① 张謇. 张謇全集——实业政见宣言书［M］. 上海：上海辞书出版社，2012.
② 康有为. 康有为政论集——金主币救国议［M］. 上海：中华书局，1998.
③ 梁启超. 饮冰室合集——币制条例［M］. 上海：中华书局，1989.
④ 郑观应. 盛世危言·圜法［M］. 北京：华夏出版社，2002.
⑤ 郑观应. 盛世危言·铸银［M］. 北京：华夏出版社，2002.
⑥ 郑观应. 盛世危言·银行下［M］. 北京：华夏出版社，2002.
⑦ 梁启超. 饮冰室合集——外债评议［M］. 上海：中华书局，1936.
⑧ 张謇. 张謇全集——筹划利用外资振兴实业办法［M］. 上海：上海辞书出版社，2012.
⑨ 蒋贵麟. 康南海先生遗著汇刊［M］. 香港：宏业书局，1993.

发明益盛。五六十生的之巨炮可轰二百余里，飞天之船可十六时而渡大西洋。德之强而欲吞全欧，以物质。英、法之能力抗四年，以物质。美之富甲全球以物质。凡百进化，皆以物质。"反映在具体主张上，他认为只要将银行办好、本位币改为金币则可"国治完整，生计富足"；殊不知其研究仅停留在所谓"物质"这一表象层面，仅从业务的角度、实用的角度，浅尝辄止，而未真正触及到新生事物之所以诞生背后更为深层的矛盾，因此也就不难理解其有论"考察中国之外的各国国力，其强弱与否和其是否共和无关。"[①] 当然，康梁尚且如此，更遑论当时那些保守派了。

简而言之，这一时期金融研究之方法是"中学为体，西学为用"，实行拿来主义、实用主义，简单而粗暴。

——维新时期金融研究的价值判断。任何经济学、金融学理论最终都要归宿于其所服务的对象，因而其价值判断及价值立场也取决于其所服务的对象。虽然早期的金融理论研究对象比较单一、研究方法也略显粗糙，但其价值判断却是清晰明确的——维新派之金融理论就是服务于"救亡图存"这个大历史背景，而这个"亡"和"存"不仅指国家和民族，更指大清帝国、统治阶级和封建制度。纵观整个洋务运动，其实质是一种以政府为依托，以集权为特征的官僚经济。无论从资金、技术、市场诸方面一刻也不能离开政府。它是靠政府之力，集中纳税人手中的钱财，解决兴办的经费。它是靠政府之力引进技术，其原料和产品的相当一部分，都是靠政府调拨的。"中学西用"虽说在洋务运动早期对于冲破封建顽固派的阻挠，引进西方自然科学，促进中国工业、军事的近代化和新式教育的产生发挥过积极作用，但到了后期却沦为了清统治者对抗资产阶级维新和资产阶级革命的思想武器。

11.1.2 民国时期金融研究范式

民国政府统治大陆约四十年，这一时期是以孙中山为代表的民族资产阶级当政的四十年。在冲破封建藩篱束缚后，中国社会经历了一次思想大解放，在经济、金融领域涌现出一批真正意义上的学者，如马寅初、刘大钧、何廉、方显廷并称为"民国四大经济学家"，在政界有孔祥熙、宋子文、陈光甫、杨端六等学者型官员，在实务界不乏章乃器、卢作孚、张嘉璈等有识之士，在地方上有阎锡山等一批军阀对地方金融发展也有一定见

---

① 康有为. 康有为集——物质救国论［M］. 珠海：珠海出版社，2006.

地，还有最早一批受到马克思主义影响的中国学者如陈豹隐等。

——民国时期金融研究对象。这一时期金融研究的对象不仅在维新派的基础上深化了对银行、币制、外资的研究，而且拓宽了金融研究的视野，涉及了信托、黄金、征信、合作金融、农村金融等一系列范畴，更重要的是这一时期金融研究的对象开始涉及某种金融现象，譬如通货膨胀、通货紧缩以及应对的金融政策，这与过去以金融实务为主要研究对象的范式产生了根本性变革。

首先，在这一时期深化了对银行、币制和外资的研究。孙中山作为民族资产阶级的代表不仅在思想方面引领中国革命前进的方向，而且在经济、金融领域也给出了一系列政策主张，他明确提出"实业为富国之本，而银行尤为实之。兴办各种实业，要先办银行，从事汇兑、储蓄、解决各种实业的融资问题。在币制改革方面，孙中山最重要的贡献是提出了钱币革命的命题，其就钱币革命的目的及内涵、钱币职能、币材进化及纸币利弊、实施钱币革命的具体办法、预言钱币革命落实的经济金融结果等一系列问题展开了深入探讨。在对待外资方面，孙中山认为对于中国来说，顺应时势，采行开放门户政策有利于保障主权，利用外资，可以得外资之益，以筑铁路、开矿山。此外，马寅初的"整理纸币说"[1]、何廉的"币制改革论"[2]、孔祥熙的"外债论"[3]、宋子文的"中央银行论"[4] 都是对维新时期金融研究的进一步深化。

其次，民国时期的学者还进一步拓宽了金融研究的视野。杨端六发表的《信托公司概论》中对信托公司进行详细论述"信托公司为我国最近事业界一大问题，人人均欲发起信托公司，人人均不知信托公司为何物。此两语未免小视我国之事业界，然实在情形大约相差不远。"[5] 该文成为国内较早系统性介绍信托概念和信托业在国外发展状况的著作。贾士毅在《我国黄金政策之动态》一文中对战时黄金新政策性进行了多方面分析并展望了我国当时的黄金政策动向，提出了政策建议，成为较早研究黄金政

① 马寅初. 马寅初全集［M］. 杭州：浙江人民出版社，1999.

② 黄肇兴，王文钧. 文史资料选辑——何廉与南开大学经济研究所［M］. 1986.

③ 孔祥熙. 孔祥熙在国民党第五届三中全会上的财政报告［M］. 革命文献：台北国民党中央党史会，1977.

④ 宋子文. 中华民国史档案资料汇编——广东商务厅筹议商务行政计划书［M］. 1925.

⑤ 杨端六. 信托公司概论［J］. 东方杂志，1921（18）.

策的学者之一。① 此外，被誉为"中国资信业第一人"的章乃器也是在同期创立了中国第一家信用调查机构——中国征信所，并陆续开展对征信业的相关研究；② 阎锡山在其所撰《村信用合作社之理论与方法》阐述了其信用合作券土地担保论的相关内容，并在其所辖山西省内较为成功地推行了相关措施，成为农村金融、合作金融在近代史上一次成功的理论实践；③ 同期，在中央，何廉在呈交给孔祥熙（农本局理事长）和翁文灏（经济部长）的《农本局业务计划》④ 中提出农村金融不仅限于资金的供给，还要与技术和组织相结合的发展构想。

最后，这一时期在金融研究对象方面最重要的转变是研究对象开始涉及金融现象，特别是战时的通货膨胀，这方面研究的代表性人物是马寅初、刘大钧和方显廷。马寅初在其所著《大战前欧美各国之不换纸币与中国的京钞》⑤《战时之物价与纸币》⑥《中国之新金融政策》⑦ 等多篇文章、专著中对中国当时通货膨胀的原因、影响及治理进行了详尽阐述论证；与前者大相径庭的是刘大钧，他认为在抗战时期不应该实施通货膨胀政策，反而应该控制货币流通，实施通货紧缩政策，在其所著《我国统制金融办法之检讨》⑧《战时物价统制》⑨《抗战期中之法币与外汇统制》⑩ 等多篇文章中就战时应采取的货币政策、物价政策及外汇政策进行了针对性阐述。方显廷则从货币周转速度的角度对物价进行了探讨、进而在通货膨胀背景下应实施的汇率政策。⑪

——民国时期金融研究方法。民国时期国家的对外开放程度较清朝末年已是天壤之别，这一时期的经济学家、金融学家很多都有留洋经历，譬

① 贾士毅. 我国黄金政策之动态［J］. 财政评论，1940（6）.

② 章立凡. 章乃器与中国征信所［J］. 江淮文史，2010（3）.

③ 阎锡山. 阎百川先生言论辑要［M］. 阵中出版社，1937.

④ 南开大学中国社会史研究中心. 近代农业调查研究资料——中华民国二十七年农本局业务报告［M］. 南京：凤凰出版社，2014.

⑤ 马寅初. 马寅初全集——大战前欧美各国之不换纸币与中国的京钞［M］. 杭州：浙江人民出版社，1999.

⑥ 马寅初. 马寅初全集——战时之物价与纸币［M］. 杭州：浙江人民出版社，1999.

⑦ 马寅初. 中国之新金融政策［M］. 上海：商务印书馆，1936.

⑧ 刘大钧. 经济动员与统制经济——我国统制金融办法之检讨［M］. 上海：商务印书馆，1939.

⑨ 刘大钧. 经济动员与统制经济——战时物价统制［M］. 上海：商务印书馆，1939.

⑩ 刘大钧. 经济动员与统制经济——抗战期中之法币与外汇统制［M］. 上海：商务印书馆，1939.

⑪ 方显廷. 货币流通速度与物价波动［J］. 钱业月报，1948（5）.

如以马寅初为首的"民国四大经济学家"全部都在美国著名高校深造后回国发展，而政界、商界的孔祥熙、宋子文、陈光甫、张嘉璈也有留欧、留美、留日的经历，因此，他们对于经济、金融的研究方法在很大程度上受到西方经济学研究范式的影响，特别是受古典西方经济学研究方法的影响最为突出。譬如方显廷 1947 年在对货币和物价间的关系进行研究时就借用了费雪方程式及货币周转速度等一系列概念，他说"要解释我国当前的物价问题，如果不把握货币周转速度这个因子在物价变动过程中所起的作用，即无法说明。"而货币周转速度是 1911 年欧文·费雪在其所著《货币的购买力》一书中提出的重要经济学概念，是典型的古典西方经济学、货币主义的研究手段，从时间也能看出，前者师承于后者。

除主要受到古典西方经济学的影响外，这一时期马克思主义经济学也开始传入中国，其研究范式及方法也开始受到一部分人的重视，其代表性人物是陈豹隐（原名陈启修），他也是最早将《资本论》翻译成中文的学者之一。作为马克思主义的传播者，陈豹隐在坚持劳动价值论的基础上，对马克思主义货币起源理论、货币本质理论、货币职能理论、货币流通规律理论和纸币理论在中国的传播卓有成就，更难能可贵的是作为早期的传播者，陈豹隐始终坚持马克思主义的中国化，反对教条地理解马克思主义，他说"马克思的基本思想，要严厉的保守和发展，可是经济学的顺序，却因时代的不同和经济现象的变迁，而不能采用顺时代的方式，用不着死守着《资本论》的顺序……特别是对于中国人，岂能无环境和文化上的顾虑？"

——民国时期金融研究的价值判断。民国期间在经济学研究领域乃至整个社会科学研究领域、整个社会大的风气，一个鲜明的特点是民族意识的觉醒，这表现在经济学、金融学的价值判断上即经济、金融理论要服务于民族、要中国化。孙中山在其"列强经济金融压迫论"中对列强针对中国压迫产生的制度、表现及给中国造成的危害诸方面做了翔实的思考。①在经济、金融教育教学方面，何廉对当时中国著名的十所高校进行考察，发现当时国内经济学教学中普遍存在的问题是经济学教师大多是从英美留学归国的留学生，他们对中国实际情况缺乏研究，使用英美的原版教材或将其翻译为中文讲义，讲解的全是西方国家一般情况，与中国国情不相联系，因此，他在任教的第一年就油印了我国古代以来的内外债发行情况、

① 孙中山．孙中山全集［M］．上海：中华书局，1948.

公共支出去向等方面的材料作为授课教材补充发放给学生，并始终坚持和强调经济学教育与研究的合理化、中国化和教学相长。[①] 此外，上文所述陈豹隐对马克思主义始终强调和坚持中国化与孙中山、何廉等在本质上也是高度统一的。

11.1.3 计划经济时期金融研究范式

新中国成立初期的这三十年在近二百年的中国近现代史上是非常特殊的三十年，不论是此前的清末维新时期、民国政府时期，还是此后的改革开放时期，在经济体制的选择上都是以市场为导向，而唯独这三十年受苏联影响，我国执行的是计划经济体制。计划经济体制下，金融仅仅充当国民经济中货币收支、清算的角色，失去了其配置资源的核心功能，因此，其重要性大打折扣；再加上政治上的动荡，金融学科的发展也受到一定的冲击，正如薛暮桥 1949—1966 年在总结国民经济的社会主义改造经验、反冒进、国民经济调整方针的制定和执行时所述"总体上没有脱离计划经济思想框架，金融研究没有取得突破，由于'左'的思潮束缚甚至在有的方面有所退化。"[②] 尽管如此，在这样的背景下，以南汉宸、薛暮桥、周骏、石毓符、施仁夫等为代表的一批经济、金融学者还是在某些特定的方面进行了针对性研究与探索。

——计划经济时期金融研究对象。在经历了八年抗战和解放战争后，国内经济百废待兴，急需强而有力的中央政府主导战后经济恢复。在这样一种特殊的历史背景下，从学术研究到政策制定都围绕"统"在做文章，计划经济色彩浓郁。以南汉宸和薛暮桥为例，前者在担任首任中央银行行长期间，提出"稳定货币三步走"的措施，即"货币统一；统一财经工作、稳定货币；收旧币，换新币。"在 1948 年东北、华北、华东解放区成一片，冀南、北海、晋西北、东北各银行钞票相互渗透的背景下，南汉宸认为，独立统一的货币是建立稳定币值制度的基础，稳定物价首先要统一货币的发行；[③] 与此同时，薛暮桥进一步将货币工作的方针概况为"独立

---

① 黄肇兴，王文钧 . 文史资料选辑——何廉与南开大学经济研究所 [M] . 1986.

② 薛暮桥 . 薛暮桥经济文选——深化改革、摆脱困境 [M] . 北京：中国时代经济出版社，1990.

③ 邓加荣 . 开国第一任央行行长：南汉宸 [M] . 北京：中国金融出版社，2006.

自主，平稳物价，保护人民财富，保证生产发展。"① 1950 年统一全国财经工作期间，南汉宸又进一步提出对财政、商业、银行乃至铁道部门必须统一管理，实行上述部门的金库制定，这些部门的收入各自汇入中央金库，由中央各部统一开支、下拨款项，实行统收统支，特别是银行资金由总行统一管理，每一文存款都由总行支配，即"存款往上交，贷款看指标。"② 在学术研究方面，周骏在研究社会主义制度下货币属性的基础上提出应当按规律有计划地调节货币流通，他认为"应根据货币流通规律的要求计算市场货币需求量，并应该考虑纸币的贮藏价值这一因素，计划调节货币流通，使其与商品流通的实际需要相适应。"③ 这是对商品经济的产物——货币在社会主义制度下的性质和特征的研究和探索。

计划经济背景下金融成为国民经济货币收支、清算系统，如何进行相关信息的记录、核算和披露成为当时理论界与实务界关注的重点，因此，金融会计应运而生。最早提出这一问题的是石毓符，20 世纪 50 年代初，其先后在天津《进步日报》发表了《货币管理对企业经济核算的监督》④《论私营企业重估财产调整资本办法的重要性》⑤ 等文章，提出了金融会计的主张，在充分借鉴苏联多年经验的基础上，使我国不过用了两年的时间便建立起了现金中心、转账中心和信贷中心，为稳定经济动荡、推进经济建设、计算全国生产和产品分配提供了翔实的解决方案。在此期间，学术界也兴起了一场论战，即中式收付记账法与西式借贷记账法之争，施仁夫作为中式收付记账法的拥护者多次撰文呼吁学界和社会"拯救"我国传统的现金收付记账法，并深入地表达了他的思想和看法。⑥

——计划经济时期金融研究方法。正如薛暮桥所述，新中国成立初期阶段金融研究没有取得突破，由于"左"的思潮束缚甚至在有的方面有所退化。笔者认为，其所述"有所退化的方面"在金融研究方法方面表现得尤为突出。在意识形态影响下，在金融研究全面抛弃了以价格论为核心的西方经济学分析方法及范式，这意味着在此之前国人虚心学习西学所积累

① 薛暮桥，杨波. 总结财经工作、迎接全国胜利——记全国解放前夕两次重要的财经会议 [M]. 北京：中国财政经济出版社，1996.

② 杨培新. 南汉宸与新中国金融制度的创建 [J]. 炎黄春秋，2004（3）.

③ 周骏. 如何计算市场的货币需要量 [J]. 经济研究，1965（9）.

④ 石毓符. 货币管理对企业经济核算的监督 [J]. 进步日报，1951（4）.

⑤ 石毓符. 论私营企业重估财产调整资本办法的重要性 [J]. 进步日报，1950（12）.

⑥ 杨时展. 中华会计思想宝库 [J]. 会计之友，1993（1）.

的大部分成果不能继续为我所用，而且与已有数百年积淀的古典西方经济学彻底划清界限，切断了吸取、借鉴先进文明成果的道路；取而代之的是全盘接受了以劳动价值论为核心的马克思主义经济学分析方法及范式，更糟糕的是有些人在运用马克思主义分析方法过程中片面突出了对立统一规律而忽视了量变与质变规律、否定之否定规律，使得在学术研究过程中缺乏冷静、客观、科学、理性，而是充斥着"一切以阶级斗争为纲"的狂热。

——计划经济时期金融研究的价值判断。在极左意识形态影响下，学术研究的价值判断也不可避免地受到扭曲，简而言之，概括为"宁要社会主义的草，不要资本主义的苗"。以发生在此期间的收付记账法与借贷记账法论战为例，这本是一次很正常的不同学术观点的探讨，但从1966年开始，就有人将借贷记账法定性为"资本主义记账方法"，与此同时也将增减记账法定性为"社会主义记账法"。其理由是，前者是从国外引进的，是资本主义的产物，如借贷的"晦涩难懂"就是"为资本家弄虚作假服务的"等；而后者则是中国人自己创造的，是为社会主义服务的。这样给记账法定性后，许多原来一直使用借贷记账法的企业迫于舆论压力改用增减记账法。当然，在改革开放后学术界对类似历史问题有过集中"拨乱反正"，这也从另一个角度说明当时在学术研究方法论及价值判断方面的混乱。

11.1.4 改革开放后金融研究范式

随着1978年改革开放，我国金融学科也迎来了蓬勃发展又一春。回顾近四十年金融学研究范式变迁历程，可以看出我国金融学研究对象、研究方法极大丰富的同时金融研究服务于改革开放、服务于中华民族伟大复兴的价值导向也越来越明确。

——改革开放后金融研究对象。随着改革开放及社会主义市场经济的建设和发展，在理论界和实务界"金融"一词有了不同含义——在宽口径下，"金融"所指范围大体包括：与物价有紧密联系的货币供给、银行与非银行金融体系，短期资金拆借市场，证券市场，保险系统以及通常以国际金融概况的这诸多方面在国际间的存在，等等。在窄口径下，"金融"是指有价证券及其衍生物的市场，指资本市场；持这样看法的主要是20世纪80年代起开始关注金融、研究金融的一些中老理工学者以及90年代中期起留学归国的中青年学者。如此一来，在严谨的学术研究过程中就对金融学研究对象到底包括哪些内容有了争论，所持口径不同的学者针锋相对，特别是在2000年左右这一争论达到高潮。

黄达在《当代财经科学》撰文《金融、金融学及其学科建设——金融涵盖范围、金融学科体系设计、金融专业办学方向》正面回答了上述争论，其观点即全面反映了当代金融学研究对象的三个层次：

——宏观上的金融学研究对象包括一切与货币收支相关的资金融通行为，包括财政也是一种资金融通行为，只不过其行为主体是政府罢了，在西方教科书中"财政"就称为"public finance"，直译过来便是"公共的金融"；此外，宏观金融还包括与资金融通的相关，如信用、货币、利率、汇率、通货膨胀、通货紧缩、金融资源、金融发展、金融史等。

——中观上的金融学研究对象包括金融市场和金融机构，也有把这两个方面综合在一起研究的，包括商业性银行、政策性银行、合作性银行、非银行金融机构、信托、保险、证券、货币市场、资本市场、外汇市场、市场监管等。

——微观上的金融学研究对象是技术层面和经营管理，包括市场有效性、股票定价、债券定价、衍生品定价、资产组合、风险管理、信贷管理、产品设计等。[①]

——改革开放后金融研究方法。20 世纪 90 年代后，金融工程的引进为我国金融学科建设与发展注入新鲜"血液"，特别是其数学化、工程化、模型化的研究方法成为这一时期金融研究范式变迁的一大亮点。根据笔者的观察，这一研究方法的变革是在三个因素下促成的：首先，从现实经济环境来看，20 世纪后半叶布雷顿森林体系的崩溃与国际经济、金融危机的频发使得在国际经济交往中对资金风险规避、风险管理和风险对冲的需求日益增强，技术层面和经营管理层面的理论急需发展，这一点对处于改革开放进程中的中国表现得尤为突出。其次，从整个西方经济学发展历程来看，20 世纪 70 年代后期新凯恩斯主义兴起，其在研究方法上摒弃了传统凯恩斯主义的"高举高打"，转而注重研究宏观经济问题时的微观基础以及相关的实证分析，这一研究方法上的变革构成了金融学研究方法及范式变革的经济学基础。最后，从技术发展的角度来看，计算机技术的普及使处理大规模数据变得简单易行，大部分目前使用的计量方法（协整分析、脉冲分析、格兰杰因果检验等）之所以之前未得到广泛应用，在很大程度上并非源于理论不完备，而是在实际操作过程中涉及大量矩阵运算、

① 黄达. 金融、金融学及其学科建设——金融涵盖范围、金融学科体系设计、金融专业办学方向 [J]. 当代财经科学，2001（4）.

回归运算、加权运算，如果仅凭人工手算，不仅工作繁重而且准确率难以保证，但计算机技术的普及使运算问题迎刃而解。因此，在上述三方面因素共同作用下，金融研究方法的变革应运而生。

值得一提的是，工程化研究方法的引进对于金融学研究方法变革是重要的、具有积极意义的，但金融研究"唯工程化""唯计量化"是对金融学社会科学本质的背离。有些人认为没有数学建模、没有实证分析的论文就不再是经济学、金融学文章，就不再是科学，如果这种说法成立，那么社会科学（包括经济学也在其中）的各门学科，没有挂上"工程"的不在少数，如果都够不上"科学"，社会科学算不算"科学"也就大成疑问了。①

——改革开放后金融研究的价值判断。2015 年由曾康霖、刘锡良、缪明杨主编的《百年中国金融思想学说史》② 正式出版发行，前后三卷，共收录了 98 位中国金融思想史上具有一定影响力的人物及其学说，白钦先教授及其金融理论也被收录其中。在拿到书后，笔者仔细研究、学习了诸位前辈的真知灼见，一个最深刻的感悟便是凡能够在中国金融思想史上产生一定影响的学者其所思、所想、所言、所著必紧紧依存于中国、服务于中国；特别是改革开放后的当代学者，其服务于改革开放、服务于中华民族伟大复兴的特点愈加鲜明，白钦先教授作为他们中的一员也有所贡献：早在 20 世纪 90 年代，他就以"一个东方大国的崛起"为主题展开科研、教学；进入 21 世纪后，他进一步将这一思想概括为"经济学、金融学的人文特性及民族性特征"、呼唤中国经济学、金融学理论创新对中国思维主体性的秉持及国际话语权的把握，并认为这是中国经济学、金融学理论与教育工作者的历史使命。

上述以时间为维度详细阐述了近现代各时期中国金融研究范式的内涵，在此基础上，还可以以金融研究范式的各个要素为维度，考察其在不同时期的变迁，即金融研究对象从实务领域、单一对象不断丰富、扩展形成多层次、多领域研究对象；金融研究方法从效仿西方、拿来主义到模型化、工程化现代方法的引用；金融研究的价值判断由忠君思想、狭隘的爱国主义到服务改革开放、服务民族复兴。这一变化如表 11 - 1 所示。

---

① 白钦先，秦援晋，王臻．金融学的人文特性及其文化阐释［J］．金融发展评论，2014（2）．

② 曾康霖等．百年中国金融思想学说史（第一卷）（第二卷）［M］．北京：中国金融出版社，2015．

时间	研究对象	研究方法	价值判断
1840—1912 年	较为单一，以银行、币制、外资为主	中学为体，西学为用，拿来主义	忠君思想 狭隘的爱国主义思想
1912—1949 年	实务研究对象进一步丰富，开始涉及金融现象	以古典西方经济学研究方法为主，马克思主义研究方法传入中国	民族主义觉醒
1949—1978 年	以财经工作统战为主，以金融会计为辅	否定古典西方经济学以马克思主义为主导	意识形态决定价值判断，"左"倾主义盛行
1978—2016 年	形成宏观、中观、微观三个层次研究对象	工程化、数学化方法兴起	服务于改革开放，服务于中华民族伟大复兴

11.2 白钦先金融理论与中国哲学社会科学体系的关系

中国金融理论研究范式变迁对白钦先金融论的影响

时势造英雄——伟大的时代往往更容易促成个体的成功。通过上文的论述我们可以看出，白氏金融理论提出、发展和完善的整个历程与中国改革开放、经济金融体制改革始终相伴，特别是在 20 世纪八九十年代，正处于国家由计划经济体制向市场经济体制过渡的大变革时期，对创新性人才的需求成为时代的呼唤。一方面，改革中遇到的诸多棘手问题是前所未有的，如何巧妙地结合本国的实际情况解决好这些问题是历史赋予那个时代知识分子的历史使命；另一方面，政治氛围的缓和以及开放的社会风气，为知识分子真说、敢说提供了机会与可能。

具体到金融理论变迁这个具体问题上，通过本章第一节对近现代以来中国金融理论范式变迁的梳理和分析可以看出：从近代到现代，特别是改革开放以来，研究对象的多层次、研究方法的多元综合以及价值判断始终服务于、服从于改革开放和民族复兴成为经济学、金融学研究范式变迁的大方向——这是一种历史的必然。而白氏金融理论所具有的特点，正是在最大程度上契合了这种历史的必然。从最初金融"九大要素"的概括到多层次金融资源论的提出，再到多层次金融功能论的提出，都是对金融学研究对象不断丰富、不断扩大的一种正面回应；而白钦先教授作为本土学者对数理模型的运用与留洋学者相比虽非优势，但他仍然能够主动地借鉴并恰当地运用，这也反映出经济学发展的历史洪流对个人研究所产生的影响。

除了白氏金融论本身的学术价值外，它还具有强烈的正外部性。在白钦先教授潜心研究金融理论的四十年间，伴随这一艰辛历程的是不断地科研、教学、专业人才培养和服务社会，用他本人的话讲是"四结合、四统一"，具体表现在以下几个方面：

第一，从改革开放第二年白钦先教授就参与创建国家急需的辽宁大学国际金融学专业本科和硕士研究生建设，成为当时国内较有特色与影响的学科点；保险学及金融学科的建立与发展，也是改革开放初全国最早建立的学科点；20世纪90年代中期，他还进一步主持了国际金融专业博士学位授予点，形成集金融学、国际金融、政策性金融、保险学和金融工程专业共建的配套的大金融学科群；进而做大做强，并于2007年成为全国金融学十大国家重点学科之一。特别是在辽宁大学还创立与开设了"政策性金融学"新学科，并在硕士与博士两个层面上培养，成为辽宁大学金融学科的特色之一。

第二，在改革开放初期，在全国最早创立与开设"中央银行学""比较银行学"等新课程，在当时百废待举的形势下，白钦先教授一边讲课一边写教材，艰难探索。他曾建议组织撰写专为全国高校非金融的经济类学科学生使用的《金融通论》教材，该建议最终获得立项，成为"六五"社会学科教育规划项目，并于1991年出版；白钦先教授还提出经济金融类学科"宽口径、厚基础、强功能"的教育办学理念和专业人才培养模式与目标，受到当时担任辽宁大学经济学院院长王之元教授的肯定与表扬，在全国教育界产生一定影响。

第三，白钦先教授长期担任中国人民银行教材编审委员会委员和中国人民银行教学教材评选委员会委员，为改革开放以来中国金融教育制度建设与优化作出贡献。在受国务院学位委员会聘任为第四届、第五届应用经济学学科评议组成员期间，严肃认真、恪尽职守；积极主张学位评审向经济发达地区、边远落后地区和少数民族地区高校倾斜；应邀参加许多高校学科与学位建设座谈会，分类指导提出意见和建议；多次就学科与学位建设提出意见与建议，为国家学科与学位建设多付辛劳、有所贡献。

第四，白钦先教授于1999年提出办中国大教育的主张，即建设面向全中国绝大多数人服务的教育，面向全世界绝大多数华侨、华人服务的教育，面向世界各国留学生敞开的大教育。他还进一步提出教育是战略性特殊性资源和产业的主张，教育是稀缺资源很容易被大家接受，但是特种产业的看法一直没有得到应有的重视。直到近年来，留学热、留学潮成为一种普遍的社会现象，它有力地影响了美国、英国、法国、日本、澳大利亚等发达国家教育事业领域就业和国家 GDP，由此可知发达国家是视教育为特种产业的。

第五，在教育与培养实践中，白钦先教授逐渐领悟出"教书育人、仁心仁术"，"只有不合格的老师，没有不合格的学生"的教育培养理念，终生坚守，坚定不移；提出"不唯书、不唯上、不唯洋，只唯实、只唯学、只唯中"的培养理念、学术之道。他常常对他的学生讲起"为人，活得起、死得起，从死得起开始；做事，赢得起、输得起，从输得起开始；处世，有所为、有所不为，从有所不为开始"。事实上，他也是这样做的，以身示范——他从青年的时候就下决心，这一生不从政、不经商、不炒股，只做教育这一件事，且"一次冷静选择，终生无怨无悔"。他视他的学生弟子为"子侄、兄弟、朋友，是生死之交、是命运共同体"。他认为"教书育人"是对教育、对道与术的精确概括与定位定性。他认为只教书不育人是只见物不见人，是本末倒置、道术颠倒，是只知手段、不见目的；只做科研，不教书不育人，是不务正业、是本末颠倒，见物不见人；只教书、不科研是低水平教书；只教书育人、只做科研，不服务社会、不服务改革开放，最终只是为教育而教育，为科研而科研，是失去了最终目标，是空对空，是枉为一生。正是基于这些种种认知，在白钦先教授近五十年的教育生涯，尤其是近四十年的高等教育生涯中，逐渐探索、感受、感知、感悟与体验，并最终形成教学、科研、人才培养与服务社会"四结合四统一"的教育模式。在这一链条中，教学是教师的天职，是教育的起点，教育的中心环节是教学的全过程；科研是高水平教学的必需，是服务社会之必需；人才培养是教育的灵魂，是核心之核心，是根本之根本；服务社会是教育的终极目的与目标，是人才培养与科研的终极目的与目标，是这一链条的终点。这个四结合四统一是彼此既相对区分独立，又相应紧密联系、相互渗透、相互促进，相互影响的同一整体。

11.3　对白钦先金融理论研究范式的传承与再创新

至此笔者全面阐述了白钦先金融理论研究范式的内涵及特点，那么分析了这么多，需要我们新时期科研工作者传承什么、再创新什么？笔者认为，传承和再创新白钦先教授学术思想的方式有很多，在不同时间、不同场合、不同条件下可能以不同的表现形式展现出来，譬如白钦先教授和他的博士们常半开玩笑地说起的"白氏顺口溜""白氏箴言"实际上也是对白钦先教授学术思想的一种学习、一种传承。但是，在诸多形式中严肃的学术研究是其他任何形式所无法取代的，因为白钦先金融理论本身就是一个严肃的、成体系的、具有深刻内在逻辑关系的理论体系。针对学术思想的传承和再创新需要从以下三个层次展开：

第一，传承和再创新白钦先教授的理论学说。白钦先金融理论学说体系包括金融体制学说、金融资源学说、金融发展学说和金融人文学说，这些理论学说经过多年的发展已初步形成多个金融子学科，所以围绕这些子学科的学习和探究是基础。广泛阅读理解已有的理论研究成果自然是应有之义，而相比之下更为重要的是在此基础上进一步的理论再创新。

第二，传承和再创新白钦先教授的科研工作方法。除了理论学说的传承，我们还要活学活用白钦先教授的学术思想，即运用他构建的这套世界观、方法论以及价值观去探索一切事物背后的规律。

第三，传承和再创新白钦先教授的中国主体性思维，在中国哲学社会科学走向世界的大潮流中，为彰显哲学社会科学的中国特色、中国风格、中国气派而努力。纵观白钦先教授一生的学术创新，他始终站在中国的立场、考虑中国的问题、为中国而发声；用他自己的话说就是"胸怀一个中心，秉持坚持三个基本点不动摇，最终实现两个终极目标——胸怀一个中心就是胸怀爱国爱民、为国为民的家国情怀；坚持三个基本点不动摇，即坚持哲学人文发展理念不动摇、坚持几十年理论创新不动摇、坚持教学、科研、人才培养和社会服务四结合四统一不动摇；最终实现两个目标，一是强国富民、利国利民，二是彰显哲学社会科学的中国特色、中国风格、中国气派。"在中国特色社会主义新时代的今天，中国的发展深度融入世界的发展，进而与之产生更广泛、更全面的互动，中国人将为世界提供什么样的智慧是世界人民共同期待的，也是诸君为之共同努力的方向！

附　录

附录1：白钦先教授学术生涯大事记

1978 年

※这一年是中国改革开放的元年。当中央做出决定恢复高考、恢复硕士研究生招生之时，白钦先已近四十年华。那时的他既高度振奋又百感交集，纠结于家庭出身及社会关系的复杂，故而信心不足、犹豫不决。在国家规定的研究生报名期间，他在辽宁省实验中学的校友、学友、好友、烈士之子毕小辉君率先报名，也七八次到家劝他报考。迫于好友的一番苦口婆心又碍于情面，终于在招生日期又延长半个月的最后一天报名了辽宁大学世界经济专业硕士研究生。由于"文革"期间相关书籍资料全部烧毁，只好在没有任何参考资料、匆匆忙忙、毫无准备的情况下硬着头皮参考。

天助人愿，白钦先和毕小辉终于以较好的成绩被双双录取，毕小辉本科毕业于吉林大学哲学专业，硕士被辽宁大学哲学专业录取，他们二人在全新的条件下又再次成为校友、学友。当时的白钦先已是一儿一女的父亲，儿子与他同年同月在沈阳上学；也迫于这一原因，他放弃了异地求学的机会，而选择留在沈阳。

入校后，师从民革中央常委副主席彭清源教授，毕业前夕师从陈家盛教授。

1979 年

※由于陈家盛教授的引领，仰赖于当时辽宁大学有一批留美、留英、留日的老学者的声望，中国人民银行、中国银行出于当时百废待兴与改革开放金融人才的迫切需要，主动找辽宁大学谈判为此二行培训全国分行行长、处长及创办国际金融专业和货币银行学专业之事。

源于当时人们思想长期禁锢与计划经济体制的局限，谈判进行得异常艰难，以中国人民银行教育司陈莉司长为首的谈判组在沈阳停留三四十天。二行的条件是他们一次性投资 240 万元及几十万美元的"外汇额度"（用于国际金融专业的国际交流），辽宁方面的条件是不但要一次性投资，还要年年有经常费用（尤以省计委最为坚决，他们认为辽宁省出钱为全国培养人才不合算）。双方长期僵持不下，陈司长这位老干部、老太太还被急得嘴起泡、牙齿疼。最终，将办学计划化简缩小，二行一次性投资 80 万元人民币、20 万美元外汇额度，不再拨年度经常费用，辽宁大学只创办"国际金融专业"，每年招收本科生三四十人，双方开展多方面的交流合作。

　　※原定的 240 万元的投资用于创办辽财、吉林财贸、郑州大学等四所高校的货币银行学专业。在此过程中，那时的白钦先作为在读研究生只是局部外围参与者。

1980 年

　　※国家开始制定"六五"规划，共青团辽宁省委在全省开展"我为'六五'规划献计献策"活动。白钦先教授为此写了"辽宁省'六五'经济社会发展战略"的建议和"假如我是省长"的文章，前者被评为优秀建议一等奖，其后白钦先教授代表全省共青团员向辽宁省五大班子领导成员汇报，受到肯定与赞扬。新华社播发了此项活动和会议的新闻稿，其后外电评论此项活动，认为这是中国首次开展青年广泛参与的活动，《人民日报》刊发了这一消息。

　　白钦先教授提出辽宁省实施"坐稳屁股、握紧拳头、外引内联、科技教育助推"的发展战略。所谓"坐稳屁股"就是大力发展农业这一国民经济基础产业；"握紧拳头"就是集中力量推进工业化，特别是搞好国有大中型企业；"外引"就是引进外资、外国技术人才与技术，充分利用外部资源与市场；"内联"就是改变计划经济体制下从中央到地方的行业垂直领导与联系，转变为以市场为中心的企业间横向的联系；"科技教育助推"不言而喻是经济社会发展的两大车轮，为之提供助力服务。

　　※辽宁大学国际金融专业开始招生，从零开始一点点创造条件艰苦创业办学。改革开放初期，中国银行是国家外汇专业与专营银行，也源于此，改革开放初期，中国银行总行对国际金融专业在人才培养方面最积极；接着才是中国人民银行对发展金融类专业教育最感兴趣。在以上背景

下，开创了辽宁大学与此二行更为紧密的联系与合作。

1981 年

※硕士研究生毕业，硕士学位论文题目为"美国联邦储备制度的历史演变"。此时，辽宁大学国际金融专业尚未获得硕士研究生学位授予权，不得已方到中国人民银行金融研究所学位委员会申请硕士学位，经审查考试答辩授予经济学硕士学位（国际金融专业）。此时，中国人民银行五道口研究生部虽已招生，但学位授予权仍名义上在总行金融研究所，后来改为隶属于研究生部，故为简便起见，有时就一律称为研究生部。

※毕业后留校任教，是辽宁大学改革开放以来金融相关专业建立初期引入的第一位研究生。从此，他一边开设"国际结算学""比较银行学"和"中央银行学"上课授课，一边学习研究并自编教材。同时，开始介入对外交流合作、与金融主管部门联系（当时中国人民银行受国家教委委托，负责全国金融教育的全部行政决策领导工作，包括招生与分配计划的制订与实施，教育培养方案、教学大纲的制定、教材建设与教材评选等），参加各级行政会议以及毕业生分配方案的实施等。一步步进入国际金融专业学科建设与发展工作，一步步成为骨干乃至主导者。

1983 年

※辽宁大学国际金融专业第一届毕业生毕业，毕业前夕带领学生们到中国银行杭州分行、湛江分行、汕头分行等口岸行实习。此后，辽宁大学国际金融专业第二届、第三届研究生毕业，毕业生中刘亚、赫国胜留校任教。

※在 20 世纪 80 年代，辽宁大学国际金融专业毕业的学生主要是分配到中国银行总行和各口岸行、国家外经外贸部、中国民航、国家外汇管理局等机关。白钦先教授是国际金融专业的教学、科研及行政管理工作者，所以同中国银行有更持久、更紧密的交流与合作。

※2000 年左右，白钦先教授到北京同中国银行总行国际金融研究所副所长宗源的交谈中得知，白钦先教授在《国际金融研究》发表的十多篇文章多是他在金融体制比较、政策性金融和可持续发展三大领域创新研究的头几篇文章。经此提醒与点拨，白钦先教授仔细一想确实如此。

至今，白钦先教授在《国际金融研究》发表的文章有 16 篇，是他发表文章数量最多的杂志。白钦先教授 1986 年刊登的"美国联邦储备制度的历史演变"是比较银行论的第一篇；1992 年刊登的"试析国外商业银行和政策性银行的异同"是政策性金融论的第一篇；1998 年刊登的"论金融可持续发展"是金融发展论的第一篇——这是机缘巧合，不是精心策划的，用白钦先教授的话说就是"缘分"。

1984 年

※参加中国人民银行教育司在长沙召开的教学计划课程设置培养目标工作会议，白钦先教授提出的大金融学（包括货币银行学、国际金融学、农村金融学、保险学等专业）开设六门共同主干课的建议为会议所接受，这六门主干课分别是：货币银行学、中央银行学、国际金融学、金融市场学、西方商业银行经营管理学、保险学。会议在货币银行学要不要分设资本主义货币银行学与社会主义货币银行学的问题上未取得共识，白钦先教授力主不分设。

1985 年

※11 月，中国人民银行教育司在太原召开中央银行学和西方商业银行经营管理学教学大纲和教材编写工作会议（山西财经学院承办），参加会议的各个高校代表均提交了自己的教学大纲和教材编写计划，经会议讨论形成以辽宁大学白钦先教授的方案和孔祥毅教授的方案整合的决定，并决定由著名资深金融学家盛慕杰教授为主编，白钦先、孔祥毅、刘锡良、慕福明参编，白钦先教授协助年事已高的盛老做协调整合等事务工作。白钦先教授负责编写中央银行学中的组织结构、货币政策及金融监管三大部分。《中央银行学》后由中国金融出版社正式出版发行。

※白钦先教授在对外经济贸易部主办的《国际贸易》杂志上发表"论国际结算方式"一文，这是他研究生毕业留校任教后发表的第一篇学术文章，文章提出了国际结算方式是一种结构、是一个系统的观点，在理论界引起热烈反响。据白钦先教授回忆，对方寄来八十元人民币的稿费相当于两个月的工资。

1986 年

※5 月，白钦先教授在《国际金融研究》杂志第 5 期发表"美国联邦储备制度的历史演变"一文。

※中国金融学会中青年改革发展研究会在《人民日报》和《光明日

报》发布全国首届中青年金融体制改革理论与实践研讨会征文启事，白钦先教授撰写的"中国金融体制改革的理论与实践"入选大会论文并获优秀论文一等奖。

※12月9日，会议在武汉东湖宾馆如期召开，历时三天。在大会上，白钦先教授代表全体中青年学者向大会及中国人民银行总行陈慕华、刘鸿儒等领导进行汇报，为中国金融体制改革献计献策。会后，受山西省金融学会等多家单位特邀，又做了多场专题报告，引起新闻广泛报道。

※应中国银行总行国际金融研究所特别约稿，回答上海分行一些同志关于美国银行体制的一些问题，并在《国际金融》杂志发表了"有关美国银行制度的几个问题"的文章。

1987 年

※改革开放初期，首次召开的中国金融市场研讨会在沈阳迎宾宾馆举行，中国人民银行副行长刘鸿儒先生与会，白钦先教授与会并发表讲演。

1988 年

※白钦先教授提出的学科建设发展遵循"宽口径、厚基础、强功能"的指导原则，被时任辽宁大学经济学院院长、后任全国政协副主席的王文元教授肯定与赞赏，并刊发简报上报学校。这一指导原则被其后几十年辽宁大学及全国许多高校所采纳和遵循，产生了广泛的社会影响。

1989 年

※白钦先教授主编的《比较银行学》由河南人民出版社出版。受到金融业界与教育界热烈欢迎，陈家盛、俞天一、虞关涛、洪葭管、赵锡安、俞瑞祥、孔祥毅等领导与专家纷纷写信祝贺或发表书评，这些贺信也成为后来教育部第二届全国高校优秀教材评审评选的重要材料。

※《比较银行学》一书经历十年研究撰写，历经艰难曲折终于完成，这是白钦先教授的第一部专著。该书确立了由九大金融相关要素形成的有机整体——金融体制为该学科的研究对象，奠定了该学科理论研究框架基础，也奠定了白钦先教授一生科研领域拓展与研究特色的基础。

※白钦先教授作为金融学研究生导师及行政领导在全国学位评审工作中的辽大预评估总结报告中，提出施行"研究生导师全程全面负责制"，研究生部转发全校各院系，并在全校实行。这一培养方式其后被全国许多

院校所效仿。

1990 年

※7 月，中国国际金融学会年会在镜泊湖召开，白钦先教授受大会主席团邀请做"中国银行企业化改革的关键一步——商业性金融业务与政策性金融业务的分离分立"的专题报告，引起与会学者的强烈反响。

同月，东北国际金融学会年会在沈阳召开，白钦先教授发表了"围绕银行外汇业务交叉的多层思考"的演讲。

※白钦先教授撰写了"教材建设立项研究、教学改革理念与实践"一文，首次提出"硕士与博士研究生培养应完成有形和无形两篇学位论文"的主张，并认为后者比前者更重要、更难能、更难成、更持久。

※白钦先教授同刘亚先生到美国科罗拉多大学和丹佛大学做富布莱特基金项目访问学者，期间做了"关于中美比较金融研究"的学术报告。

1991 年

※4 月，由白钦先教授主编的《金融通论》由中国金融出版社出版。该书主要供全国高校非金融的经济类专业学生使用，该成果是中国人民银行、国家教委"七五"重点规划项目。

1992 年

※第二届全国高校优秀教材评选工作展开，历时大半年经三轮评审，白钦先教授主编的《比较银行学》获优秀教材国家一等奖（证书编号：国优 068）。考虑到改革开放初期百废待兴的特殊环境背景及需要，在由国家教委召开的全国重点院校校长工作会议上（辽宁大学冯玉忠校长作为全国五家地方院校代表参会），教委领导在会上宣布了评选结果，宣布此届评奖一律称全国优秀教材奖，不分一、二、三等奖，一律视为国家一等奖。

※12 月 13 日，白钦先教授撰写了"关于比较银行学启发式教学综合改革试点情况的总结报告"一文，该文是 20 世纪八九十年代参与教学改革实践的总结，是改革实践基础上的理性思考和回归反思。

1993 年

※1 月，金融发展战略国际研讨会在大连召开，白钦先教授发表了

"跨入国际经济金融奥林匹克大赛场的大连金融"的讲演。

※6月，第十届泛太平洋国际经济合作与发展大会在北京召开，白钦先教授发表了"以市场经济原则重新构筑中国的银行体制"的讲演。

※8月，全国高校第七次社会主义市场经济研讨会在北京召开，白钦先教授发表了"外延扩张型经济模式的特征与后果"的讲演。

1994 年

※8月，全国高校经济理论研讨会在北京召开，白钦先教授发表了"国际经济金融活动对我国经济与社会发展稳定的负面影响"的讲演。

1995 年

※1月，全国高校第八次社会主义市场经济研讨会在北京召开，白钦先教授发表了"通货膨胀问题的中外比较及当前我国通胀的特点、原因与对策"的讲演。

※2月，海峡两岸证券暨期货法制研讨会在北京召开，白钦先教授发表了"关于建立和发展中国期货市场的多层思考"的讲演。

※3月，《白钦先经济金融论文集》由中国金融出版社正式出版发行。

※白钦先教授主编的《各国政策性金融机构比较》荣获全国高校社科优秀教材一等奖。

1996 年

※由我国世界经济著名资深学者金明善教授主持召开的"中日市场经济体制国际比较"国际研讨会于 1996 年 7 月在辽宁工会大厦隆重举行，由中日建交时田中角荣首相的翻译官、时任日本驻沈阳领事馆总领事为首的庞大代表团与会。会前金教授特别邀请白钦先教授一定要撰写文章与会。为此，白钦先教授受命撰写了"历史的回归与现实的思考：近百年来经济与社会发展中的日本金融"一文与会，并做了同题演讲。会中，参会的中国社科院日本研究所所长、日本问题专家冯昭奎先生表示希望能在该所的《日本学刊》杂志发表，遂刊于《日本学刊》1996 年第 8 期。

※9月9日，辽宁大学在哲经楼大会议室召开"辽宁大学振兴奖"颁奖典礼，由于白钦先教授对辽宁大学振兴作出重大贡献，而授予辽宁大学最高奖——振兴奖。党委书记张述禹、校长冯玉忠颁奖并讲话，给予高度肯定与评价。此后，白钦先教授又多次获此奖项。

1997 年

※沈阳市人民政府授予白钦先教授"沈阳市劳动模范"称号。

※"中国金融学科建设发展研讨会"在成都举行，四川财经学院（现西南财经大学）承办，这是改革开放二十年来一次产生重要影响的会议。几十所有金融专业的高等院校的领导与学者与会。中国人民银行副行长刘鸿儒先生与会并发表讲话，黄达、刘诗白、周骏、曾康霖、江其务、张亦春、白钦先、孔祥毅等几十人参会。白钦先教授在会上发表了"对中国金融学科发展的总体评价及当代金融学的看法"为题的讲演。强调了金融学教育及理论研究中的全盘西化教条主义倾向，提出既要理论联系实际，也要反对实际或实践脱离理论，并探讨金融学科的定性与定位问题。

※赴泰国曼谷参加第五届亚太金融学会年会，任中方理事；同赴的还有湖南大学张强教授和杨胜刚教授。

1998 年

※2 月 28 日，白钦先教授为有关校领导拟参加国家教委召开的全国性会议而撰写了"以高等院校科研为改革、教学和学科建设发展服务"为题的文章，重点阐述了"八五"社科重点规划项目——政策性金融研究的事例。

※3 月 18 日至 21 日，"国际金融体系与国际金融秩序学术研讨会"在上海举行。白钦先教授应会议邀请与会，并在大会上做了"经济全球化，经济金融化的挑战与启示"发言，并提供了文章文本。

※5 月 19 日，白钦先教授在中国社科院研究生院做关于金融可持续发展问题的学术报告，首次对金融可持续发展的基本含义作出界定。

※5 月 20 日，白钦先教授先后撰写"就将金融可持续发展战略纳入'中国 21 世纪议程'"和"就将金融可持续发展战略纳入'人类 21 世纪议程'致联合国秘书长安南的信"；深刻阐释金融可持续发展战略对于中国和世界的重要影响和意义，以一个金融学者的独立视角放眼未来，彰显了中国知识分子的胸怀与气度。是文公开发布于《中国改革报》1998 年 6 月 30 日国际版。

※《国际金融研究》第 5 期刊发了与丁志杰博士合作撰写的"论金融可持续发展"一文，首次以文字的形式对外公开。

※5 月 25 日，"面向 21 世纪全球金融发展国际学术研讨会"在四川

成都召开，白钦先教授在开幕式上在代表中国学者的发言中首次以"金融资源理论与金融可持续发展战略"为题进行了演讲，郑重其事地向中外学者提出研究金融可持续发展理论和实施金融可持续发展战略的建议。德国柏林经济学院的黑尔教授作为评论人予以肯定与评论。

5月26日，《金融时报》头版头条以红字大标题刊载了白钦先教授呼唤实施金融可持续发展战略的建议。

※5月，白钦先教授在长春税务学院做"东南亚金融危机的原因与启示"专题报告；在厦门大学经济管理学院做"关于金融可持续发展的理论与战略"专题报告。

6月7日，《金融时报》理论版再次刊登白钦先教授《论金融可持续发展》的长篇文章，并加编者按，认为"此文向人们展示了一个亟待研讨的重大研究议题；这方面的研究刚刚破题，有待更多的专家学者共同努力，推向深入。"同时还配发了白钦先教授的简历与照片。

6月21日，中国金融学会、金融时报理论部等6家单位联合发起召开金融可持续发展理论与战略座谈会，张亦春、白钦先、邱兆祥、陈国进、秦池江、孔祥毅、陆家骝、崔满红等经济学金融学专家二十余人出席此次座谈会。

6月30日，《中国改革报》理论版整版刊登该报记者对白钦先教授的访谈——"金融也需要可持续发展"，并刊登白钦先教授将金融可持续发展战略列入《人类21世纪议程》致联合国秘书长科菲·安南的信。

7月11～13日，《金融时报》理论版连续刊登专家学者在6月21日座谈会上的发言以及记者的长篇综述文章；《中国金融》杂志刊登白钦先教授的文章《再论金融可持续发展》。

8月，《城市金融论坛》刊登白钦先教授《建立面向21世纪的金融可持续发展观》的文章。1998年被称作"金融可持续发展元年"，是中国金融史上的一件大事。

※8月，在武夷山参加国家教委金融学骨干课程教材建设审定会，白钦先教授在会上做重要发言。

※9月，中国人民银行全国分行长培训班在北京开班，白钦先教授为中国人民银行全国各分行主要领导进行培训授课，主讲"20世纪30年代以来全球金融监管的理论与实践"。

※10月，中国工商银行百千万工程"百人工程"培训班在北京开班，白钦先教授作为主讲嘉宾为工商银行的高管进行授课。

※10 月，由白钦先教授主编的《中华金融辞库——政策性金融分卷》由中国金融出版社出版。该书是中国人民银行建行五十周年重大项目、国家教委"九五"社科重点规划项目和国家"五个一"工程项目。该书还荣获第三届国家图书奖国家二等奖。

1999 年

※白钦先教授在新旧世纪之交对全球金融问题系列思考与研究中，"经济全球化和经济金融化的挑战与启示"一文是很有代表性的一篇，经中国社科院世界经济研究所所长余永定特别推荐，刊于《世界经济》1999年第 6 期。该文的主要内容在上海财经大学召开的有关金融危机与国际金融体制改革的研讨会上做了讲演，引起热烈反响。

※1 月，白钦先教授在中国人民银行的金融改革与建设研讨会上发言，进一步阐述金融可持续发展问题。

※2 月，白钦先教授与王兆刚博士合作完成的科研学术论文"体制变革的风险与可持续发展——浅评日本的金融改革与金融危机"一文在中国社科院《日本学刊》发表。

※2 月，白钦先教授撰写了"21 世纪知识经济时代呼唤教育观念更新与教育体制改革"一文，原是受邀参加"上海东方教育中心"揭牌仪式上的讲演。

※3 月，在常熟参加教育部面向 21 世纪金融专业主干课教材与教学任务书审定会。

※3 月 18 日，白钦先教授在"国际金融体系与国际金融秩序学术研讨会"上就"经济全球化与经济金融化的挑战与启示"为专题发言，从时代背景出发，进一步阐述了金融可持续发展。

※3 月 29 日，《经济日报》以"必须树立教育产业是特种产业的观念"为题发表了该报记者对白钦先教授采访的谈话，阐述了其主要观点。他认为"教育是一种软实力，是社会基础性资源，是特种资源；教育是特种产业，将教育划分为公共性、义务性、普及性教育和发展性高层次教育两类，前者以公办为主、公众为辅，后者以公众为主、国家为辅的主张，提出了中国办大教育的战略。所谓大，首先是发达的、现代化的和高质量的；然后是普世与普惠的，面向全民族全体或大多数的，面向全球 3000 万华人华侨子弟的，面向世界各国对其民众有吸引力的国际性教育。

※4 月 3 日，《金融时报》理论版刊载白钦先教授《知识经济时代的

新金融资源观》一文。

※4月，中国金融学会学术委员会在北京举行中国金融学会第四届全国优秀金融论文最后一轮专家评审组会议，评审全国金融优秀论文与调研报告。曾康霖教授、秦池江教授、江其务教授、孔祥毅教授以及白钦先教授是专家组成员。

※6月，在上海参加发展教育产业扩大内需理论研讨会上，白钦先教授作为特邀嘉宾与会并做专题发言。

※7月，在墨尔本参加亚太金融学会第六届年会暨理事会会议，白钦先教授作为中方代表发言；同赴的学者还有厦门大学张亦春教授、郑振龙教授。

※7月28日，时值白钦先教授六十岁生日，在沈阳凯莱大酒店举行"白钦先金融理论创新座谈会"。

※8月3日，白钦先教授、孔祥毅教授、崔满红教授、张亦春教授在"经济全球化与经济金融化学术研讨会"上进一步阐述了经济金融化与金融全球化及金融可持续发展等理论问题。同年，《日本学刊》刊登了白钦先教授与王兆刚合作的"体制变革的风险与可持续发展"，《世界经济》刊登了白钦先教授"经济全球化与经济金融化的挑战与启示"长文。

※9月11日，21世纪中国东北与日本国际研讨会在沈阳召开，白钦先教授作为特邀嘉宾致辞。

※9月17日，经济全球化与城市产业结构调整国际研讨会在沈阳召开，白钦先教授作为中方执行主席参会。

※9月19日，全国高校社会主义市场经济理论与实践研讨会第13次会议在沈阳召开，白钦先教授作为主席团成员参会。

※10月，白钦先教授开始在中山大学履行特聘教授之职，应其硕士与博士研究生之邀而做了"我的学术生涯"的系列性讲座，引起热烈反响。受"我的学术生涯"系列讲座反响热烈之感悟，白钦先教授从1999—2017年分别为中山大学和辽宁大学正式开设"我的学术生涯——科研工作方法论"的必修课，效果极佳。

※白钦先教授被中山大学岭南学院（大学）聘为特聘教授，并于10～11月首次履职。其间，应中山大学、暨南大学、广东财经大学、广东金融学院等高等院校之邀做"一个东方大国的崛起"的学术报告，引起了强烈反响。

※白钦先教授在《国际金融研究》上刊登的"论金融可持续发展"

一文获辽宁省教委优秀社科成果一等奖。

2000 年

※围绕20世纪之末与21世纪之初这一特殊时刻，白钦先教授在《国际金融研究》有关负责同志的交流中，建议以百年为期组织刊发一些即将过去的一百年的国际金融类发展演变的文章。该杂志几位负责同志当即表示这个建议非常之好，并以谁提出建议谁先动笔为"借口"将其套牢，特邀白钦先教授带头行动。源于此，白钦先教授本人或与他的博士合作，在该刊陆续发表了"百年金融的历史变迁""百年来的金融监管""美国银行业百年并购"等文章。白钦先教授与张荔合作的"百年来的金融监管：理论演化、实践变迁及前景展望"上、下篇分别发表于《国际金融研究》杂志2000年第1期和第2期，该刊负责同志称该文引起社会各界广泛关注。白钦先教授独立撰写的"再论以金融资源论为基础的金融可持续发展理论：范式转换、理论创新和方法变革"一文发表于《国际金融研究》2000年第2期。白钦先教授独立撰写的"面向21世纪从战略高度审视与处理金融问题"一文发表于《国际金融研究》2000年第12期，该文首次阐述了日本金融危机的一些新特征。

※3月，白钦先教授在广州高等金融专科学院做"中国跨入国际经济奥林匹克大赛场"专题报告；在中山大学管理学院做"国际金融体系变革"专题报告；在中国人民银行广州大区分行行长会上做"关于当前经济金融热点问题的解读"专题报告。

※4月，白钦先教授在北京召开的中国进出口银行买方信贷国际研讨会上做"中国进出口银行买方信贷业务的约束条件与我国的战略转变"专题报告。

※6月，白钦先教授在山东大学经济学院做"经济金融学的危机与金融理论创新"专题报告；在山东财政金融学院做"比较金融研究"专题报告；在中国建设银行山东省分行做"WTO与中国金融业"专题报告；在华东师范大学做"金融可持续发展理论"专题报告。

※7月，白钦先教授在北京召开的中国金融学会第六次代表大会上，白钦先教授被推举为常务理事和中国金融学会第三届学术委员会委员。

※7月，白钦先教授作为特邀顾问参加了在北京召开的全国金融学专业硕士研究生招生统考会。

※9月，国务院学位委员会第八次学位评审会在北京召开，白钦先教

授与会。

※9月，中国世界经济学会第八届代表大会及学术年会在沈阳召开，白钦先教授做大会主旨发言。

※10月，第六届两岸金融学术研讨会在北京召开，白钦先教授作为专题主持人参会。

※12月，白钦先教授在中国光大银行广州分行做"WTO与中国金融业"专题报告。

※12月，白钦先教授主编的《金融可持续发展研究导论》由中国金融出版社正式出版发行，该书是国家软科学研究项目"知识创新体系中的金融资源理论创新——金融资源理论与实践"（Z0005）的阶段性成果。

※国家教委"九五"社科规划重点项目（96JAZ79003）"各国商业银行体制比较——中国金融体制改革深层借鉴与对策"结题。

2001 年

※国内外官方与民间对于世纪元年并未达成共识，或2000年或2001年。以中共中央《求是》杂志社的安排显然是以2001年为新世纪之首。2000年11月白钦先教授正在中山大学履行特聘教授之职，某天突然接到《求是》杂志社编辑的长途电话，特邀白钦先教授撰写一篇金融全球化一类的文章，在纠结与困惑该编辑的约稿意图和具体要求之后，接受了这一特殊邀请。

2001年《求是》杂志社第一期刊发了白钦先教授撰写的"金融全球化——一把双刃剑"一文，刊载于该刊"世纪之交：世界经济回顾与展望"一栏。《求是》杂志社正式出版发行前，提前在《人民日报》第一版刊发了该杂志2001年第1期的目录，以示特别重要之意。

※白钦先教授与薛誉华合作的"百年全球金融业并购：历程、变迁及其效应"一文刊于《国际金融研究》2001年第7期。

※8月，由白钦先教授主编的《各国金融体制比较》（第一版）由中国金融出版社正式出版发行，该书系21世纪高等学校金融学系列教材。在此后的2008年7月、2013年8月，该书的第二版、第三版相继由中国金融出版社再次发行。

※9月，白钦先教授主编的《全球中小企业发展研究：各国中小企业政策性金融体制比较》由中国金融出版社正式出版发行，成为辽宁大学及部分高校研究生用教材。

※11 月，白钦先教授在浙江省金融职业学院做"经济全球化与金融全球化"专题报告。

※12 月，白钦先教授在湖南大学做"中国跨入国际经济金融奥林匹克大赛场"专题报告；在中国人民银行长沙分行做"经济全球化经济金融化金融全球化"专题报告。

※12 月 14 日，全球金融稳定论坛在北京召开，其间举行中国金融高层与国际清算银行总裁对话会，白钦先教授与会并多次发言。

2002 年

※1 月，加入世界贸易组织前期中国金融业的挑战与对策研讨会在长沙召开，由湖南大学承办，白钦先教授作大会主旨发言。

※1 月，第八届两岸金融学术研讨会在北京召开，白钦先教授作为大陆主要发言人之一与会。

※应《国际金融研究》紧急特约，由白钦先教授和丁志杰、王秀山合作的"金融体系重组中国有银行产权改革的国际经验"一文刊于《国际金融研究》2002 年第 4 期。

※5 月，APEC 金融与发展论坛在北京召开，白钦先教授作大会专题发言；21 世纪中国金融教育发展战略研讨会在银川召开，白钦先教授作大会专题发言。

※7 月，山西票号国际学术研讨会在太原召开，白钦先教授与会并做主旨发言。

※12 月，由白钦先教授主编的《各国进出口政策性金融体制比较》由中国金融出版社正式出版发行，成为辽宁大学及部分高校研究生用教材。

※白钦先教授撰写的"历史的审视与现实的思考——近百年来经济与社会发展中的日本金融"获辽宁省社科联优秀成果二等奖。

2003 年

※由白钦先教授撰写的"百年金融的历史性变迁"一文刊于《国际金融研究》2003 年第 2 期。引起社会各界、金融业界、理论界的广泛关注，也代表着白钦先教授对金融理论研究的深化、研究视角的拓展及对新金融发展趋势的把握，也是白钦先教授研究生涯中自己相对比较满意的很有代表性的一篇。

※2月，中国金融学术年会在北京召开，白钦先教授作大会主旨发言。

※4月，全国金融学硕士招生联考会在天津财经大学召开，白钦先教授与会并主持会议。

※9月，第三届中国金融论坛在成都召开，白钦先教授做"中国转轨经济金融的回顾与展望"专题报告。

※10月，在辽宁省农业发展银行做"中国政策性金融的理论与实践"专题报告；《蒙代尔文集》首发式及学术报告会在北京人民大会堂举行，白钦先教授与会。

※11月，白钦先教授在山东工商学院做"一个东方大国的崛起"专题报告。

※12月，白钦先教授在黑龙江省农业发展银行做"中国农业政策性金融发展若干问题"专题报告。

※12月，白钦先教授在厦门大学做"百年金融的历史性变迁"专题报告。

※12月，东北亚经济转轨与发展国际学术研讨会在沈阳召开，白钦先教授与会。

※12月，中国外汇市场发展国际研讨会在上海召开，白钦先教授与会。

※辽宁省软科学项目"辽宁省金融不良资产处理与国有企业改革研究"（990140175）结题。

※辽宁省社科规划办"东北亚区域经济金融合作研究"（L03AJY011）结题。

2004 年

※由我国著名金融工程学专家郑振龙教授主编的国家"十五"规划教材《金融工程学》正式出版。白钦先教授为该书撰写了"用数学描述金融，用金融理解数学"为题的书评，刊于《金融时报》2004 年 1 月 12 日版。

※4月，中国金融改革与资本市场发展学术研讨会在济南召开，白钦先教授作大会专题发言；经济全球化背景下的中国金融业改革与发展研讨会在杭州召开，白钦先教授与会。

※5月，金融机构改革与金融发展研讨会在南昌召开，白钦先教授

与会。

※7月，振兴东北经济与东北亚中俄经贸合作研讨会在哈尔滨召开，白钦先教授与会；普京第二任期中俄经贸关系前景国际学术研讨会在符拉迪沃斯托克召开，白钦先教授作为中方学者代表发言。

※国家开发银行国际顾问委员会在北京召开，白钦先教授在会上发表了"论政策性金融可持续发展必须实现的六大协调均衡"为题的讲演，引起印度、巴西、法国顾问委员的热烈反响，他们纷纷以插话形式表示重要与赞同。该讲演的整理稿刊于《金融研究》2004年第7期。

※8月，辽宁老工业基地振兴中的政府环境分析研讨会在沈阳召开，白钦先教授做了"中国与欧洲经济社会政策"的报告。

※10月，第三届全国虚拟经济研讨会在天津南开大学召开，白钦先教授做了"开放的中国经济安全与世界经济稳定"的会议发言，他提出了"金融虚拟性"的概念，并分析了它的特征、演进及正负影响，并建议将金融虚拟性作为虚拟经济的重要研究组成部分。

※10月，第十届海峡两岸金融研讨会在大连召开，白钦先教授与会并做主旨发言。

※10月，首届中国金融学年会在厦门大学举行，会议期间，孔祥毅教授为白钦先教授题词："赤子孝子才子学子老夫子五子登科，德行道行品行操行修行智多行七行北斗。"逢张亦春教授八十大寿，白钦先教授被破例邀请参加晚宴。

※在全国"三个代表"思想学习中，中山大学校长、研究生院院长黄达人有一天召开只有几位学者参加的座谈会，白钦先教授应邀参会，黄校长点名要求其发言。白钦先教授在发言中认为"搞好高等教育是落实三个代表思想的集中体现。"

2005 年

※1月，中国金融学会学术委员会全体会议在北京召开，白钦先教授做主要议题的报告。

※3月，中国进出口银行战略定位研讨会在北京召开，白钦先教授与会并多次发言。

※5月，中国进出口银行"基准利率"研讨会在北京召开，白钦先教授与会。

※7月，全国循环经济研讨会在昆明召开，白钦先教授与会。

※12 月，中国金融学会 2005 年学术年会在北京召开，白钦先教授作主旨发言。

※12 月，由白钦先教授主编的《各国开发性政策性金融体制比较》由中国金融出版社正式出版发行，成为辽宁大学及部分高校研究生用教材。

※教育部人文社会科学研究项目"各国中小企业政策性金融比较"（01JD790005）结题。

2006 年

※4 月，由中国人民银行主持召开的"政策性银行改革与转型国际研讨会"在北京召开，白钦先教授与会并同李扬、唐旭、秦池江、詹向阳等学者做专题讨论。

※5 月，中国金融业开放与金融稳定学术研讨会在广州召开，白钦先教授与会。

※由白钦先教授同他在中山大学指导的博士研究生谭庆华合作完成的"金融功能演进与金融发展"一文，从选题、撰稿十几次修改到最终发表历时三年多，该文发表在《金融研究》2006 年第 7 期。引起金融界广泛关注与热烈反响，是白钦先教授金融功能发展类成果中最重要的代表作。

※7 月，2006 年中国金融学年会在北京召开，白钦先教授与会。

※9 月，由白钦先教授主编的《各国农业政策性金融体制比较》由中国金融出版社正式出版发行，成为辽宁大学及部分高校研究生用教材。

※10 月，第四届中国 WTO 与金融工程风险投资国际会议在杭州召开，白钦先教授与会。

※11 月，首届全国区域金融合作金融市场创新与投资者保护研讨会在上海召开，白钦先教授与会。

2007 年

※3 月，中国金融学会学术委员会会议在北京召开，白钦先教授与会。

※4 月，2007 年金融工程年会暨金融工程与风险管理国际论坛在昆明召开，白钦先教授与会。

※4 月，白钦先教授在上海财经大学做"创新的金融观、结构观、功能观与金融发展"专题报告。

※4月，人民币汇率变革与中国外贸方式改革研讨会在上海召开，白钦先教授在会上指出"汇率既是一种市场价格，更是一国的战略性调节工具"。

※7月，中国国际金融学会换届暨学术论坛在北京召开，白钦先教授与会并继续被推选为常务理事。

※7月，厦门国际银行成立20周年庆典在北京人民大会堂召开，白钦先教授作为特邀嘉宾出席庆典。

※8月，第七届中国金融论坛——中国农村金融与合作金融国际研讨会在广州召开，白钦先教授做"中国合作金融百年变迁的回顾与思考"专题报告。

※9月，滨海新区金融创新与区域经济发展研讨会在天津召开，白钦先教授与会并多次发言。

※9月，教育部经济学教学指导委员会成员暨经济学院院长会在沈阳召开，白钦先教授与会。

※9月，金融创新与沈阳金融中心研讨会在沈阳召开，白钦先教授做"振兴东北与沈阳金融——定位、反思与建议"的主题发言。

※10月，中国金融与投资国际论坛在武汉召开，白钦先教授做"中国思维的主体性"主题发言。

※12月，第四届中国金融学年会在长沙召开，白钦先教授做"经济学金融学的人文特性及其文化阐释"主题发言。

※辽宁大学金融学被教育部评审认定为中国金融学十大国家重点学科之一，辽宁大学金融学科建设发展进入新阶段。

2008 年

※4月，全国金融工程学会年会暨金融工程国际会议在广州召开，白钦先教授在会上提出"实施自主、公平、对等、均衡与可持续发展的对外金融开发战略"。

※4月，美国次贷危机高级恳谈会在桂林召开，白钦先教授与会。并同余文建、蔡庆丰等就这一主题长时间漫谈。

※5月，第十五届全球金融年会暨第五届中国WTO与金融工程国际会议在杭州召开，白钦先教授与会并做"实施自主、公平、对等、均衡与可持续发展的对外金融开发战略"讲演。

※7月，东北金融高层论坛在沈阳召开，白钦先教授做"次贷危机视

角下的东北亚金融中心建设"的报告。他提出由美国次贷危机的教训与启示引出长远战略眼光观察与处理"东北亚区域金融中心"建设的特殊必要性。

※7月，全球性金融危机与中国的对策高层论坛在广州召开，白钦先教授做"破解美国次贷危机之谜"的报告。

※9月，山西晋商文化国际研讨会在太原召开，白钦先教授与会并以特邀嘉宾的身份做主题发言。

※9月，改革开放三十年中国金融学科发展高级研讨会在三亚召开，白钦先教授与会；黄达老先生及陈雨露教授出席会议并做专题讲演。

※10月，第八届中国金融论坛在成都召开，白钦先教授做"特殊金融与政策性金融和四川地震重建"主题发言。

※11月，高等学校金融学专业指导性规范研讨会在北京召开，白钦先教授与会。

※12月，海峡两岸金融合作高层论坛在厦门召开，白钦先教授做"美国次贷危机视角下的两岸金融合作"主题发言，并提出"大中华经济区"及"中华元"的主张。同期，白钦先教授还赴建设银行厦门分行访问，并做"中国思维主体性与对外开放战略的调整"报告，厦门分行行长陈万铭博士主持会议。

※博士研究生徐爱田与常海中参加了其导师白钦先教授的国家自然科学基金项目"虚拟经济与金融虚拟性研究"，并分别以"金融虚拟性研究"和"金融虚拟性演进及正负功能研究"为其博士学位论文选题，两人的学位论文均被评为校优秀博士学位论文，以这两篇学位论文为基础扩展撰写的两部学术专著均被评为2008年中国人民银行沈阳大区行和辽宁省金融学会优秀科研成果一等奖；后一篇论文被评为省优秀博士论文和教育部全国高校优秀科研成果二等奖。

2009 年

※3月，辽宁省委宣传部、省社科联"辽沈论坛"在沈阳召开，白钦先教授做"科学发展观与次贷危机"学术报告。白钦先教授指出美国次贷危机初见端倪并有日趋严重蔓延之势。

※3月，中国改革国际论坛"增长与改革——国际金融危机下的亚洲新兴经济体"在海口召开，本次论坛由中国（海南）改革发展研究院、中国国际技术交流中心、联合国开发计划署驻华代表处、德国技术合作公

司、越南中央经济管理研究院联合举办，有15个亚洲、非洲、欧洲国家及国际组织的代表与会。在这次会议上，白钦先教授发表了"中国转守为攻理直气壮把握国际经济金融话语权"的讲演，引起与会代表的热烈反响。

※4月，金融学硕士学位研究生招生联考工作第十三次会议在南昌召开，白钦先教授与会。

※4月，在中国医科大学党政干部科学发展观教育会上做"科学发展观视角下的美国次贷危机"专题报告。

※6月，全球金融危机与中国金融安全论坛在成都召开，白钦先教授做"美国次贷危机的反思与中国的国家金融安全"主题发言。

※6月，2009年上海博士论坛在上海召开，白钦先教授做"关于美国次贷危机的反思、启示与对策"的专题报告。

※7月28日，第二届全国金融发展高级论坛暨《白钦先集》（1～5卷）首发仪式在湖北赤壁举行。白钦先教授在该书首发仪式上发表了以"科学研究应最大限度地为改革开放、为国家利益服务"为题的讲演。孔祥毅教授和郑振龙教授应邀参加，并分别发表了题为"洋为中用、古为今用、走传承创新之路"和"理论的原创性卓越贡献、开放性视野与爱国情怀"的讲演，引起与会学者的热烈反响。

※8月，首届中国金融博导高级论坛在牡丹江镜泊湖召开，白钦先教授与会并做主旨发言；会议由辽宁大学承办，全国二十多所高校的金融学学术带头人、博士生导师与会，中国人民大学校长陈雨露与会并发言。

※9月，金融危机下中国金融改革与创新高级研讨会在天津召开，白钦先教授做"全球金融危机的反思与启示之一警惕中国思维美国化"主题发言。

※9月，东北亚金融论坛在沈阳召开，白钦先教授做"国际金融危机与东北亚战略合作"主题发言。

※10月，教育部2009年重大攻关项目中期检查评审会在北京召开，白钦先教授与会。

※10月，第四届中国金融与投资论坛在武汉召开，白钦先教授做"全球金融危机的反思与启示之金融衍生产品风险的价值认识"主题发言。

※10月，白钦先教授在北京工商大学做"经济复苏下的金融政策选择"专题报告；在山东财经大学做"国际金融危机下中国金融开放问题学术研讨"专题报告。

※12月，由白钦先教授与祝敏毅先生合作完成的《金融衍生产品风

险的价值认识》一书由中国金融出版社正式出版发行。该书是由白钦先教授主持的国家自然科学基金项目"虚拟经济与金融虚拟性研究"（项目编号：70573042）及国家社科基金项目"落实科学发展观与深化中国金融体制改革的研究"（项目编号：07AJY014）的阶段性成果。

过去十多年中白钦先教授对"过度虚拟""过度衍生""过度创新"而产生的金融危机怀着深深的忧虑和警惕，对危机的发生有很强的心理预期和理论准备，所以美国次贷危机一发生便立即追踪观察。白钦先教授为该书撰写了题为"经济学家的良知及科学理论研究不容忽视的问题"的序言，并收入《白钦先集》第七卷。

※白钦先教授与常海中博士合作的"金融虚拟性演进及其正负功能研究"获辽宁省自然科学学术成果一等奖。

※国家自然科学基金项目"虚拟经济与金融虚拟性"（70573042）结题。

2010 年

※2月，中国金融四十人论坛在北京召开，白钦先教授做"关于财政部贾康政策性金融改革项目研究报告的评述"主题发言。

※3月，由中国人民银行牵头主持的"中国政策性金融改革项目专家咨询会"在北京召开，白钦先教授做"关于中国政策性金融改革发展若干问题之我见"主题发言。

※4月，中国金融工程学会年会暨风险管理国际研讨会在太原召开，白钦先教授做"围绕美国次贷危机的多层思考"主题发言。

※4月，白钦先教授在中国银行山西省分行做"中美政治、经济、金融热点问题纵横谈"专题报告。

※4月，白钦先教授在山西大学做"美国次贷危机的反思与启示"学术报告。

※4月，白钦先教授在中国农业发展银行行长培训班上做"国外农业政策性金融的理论与实践及中国政策性金融的改革"专题报告。

※6月，第五届全国银行法论坛在沈阳召开，白钦先教授在大会上做"围绕金融学的多重思考"主旨发言，引起热烈反响。

※6月，白钦先教授在厦门大学经济学院主持金融学博士研究生学位论文答辩，并做"美国次贷危机视角下国内外经济金融理论误区的反思与哲学思考"专题报告。

※9 月，中国经济安全论坛在北京召开，白钦先教授做"美国信用评级的垄断与国际话语权同中国的国家金融安全与主权"主旨发言。

※9 月，白钦先教授在西南民族大学做"经济金融理论创新与国际话语权把握"专题报告。

※9 月，第四届天府金融论坛在成都召开，白钦先教授作为特邀嘉宾与会并做讲演。

※11 月，《经济评论》创刊三十周年暨经济学科建设与学术期刊发展论坛在武汉大学珞珈山隆重举行。白钦先教授以会议特邀嘉宾和获奖人的双重身份与会。在会上白钦先教授以特邀嘉宾的身份发表了"中国经济学理论工作者与学术期刊的神圣使命"为题的讲演。为庆祝《经济评论》创刊三十周年，由各界专家学者组成的优秀论文评审委员会从以往三十年该刊发表的文章中进行遴选，从选题意义、思想性、理论创新、社会影响和被检索引用等为标准，评选出八篇优秀论文，白钦先教授的"金融结构、金融功能演进与金融发展的研究历程"一文获选。

※白钦先教授应《经济研究》杂志社主编裴长洪教授特邀，专为理解与落实《中共中央关于制定国民经济和社会发展第十二个五年计划的建议》而撰写了题为"通过理论创新促进中国经济金融发展方式转变与结构调整"的文章，由于笔谈这一体例形式的约束，而未能充分展开。该文刊于《经济研究》2010 年第 12 期。这是白钦先教授继 2008 年首次提出发展方式转变与结构调整问题之后第二次重点阐述这一问题。

在该文中，白钦先教授提出：在全球化"你中有我，我中有你"、信息化和知识经济日益深化的条件下，应提出"大国际经济贸易"的概念与理论和"全信息统计体系与方法"。在这一理论与统计口径下，国际间的国际经济贸易统计应包括：（1）传统有形贸易的进出口额；（2）按在最终出口产品中附加值比重权重调整计算一国的出口值；（3）外资与合资企业在东道国就地销售额应分别统计在外国的出口和东道国的进口中；（4）服务贸易的进出口额；（5）非商品与服务贸易的投资收益。

2011 年

※6 月，黄达老先生荣获首届"中国金融学科终身成就奖"颁奖典礼在中国人民大学小礼堂隆重举行，白钦先教授与会，并发表了"中国金融大师之风范"为题的讲演，以示对黄达教授的敬意与祝贺。

※9 月，第四届中国金融发展高级论坛在丹东召开，白钦先教授做

"全球金融危机与国际货币金融体系改革"主旨发言。

※12月，白钦先教授应《国际金融研究》杂志社负责同志约稿，与他在中山大学指导的博士研究生张志文合作撰写了"人民币汇率变动对CPI通胀的传递效应研究"，文章研究的结论认为二者间的相关性很弱，不足以作为政策影响之。该文刊于《国际金融研究》2011年第12期，引起理论界热烈反响和高度关注。

※由白钦先教授主持的教育部专项委托项目"全球金融危机与国际货币金融体系改革"（09JF001）结题。

2012 年

※4月，周骏教授荣获2012年度"中国金融学科终身成就奖"颁奖典礼暨中国金融学科发展论坛在武汉隆重举行，白钦先教授应邀与会，并发表了"大师精诚，高屋建瓴"为题的贺词。讲演中白钦先教授对黄达老先生及刘鸿儒主席关于"中国近现代金融学理论经过以全面搬入引进为特征的两个不同阶段之后，已伴随中国和平崛起之大潮，而进入以东方文明中华文化为特征，以传承与创新为特色的发展新阶段"以及"在全球化条件下，必须培养能直接走向全球化世界、全球化资本市场的金融人才"的观点深表赞同，他认为二者是高屋建瓴、极富时代感召力的进军号和指南针，也是我们的神圣使命与历史责任；我等当牢记之、遵循之、践行之。

※闽都中小银行教育发展基金会（由厦门国际银行与厦门大学教育发展基金会联合发起）中国金融研究杰出贡献奖评选委员会将首届"中国金融研究杰出贡献奖"授予白钦先教授。该评选委员会由我国有金融学博士学位授予权的近三十所高校的金融学首席学术带头人组成。

6月21日，首届"中国金融研究杰出贡献奖"颁奖典礼在辽宁大学新校区蔡冠深学术报告厅隆重举行，闽都中小银行教育发展基金会理事长、厦门大学金融学博士生导师张亦春教授介绍了闽都中小银行教育发展基金会的情况及评奖程序，厦门大学博士生导师郑振龙教授宣读颁奖词，中国银行业协会副会长杨再平博士向白钦先教授颁发了获奖证书和奖牌。辽宁大学党委书记程伟教授代表学校向白钦先教授致贺词。西南财经大学博士生导师曾康霖教授、厦门市政协副主席、厦门原副市长、厦门大学教授江曙霞、厦门国际银行副总经理郑威、中国社科院经济研究所所长裴长洪研究员、中国建设银行上海市分行行长王江等致贺词。

※6月，《白钦先集第六卷——传承与创新：学术文章暨讲演》由中

国金融出版社正式出版发行。在出版自序中，首次阐述了学科建设中不同层次的"传承"和"创新"的基本含义及不同渠道与方式。白钦先教授还首次阐述了其一生教育生涯中的一大特色，即科研、教学、人才培养与服务社会"四结合四统一"，科研与教学是手段，人才培养和服务社会是目的。白钦先教授在自序中还首次提出了金融学国家重点学科应是教育与教学研究实践基地、科学研究传承与创新基地、高级人才培养与实习基地、国家改革开放服务基地和国际交流与合作基地的观点。此外，在出版自序中，白钦先教授还深入阐释了他对科研中运用数学模型的态度，指出"如果一些科学研究，需要而又可能运用数学模型，又能将复杂的问题变得简单，能既定性也定量研究与表达，为什么不可以用？但我也确实认为将复杂的经济金融社会要素之间的关系通过数学模型都变成必然的因果性关系，未必都是准确和正确的，有时虽有美感却易误导。而在一些情况下，老年与青年学者合作研究，确有取长补短之优，可收互补双赢之利，何不乐而为之，采而用之。"

※白钦先教授主持的国家社科基金重点项目"全面协调可持续发展观视角下的中国金融体制改革深化重点研究"（07AJY014）结题。

2013 年

※3 月，辽宁省人民政府发布《辽宁省人民政府关于颁发第二届辽宁省哲学社会科学成就奖的决定》，决定授予 5 位同志第二届哲学社会科学成就奖，白钦先教授是获奖者之一。

※6 月，张亦春教授荣获 2013 年度"中国金融学科终身成就奖"颁奖典礼在厦门大学隆重举行，白钦先教授应邀与会，并发表了"大师风范，坦诚坦荡"为题的贺词。厦门大学以张亦春、郑振龙为首的金融团队二三十年来对辽宁大学金融学学科建设鼎力支持，白钦先教授总是深感荣幸与感谢。过去三十年来，白钦先教授应邀主持参加厦门大学金融学博士学位论文答辩会百人百场。白钦先教授总是认为这是他的幸运和殊荣，也是他学习和彼此学术交流的平台，获益良多、感受极深、感悟颇丰。在厦门大学主持答辩过程中，白钦先教授倡导了一种更为真实、有效，更为宽松深入的交流探讨式答辩方式。此种方法立刻受到厦门大学经济学院院长、第五届学科评议组成员邱华炳先生的高度赞扬与肯定，也被厦门大学教授、博导，厦门市政协副主席江曙霞女士称为"厦大的一道亮丽风景线。"

※6月，白钦先教授在山西金融职业学院做"思维的中国主体性——做人、做事、做学问"专题报告。

※7月，白钦先教授在辽宁大学工商学院 EMBA 大讲堂做"中国经济金融热点纵横谈"专题报告。

※10月，白钦先教授在北京工商大学经济学院做"论三维金融构架"专题学术报告。

※10月，"第三届全国区域金融论坛"在石家庄召开，白钦先教授做"三维金融视角下的合作性金融"主旨发言。

※10月，白钦先教授在山西财经大学 EMBA 大讲堂做"从传统金融到现代金融，从三元金融到三维金融"专题报告。

※11月，暨南大学金融学科建设学术委员会会议召开，白钦先教授与会；白钦先教授在广东财经大学做"我的学术生涯"专题报告。

※白钦先教授与常海中博士合作的《金融虚拟性演进及其正负功能研究》荣获教育部第六届全国高校社科优秀科研成果（专著）二等奖。

2014 年

※3月，为山西财经大学 EMBA 大讲堂做"金融发展方式转变与结构调整"专题报告。

※5月，首届"中国民营银行论坛"在北京召开，白钦先教授作为特邀嘉宾与会并做"关于大力发展民间金融问题之我见"专题报告。

※5月，《白钦先集第七卷——中国金融学科建设与发展——1978—2014》由中国金融出版社正式出版发行。

※11月，教育部金融学教学指导委员会金融学科建设与发展论坛在广州召开，白钦先教授做"中国金融学科建设发展的回顾与反思"主旨发言。

※11月，暨南大学金融学科建设学术委员会会议召开，白钦先教授与会。

※12月，辽西区域金融中心建设发展论坛在锦州召开，白钦先教授做"地方性、区域性经济金融中心建设的理论与实践研究"主旨发言。

2015 年

※7月，白钦先教授以76岁高龄正式退休，由于博士教学与培养工作的需要又返聘三年。

※9月，新金融、新沃资本高级论坛在北京召开，白钦先教授做"新

金融与哲学人文关怀关爱"主题发言，李稻葵、巴曙松、丁志杰等与会。

※10月，第五届全国区域金融学会论坛在郑州召开，白钦先教授做"中美日银行的空间区域结构比较与借鉴"主题发言。

※11月，中国金融学会常务理事会在北京召开，白钦先教授与会。

※12月15日，第二届西北金融高峰论坛在兰州举行，会议由甘肃省委宣传部、省委农办、省政府金融办、人行兰州中心支行、甘肃日报社、兰州财经大学六家单位联合举办。主要讨论扶贫金融与普惠金融发展问题。白钦先教授以特邀嘉宾与会，并以"普惠金融纵横谈"为题讲演，引起与会学者的热烈反响。他的博士研究生武飞甫、佟健、马留赟、张坤与会学习，丁志杰也以特邀嘉宾的身份与会。其间，白钦先教授与他的开山弟子丁志杰、关门弟子张坤合影留念，戏称"从001到100"。

※白钦先教授与张志文博士合作的论文"外汇储备规模与本币国际化：日元的经验研究"荣获教育部第七届全国高校社科优秀科研成果（论文）二等奖。该篇论文还曾获辽宁省哲学社会科学成果二等奖。

2016 年

※6月21日，第六届全国区域金融论坛在邯郸召开，白钦先教授以特邀嘉宾的身份参会并做"普惠金融的理论与实践"主题发言。

※7月31日，鸿儒金融教育基金会暨评审委员会在其官网发布公示，白钦先教授被评选为2017年度"中国金融学科终身成就奖"获得者。同时获选的还有孔祥毅教授、李继熊教授、刘茂山教授。

※12月，中国普惠金融高级论坛在北京召开，白钦先教授做"中国普惠金融的实践"主旨发言。

2017 年

※5月20日，2017年度"中国金融学科终身成就奖"颁奖典礼在辽宁大学新校区蔡冠深学术报告厅隆重举行。中共中央候补委员、辽宁省政协主席夏德仁教授，中国金融学科终身成就奖评奖委员会主任、中央财经大学校长王广谦教授，鸿儒金融教育基金会理事长许均华先生，辽宁大学党委书记周浩波教授、校长潘一山教授，北京大学、中国人民大学、中央民族大学、中国社会科学院等54个院校、科研院所的领导和专家学者，中国金融界70余家机构的主要负责人以及辽宁大学师生、老同志和校友代表出席了颁奖典礼。白钦先教授发表了题为"我的一生追求与我们民族的神圣使命"获奖感言。

※7月，白钦先教授带病外出到河南信阳珠江村镇银行调研，他亲身观察这一面向基层服务的金融新模式，几天的考察令他惊讶、振奋。

※8月，第七届全国区域金融论坛在呼和浩特召开，白钦先教授做"金融回归本源，金融的本元在哪里"主旨发言。

※8月26日，中国金融博物馆在沈阳金融博物馆举行颁奖典礼，中国保监会原副主席魏迎宁先生及中国金融博物馆理事长王巍先生将"中国金融启蒙终身成就奖"授予白钦先教授，表彰他长期从事金融发展与启蒙事业，对中国金融现代化作出了重要贡献，并在博物馆中收藏相关资料。

※9月24日，《中国哲学社会科学最有影响力学者排行榜：基于中文论文的研究（2017版）》在第十七届全国科技评价学术研讨会上正式发布，长安大学中国人文社会科学评价研究中心常务副主任刘兰剑教授，从排行榜的背景、思路、研究方法和结果四个方面对排行榜进行了解读，此后，排行榜的结果将分批对外公布。辽宁大学白钦先教授上榜。

※9月25日，惊悉孔祥毅先生仙逝，夜不能寐、辗转反侧、物伤其类、吟为八句，悲之、痛之、悼之、念之。

悼友人

今闻噩耗痛煞人，同病相怜竟先行。

家国情怀知进退，呕心沥血奋一生。

金融先导并协同，论从史出始创新。

晋山晋水晋文化，浸润斯人智魁星。

白钦先教授与孔祥毅教授既是同乡同行，也是朋友兄弟，白钦先教授比他年长两岁。2014年以来，白钦先教授知悉孔教授的身体状况后有一种深深的忧虑，所以借中央财经大学为俞天一教授举办"中国金融学科终身成就奖颁奖典礼"之机，向基金会方面几位领导建议，请他们优先考虑孔教授的评奖问题，以免造成终身遗憾。没想到，两年以后的2016年7月30日，基金会方面发出评选公示时，白钦先教授也躺在上海第二军医大学医院的病床上，正准备于8月2日做结肠癌手术。彼此可谓"惶恐滩头说惶恐，零丁洋里叹零丁。流泪眼观流泪眼，断肠人念断肠人。"此即同病相怜之谓。

※11月1日，《经济学家周报》副主编白卫星公开发表文章——中国经济学界的"山头"。文章指出中国人民大学是中国经济学界的超级"山头"，共培养出86位知名经济学家。在这86位经济学家中，有27人留在本校（包括部分属于工作后期调出本校的），近60位经济学家输出到原国

家体改委、国家统计局、中国社科院、中央党校、四川大学、黑龙江大学、中央财经大学、国家发改委、武汉大学、北京大学、中央民族大学、辽宁大学、国务院发展研究中心、中共中央政策研究室、南京大学、山东大学、财政部、国家信息中心等单位。白钦先教授入选其中。

※12月1日，"白钦先教授告别五十年讲坛生涯"座谈会在辽宁大学研究生院208会议室隆重举行，原辽宁大学党委副书记刘志超教授、副校长徐平教授与会，并发表了热情洋溢的讲话。白钦先教授指导的在校博士生、已毕业的博士生及同仁、朋友与会，并发表感人至深的感言。陈阳博士后代表全国各地弟子特意由京赶来，主持座谈会。

※12月25日，辽宁大学经济学院金融系"庆祝白钦先教授从教五十周年座谈会"在研究生院208会议室隆重举行，学院党委书记李本智、院长谢地以及系领导与会。新老同志纷纷发言，充分肯定了白钦先教授为辽宁大学经济学、金融学科建设与发展所作出的重大贡献，并表示要循此发展路径努力拼搏。白钦先教授发表临别感言，并就今后金融学科建设和发展路径、特色、创新提出中肯建议。

2018 年

※1月，《白钦先集第八卷——人有道术亦有道》（上下册）由中国金融出版社正式出版发行。

※3月9日，八十岁高龄的白钦先教授带病在家中接受了辽宁大学七十周年校庆办公室暨辽宁大学校史展览馆的录像采访，白钦先教授应邀就几十年教育教学经历、人才培养与科研活动，对辽宁大学办学、人才培养、学科建设发展等诸多问题发表回顾性感言，并提出相应建议。

※6月30日，白钦先教授即将完成全部教育培养使命，以八十岁高龄正式告别从教五十周年的讲坛和为他的祖国与人民服务的公职，带病休养。他这一生指导培养博士研究生100名，从开山弟子丁志杰到关门弟子张坤，戏称"从001到100"，硕士研究生65名；他在中共中央《求是》《经济研究》《金融研究》《国际金融研究》《财贸经济》《金融评论》《世界经济》《经济学家》《经济评论》等杂志发表科研学术论文三百余篇，出版专著与高校教材四十余部，在全国各地做GATT、WTO、次贷危机等热点问题报告二百余场以及学术报告一百余场。

※7月28~29日，第三届"白钦先学术思想高峰论坛"在太原举行。国务院第六届、第七届应用经济学学科评议组成员郑振龙教授出席并做主

旨发言，以"白钦先金融学术思想评述"为题，全面总结回顾了白钦先教授五十年科研创新生涯。他指出：白钦先教授是金融体制为研究对象的比较金融学学科体系的奠基者、是中国特色的政策性金融理论的首创者和中国政策性金融实践的首倡者、是以金融资源学说为基础的金融可持续发展理论与战略的开创者、是发展金融学理论与学科体系建设的积极倡导者和推动者、是经济学金融学哲学人文关怀关爱和国家性民族性的坚定秉持者、是科学研究、学科建设、人才培养和服务改革开放四位一体的卓越实践者。

在这次会议上，"白钦先学术思想研究会"正式建立，从而正式确立白钦先教授学术生涯研究与学术思想传承与创新的机制保障。

※11月1日，白钦先教授以特邀嘉宾的身份在"亚洲金融合作协会产业金融合作委员会成立暨首届国际论坛"发表题为"东北振兴的历史审视与现实思考：国民经济、国有国营经济、民有民营经济的演进"的讲演，引起热烈反响。会后白钦先教授还接受多家媒体记者的采访，进一步畅谈了他对东北发展的诸多思考。

※2018年末，白钦先教授与汪洋合作的"国债金融属性的理论分析"获评《武汉金融》杂志社评选出的十篇优秀论文之一，该文刊于《武汉金融》2008年第5期。

※从2018年下半年开始，全国白钦先学术思想研究会开始准备《中国改革开放四十年历程回眸——白钦先经济金融论文荟萃》一书的出版工作，历时半年，从过去五十年发表的三百余篇文章中选取三十七篇形成文集，拟由中国金融出版社于2019年春节后出版发行——是为中国改革开放四十年的贺礼。

※2018年12月18日，白钦先教授为文集出版而撰写的序言拟就付样。期间由于健康原因一再耽搁，但白钦先教授仍旧坚持不辍，完成长达两万字的序言，留下了许多珍贵的信息与文献资料。

附录2：白钦先教授发表学术论文一览

序号	论文标题	发表期刊名	年/期
1	世纪之交：世界经济回顾与展望——金融全球化一把"双刃剑"	"求是"（特邀撰稿）	2001.1
2	商业性金融、政策性金融：一石二鸟双优化——答人民日报记者问	"人民日报"理论版	2004.4
3	外汇储备规模与本币国际化：日元的经验研究（与张志文合作）	"经济研究"	2011.10
4	通过理论创新促进我国经济金融发展方式转变	"经济研究"	2010.12
5	反思国际金融危机推动中国金融可持续发展（与赫国胜、张荔、徐明威合作）	"经济研究"	2010.12
6	当代金融理论中的股票市场：功能与作用条件的再认识（与徐沛合作）	"金融研究"	2003.3
7	论政策性金融可持续发展必须实现的六大协调均衡（与王伟合作）	"金融研究"	2004.7
8	论金融功能演进与金融发展（与谭庆华合作）	"金融研究"	2006.7
9	海纳百川雪峰千仞——庆祝黄达教授九十华诞笔会（与曾康霖、吴晓灵、陈雨露、王广谦合作）	"金融研究"	2015.7
10	经济全球化和经济金融化的挑战与启示	"世界经济"	1999.6
11	我国政策性银行的运行障碍及对策思考（与薛誉华合作）	"财贸经济"	2001.9
12	开发性政策性金融的理论与实践探析（与王伟合作）	"财贸经济"	2002.4
13	金融结构、金融功能与金融效率——一个基于系统科学的新视角（与沈军合作）	"财贸经济"	2006.7
14	关于金融衍生品的虚拟性及正负功能的思考（与常海中合作）	"财贸经济"	2007.8
15	中国虚拟经济的关联性与价格波动研究（与沈军合作）	"财贸经济"	2008.9
16	金融阈值视角下的金融危机——从美国次贷危机看被漠视的金融临界点（与主父海英合作）	"财贸经济"	2009.9
17	科学认识政策性金融制度（与王伟合作）	"财贸经济"	2010.8

序号	论文标题	发表期刊名	年/期
18	美元霸权的危机转嫁机制研究——一个简单的数理模型（与张敖合作）	"财贸经济"	2011.9
19	中国金融体系效率与金融规模（与沈军合作）	"技术经济数量经济研究"	2013.8
20	历史的回顾与现实的思考——近百年来经济与社会发展中的日本金融	"日本学刊"	1996.8
21	体制变革的风险与可持续发展——浅谈日本的金融改革与金融危机（与王兆刚合作）	"日本学刊"	1999.2
22	有关美国银行制度的几个问题——应国际金融杂志社之邀答中国银行上海市分行王社明问	"国际金融研究"	1986
23	美国联邦储备制度面临的问题和改革的趋势	"国际金融研究"	1986.4
24	我国银行外汇业务交叉的种种问题与对策	"国际金融研究"	1991.1
25	国外银行商业性业务与政策性业务的异同	"国际金融研究"	1992.4
26	通货膨胀问题的中外比较及当前我国通胀的特点、原因与对策	"国际金融研究"	1995.1
27	论美国银行业资本充足性管理体系	"国际金融研究"	1998.2
28	论金融可持续发展（与丁志杰合作）	"国际金融研究"	1998.5
29	百年来的金融监管：理论演化、实践变迁及前景展望（上）	"国际金融研究"	2000.1
30	再论以金融资源论为基础的金融可持续发展理论：范式转换、理论创新和方法变革	"国际金融研究"	2000.2
31	百年来的金融监管：理论演化、实践变迁及前景展望（下）	"国际金融研究"	2000.2
32	面向21世纪从战略高度审视与处理金融问题	"国际金融研究"	2000.12
33	百年全球金融业并购：历程、变迁及其效应（与薛誉华合作）	"国际金融研究"	2001.7
34	金融体系重组中国有银行产权改革的国际经验（与丁志杰、王秀山合作）	"国际金融研究"	2002.4
35	百年金融的历史性变迁	"国际金融研究"	2003.2
36	试论西方货币政策传导机制理论（与李安勇合作）	"国际金融研究"	2003.6
37	政策性金融监督机制与结构的国际比较（与王伟合作）	"国际金融研究"	2005.5

序号	论文标题	发表期刊名	年/期
38	人民币汇率变动对CPI通胀的传递效应研究（与张志文合作）	"国际金融研究"	2011.1
39	汇率波动性与本币国际化：澳大利亚元的经验研究（与张志文合作）	"国际金融研究"	2013.4
40	论国际结算方式	"国际贸易"	1985.5
41	金融结构、金融功能演进与金融发展理论的研究历程	"经济评论"	2005.3
42	论金融研究方法论的范式转换——兼论对金融发展理论的启示（与沈军合作）	"经济评论"	2006.5
43	经济学、金融学的人文特性及其文化阐释	"经济评论"	2008.1
44	货币政策稳定化作用机制的演进：理论综述（与赖溟溟合作）	"经济评论"	2009.5
45	我国房地产业的金融负外部性考察（与主父海英合作）	"经济评论"	2011.1
46	转型发展中的金融改革、制度、危机与增长——评江春教授新著《金融改革和金融发展：理论与实践的回顾及反思》	"经济评论"	2013.4
47	政策性金融论	"经济学家"	1998.3
48	公司债券市场发展与经济增长：韩国的经验研究（与张志文合作）	"经济学家"	2007.3
49	金融虚拟化的道德风险及其市场影响：次贷危机的深层反思（与蔡庆丰合作）	"经济学家"	2009.5
50	构筑我国政策性金融体系的思考	"中国金融"	1994.1
51	关于发展和完善中国进出口银行资金筹集和外部结构的几个问题	"中国金融"	1996.5
52	再论金融可持续发展	"中国金融"	1998.7
53	中国农村金融体制改革的战略性重构重组与重建	"中国金融"	2004.1
54	澄清有关政策性金融的几点认识	"中国金融"	2004.3
55	关于国家开发银行和中国进出口银行战略定位与立法的若干问题（与耿立新合作）	"中国金融"	2005
56	政策性金融立法的国际比较与借鉴（与谭庆华合作）	"中国金融"	2006.6

序号	论文标题	发表期刊名	年/期
57	创新是学术研究的灵魂	"中国金融"	2012.1
58	政策性金融发展新阶段 ——以中国农业发展银行为例（与武飞甫合作）	"中国金融"	2015.5
59	普惠金融发展的思考（与高霞合作）	"中国金融"	2016.2
60	中国金融体制改革的理论与实践	"上海金融"	1986.5
61	我国银行业出口信用业务的约束条件与我国的战略转变	"上海金融"	2001.1
62	百年来的全球金融业并购：经济全球化、金融全球化和金融自由化的体现（与薛誉华合作）	"上海金融"	2001.7
63	从宏观和战略层面理解政策性金融——答"上海金融"记者问	"上海金融"	2004.3
64	东亚经济、一体化贸易投资自由化与货币金融合作（与张志文合作）	"上海金融"	2004.4
65	论政策性金融与商业性金融的相互关系（与剑眉合作）	"上海金融"	2005.1
66	我国政策性金融立法及相关问题研究（与李军合作）	"上海金融"	2005.1
67	中国金融倾斜的计量检验（与田树喜合作）	"上海金融"	2007.1
68	我国居民消费的财富效应的实证分析（与赖溟溟合作）	"上海金融"	2008.8
69	国际金融危机中的金融负外部性的考察（与主父海英合作）	"上海金融"	2009.1
70	中国金融倾斜加速器效应的计量检验与博弈分析（与田树喜合作）	"上海金融"	2009.7
71	世界金融危机中对金融负外部性的考察	"上海金融"	2010.1
72	美国信用评级认可制度的多视角分析及启示（与黄鑫合作）	"上海金融"	2010.1
73	股指期货市场金融加速器效应的实证分析（与田树喜合作）	"上海金融"	2010.4
74	通货膨胀的决定因素：中国的经验研究（与张志文合作）	"上海金融"	2011.6
75	金融约束、金融倾斜与经济增长（与田树喜合作）	"上海金融"	2012.1

序号	论文标题	发表期刊名	年/期
76	产融结合主办银行与重塑银企关系（与丁志杰合作）	"城市金融论坛"	1997.1
77	体制变革的风险与可持续发展（与王兆刚合作）	"城市金融论坛"	1999.2
78	20世纪金融监管理论与实践的回顾与展望	"城市金融论坛"	2000.5
79	建立面向21世纪的金融可持续发展观	"城市金融论坛"	1998.8
80	关于现代金融发展趋势下金融安全问题的深层思考（与常海中合作）	"东岳论丛"	2006.6
81	金融虚拟化与金融共谋共犯结构——对美国次贷危机的深层反思（与谭庆华合作）	"东岳论丛"	2010.4
82	论三维金融架构——哲学的人文的历史的与经济社会综合视角的研究（与文豪合作）	"东岳论丛"	2013.6
83	中国政策性金融廿年纪之十辨文（与张坤合作）	"东岳论丛"	2014.1
84	论比较银行学的研究对象	"生产力研究"	1999.4
85	政策性金融功能再界定：功能演进视角（与谭庆华合作）	"生产力研究"	2006.1
86	基于对WTO分析的金融强国战略研究	"经济问题"	2010.1
87	战略能力、技术创新与中小企业发展（与李鹏合作）	"经济问题"	2014.6
88	试论综合视角下的农村合作金融改革——基于哲学、历史、人文、经济与社会的综合视角（与胡巍合作）	"经济问题"	2014.9
89	从货币分析到金融分析：金融可持续发展理论的方法变革	"华南金融研究"	2000.2
90	当前经济金融形势分析	"华南金融研究"	2000.3
91	以金融资源学说为基础的金融可持续发展理论与战略	"华南金融研究"	2003.3
92	中小企业金融支持模式与现实思考（与谭庆华合作）	"华南金融研究"	2003.5
93	关于美元汇率走势分析（与戴世宏合作）	"日本研究"	2005.3
94	日本近150年来政策性金融的发展演变与特征（与耿立新合作）	"日本研究"	2005.3
95	对完善汇率形成机制的解读（与刘刚合作）	"日本研究"	2005.8

序号	论文标题	发表期刊名	年/期
96	货币市场与资本市场的连通与协调机理研究（与汪洋合作）	"当代财经"	2007.1
97	热钱流入、资产价格波动和我国金融安全（与刘刚合作）	"当代财经"	2008.1
98	系统风险 β 系数可靠性分析（与王兴运合作）	"当代财经"	2015.5
99	比较银行学的研究对象与研究方法	"财经科学"	1999.2
100	经济全球化、金融全球化和金融自由化的演进——美国银行业百年并购的回顾与启示	"金融论坛"	2001.4
101	世纪金融的历史性变迁与以金融资源学说为基础的金融可持续发展理论与战略	"金融论坛"	2002.1
102	进出口政策性金融对中小企业支持的国际比较（与徐爱田合作）	"国际贸易问题"	2003.1
103	中德贸易与金融发展关系比较——考察质性与量性指标的实证分析（与沈军合作）	"国际贸易问题"	2013.7
104	日本产业结构变迁与金融支持政策分析（与高霞合作）	"现代日本经济"	2015.3
105	金融边界理论初探（与杨秀萍合作）	"金融评论"	2015.12
106	政策性金融公共性与财政公共性的比较研究（与张坤合作）	"中央财经大学学报"	2014.1
107	论政策性金融的本质特征——公共性（与张坤合作）	"中央财经大学学报"	2015.9
108	加强对记账外汇结算的研究及控制管理	"辽宁大学学报"	1986.10
109	外汇资金调度管理的依据和方法	"辽宁大学学报"	1986.5
110	各国银行与工商企业关系的比较研究	"辽宁大学学报"	1989
111	金融虚拟性命题及其理论渊源（与徐爱田合作）	"辽宁大学学报"	2004.4
112	我国地方政府融资平台的风险及治理研究（与董亮合作）	"辽宁大学学报"	2012.4
113	经济金融理论传承与创新的心路历程	"辽宁大学学报"	2012.5
114	国内外政策性金融理论与实践若干问题的思考	"广东金融学院学报"	2005.1
115	中国经济学金融学理论与教育工作者的历史任务	"广东金融学院学报"	2007.3
116	农村社会保障金融体系的国际比较与借鉴：金融功能视角（与陈阳、彭智合作）	"广东金融学院院报"	2007.6

序号	论文标题	发表期刊名	年/期
117	金融变革中的中国国债市场功能定位与发展策略（与汪洋合作）	"广东金融学院学报"	2008.1
118	中国金融资源地区分布中的政府权力影响（与卢颖合作）	"广东金融学院学报"	2009.4
119	关于建立和发展中国期货市场的多层思考	"山西财经学院学报"	1995.2
120	股指期货市场风险衍生机制的实证分析（与田树喜、曾奕合作）	"山西财经大学学报"	2008.1
121	中国金融资源地区分布差异演变分析（与卢颖合作）	"山西财经大学学报"	2009.8
122	人民币国际化背景下的SDR定值问题研究（与胡巍合作）	"河北经贸大学学报"	2015.12
123	以金融资源学说为基础的金融可持续发展理论与战略	"广东商学院学报"	2003.5
124	美国金融倾斜"迷失陷阱"与金融监管改革研究（与张磊合作）	"哈尔滨工业大学学报"	2013.3
125	战后日本金融结构变迁：影响及对中国的借鉴意义（与张磊合作）	"哈尔滨工业大学学报"	2014.1
126	论内外两大货币与物资系统间的交叉对应效应——外汇收支与国民经济综合平衡	收录在《白钦先集》	1981
127	美国银行分支行制度的发展和单一银行制度的逐渐瓦解	收录在《白钦先集》	1983
128	关于发展我国个体经济和私营经济的战略与对策	"辽宁日报"理论版	1984
129	美国银行体制国际化的特点和影响	"国际金融"	1985
130	菜篮子里的经济学	"金融时报"理论版	1985
131	企业的一般风险管理与信用管理	"中国企业管理"	1985
132	国际经济金融活动中的惯例、规则和风险 ——双亏双赢效应、国际规则与惯例、时间概念的法律与经济含义	收录在《白钦先集》	1986
133	把企业放在经济机制的汪洋大海中航行	"中国企业管理"	1986
134	我国银行企业化改革的关键一步——商业性银行业务与政策性银行业务的分离分立	收录在《白钦先集》	1987

序号	论文标题	发表期刊名	年/期
135	金融市场与机构投资人	"经济效益报"理论版	1987
136	制定我国银行法应遵循的基本原则	"金融时报"理论版	1987
137	关于股份制若干问题的探讨	"经济效益报"理论版	1987
138	关于改革开放发展对外经济贸易的几个理论与实际问题	收录在《白钦先集》	1987
139	中国深化改革的方法论选择——对十多年改革的反思和进一步治理的对策性建议	"世界经济导报"理论版	1988
140	各国银行集中垄断的比较研究	"新金融"	1989
141	由存款挤提风潮引起的思考	收录在《白钦先集》	1990
142	论外延扩张型经济模式的特征和后果——关于搞好国有大中型企业的深层次思考	收录在《白钦先集》	1990
143	三种花钱行为模式的经济学含义	"金融时报"理论版	1990
144	科学研究与学术著作工作中的方法论——以高瞻远瞩高度负责的科学态度写出独具特色的高校教材	收录在《白钦先集》	1990
145	围绕银行外汇业务交叉的多层思考	中国国际金融90年学术年会大会专题报告论文	1990.1
146	银行的外汇业务集中经营更有效	"经济参考报"理论版	1990.11
147	关于股份制若干问题的探索	"山西投资研究"	1990.6
148	关于辽东半岛对外开放应注意的若干问题	中共辽宁省委"咨询文摘"	1990.7
149	我国银行外汇业务交叉的种种问题与对策	"国际金融"	1991.1
150	浅议美国的州级银行监督管理体制	"金融时报"理论版	1991.1
151	制定我国银行法应遵循的基本原则	"经济参考报"理论版	1991.2
152	关于制定好我省经济与社会发展"八五"规划和十年规划的再建议	中共辽宁省委"咨询文摘"	1991.3
153	转变模式综合治理是搞好大中型企业的根本出路	中共辽宁省委"咨询文摘"	1991.6

序号	论文标题	发表期刊名	年/期
154	围绕银行业务交叉的多层思考	"中国投资管理"	1991.7
155	以高瞻远瞩高度负责的科学态度为写出独具特色的高校教材而呕心沥血	《辽宁大学教材编译经验谈》	1991.8
156	破釜沉舟背水一战彻底转变模式	中共沈阳市委"决策参考"	1991.8
157	中国银行企业化改革的关键一步——商业性银行业务与政策性银行业务的分离分立	东北国际金融学会年会大会报告论文	1992
158	银行与工商企业关系的多层思考	"新金融杂志"	1992.1
159	经济纵横——入关	辽宁人民广播电台现场直播	1992.1
160	国有大中型企业走向国际市场	中央人民广播电台6：30新闻和报纸摘要节目	1992.1
161	关于关贸总协定的综合分析及对我国的影响	东北三省体改委《改革之声》	1992.14
162	我国同关贸总协定关系的若干问题与对策	中共沈阳市委《决策参考》	1992.2
163	关于搞活国有大中型企业的深层思考	"内蒙古财经学院学报"	1992.3
164	建立东北及东北亚区域性金融中心和金融市场的构想与对策	"辽宁投资"	1992.5
165	关贸总协定系列谈（6次）	沈阳经济台现场直播	1992.5
166	未雨绸缪话入关	"沈阳日报"理论版	1992.9
167	银行体制与金融市场	"外向型经济实务"	1993
168	比较银行学启发式教学综合试点改革项目	教学实践活动与总结报告	1993
169	借鉴各国成功经验尽速构筑我国政策性金融体系	"高校理论参考"	1993.1
170	跨入国际经济金融奥林匹克大赛场的大连金融	"大连金融"	1993.1
171	以市场经济原则重新构筑中国的银行体制	"中外科技政策与管理"	1993.6
172	外延扩张型经济模式的特征与后果	全国高校第七次社会主义市场经济研讨会大会报告论文	1993.8

序号	论文标题	发表期刊名	年/期
173	关于山西省经济与社会发展稳定战略的建议	山西省人民政府办公厅	1994
174	以市场经济原则重新构筑中国的银行体制	"金融理论与实践"	1994.1
175	国际经济金融活动对我国经济与社会发展稳定的负面影响	"经济日报"理论版	1994.8
176	关于制定我省"九五"规划和2010年远景规划"金融启动战略"的建议	中共辽宁省委"咨询文摘"	1995.1
177	关于发展和完善进出口银行资金筹集和外部结构的几个问题	中国进出口银行促进机电产品成套设备出口政策性金融座谈会特约报告	1995.1
178	必须将金融启动提高到战略高度	中共辽宁省委"咨询文摘"	1995.1
179	外部因素对我国通胀的影响	"经济日报"理论版	1995.2
180	对完善我国期货市场的思考	"中国期货"	1995.3
181	影响我国通胀的外部因素	"经济学消息"新论快递专栏	1995.3
182	以市场经济原则重新构筑中国的银行体制	《社会主义市场经济体制的基本理论与实践》	1995.4
183	构筑中国政策性金融体系的基本原则和对策	当今中国经济学八大理论热点	1995.5
184	关于实施科教兴沈战略的几点建议	辽宁省委省政府	1995.7
185	关于构筑以沈阳为中心的金融中心与思考的对策	沈阳金融专集	1996
186	应慎重处理主办银行制	中华工商时报	1996.1
187	中外农业金融与农业政策性金融比较	"粮食财经研究"	1996.4
188	东南亚货币危机给我们的启示与借鉴	"咨询文摘"	1997.1
189	我国早期的政策性金融及其启示（与王伟合作）	"银行与企业"	1997.5
190	论政策性金融的经济金融功能与经济金融含义	全国高校经济理论与实践研讨会获选及报告论文	1997.7

序号	论文标题	发表期刊名	年/期
191	对中国金融学科发展的总体评价及当代金融学——金融经济学的看法	"世界管理论坛"	1997.9
192	面向 21 世纪的新金融观及金融可持续发展战略	"中国生产力经济学研究会知识经济文集"	1998
193	三种花钱模式的思考	"金融时报"理论版	1998.4
194	对中国金融学科发展的总体评价及当代金融学——金融经济学的看法	《中国金融学科建设与人才培养》西南财大出版社	1998.5
195	就将金融可持续发展战略纳入中国 21 世纪议程致江主席和朱总理的信	中共中央国务院办公厅	1998.5
196	论金融可持续发展	"金融时报"理论版	1998.6
197	金融也需要可持续发展	"中国改革报"理论版	1998.6
198	就将金融可持续发展战略纳入人类 21 世纪议程致联合国秘书长安南的信	"中国改革报"理论版	1998.6
199	从战略高度考虑金融可持续发展	"经济参考报"理论版	1998.7
200	欣慰之中也有遗憾	《中国金融博导》中国金融出版社	1998.8
201	推进金融可持续发展	"经济日报"理论版	1998.9
202	关于金融可持续发展理论研究的几个问题	"中国经贸展望"	1999.2
203	为学求新、为道求真	经济日报"神州学人"发表记者访谈	1999.2
204	必须树立教育产业是特种产业的观念	"经济日报"记者访谈	1999.3
205	知识经济时代的新金融资源观	"金融时报"理论版	1999.4
206	"发展教育产业扩大内需"全国理论研讨会	"经济日报"理论版	1999.6
207	世纪之交话金融——经济全球化与经济金融化的挑战	"中共辽宁省委辽宁理论与实践"	2000.1
208	中国跨入国际经济奥林匹克大赛场	"辽宁工作"	2000.2
209	世纪之交话金融——金融是什么？金融与经济的关系是怎样的？	"中共辽宁省委辽宁理论与实践"	2000.2

序号	论文标题	发表期刊名	年/期
210	世纪之交话金融——不同金融发展战略及其后果	"中共辽宁省委辽宁理论与实践"	2000.3
211	中国跨入国际经济奥林匹克大赛场——中国进入全面持久开放与振兴腾飞的新时代	"浙江金融"	2000.4
212	世纪之交话金融（四）	"中共辽宁省委辽宁理论与实践"	2000.4
213	面向 21 世纪从战略高度重新观察与审视金融问题	"经济日报"理论版	2000.6
214	世纪之初回首金融天下事势 ——金融全球化、新金融观、大国间竞争争夺和博弈的战略性新领域	"银座金融论坛"	2001
215	加入 WTO 对我国金融资源配置和金融可持续发展的影响——兼论政策性金融应发挥的作用（与崔晓峰合作）	"南方金融"	2001.1
216	面向 21 世纪的金融观	"决策与探索"	2001.1
217	新资源要素和经济增长发展理论（与杨涤合作）	"中国人口、资源与环境"	2001.4
218	加入 WTO，是跨入国际经济奥林匹克大赛场	"中华儿女"	2001.8
219	全球各国都高度关注的"强位弱势"群体	经济科学出版社中青年经济学家文库	2002.1
220	跨入国际经济金融奥林匹克大赛场的中国	《WTO 与中国金融业发展》湖南大学出版社	2002.5
221	关于金融全球化的思考	《经济金融化与中国金融开放》上海人民出版社	2002.6
222	金融全球化下的中国金融业的战略目标	"现代商业银行"	2002.7
223	从传统金融观到现代金融观	为《金融资源理论研究》一书而写的序言中国财政经济出版社	2002.8
224	金融监管理论与实践的历史性回顾与反思	中国金融出版社	2003.1

序号	论文标题	发表期刊名	年/期
225	寻找中国商业银行的创新之路	简评吕耀明新著《商业银行创新与发展》"光明日报"	2003.1
226	金融外部性与金融制度创新	为吴竞择《金融外部性与金融制度创新》一书所做序言	2003.6
227	政策性金融与商业性金融：对称、平行与并列的两大金融族类	"海外投资与出口信贷"（创刊号）	2004.1
228	从传统金融观到现代金融观的变迁	"创新盛宴"263－284页辽宁人民出版社	2004.1
229	用数学描述金融 用金融理解数学	"金融时报"理论版	2004.1
230	金融革新诉求下的民营银行	"沈阳日报"理论版	2004.1
231	亚洲债券市场发展：任重而道远（与张志文合作）	"中国外汇管理"	2004.1
232	关于国内外政策性金融理论与实践发展若干问题的对话	"银座金融论坛"	2004.2
233	2003年美元贬值和人民币升值的压力（与戴世宏合作）	"中国货币市场"	2004.3
234	中国农村现代化与农村金融体制重构	"金融经济"	2004.4
235	信贷配给政府介入与政策性金融（与王伟合作）	"浙江金融"	2004.4
236	如何重构我国农村金融体系	"国际借鉴"	2004.5
237	构建中国农村金融体制新格局	"政研时讯"	2004.5
238	中国农业政策性金融：十年历程评价与未来发展对策（与徐爱田合作）	"农业发展与金融"	2004.7
239	我国中小银行面临战略选择	"金融时报"	2004.9
240	论政府与政策性银行的关系（与王伟合作）	"武汉金融"	2005.1
241	当代西方金融理论危机背景下：金融资源学说和金融发展理论提出与增广的始末	"当代金融家"	2005.1
242	政策性金融立法的国际比较（与谭庆华合作）	"金融理论与实践"	2005.1
243	中国进出口银行战略定位和立法的时代特征与基本原则	"海外投资与出口信贷"	2005.3

序号	论文标题	发表期刊名	年/期
244	论基于金融产业的金融发展	"浙江金融"	2005.5
245	金融资源学说与金融可持续发展理论与战略提出的始末	"当代金融家"	2005.5
246	法国金融制度：由非典型的银行主导型向市场主导型演进（与常海中合作）	"金融论坛"	2005.6
247	发展亚洲债券市场：理念、难题与前景（与张志文合作）	"现代国际关系"	2005.6
248	政策性金融监督机制与结构的国际比较（与王伟合作）	《经济全球化背景下中国金融业改革与发展研讨会论文集》	2005.6
249	中国公司债券市场发展瓶颈及化解之道（与常海中合作）	"西南金融"	2006.2
250	金融结构视角下的金融稳定论（与张润林、杜欣合作）	"武汉金融"	2006.2
251	中国经济学金融学理论与教育工作者的历史任务	辽宁大学"金融评论"	2006.2
252	全球进出口政策性金融机构概况	"当代金融家"	2006.4
253	金融强国：中国的战略选择（与刘刚合作）	"经济与管理研究"	2006.6
254	农村政策性金融在建设社会主义新农村中的作用（与杜欣合作）	"西南金融"	2006.8
255	囚徒困境与信用社信贷工作的改进（与贺伯锋合作）	"浙江金融"	2007.1
256	退而更化：中国合作金融百年变迁的哲学思考	"财经理论与实践""金融评论"	2007.1
257	中国金融业对外开放进程回顾与评述（与常海中合作）	"西南金融"	2007.2
258	国债金融属性的理论分析（与汪洋合作）	"武汉金融"	2008.5
259	增长与稳定：一种福利分析框架（与赖滇滇合作）	"西南金融"	2008.6
260	我国大豆产业发展及产区信贷政策分析（与李军、张东升合作）	"经济与管理研究"	2008.8

序号	论文标题	发表期刊名	年/期
261	日德金融超前发展战略进程回顾与评述（与刘刚合作）	"西南金融"	2008.9
262	金融发展与经济增长：中国的经验研究（与张志文合作）	"南方经济"	2008.9
263	我国金融倾斜波动的实证分析（与田树喜、林艳丽合作）	"财经理论与实践"	2009.1
264	灾后恢复重建离不开政策性金融强有力的支持（与王伟合作）	"金融理论与实践"	2009.1
265	功能观视角下金融地位问题研究（与主父海英合作）	"金融理论与实践"	2009.1
266	反思美国次贷危机：启示与对策	"探索与决策"	2009.3
267	金融功能研究的回顾与总结（与白炜合作）	"财经理论与实践"	2009.5
268	通货膨胀——产出关系与货币政策最优稳定化目标（与赖滇滇合作）	"武汉金融"	2009.6
269	美元霸权和信用评级垄断支撑美国霸权（与黄鑫合作）	"高校理论战线"	2010.1
270	中美汇率博弈的根源、过程与影响（与刘刚合作）	"武汉金融"	2010.9
271	消费金融发展的理论解释与国际经验借鉴（与汪洋合作）	"金融理论与实践"	2011.1
272	国际货币体系改革的国际政治视角分析（与禹中华合作）	"区域金融研究"	2011.6
273	华尔街与山西票号经营理念比较研究（与宋陆军合作）	"区域金融研究"	2012.1
274	信用评级公共产品与国际垄断霸权——对信用评级市场本源的思考（与谭庆华合作）	"金融理论与实践"	2012.1
275	试论经济学的民族性特征	"西南金融"	2012.5
276	论政策性金融机构的资本金（与李鹏合作）	"武汉金融"	2013.1
277	再论次贷危机的根源与金融发展方式转变（与谭庆华合作）	"内蒙古金融研究"	2013.1
278	一种新金融观：人文金融观（与宋陆军合作）	"区域金融研究"	2013.3
279	一种新金融观：体制金融观（与宋陆军合作）	"西南金融"	2013.4
280	产业升级背景下商业银行煤炭领域信贷策略分析（与张雪梅合作）	"金融理论与实践"	2014.1

序号	论文标题	发表期刊名	年/期
281	合作性金融的合作动机及引致原则研究（与王京合作）	"金融理论与实践"	2014.1
282	互联网金融可持续发展研究——基于金融资源观视角（与李士涛合作）	"征信"	2014.1
283	中国农村信用社未走上合作金融道路的历史与文化视角分析（与杨焱合作）	"西南金融"	2014.1
284	金融学的人文特性及其文化阐释（与秦援晋、王臻合作）	"金融发展评论"	2014.2
285	金融危机后对金融监管理论与实践的反思（与杨秀萍合作）	"沈阳师范大学学报"	2014.3
286	在回顾与反思的基础上深化政策性金融改革（与刘了赫合作）	"西南金融"	2014.6
287	对政策性金融机构法律地位的理论思考（与王吉献合作）	"征信"	2015.5
288	论政策性金融机构的法律地位（与王吉献合作）	"金融理论与实践"	2015.5
289	股票价格为什么会高估——基于"赢者的诅咒"现象的解析（与王兴运合作）	"武汉金融"	2015.5
290	关于普惠金融的多重思考	"甘肃金融"	2015.12
291	政策性金融机构负债及所有者权益的国际比较（与张坤合作）	"南方金融"	2016.5
292	政策性金融机构财务指标的国际比较（与张坤合作）	"武汉金融"	2016.6
293	政策性金融机构资产项目的国际比较（与张坤合作）	"西南金融"	2016.7
294	日元国际化与日本的国际储备（Yen Internationalization and Japan's International Reserves）（与张志文合作）	"经济建模"（"Economic Modelling"）	2016.1
295	从传统金融观到现代金融观的变迁	《转轨时期中国经济与金融改革回顾与展望》中国金融出版社	2002.4

序号	论文标题	发表期刊名	年/期
296	白钦先经济金融论文集初版前言	白钦先经济金融论文集 中国金融出版社	1995.1
297	白钦先经济金融论文集第二版前言	白钦先经济金融论文集（一） 中国金融出版社	1999.5
298	白钦先经济金融论文集第三版前言	白钦先经济金融论文集（一二三） 中国金融出版社	2009.4
299	白钦先经济金融论文集书成自记	白钦先经济金融论文集 中国金融出版社	2009.4
300	为《各国政策性金融机构比较》一书所写的序言	《各国政策性金融机构比较》 中国金融出版社	1993.9
301	为《金融资源效率论》一书所写的序言	《金融资源效率论》 中国金融出版社	2002.2
302	为《现代金融监管丛书》所写的总序言	《现代金融监管丛书》 中国金融出版社	2003.4
303	为《中外合资银行：变迁、反思与前瞻》一书所写的序言	《中外合资银行：变迁、反思与前瞻》 中国金融出版社	2006.7
304	为《各国金融体制比较》一书所写的序言	《各国金融体制比较》 中国金融出版社	2001.6
305	为《金融虚拟性研究》一书所写的序言	《金融虚拟性研究》 中国金融出版社	2007.9
306	为《金融虚拟性演进及其正负功能研究》一书所写的序言	《金融虚拟性演进及其正负功能研究》 中国金融出版社	2007.9
307	为《金融效率论——二元视角下的理论分析与中国实证研究》一书所写的序言	《金融效率论——二元视角下的理论分析与中国实证研究》 中国金融出版社	2006.1

白钦先金融理论研究范式探究

序号	论文标题	发表期刊名	年/期
308	为《人民币汇率与中国贸易收支关系研究》一书所写的序言	《人民币汇率与中国贸易收支关系研究》中国金融出版社	2006.8
309	为《中国股票市场资源配置功能研究》一书所写的序言	《中国股票市场资源配置功能研究》中国金融出版社	2006.9
310	为《货币政策传导的信贷渠道研究》一书所写的序言	《货币政策传导的信贷渠道研究》中国金融出版社	2006.9
311	为《政策性金融功能研究——兼论中国政策性金融发展》一书所写的序言	《政策性金融功能研究——兼论中国政策性金融发展》中国金融出版社	2008.3
312	为《各国中小企业政策性金融体制比较——强位弱势群体、政府综合扶持、政策性金融支持》一书所写的序言	《各国中小企业政策性金融体制比较——强位弱势群体、政府综合扶持、政策性金融支持》中国金融出版社	2001.6
313	为《各国进出口政策性金融体制比较》一书所写的序言	《各国进出口政策性金融体制比较》中国金融出版社	2002.1
314	为《各国开发性政策性金融体制比较》一书所写的序言	《各国开发性政策性金融体制比较》中国金融出版社	2005.12
315	为《发达国家金融倾斜研究》一书所写的序言	《发达国家金融倾斜研究》中国金融出版社	2004.8
316	为《金融功能扩展与提升》一书所写的序言	《金融功能扩展与提升》中国金融出版社	2005.12
317	为《复杂系统范式视角下的金融演进与发展》一书所写的序言	《复杂系统范式视角下的金融演进与发展》中国金融出版社	2007.4

白钦先集

序号	论文标题	发表期刊名	年/期
318	为《金融产业演进与金融发展——基础理论的构建及延伸》一书所写的序言	《金融产业演进与金融发展——基础理论的构建及延伸》中国金融出版社	2006.9
319	为译著《价值投资——一种平衡分析方法》一书所写的序言	《价值投资——一种平衡分析方法》中国金融出版社	2000.2
320	为《21世纪新金融资源论——关于国民财富源泉的最新研究》一书所写的序言	《21世纪新金融资源论——关于国民财富源泉的最新研究》中国金融出版社	2004.3
321	为《中国政策性金融与商业性金融协调发展研究》一书所写的序言	《中国政策性金融与商业性金融协调发展研究》中国金融出版社	2006.5
322	为《金融发展与经济增长关系的国家经验研究》一书所写的序言	《金融发展与经济增长关系的国家经验研究》中国金融出版社	2008.11
323	为《中国农村金融体制战略性重构研究》一书所写的序言	《中国农村金融体制战略性重构研究》中国金融出版社	2007.3
324	为《中小企业信用担保体系的国际比较》一书所写的序言	《中小企业信用担保体系的国际比较》中国金融出版社	2002.12
325	为《技术引进与产业结构优化研究》一书所写的序言	《技术引进与产业结构优化研究》中国金融出版社	2004.2
326	为《跨入国际经济奥林匹克大赛场——全球化、WTO与开发中国的制胜之道》一书所写的序言	《跨入国际经济奥林匹克大赛场——全球化、WTO与开发中国的制胜之道》中国金融出版社	1999.12

白钦先金融理论研究范式探究

序号	论文标题	发表期刊名	年/期
327	为《金融相对实体经济发展的约束边界理论研究》所写的序言	《金融相对实体经济发展的约束边界理论研究》 中国社会科学出版社	2016.6

白
钦
先
集

附录3：白钦先教授人大复印报刊资料转载情况一览

序号	题目	转载期刊	源期刊
1	在回顾与反思的基础上深化政策性金融改革	《财政金融文摘》 2014 年 06 期	《西南金融》 2014.06　3－6 页
2	战后日本金融结构变迁：影响及对中国的借鉴意义	《金融与保险》 2014 年 04 期	《哈尔滨工业大学学报》 （社会科学版） 2014.01　102－109 页
3	论政策性金融机构的资本金	《金融与保险》 2014 年 01 期	《武汉金融》 2013.10　4－7 页，15 页
4	美国金融倾斜"迷失陷阱"与金融监管改革评析	《金融与保险》 2013 年 10 期	《哈尔滨工业大学学报》 （社会科学版） 2013.03　52－59 页
5	汇率波动性与本币国际化：澳大利亚元的经验研究	《世界经济导刊》 2013 年 07 期	《国际金融研究》 2013.04　52－63 页
6	信用评级、公共产品与国际垄断霸权——对信用评级市场本原的思考	《金融与保险》 2013 年 03 期	《金融理论与实践》 2012.11　6－12 页
7	我国房地产业的金融负外部性考察	《金融与保险》 2012 年 04 期	《经济评论》 2011.06　97－103 页
8	外汇储备规模与本币国际化：日元的经验研究	《世界经济导刊》 2012 年 01 期	《经济研究》 2011.10　137－149 页
9	热钱流入、资产价格波动和我国金融安全	《金融与保险》 2009 年 02 期	《当代财经》 2008.11　43－49 页
10	货币市场与资本市场的连通与协调机理研究	《金融与保险》 2008 年 02 期	《当代财经》 2007.11　49－54 页
11	我国大豆产业发展及主产区信贷政策分析	《农业经济研究》 2008 年 11 期	《经济与管理研究》 2008.08　38－43 页
12	关于金融衍生品的虚拟性及其正负功能的思考	《金融与保险》 2007 年 12 期	《财贸经济》 2007.08　27－32 页
13	中国金融业对外开放进程回顾与评述	《金融与保险》 2007 年 04 期	《西南金融》 2007.02　11－15 页
14	中国公司债券市场发展瓶颈及化解之道	《投资与证券》 2006 年 05 期	《西南金融》 2006.02　11－14 页

序号	题目	转载期刊	源期刊
15	关于美元汇率走势分析	《世界经济导刊》 2005 年 06 期	《中国货币市场》 2005.03　12－16 页
16	政策性金融立法的国际比较与借鉴	《财政金融文摘》 2006 年 03 期	《中国金融》 2006.06　57－59 页
17	我国政策性银行的运行障碍及对策思考	《财政金融文摘》 2002 年 02 期	《财贸经济》 2001.09　23－28 页
18	加入 WTO 对我国金融资源配置和金融可持续发展的影响——兼论政策性金融应发挥的作用	《金融与保险》 2001 年 04 期	《南方金融》 2006.01　28－30 页
19	从货币分析到金融分析：金融可持续发展理论的方法变革	《金融与保险》 2000 年 08 期	《华南金融研究》 2000.02　3－6 页
20	20 世纪金融监管理论与实践的回顾和展望	《金融与保险》 2000 年 08 期	《城市金融论坛》 2000.05　8－15 页
21	再论以金融资源论为基础的金融可持续发展理论	《金融与保险》 2000 年 03 期	《国际金融研究》 2000.02　7－14 页
22	论比较银行学的研究对象	《金融与保险》 1999 年 10 期	《生产力研究》 1999.04　10－13 页
23	比较银行学的研究对象及方法	《金融与保险》 1999 年 06 期	《经济学家》 1999.02　6－10 页
24	知识经济时代的新金融资源观	《金融与保险》 1999 年 05 期	《金融时报》 1999.04　6 页
25	经济全球化和经济金融化的挑战与启示	《财政金融文摘》 1996 年 07 期	《世界经济》 1999.06　11－19 页
26	建立面向 21 世纪的金融可持续发展观	《金融与保险》 1998 年 11 期	《城市金融论坛》 1998.08　2－10 页
27	产融结合、主办银行与重塑银企关系	《金融与保险》 1997 年 12 期	《城市金融论坛》 1997.10　7－11 页
28	通货膨胀问题的中外比较及当前我国通货膨胀的特点原因与对策	《金融与保险》 1995 年 07 期	《国际金融研究》 1995.01　47－50 页

参考文献

［1］白钦先，白炜．金融功能研究的回顾与总结［J］．财经理论与实践，2009（5）．

［2］白钦先，蔡庆丰．金融虚拟化的道德风险及其市场影响：次贷危机的深层反思［J］．经济学家，2009（5）．

［3］白钦先，常海中．关于金融衍生品的虚拟性及正负功能的思考［J］．财贸经济，2007（8）．

［4］白钦先，常海中．法国金融制度：由非典型的银行主导型向市场主导型演进［J］．金融论坛，2005（6）．

［5］白钦先，常海中．关于现代金融发展趋势下金融安全问题的深层思考［J］．东岳论丛，2006（6）．

［6］白钦先，常海中．中国公司债券市场发展瓶颈及化解之道［J］．西南金融，2006（2）．

［7］白钦先，常海中．中国金融业对外开放进程回顾与评述［J］．西南金融，2007（2）．

［8］白钦先，陈阳，彭智．农村社会保障金融体系的国际比较与借鉴：金融功能视角［J］．广东金融学院院报，2007（6）．

［9］白钦先，崔晓峰．加入WTO对我国金融资源配置和金融可持续发展的影响——兼论政策性金融应发挥的作用［J］．南方金融，2001（1）．

［10］白钦先，戴世宏．2003年美元贬值和人民币升值压力［J］．中国货币市场，2004（3）．

［11］白钦先，戴世宏．关于美元汇率走势分析［J］．日本研究，2005（3）．

［12］白钦先，丁志杰．产融结合主办银行与重塑银企关系［J］．城市金融论坛，1997（1）．

［13］白钦先，丁志杰．论金融可持续发展［J］．国际金融研究，

1998 (5).

[14] 白钦先, 董亮. 我国地方政府融资平台的风险及治理研究 [J]. 辽宁大学学报, 2012 (4).

[15] 白钦先, 杜欣. 农村政策性金融在建设社会主义新农村中的作用 [J]. 西南金融, 2006 (8).

[16] 白钦先, 高霞. 普惠金融发展的思考 [J]. 中国金融, 2016 (2).

[17] 白钦先, 高霞. 日本产业结构变迁与金融支持政策分析 [J]. 现代日本经济, 2015 (3).

[18] 白钦先, 耿立新. 关于国家开发银行和中国进出口银行战略定位与立法的若干问题 [J]. 中国金融, 2005 (10).

[19] 白钦先, 耿立新. 日本近 150 年来政策性金融的发展演变与特征 [J]. 日本研究, 2005 (3).

[20] 白钦先, 贺伯峰. 囚徒困境与信用社信贷工作的改进 [J]. 浙江金融, 2007 (1).

[21] 白钦先, 胡巍. 试论综合视角下的农村合作金融改革——基于哲学、历史、人文、经济与社会的综合视角 [J]. 经济问题, 2014 (9).

[22] 白钦先, 黄鑫. 美国信用评级认可制度的多视角分析及启示 [J]. 上海金融, 2010 (1).

[23] 白钦先, 黄鑫. 美元霸权和信用评级垄断支撑美国霸权 [J]. 高校理论战线, 2010 (1).

[24] 白钦先, 黄鑫. 信用评级公共产品与国际垄断霸权 [J]. 金融理论与实践, 2012 (1).

[25] 白钦先, 剑眉. 论政策性金融与商业性金融的相互关系 [J]. 上海金融, 2005 (1).

[26] 白钦先, 赖溟溟. 货币政策稳定化作用机制的演进: 理论综述 [J]. 经济评论, 2009 (5).

[27] 白钦先, 赖溟溟. 通货膨胀——产出关系与货币政策最优稳定化目标 [J]. 武汉金融, 2009 (6).

[28] 白钦先, 赖溟溟. 增长与稳定: 一种福利分析框架 [J]. 西南金融, 2008 (6).

[29] 白钦先, 李安勇. 试论西方货币政策传导机制理论 [J]. 国际金融研究, 2003 (6).

白钦先集

［30］白钦先，李钧，张东升．我国大豆产业发展及产区信贷政策分析［J］．经济与管理研究，2008（8）.

［31］白钦先，李钧．我国政策性金融立法及相关问题研究［J］．上海金融，2005（1）.

［32］白钦先，李鹏．论政策性金融机构的资本金［J］．武汉金融，2013（1）.

［33］白钦先，李士涛．互联网金融可持续发展研究——基于金融资源观视角［J］．征信，2014（1）.

［34］白钦先，林广明．银行业出口信用业务的约束条件与我国的战略转变［J］．上海金融，2001（1）.

［35］白钦先，刘刚．对完善汇率形成机制的解读［J］．日本研究，2005（8）.

［36］白钦先，刘刚．金融强国：中国的战略选择［J］．经济与管理研究，2006（6）.

［37］白钦先，刘刚．日德金融超前发展战略进程回顾与评述［J］．西南金融，2008（9）.

［38］白钦先，刘刚．中美汇率博弈的根源、过程与影响［J］．武汉金融，2010（9）.

［39］白钦先，刘子赫．在回顾与反思的基础上深化政策性金融改革［J］．西南金融，2014（6）.

［40］白钦先，秦援晋，王臻．金融学的人文特性及其文化阐释［J］．金融发展评论，2014（2）.

［41］白钦先，秦援晋，王臻．经济学、金融学的人文特性及其文化阐释［J］．经济评论，2008（1）.

［42］白钦先，秦援晋．退而更化：中国合作金融百年变迁的哲学思考［J］．财经理论与实践，2007（1）.

［43］白钦先，宋陆军．华尔街与山西票号经营理念比较研究［J］．区域金融研究，2012（1）.

［44］白钦先，宋陆军．一种新金融观：人文金融观［J］．区域金融研究，2013（3）.

［45］白钦先，宋陆军．一种新金融观：体制金融观［J］．西南金融，2013（4）.

［46］白钦先，孙伟祖．论基于金融产业的金融发展［J］．浙江金融，

2005（5）.

［47］白钦先，谭庆华. 论金融功能演进与金融发展［J］. 金融研究，2006（7）.

［48］白钦先，谭庆华. 金融虚拟化与金融共谋共犯结构——对美国次贷危机的深层反思［J］. 东岳论丛，2010（4）.

［49］白钦先，谭庆华. 再论次贷危机的根源与金融发展方式转变［J］. 内蒙古金融研究，2013（1）.

［50］白钦先，谭庆华. 政策性金融功能再界定：功能演进视角［J］. 生产力研究，2006（1）.

［51］白钦先，谭庆华. 中小企业金融支持模式与现实思考［J］. 华南金融研究，2003（5）.

［52］白钦先，谭庆华. 政策性金融立法的国际比较与借鉴［J］. 中国金融，2006（6）.

［53］白钦先，汪洋. 国债金融属性的理论分析［J］. 武汉金融，2008（5）.

［54］白钦先，汪洋. 货币市场与资本市场的连通与协调机理研究［J］. 当代财经，2007（1）.

［55］白钦先，汪洋. 金融变革中的中国国债市场功能定位与发展策略［J］. 广东金融学院学报，2008（1）.

［56］白钦先，王吉献. 对政策性金融机构法律地位的理论思考［J］. 征信，2015（5）.

［57］白钦先，王京. 合作性金融的合作动机及引致原则研究［J］. 金融理论与实践，2014（1）.

［58］白钦先，王伟. 开发性政策性金融的理论与实践探析［J］. 财贸经济，2002（4）.

［59］白钦先，王伟. 论政策性金融可持续发展必须实现的六大协调均衡［J］. 金融研究，2004（7）.

［60］白钦先，王伟. 科学认识政策性金融制度［J］. 财贸经济，2010（8）.

［61］白钦先，王伟. 论政府与政策性银行的关系［J］. 武汉金融，2005（1）.

［62］白钦先，王伟. 我国早期的政策性金融及其启示［J］. 银行与企业，1997（5）.

［63］白钦先，王伟．信贷配给政府介入与政策性金融［J］．浙江金融，2004（4）．

［64］白钦先，王伟．政策性金融监督机制与结构的国际比较［J］．国际金融研究，2005（5）．

［65］白钦先，王伟．政策性金融立法的国际比较［J］．金融理论与实践，2005（12）．

［66］白钦先，王兴运．股票价格为什么会高估——基于"赢者的诅咒"现象的解析［J］．武汉金融，2015（5）．

［67］白钦先，王兆刚．体制变革的风险与可持续发展［J］．日本学刊，1999（2）．

［68］白钦先，文豪．论三维金融架构——哲学的人文的历史的与经济社会综合视角的研究［J］．东岳论丛，2013（6）．

［69］白钦先，武飞甫．政策性金融发展新阶段——以中国农业发展银行为例［J］．中国金融，2015（5）．

［70］白钦先，徐爱田．金融虚拟性命题及其理论渊源［J］．辽宁大学学报，2004（4）．

［71］白钦先，徐爱田．进出口政策性金融对中小企业支持的国际比较［J］．国际贸易问题，2003（1）．

［72］白钦先，徐爱田．中国农业政策性金融：十年历程评价与未来发展对策［J］．农业发展与金融，2004（7）．

［73］白钦先，徐沛．当代金融理论中的股票市场：功能与作用条件的再认识［J］．金融研究，2003（3）．

［74］白钦先，薛誉华．百年来的全球金融业并购：经济全球化、金融全球化和金融自由化的体现［J］．上海金融，2001（7）．

［75］白钦先，薛誉华．百年全球金融业并购：历程、变迁及其效应［J］．国际金融研究，2001（7）．

［76］白钦先，薛誉华．经济全球化、金融全球化和金融自由化的演进——美国银行业百年并购的回顾与启示［J］．金融论坛，2001（4）．

［77］白钦先，薛誉华．我国政策性银行的运行障碍及对策思考［J］．财贸经济，2001（9）．

［78］白钦先，杨涤．新资源要素和经济增长发展理论［J］．中国人口、资源与环境，2001（4）．

［79］白钦先，杨秀萍．金融危机后对金融监管理论与实践的反思

〔J〕．沈阳师范大学学报，2014（3）．

〔80〕白钦先，杨炎．中国农村信用社未走上合作金融道路的历史与文化视角分析〔J〕．西南金融，2014（1）．

〔81〕白钦先，禹钟华．国际货币体系改革的国际政治视角分析〔J〕．区域金融研究，2011（6）．

〔82〕白钦先，张敖．美元霸权的危机转嫁机制研究——一个简单的数理模型〔J〕．财贸经济，2011（9）．

〔83〕白钦先，张坤．政策性金融机构财务指标的国际比较〔J〕．武汉金融，2016（6）．

〔84〕白钦先，张坤．论政策性金融的本质特征——公共性〔J〕．中央财经大学学报，2015（9）．

〔85〕白钦先，张坤．政策性金融公共性与财政公共性的比较研究〔J〕．中央财经大学学报，2014（1）．

〔86〕白钦先，张坤．政策性金融机构负债及所有者权益的国际比较〔J〕．南方金融，2016（5）．

〔87〕白钦先，张坤．政策性金融机构资产项目的国际比较〔J〕．西南金融，2016（7）．

〔88〕白钦先，张坤．中国政策性金融廿年纪之十辨文〔J〕．东岳论丛，2014（1）．

〔89〕白钦先，张磊．美国金融倾斜"迷失陷阱"与金融监管改革研究〔J〕．哈尔滨工业大学学报，2013（3）．

〔90〕白钦先，张磊．战后日本金融结构变迁：影响及对中国的借鉴意义〔J〕．哈尔滨工业大学学报，2014（1）．

〔91〕白钦先，张荔．百年来的金融监管：理论演化、实践变迁及前景展望〔J〕．国际金融研究，2000（1）．

〔92〕白钦先，张荔．百年来的金融监管：理论演化、实践变迁及前景展望（续）〔J〕．国际金融研究，2000（2）．

〔93〕白钦先，张润林，杜欣．金融结构视角下的金融稳定论〔J〕．武汉金融，2006（2）．

〔94〕白钦先，张雪梅．产业升级背景下商业银行煤炭领域信贷策略分析〔J〕．金融理论与实践，2014（1）．

〔95〕白钦先，张志文．外汇储备规模与本币国际化：日元的经验研究〔J〕．经济研究，2011（10）．

［96］白钦先，张志文. 金融发展与经济增长：中国的经验研究［J］. 南方经济，2008（9）.

［97］白钦先，张志文. 人民币汇率变动对 CPI 通胀的传递效应研究［J］. 国际金融研究，2011（1）.

［98］白钦先，张志文. 亚洲债券市场发展：任重而道远［J］. 中国外汇管理，2004（1）.

［99］白钦先，主父海英. 功能观视角下金融地位问题研究［J］. 金融理论与实践，2009（1）.

［100］白钦先，主父海英. 金融阈值视角下的金融危机——从美国次贷危机看被漠视的金融临界点［J］. 财贸经济，2009（9）.

［101］白钦先，主父海英. 我国房地产业的金融负外部性考察［J］. 经济评论，2011（1）.

［102］白钦先. 20 世纪金融监管理论与实践的回顾与展望［J］. 城市金融论坛，2000（5）.

［103］白钦先. 经济全球化和经济金融化的挑战与启示［J］. 世界经济，1999（6）.

［104］白钦先. 商业性金融、政策性金融：一石二鸟双优化［N］. 人民日报理论版，2004（4）.

［105］白钦先. 世纪之交：世界经济回顾与展望——金融全球化一把双刃剑［J］. 求是，2001（1）.

［106］白钦先，王吉献. 论政策性金融机构的法律地位［J］. 金融理论与实践，2015（5）.

［107］白钦先. 百年金融的历史性变迁［J］. 国际金融研究，2003（2）.

［108］白钦先. 比较银行学的研究对象与研究方法［J］. 财经科学，1999（2）.

［109］白钦先. 必须将金融启动提高到战略高度［J］. 中共辽宁省委咨询文摘，1995（1）.

［110］白钦先. 澄清有关政策性金融的几点认识［J］. 中国金融，2004（3）.

［111］白钦先. 创新是学术研究的灵魂［J］. 中国金融，2012（6）.

［112］白钦先. 从货币分析到金融分析：金融可持续发展理论的方法变革［J］. 华南金融研究，2000（2）.

[113] 白钦先. 从战略高度考虑金融可持续发展 [N]. 经济参考报理论版, 1998 (7).

[114] 白钦先. 当前经济金融形势分析 [J]. 华南金融研究, 2000 (3).

[115] 白钦先. 东南亚货币危机给我们的启示与借鉴 [J]. 辽宁财税, 1998 (1).

[116] 白钦先. 对中国金融学科发展的总体评价及当代金融学——金融经济学的看法 [J]. 世界管理论坛, 1997 (9).

[117] 白钦先. 发展教育产业扩大内需 [N]. 经济日报理论版, 1999 (6).

[118] 白钦先. 各国银行与工商企业关系的比较研究 [J]. 辽宁大学学报, 1989.

[119] 白钦先. 构筑我国政策性金融体系的思考 [J]. 中国金融, 1994 (1).

[120] 白钦先. 关于发展和完善进出口银行资金筹集和外部结构的几个问题 [R]. 中国进出口银行促进机电产品成套设备出口政策性金融座谈会特约报告, 1995 (1).

[121] 白钦先. 关于发展和完善中国进出口银行资金筹集和外部结构若干问题的建议 [J]. 中国金融, 1996 (5).

[122] 白钦先. 关于搞活国有大中型企业的深层思考 [J]. 内蒙古财经学院学报, 1992 (3).

[123] 白钦先. 关于关贸总协定的综合分析及对我国的影响 [J]. 改革之声, 1992 (14).

[124] 白钦先. 关于建立和发展中国期货市场的多层思考 [J]. 山西财经学院学报, 1995 (2).

[125] 白钦先. 关于金融可持续发展理论研究的几个问题 [J]. 中国经贸展望, 1999 (2).

[126] 白钦先. 关于辽东半岛对外开放应注意的若干问题 [J]. 中共辽宁省委咨询文摘, 1990 (7).

[127] 白钦先. 关于普惠金融的多重思考 [J]. 甘肃金融, 2015 (12).

[128] 白钦先. 关于实施科教兴沈战略的几点建议 [J]. 辽宁省委省政府, 1995 (7).

[129] 白钦先. 关于制定好我省经济与社会发展"八五"规划和十年规划的再建议 [J]. 中共辽宁省委咨询文摘, 1991 (3).

[130] 白钦先. 关于制定我省"九五"规划和2010年远景规划"金融启动战略"的建议 [J]. 中共辽宁省委咨询文摘, 1995 (1).

[131] 白钦先. 国际经济金融活动对我国经济与社会发展稳定的负面影响 [N]. 经济日报理论版, 1994 (8).

[132] 白钦先. 国内外政策性金融理论与实践若干问题的思考 [J]. 广东金融学院学报, 2005 (1).

[133] 白钦先. 加强对记账外汇结算的研究及控制管理 [J]. 辽宁大学学报, 1986 (10).

[134] 白钦先. 建立东北及东北亚区域性金融中心和金融市场的构想与对策 [J]. 辽宁投资, 1992 (5).

[135] 白钦先. 建立面向21世纪的金融可持续发展观 [J]. 城市金融论坛, 1998 (8).

[136] 白钦先. 借鉴各国成功经验尽速构筑我国政策性金融体系 [J]. 高校理论参考, 1993 (1).

[137] 白钦先. 金融革新诉求下的民营银行 [N]. 沈阳日报理论版, 2004 (1).

[138] 白钦先. 金融结构、金融功能演进与金融发展理论的研究历程 [J]. 经济评论, 2005 (3).

[139] 白钦先. 金融也需要可持续发展 [N]. 中国改革报理论版, 1998 (6).

[140] 白钦先. 金融资源学说与金融可持续发展理论与战略提出的始末 [J]. 当代金融家, 2005 (5).

[141] 白钦先. 经济金融理论传承与创新的心路历程 [J]. 辽宁大学学报, 2012 (5).

[142] 白钦先. 经济全球化与经济金融化的挑战 [J]. 中共辽宁省委辽宁理论与实践, 2000 (1).

[143] 白钦先. 就将金融可持续发展战略纳入人类21世纪议程致联合国秘书长安南的信 [N]. 中国改革报理论版, 1998 (6).

[144] 白钦先. 中国跨入国际经济奥林匹克大赛场 [J]. 浙江金融, 2000 (4).

[145] 白钦先. 历史的回顾与现实的思考——近百年来经济与社会发

展中的日本金融［J］．日本学刊，1996（8）．

　　［146］白钦先．论比较银行学的研究对象［J］．生产力研究，1999（4）．

　　［147］白钦先．论国际结算方式［J］．国际贸易，1985（5）．

　　［148］白钦先．论金融可持续发展［N］．金融时报理论版，1998（6）．

　　［149］白钦先．论以金融资源学说为基础的金融可持续发展理论与战略——兼论传统金融观到现代金融观的变迁［J］．广东商学院学报，2003（5）．

　　［150］白钦先．论政策性金融的经济金融功能与经济金融含义［R］．全国高校经济理论与实践研讨会获选及报告论文，1997（7）．

　　［151］白钦先．美国联邦储备制度面临的问题和改革的趋势［J］．国际金融研究，1986（4）．

　　［152］白钦先．面向21世纪从战略高度审视与处理金融问题［J］．国际金融研究，2000（12）．

　　［153］白钦先．面向21世纪从战略高度重新观察与审视金融问题［N］．经济日报理论版，2000（6）．

　　［154］白钦先．面向21世纪的新金融观及金融可持续发展战略［R］．中国生产力经济学研究会知识经济文集，1998．

　　［155］白钦先．破釜沉舟背水一战彻底转变模式［J］．中共沈阳市委决策参考，1991（8）．

　　［156］白钦先．浅议美国的州级银行监督管理体制［N］．金融时报理论版，1991（1）．

　　［157］白钦先．三种花钱模式的思考［N］．金融时报理论版，1998（4）．

　　［158］白钦先．世纪金融的历史性变迁与以金融资源学说为基础的金融可持续发展理论与战略［J］．广东商学院学报，2003（10）．

　　［159］白钦先．世纪之交话金融——不同金融发展战略及其后果［J］．中共辽宁省委辽宁理论与实践，2000（3）．

　　［160］白钦先．世纪之交话金融——金融是什么？金融与经济的关系是怎样的？［J］．中共辽宁省委辽宁理论与实践，2000（2）．

　　［161］白钦先．试论经济学的民族性特征［J］．西南金融，2012（5）．

［162］白钦先．通货膨胀问题的中外比较及当前我国通胀的特点、原因与对策［J］．国际金融研究，1995（1）．

［163］白钦先．推进金融可持续发展［N］．经济日报理论版，1998（9）．

［164］白钦先．外部因素对我国通胀的影响［N］．经济日报理论版，1995（2）．

［165］白钦先．外汇资金调度管理的依据和方法［J］．辽宁大学学报，1986（5）．

［166］白钦先．外延扩张型经济模式的特征与后果［R］．全国高校第七次社会主义市场经济研讨会大会报告论文，1993（8）．

［167］白钦先．围绕银行业务交叉的多层思考［J］．中国投资管理，1991（7）．

［168］白钦先．我国同关贸总协定关系的若干问题与对策［J］．中共沈阳市委决策参考，1992（2）．

［169］白钦先．我国银行外汇业务交叉的种种问题与对策［J］．国际金融研究，1991（1）．

［170］白钦先．我国中小银行面临战略选择［N］．金融时报，2004（9）．

［171］白钦先．以高瞻远瞩高度负责的科学态度为写出独具特色的高校教材而呕心沥血［R］．辽宁大学教材编译经验谈，1991（8）．

［172］白钦先．以金融资源学说为基础的金融可持续发展理论与战略——理论研究的逻辑［J］．华南金融研究，2003（3）．

［173］白钦先．以市场经济原则重新构筑中国的银行体制（上）［J］．金融理论与实践，1993（12）．

［174］白钦先．以市场经济原则重新构筑中国的银行体制（下）［J］．金融理论与实践，1994（1）．

［175］白钦先．以市场经济原则重新构筑中国的银行体制［R］．社会主义市场经济体制的基本理论与实践论坛，1993（11）．

［176］白钦先．银行的外汇业务集中经营更有效［N］．经济参考报理论版，1990（11）．

［177］白钦先．银行与工商企业关系的多层思考［J］．新金融，1992（1）．

［178］白钦先．影响我国通胀的外部因素［J］．经济学消息，1995

（3）.

［179］白钦先. 应慎重处理主办银行制［N］. 中华工商时报，1996
（1）.

［180］白钦先. 用数学描述金融　用金融理解数学［N］. 金融时报理论版，2004（1）.

［181］白钦先. 有关美国银行制度的几个问题——应国际金融杂志社之邀答中国银行上海市分行王社明问［J］. 国际金融研究，1986.

［182］白钦先. 再论金融可持续发展［J］. 中国金融，1998（7）.

［183］白钦先. 再论以金融资源论为基础的金融可持续发展理论：范式转换、理论创新和方法变革［J］. 国际金融研究，2000（2）.

［184］白钦先. 政策性金融论［J］. 经济学家，1998（3）.

［185］白钦先. 知识经济时代的新金融资源观［N］. 金融时报理论版，1999（4）.

［186］白钦先. 制定我国银行法应遵循的基本原则［N］. 经济参考报理论版，1991（2）.

［187］白钦先. 中国金融体制改革的理论与实践［J］. 上海金融，1986（5）.

［188］白钦先. 中国进出口银行战略定位和立法的时代特征与基本原则［J］. 海外投资与出口信贷，2005（3）.

［189］白钦先. 中国经济学金融学理论与教育工作者的历史任务［J］. 广东金融学院学报，2007（3）.

［190］白钦先. 中国农村金融体制的战略性重构重组与重建［J］. 中国金融，2004（1）.

［191］白钦先. 中国农村现代化与农村金融体制重构［J］. 金融经济，2004（4）.

［192］白钦先. 中国银行企业化改革的关键一步——商业性业务与政策性业务的分离分立［R］. 东北国际金融学会年会大会报告论文，1992.

［193］白钦先. 转变模式综合治理是搞好大中型企业的根本出路［J］. 中共辽宁省委咨询文摘，1991（6）.

［194］白钦先. 转型发展中的金融改革、制度、危机与增长［J］. 经济评论，2013（4）.

［195］蔡洋萍. 湘鄂豫中部三省农村普惠金融发展评价分析［J］. 农业技术经济，2015（2）.

［196］曾建平．西方机械论自然观兴衰之省察［J］．湖北大学学报，2006（6）．

［197］曾康霖，吴晓灵，白钦先，陈雨露，王广谦．海纳百川雪峰千仞——庆祝黄达教授九十华诞笔会［J］．金融研究，2015（7）．

［198］常江．当代中国马克思主义哲学研究范式反思［J］．社会科学战线，2010（7）．

［199］丁杰．互联网金融与普惠金融的理论及现实悖论［J］．财经科学，2015（6）：1－10.

［200］丁志杰，王秀山，白钦先．金融体系重组中国有银行产权改革的国际经验［J］．国际金融研究，2002（4）．

［201］樊小军．早期社会科学的三种范式及其哲学基础［D］．山西大学，2009.

［202］郭爱妹．交错性：人文社会科学研究的新范式［J］．国外社会科学，2015（11）．

［203］郭田勇，丁潇．普惠金融的国际比较研究——基于银行服务的视角［J］．国际金融研究，2015（2）：55－64.

［204］何琛．县域普惠金融可持续发展中的金融创新［D］．浙江大学，2015（5）．

［205］何德旭，苗文龙．金融排斥、金融包容与中国普惠金融制度的构建［J］．财贸经济，2015（3）：5－16.

［206］赫国胜，白钦先，张荔，徐明威．反思国际金融危机推动中国金融可持续发展［J］．经济研究，2010（12）．

［207］胡巍，白钦先．人民币国际化背景下的 SDR 定值问题研究［J］．河北经贸大学学报，2015（12）．

［208］胡文涛．普惠金融发展研究：以金融消费者保护为视角［J］．经济社会体制比较，2015（1）：91－100.

［209］黄玉兰．中国哲学史学科范式的历史考察［D］．湘潭大学，2014（5）．

［210］肯尼斯·贝利．现代社会科学研究方法［M］．上海：上海人民出版社，1986.

［211］拉瑞·劳丹．进步及其问题［M］．北京：华夏出版社，1991.

［212］赖溟溟，白钦先．我国居民消费的财富效应的实证分析［J］．上海金融，2008（8）．

［213］李鹏，白钦先．战略能力、技术创新与中小企业发展［J］．经济问题，2014（6）.

［214］李学明．论人文社会科学共同体的基本特征［J］．吉首大学学报，2000（1）.

［215］刘刚，白钦先．基于对WTO分析的金融强国战略研究［J］．经济问题，2010（1）.

［216］刘刚，白钦先．热钱流入、资产价格波动和我国金融安全［J］．当代财经，2008（1）.

［217］刘洁蓉．河北省农村普惠金融发展研究［D］．河北师范大学，2016（5）.

［218］卢颖，白钦先．中国金融资源地区分布差异演变分析［J］．山西财经大学学报，2009（8）.

［219］卢颖，白钦先．中国金融资源地区分布中的政府权力影响［J］．广东金融学院学报，2009（4）.

［220］马建霞．普惠金融促进法律制度研究［D］．西南政法大学，2012（10）.

［221］欧阳康．人文社会科学哲学［M］．武汉：武汉大学出版社，2001.

［222］欧阳康．新世纪我国人文社会科学研究的范式转换与方法论创新［J］．人文社会科学评论，2003（4）.

［223］秦金亮．国外社会科学两种研究范式的对峙与融合［J］．山西师大学报，2002（2）.

［224］沈军，白钦先．金融结构、金融功能与金融效率——一个基于系统科学的新视角［J］．财贸经济，2006（7）.

［225］沈军，白钦先．中国虚拟经济的关联性与价格波动研究［J］．财贸经济，2008（9）.

［226］沈军，白钦先．论金融研究方法论的范式转换——兼论对金融发展理论的启示［J］．经济评论，2006（5）.

［227］沈军，白钦先．中德贸易与金融发展比较［J］．国际贸易问题，2013（7）.

［228］沈军，白钦先．中国金融体系效率与金融规模［J］．技术经济数量经济研究，2013（8）.

［229］孙正聿．三组基本范畴与三种研究范式——当代中国马克思主

义哲学研究的历史与逻辑［J］. 社会科学战线，2011（3）.

［230］田树喜，白钦先，曾奕. 股指期货市场风险衍生机制的实证分析［J］. 山西财经大学学报，2008（1）.

［231］田树喜，白钦先，林艳丽. 我国金融倾斜波动的实证分析［J］. 财经理论与实践，2009（1）.

［232］田树喜，白钦先. 股指期货市场金融加速器效应的实证分析［J］. 上海金融，2010（4）.

［233］田树喜，白钦先. 金融约束、金融倾斜与经济增长［J］. 上海金融，2012（1）.

［234］田树喜，白钦先. 中国金融倾斜的计量检验［J］. 上海金融，2007（1）.

［235］田树喜，白钦先. 中国金融倾斜加速器效应的计量检验与博弈分析［J］. 上海金融，2009（7）.

［236］托马斯·库恩. 必要的张力［M］. 北京：北京大学出版社，2004.

［237］汪信砚. 倡导和发展马克思主义哲学中国化研究范式［J］. 河北学刊，2007（6）.

［238］汪洋，白钦先. 消费金融发展的理论解释与国际经验借鉴［J］. 金融理论与实践，2011（1）.

［239］王峰，殷正坤. 社会科学范式与自然科学范式特征的比较研究［J］. 科学技术与辩证法，1996（6）.

［240］王婧，胡国晖. 中国普惠金融的发展评价及影响因素分析［J］. 金融论坛，2013（6）：31－36.

［241］王南湜. 马克思哲学阐释中的黑格尔主义批判——对中国马克思主义哲学研究范式变化的一种透视［J］. 社会科学战线，2008（3）.

［242］王伟，白钦先. 灾后恢复重建离不开政策性金融强有力的支持［J］. 金融理论与实践，2009（1）.

［243］王伟光，陈锡文，李扬等. “十二五”时期我国经济社会发展改革问题笔谈［J］. 经济研究，2010（1）.

［244］王兴运，白钦先. 系统风险 β 系数可靠性分析［J］. 当代财经，2015（5）.

［245］吴国盛. 追思自然：从自然辩证法到自然哲学［M］. 沈阳：辽海出版社，1998.

［246］谢青松．构建中国特色哲学社会科学：意义、要求及范式［J］．云南社会科学，2016（9）．

［247］星焱．普惠金融——一个基本理论框架［J］．国际金融研究，2016（9）：22－37．

［248］徐明明．论社会科学范式［J］．自然辩证法研究，1996（12）．

［249］杨驰．落实消费者权益保护践行普惠金融理念［J］．武汉金融，2016（11）：60．

［250］杨秀萍，白钦先．金融边界理论初探［J］．金融评论，2015（12）．

［251］姚勇．金融学的范式、理论和方法：历史考察与现实审视［J］．经济评论，2000（11）．

［252］张博．论近代科学范式形成的自然哲学基础［D］．哈尔滨工业大学，2008（6）．

［253］张嘉．从宏观和战略层面理解政策性金融［J］．上海金融，2004（3）．

［254］张娟．山西普惠金融水平测度评价及影响因素分析［D］．山西大学，2015（6）．

［255］张殷全．化学论哲学、机械论哲学、有机哲学与近代化学的建立［J］．化学通报，2004（10）．

［256］张志文，白钦先．东亚经济、一体化贸易投资自由化与货币金融合作［J］．上海金融，2004（4）．

［257］张志文，白钦先．发展亚洲债券市场：理念、难题与前景［J］．现代国际关系，2005（6）．

［258］张志文，白钦先．公司债券市场发展与经济增长：韩国的经验研究［J］．经济学家，2007（3）．

［259］张志文，白钦先．汇率波动性与本币国际化：澳大利亚元的经验研究［J］．国际金融研究，2013（4）．

［260］张志文，白钦先．通货膨胀的决定因素：中国的经验研究［J］．上海金融，2011（6）．

［261］周孟亮，李明贤．普惠金融与"中国梦"：思想联结与发展框架［J］．农业经济问题，2012（3）：11－20．

［262］主父海英，白钦先．国际金融危机中对金融负外部性的考察

［J］．上海金融，2009（1）．

［263］庄友刚．当代中国马克思主义哲学研究范式转换的基础与原则［J］．河北学刊，2007（11）．

［264］孙国茂，安强身．普惠金融组织与普惠金融发展研究［M］．北京：中国金融出版社，2017．

［265］ALEEM. Imperfect Information, Screening and the Costs of Informal Lending: A Study of Rural Credit Markets in Pakistan, World Bank Economic Review, 1990, 4（3）.

［266］ANDERS ISAKSSON. The Importance of Informal Finance in Kenyan Manufacturing, SIN Working Paper Series, 2002（5）.

［267］ANDERS ISAKSSON. The Importance of Informal Finance in Kenyan Manufacturing, The United Nations Industrial Development Organization Working Paper No. 5, May 2002.

［268］ARDENER. The Comparative Study of Rotating Credit Associations, Journal of Royal Anthropology, 1964（94）.

［269］ARORA. R. U. Measuring Financial Access［R］. Griffith University. Discussion Paper in Economics, 2010（7）：1－21.

［270］ARTURO ESTRELLA. Bank Capital and Risk: Is Voluntary Disclosure Enough?［J］. Journal of Financial Service Research, 2004（26）：146－160.

［271］ARYEETEY. Informal Finance for Private Sector Development in Sub－Saharan Africa, Journal of Microfinance , 2005（1）.

［272］ATIENO. Institutional Policies and Access to Credit by Smallholder Households: The Case of Formal Credit Institutions in Kenya and Lessons from Informal Lenders, Nordic Africa Institute, Upsala, Sweden, at Rosendal, Norway, 1998.

［273］B1ACK B. S & GILSON R. J. Venture capital and the structure of capital markets: bank versus stock markets, Journal of Financial Economics, 1998（47）.

［274］BANERJEE A V, BESLEY T, GUINNANE T. W. The Neighbor's Keeper: the Design of a Credit Cooperative with Theory and a Test, Quarterly Journal of Economics, 1994, 109（2）.

［275］BLAIR W. KEEFE AND STEPBANE J. FOURNIER. Canda Adopts Major Revisions to its Financial Institution Legislation [J]. Law and Business Review of the Americas, 2002 (10): 200 –203.

[276] BROCK. W. A. AND D. S. EVANS: the Economics of Small Firms, New York: Holmes and Meier, 1986.

[277] BRUCE G. CARRUTHERS AND LAURA ARIOVICH. Money and Credit: A Sociological Approach. Cambridge [M]. Polity Press, 2010.

[278] BRUCE RICH: Established Common Elements of International Good Practice for Environmental Assessment – Background Memorandum for Pre – sentation to the OECD Trade Directorate Working Party on Export Credits and Credit Guarantees, Environmental Defense Fund, Paris, October 26, 1999.

[279] CGAP. Access for all: Building Inclusive Financial Systems [M]. Washington D. C: CGAP, 2006 (6) .

[280] Collins English Dictionary. Copyright HarperCollins Publishers.

[281] D. S. BYRNE. Complexity Theory and the social Science: An introduction [M]. New York, Routledge, 1998.

[282] DARIUS PALIA. The Impact of Capital Requirements and Management Compensation on Bank Charter Value [J]. Review of Quantitative Finance and Accounting, 2004 (23): 191 –206.

[283] DEMIRGUC – KUNT & KLAPPER. Measuring Financial Inclusion: The Global Findex Database [R]. Policy Research Working Paper Series No. 6025, 2012 (4) .

[284] DEVENDRA PRATAP SHAH. Reforming an Agricultural Development Bank, Insights from an ex Bank CEO in Nepal, Kathmandu, August 2003.

[285] DEVLIN. Detailed study of financial exclusion in the UK [J]. Journal of Consumer Policy, 2005 (28): 75 –108.

[286] DIAMOND, DYBVIG. Bank Runs , Deposit Insurance and Liquidity, Journal of Political Economy, 1983.

[287] DIMITRI VITTAS, AKIHIKO KAWAURA. Policy Based Finance, Financial Regulation and Financial Sector Development in Japan [J]. the World Bank Policy Research Working Paper, No. 1443, 1995.

[288] E. ZEDILLO, Report of the High – Level Panel on Financing for Development [R]. Report Commissioned by the Secretary – General of the UN, New York, 2001.

[289] E. O. WILSON. Consilience: The Unity of knowledge [M]. New York, Alfred A. Knopf, 1998 (4).

[290] EDWARD SHAW. Financial Deepening In Economic Development, Oxford University Press, 1973.

[291] FIECHTER, KUPIEC. Promoting the Effective Supervision of State – Owned Financial Institutions [M]. International Monetary Fund, 2004.

[292] GEORGE SOROS. The New Paradigm for Financial Markets—The Credit Crisis of 2008 and what it Means [M]. Scribe Publications, 2008.

[293] GUILLERMO – ORTIZ. Experience from Inclusive Finance in Mexico [R]. The G20 Summit, 2012 (6).

[294] H. KENT BAKER, GREG FILBECK. Paradigm Shifts in Finance – Some Lessons from the Financial Crisis [J]. The European Financial Review, 2013 (4).

[295] HANS REICH. The Role of a Development Bank in a Social Market Economy [A]. China Development Bank International Advisory Council Meeting, October 15, 2002.

[296] HELMS B. ACCESS. Building inclusive financial systems [M]. World Bank Publications, 2006 (31).

[297] HONOHAN. Financial Development, Growth and Poverty [J]. World Bank Policy Research Working Paper, No. 3203, 2004.

[298] IAN T. KING. Social science and complexity: the scientific foundation [M]. New York, Nova Science Publisher, 2000.

[299] JENG L. A. & WELLS P. C. The determinants of venture capital fundraising: evidence across countries, Journal of Corporate Finance, 2000 (6).

[300] JIANAKOPLOS & BERNASEK. Are Women More Risk Averse? [J]. Economic Inquiry, 1998 (36): 620 – 630.

[301] JOHN P CASKEY. Pawnbroking in America: The Economics of a Forgotten Credit Market, Journal of Money, Credit and Banking, 1991 (23).

[302] JULIAN FRANKS AND OREN SUSSMAN. Financial Distress and Bank Restructuring of Small to Medium Size UK Companies [J]. Review of Finance, 2005 (9): 65 – 96.

[303] KELLEE S. TSAIA Cycle of Subversion : Formal Policies and In-

白钦先金融理论研究范式探究

formal Finance in China and Beyond. Journal of Finance, 1999 (5) .

[304] KEMPSON & WHYLEY. Kept out or Opted out? Understanding and Combating Financial Exclusion [M]. The Policy Press, 1999.

[305] KRATNEN J. P. AND SCHMIDT R. H, Developing Finance as Institution Building, San Francisco an Oxford Westview Press, 1994.

[306] KROPP E. Self – help Groups and Banks in Developing Countries, Eschborn : GTZ – VERLAG, 1989.

[307] LAKATOS. The methodology of scientific research programs [M]. Cambridge: Cambridge University Press. 1978.

[308] LAPENU, CECILE. "The role of the State Promoting Microfinance Institutions", FCND discussion paper No. 89, June 2002.

[309] LEVENSON AND BESLEY. The Anatomy of an Informal Financial Market: ROSCA Participation in Taiwan, Journal of Development Economics, 1996 (10) .

[310] LI ZHIGANG. "Measuring the Social Return to Infrastructure Investment: a Natural Experiment in China," Job Market Paper, February, 2005 (3) .

[311] LUC LAEVEN. The Political Economy of Deposit Insurance [J]. Journal of Financial Services Research, 2004 (26): 201 –224.

[312] MARK SCHREINER. Informal Finance and the Design of Microfinance, Development in Practice, Vol. 11. No. 5, November 2000.

[313] MINSKY H. Stabilizing the Unstable Economy, Yale University Press, 1986.

[314] MONTIEL P. J. , AGEIIOR P. R. & HAQUE N . U. Informal Financial Markets in Developing Countries, Oxford: Blackwell, Oxford, England. 1993.

[315] NAIROB, KRATNEN J . P. & R. H. SCHMIDT. Small Scale Enterprises in Kenya : An Empirical Assessment , African Economic research Consortium Paper 111, 1994.

[316] PURI M. & D. ROBINSON. Optimism and Economic Choice [J]. Journal of Financial Economics, 2007 (86): 71 –99.

[317] ROMOND BOUDON. Social Science and Two relativism [J]. The Irish Journal of sociology, 2003 (12) .

[318] RONALD D. BRUNNER. Comtext – sensitive Monitoring and Evaluation for the World Bank [J]. Policy Science, 2004 (37): 103 – 136.

[319] RONALD I. MCKINNON, Money and Capital in Economic Development, Brookings Institution Press, 1973.

[320] SAHLMAN WILLIAM A. The structure and governance of venture capital organizations, Journal of Financial Economics, 1990 (27) .

[321] SARMA. Index of Financial Inclusion [R]. Indian Council for Research on International Economics Relations, 2008.

[322] SCHREINER. GREDIT Scoring for Microfinance: Can It Work?, Journal of Microfinance, 2000 (5) .

[323] STIGLITZ J. E. AND A. WEISS. Credit Rationing in Markets with Imperfect Information, American Economic Review, Vol. 71 (3), 1981.

[324] STIGLITZ, JOSEPH E. Redefining the Role of the State: What should it do? How Should it Do it? And How should these decisions be made? [R]. Presented on the Tenth Anniversary of MITI Research Institute (Tokyo, Japan), March 17, 1998.

[325] THE WORLD BANK. Global Development Finance: Building Coalitions for Effective Development Finance [M]. Washington DC. 2001.

[326] THOMAS SAMUEL KUHN. The Structure of Scientific Revolution [M]. Chicago: University of Chicago Press. 1996.

[327] THOMAS UEBEL. Twentieth century philosophy of social science in the Analytic Tradition [M]. the Blackwell guide to the philosophy of the social science. New York, Blackwell Publisher, 2003.

[328] TON JORG. New thinking in complexity for the social sciences and humanities [J]. Berlin Springer, 2011.

[329] TSAI. Imperfect Substitutes: The Local Political Economy of Informal Finance and Microfinance in Rural China and India, World Development, 2004 (9) .

[330] UNITED NATIONS. International Year of Microcredit [J]. Ethos, 2005 (6): 26.

[331] UNITED NATIONS. United Nations Capital Development Fund: Building Inclusive Financial Sectors for Development [M]. New York: United Nations, 2006 (5) .

白钦先金融理论研究范式探究

[332] WAI U. T. What Have We Learned About Informal Finance in Three Decades? in Informal Finance in Low – income Countries edited by Adams D. and Fitchett D Boulder: Westview Press, 1992.

[333] WEBSTER'S New World College Dictionary, 4th Edition. Copyright 2010 by Houghton Mifflin Harcourt.

[334] WORLD BANK Informal Market and Financial Intermediation in Four African Countries Finding: African Region, 1997.

[335] WYSHAM D. AND SHERRY C., "Comments submitted on the Overseas Private Investment Corporation's Environmental Guidelines", Institute for Policy Studies, June 1998.

白
钦
先
集

后　记

　　《白钦先金融理论研究范式探究》这一选题是笔者的博士论文选题，也是笔者作为白钦先先生的关门弟子对恩师学术思想的一种继承与传承。作为最晚入师门的弟子，拜读在先生门下的时间只有短暂的五六年，就自己有限的阅历和能力而言，完成这样一个高难度选题实属难堪大任；然而从"师承"的角度而言，作为弟子，特别是关门弟子，对先生学术思想的传承则是义不容辞的。好在得到先生的信任、垂青与各位师兄师姐的抬爱、勉励，终于鼓起勇气、不揣冒昧，着手这篇论文的写作。从选题的正式确立到最终付梓，历时两年有余，期间大易其稿三次，小修小补更是不计其数。最终呈现在各位读者面前的是从"研究范式"这一特定视角对先生学术思想的某种解读，对其学术思想中的大局观、整体论和哲学人文发展理念有较高程度的抽象性概括，是为本书之主要创新点；当然，从特定视角出发去研究一个多面化的理论家和思想家也难免管中窥豹、有所片面，就视为一家之言、抛砖引玉吧。

　　通过这篇论文的写作，使我对先生的学术思想和学术理念有了更加深刻的理解和领悟，这些智慧的结晶将使我终身受益；而更值得庆幸的是，正是由于这篇论文的写作，在过去的两年多时间里，我比其他同门弟子有更多的机会去接近先生、走近先生、了解先生，去感受他思想的力量和感情的温度。我想，也许正是这种特别的经历，让我更加珍惜、珍重我们之间的师生情和师生缘。

　　回想初次与先生相见还历历在目、记忆犹新，那是 2010 年 4 月 16 日在母校山西财经大学承办的"金融工程学年会暨金融工程与风险管理论坛"上，我清楚地记得当时先生身穿一件白色衬衣搭配红色羊毛衫下配一条笔直的黑西裤，简约而干练，两鬓泛白的青丝和鼻梁上架着的一副金丝边框眼镜尽显学者风范。大会上，先生为我们做专题报告，他思维缜密、逻辑清晰、谈吐风雅、激扬文字、挥斥方遒；会后我还有幸私下拜谒先生，他又变得那么和蔼可亲，一点架子都没有，还勉励我要好好学习，将来读硕士、读博士——这对于一个刚读大一的本科生而言是莫大的鼓舞，我现在想来还很激动。转眼到了 2012 年，先生荣膺首届"中国金融研究杰出贡献奖"，在得知 6 月 21 日将在辽宁大学举行颁奖典礼后，6 月 20 日下午我参加完学校组织的期末考试便匆匆定机票飞往沈阳。正是在那次会上，我更直观地感受到了先生的人品、学品、人格、国格，以及他在学界的地位和影响力；也正是在那次会上，我第一次和先生合影，现在我还时常翻出那张照片看看，看到的是先生的从容自信，看到的是我的少年青涩。

2013 年，我从母校山西财经大学本科毕业，并有幸考入辽宁大学金融学专业学习深造，正式拜入先生门下成为白门弟子，也正是从那时起与先生的接触更进了一步。先生在生活中慈祥和蔼，时常给我做红烧肉、包饺子。可一旦谈到学术问题，先生就像是变了一个人，变得很严格，甚至在我看来很严苛，哪怕是一个标点符号都不能有错。他亲自用红笔给我改论文，逐字逐句地改，常常修改意见都会写好几页甚至十几页；有时我马虎应付，他就会严厉批评我，还给我讲古时候唱戏的师傅让徒弟在冰上练功、还要练到不出汗，这样才能培养出角儿。可以说，这种严格的训练对我的改变是巨大的，不仅仅是做学问做研究，还包括做人做事。先生有很多至理名言给人以启发，我最喜欢的是这句：为人，活得起，死得起，从死得起开始；做事，赢得起，输得起，从输得起开始；处世，有所为，有所不为，从有所不为开始。我每天醒来都会在脑子里转转该做什么、不该做什么，尽可能地让自己活得明白些。到了 2015 年，先生年逾古稀仍坚持工作，直到退休返聘时仍有十四名博士尚未毕业，这其中就包括刚刚转入博士阶段的我。他依旧亲自为我们上课、亲自带我们做课题、亲自动手写论文、改论文——终于他累倒了。

自 2014 年以来先生就开始感到精神不济、体力不支，并且越来越严重，直到 2016 年 6 月被确诊患结肠癌，当我得知这一消息时犹如晴天霹雳，一时不知所措。7 月底，我从沈阳赴上海陪先生到长海医院手术，幸运的是手术进行得很成功，不幸的是术后还要进行半年的化疗，先生受难的日子才刚刚开始。化疗期间，先生几度昏迷，皮肤在药物的作用下变得发黑，人也暴瘦了二三十斤，几乎瘦到脱相。可先生是顽强的，他挺过了化疗的漫漫长夜，终于在 2017 年 3 月完成化疗。

俗话说"吉人自有天相"，在完成化疗后的两个月即 2017 年 5 月 20日，鸿儒金融教育基金会和辽宁大学共同为他举办了"中国金融学科终身成就奖"颁奖典礼。在颁奖典礼上，先生在主席台上讲话，我坐在台下望着他，他比以前消瘦了很多，似乎也没了往日舍我其谁、挥斥方遒的风采，反而变得很谦逊、很平和。我曾问他"您得了大奖我们做学生的都激动得不得了，怎么看您一点儿也不激动?"他却很平淡地表示这没什么，我望着他消瘦的侧脸，神情中确是比以前多了几分仙风道骨——这就是我的先生白钦先教授，五年的朝夕相处与提携关爱，作为晚辈感激之情意在心中、情中，更在不言中。

衷心祝愿先生生命常青，学术长青!

白钦先金融理论研究范式探究

前 言

六岁时，命运赐予了我一份特殊的"礼物"，让我深刻体悟到健康的重要性。那体弱多病的过往，彻底改变了我对人生的认知和生命的方向。回首过往，恰是这般经历，使我投身于身心健康的事业，也重新寻得了生命的熠熠光辉。我此生的目标，便是将这份力量传递给更多的人。

谈到身体，我们都知道，当手被划伤，疼痛会瞬间袭来。然而，在那些有损健康的错误观念与习惯，日复一日地侵蚀着我们时，身体并不会如皮肤被划伤般即刻产生明显痛感，可对于默默承受的身体，伤害却早已悄然降临。我们对这一切变化不曾觉察，直到健康状况发生本质的改变。

那么，在一切尚且来得及的时候，你深入了解过自己的身体吗？你用心倾听过身体的语言吗？你是否每天都在熬夜、贪恋垃圾食品、疏于运动、情绪低落，等到身体出现问题，才开始真正予以重视？实际上，多数健康问题的根源，在于认知和行为习惯早已违背了自然规律。

本书中，我们将以呼吸、运动、饮食、睡眠、温度、身体语言以及情绪关系为切入点，借助《黄帝内经》的深邃智慧，全方位探究我们生病的缘由，以及实现身心健康的有效途径。大自然蕴含着无尽的智慧，唯有深入领悟，方能找到答案。愿你也能有所启发，收获生命的幸福。

郑子龙

2024 年 7 月

目 录

第一章

古人的智慧——《黄帝内经》

人与自然的关系

— ❦ —

人类文明的漫长旅程中，古人以其深邃的洞察力和超凡的智慧，先知先觉地领悟到了人与自然之间那千丝万缕、无法割舍的紧密联系。

人与自然，和谐共生。《黄帝内经·素问》中说，"人以天地之气生，四时之法成"，这就像一把密匙，打开了我们对人体与宇宙万物关系的认知之门。我们如同浩渺宇宙中的微小星辰，禀受着天地之气而诞生，依循着春夏秋冬的法则而成长。人体这个看似独立的小宇宙，实则与广袤的自然界大宇宙相互呼应，彼此共鸣。

气血，在我们体内川流不息，脏腑，在我们身体里有条不紊地运行，而这一切都与自然界的阴阳五行、四时气候等因素紧密相连。当自然界的气候发生变化，季节悄然更迭时，人体也如同灵敏的感受器，随之发生相应的变化。寒来暑往，四季更迭，这些气候因素好比无形的力量，带动着人体气血和脏腑功能的运行。

《黄帝内经·素问》犹如一盏明灯，照亮了我们对四季与生命关系的探索之路。四季，并非孤立的时间碎片，而是一个相互衔接、彼此依存的生命循环。春之生，宛如生命的萌芽，带来无限的希望与活力；夏之长，似生命的蓬勃绽放，充满着无尽的激情与力量；秋之收，仿若生命的沉淀与积累，带着丰收的喜悦与满足；冬之藏，恰似生命的内敛与蛰伏，蕴含着来年勃发的潜力。我们只有深入理解并顺应这一生命循环体系，遵循四季养生之道，才能真正实现身心的和谐与健康。

不仅四季的轮回深刻地影响着我们，即便是在平凡的一日之内、日夜之间，人体也会随着天阳之气的盛衰而发生微妙的变化。清晨，当第一缕阳光洒落，人体阳气渐升，充满活力；夜晚，随着夜色升起，阳气内敛，阴气渐盛，我们进入休息状态。这种随天阳之气变化的节奏，是自然赋予我们的生命韵律。

倘若违背了春生、夏长、秋收、冬藏的养生之道，身体便会发出无声的抗议——可能是气血的瘀滞不畅，可能是脏腑功能的紊乱失调……这些身体的问题正是警示的信号，提醒我们重新审视与自然的关系。

古人以其非凡的智慧，通过四季的交替、日月的轮转，深刻地体悟到了"天人合一"的哲学真谛。他们将人与自然的和谐共生视为生命健康的基石和根本。在他们眼中，四时阴阳的变化，是万物生命的源泉和动力，而人体作为自然的一部分，其生理机能和心理健康都与自然环境产生着微妙的频率共振。

所以，顺应四时养生之道，不仅仅是对自然规律的简单依从，更是我们通往身心健康的必由之路。古圣先贤用他们的智慧铺就了这条道路，让我们明白健康的奥秘就在于找到与自然规律的真正平衡。

✎ 小结

珍视古人留下的智慧遗产，将人体顺应自然、和谐共生的理念融入生活的每一个细节中。和自然深度融合的过程中，找到身与心的平衡，让生命在自然的怀抱中绽放出更加绚烂的光彩。

疾病认知和循环

有病必有因

凡事皆有其动机，疾病亦是如此。正如世上没有无因之果，自然也就没有无因的疾病。若是身体持续出现问题，说到底还是和我们对健康的认知不到位有关。自《黄帝内经》以来，中医已明示"人为何生病"及"如何不生病"。决定人生病与否的主要有三类因素：

1. 内在因素

中医认为，万物皆由阴阳生成，阴阳平衡是健康的基础。当阴阳之间的平衡被打破，即出现阴阳失调时，就会导致疾病出现。例如，当人体内的阳气过盛或阴气过盛时，就会出现各种不适症状。

情志因素（如喜、怒、忧、思、悲、恐、惊）作为内因，也会影响人体的健康。过度的情志波动可能导致气机紊乱，从而引发各种疾病。

2. 外在因素

风、寒、暑、湿、燥、火六种外感病邪，被称为"六淫"。当气候变化异常，或者人体正气不足时，这些外邪就有可能侵入人体，导致疾病出现。例如，当人体受到寒邪侵袭时，可能会出现感冒、咳嗽等症状。

3. 不内外因

还有一些其他的外部因素也可能导致疾病出现，如利器外伤、虫兽咬伤等，将其称为不内外因。

起居习惯包括作息、饮食、运动等方面。不良的起居习惯，如熬夜、暴饮暴食、缺乏运动等，都可能导致气血不和，从而引发疾病。

可见，中医强调疾病的产生是多种因素共同作用的结果。因此，保持健康的生活方式，包括合理的饮食、适当的运动、良好的作息、平衡的情志等，这都是预防疾病的重要措施。

正气和邪气

《黄帝内经》中提道："邪之所凑，其气必虚。"说的是人体正气虚弱时，外界的邪气就容易侵入体内，与正气发生交争，导致阴阳失衡，气血不和，脏腑功能紊乱，从而引发各种疾病。正气是人体内的生命力和抵抗力，它能够抵御外界邪气的侵袭。当正气充足时，人体就能够保持健康；而一旦正气虚弱，外界的邪气就可能乘虚而入，破坏人体的阴阳平衡，导致疾病的出现。形成这个问题，首先是由于先天禀赋不足，其次，后天失养、过度劳累、情绪失调等原因，导致人体的正气虚弱，抵抗力下降。

因此，古人强调"未病先防"，即在疾病发生之前，通过调理身体，增强正气，提高抵抗力，来预防疾病的发生。古人还说"正气存内，邪不可干"，这句话强调了人体自身的正气对于抵御外界邪气的重要性。正气即人体内的生命力和抵抗力，它是维护人体正常生理功能的基础。只有当正气充足时，人体的各个系统才能够协调运作，抵御外界的有害因素，保持身体的平衡和稳定。

脾胃百病之源

明代的《医宗必读》中有言："未有此身，先有两肾。故肾为脏腑之本，十二脉之根，呼吸之本，三焦之源……

故曰先天之本在肾。"

在阴阳五行学说当中，脾胃属土，脾为阴土，胃为阳土，脾喜干湿，胃喜润燥。脾胃的主要生理功能就是主运化水谷之精，胃主受纳水谷。脾通过接收、运输食物营养，转化血液和体液来滋养整个身体，因此被称为生化之源和后天之机。

脾跟胃相表里，脾在腹中运化统血的功能。主四肢肌肉，开窍于口。脾气以上升为顺，它与胃共同完成对饮食的受纳、腐熟、消化、吸收以及输布水谷精微的过程，为气血生化之源，以供给全身的营养，故称脾胃是后天之本。脾胃疾病的病理表现就是吸收消化方面异常，中医当中经常会听到像脾气虚弱、寒湿困脾、脾不统血或胃气虚弱、胃寒胃热、胃阴不足等描述。《脾胃论》说，"脾胃是万病之源"，胃脾的疾病通常是由脾虚胃寒所导致的，更多是一种虚证。为什么一定要重视脾胃健康？因为人体出现的很多疾病，跟我们的脾虚胃寒有很大关系。

脾胃是我们脱离母体之后，摄取营养的通道。水谷只要被消化，就能变成血，血才能够往外输布、往外扩散；血当中的营养物质一旦被吸收，那就是液。血中营养物质被吸收之后，被肾脏作为肾精收藏了起来，因此肾精也来自胃。胃主血主燥，主运化消化，小肠主液，主敛藏收纳。试想一下，如果我们连大自然中的食物都不能消化，身体的机能自然就难以再产生能量。养生即使方法多，核心还是要回到饮食起居当中，去提升脾胃的功能，这点做到了，气血循环慢慢就能够平衡。

身体运化功能出现的问题，其实往往和胃主血的功能有直接关系。人体如果出现血液的疾病，也可以从胃经当中找到部分病因。所以，要时刻认识到保护好脾胃的重要性。

中医"子午流注"的理论认为，一天中的时辰与人体各条经络有对应的关系。早晨 7 点到 9 点是"辰时"，是胃经最活跃的时间，这个时辰一定要吃饭。经脉气血，是在夜里 23 点到凌晨 1 点的"子时"经历"一阳"初生，然后在早晨 5 点到 7 点的"卯时"生发起来的。早晨 7 点到 9 点，太阳已经升起，天地出现一片"阳"的气象。人体刚好需要补充一些"阴"，而食物恰恰属"阴"，所以"阴阳和合"。此时，早餐就像春雨一般，及时补充身体的能量。俗话说，"早上吃得好，中午吃得饱，晚上吃得少"，所以早饭一定要吃好才可以。早餐吃些蔬菜瓜果，在补充营养的同时，还能净化人体血液垃圾；吃些谷物，它们是植物的种子，吸收了天地之精，能帮助我们补充能量。早餐若是搭配得均衡、多样化，就算吃得饱一点，也不会那么容易发胖。因为上午阳气充足，人体内气机也随之旺盛，可以促进食物的消化。到了9点至11点，脾经当令，脾经把胃消化的营养输布到整个五脏六腑当中。

生活当中常见的胃病，多数是寒气导致的。很多人无缘无故地哆嗦一下，感到阵阵寒意，那个抖动的感觉就是胃火不旺的表现。因为胃经属阳明燥火，要是没有火的活化，水谷精微就化不掉，没有办法消化和吸收，人体就会出现洒洒振寒的感觉，还会容易打哈欠和疲惫。

其实，那是身体自我修复的一种自救方式。当人体打哈欠时，我们的胃经是处于拉伸状态当中的。通过打哈欠，可以让我们的胃气得到伸展和舒缓，就能够把胃寒散掉一些。但这样操作始终是治标不治本的。生活当中有的人出现嘴巴歪的情况，这是因为面部中胃经最活跃和重要，阳明火太旺盛而血气又不足，人体营卫不固，脸上就歪了。此外还有诸多问题，比如膝盖疼痛等，也跟胃经有关系。

所以，保护脾胃的功能，对于身体气血固本相当重要。

小结

天有三宝，日、月、星；人有三宝，精、气、神。任何事物都有其规律，当我们了解了身体的规律，保护好脾胃，气血自然也会好起来。

健康的智慧提升

— ❦ —

健康观念要知道

"上医治未病，中医治欲病，下医治已病。"这告诉我们，防患于未然，减少疾病的发生，远比得了病之后再求医问药重要得多。然而，在现实生活中，预防疾病却常常被人们忽视。

就好比在厨房发现害虫时，有人会立即购买灭虫药来杀虫，期望厨房能恢复整洁清新。但他忽略了下水管道长年累月堆积的垃圾，这些垃圾早已为害虫提供了温床。只在产生害虫这一结果上下功夫，而不解决下水管道垃圾这个根本问题，显然是治标不治本的。唯有清除管道垃圾，才能彻底杜绝害虫的出现。

健康问题亦是如此。我们常常对错误的生活习惯视而不见，比如经常熬夜、吃垃圾食品、饮食不规律、从不运动、每天焦虑内耗等，这些都是导致身体出现问题的重要因素。在错误的生活习惯中，慢性疾病悄然形成。许多年轻人总觉得"三高"等慢性疾病是老年人的专属，殊不知这些问题已经越来越年轻化。而其原因，正是错误生活方式的积累。当被医生确诊患病，需要长期依靠药物治疗时，我们往往感到震惊和困惑，不明白自己为何会这样。答案其实很简单：过往不良的生活习惯早已"掏空"了身体，五脏六腑早已受到各种损伤，只是尚未严重到危及生命的程度，所以未曾引起重视。

接下来，开始到处求医问药，希望自己的身体能够在最短的时间恢复到最佳状态。其实这就是欲速则不达，想象一下，我们错误的认知和习惯延续了八年甚至十年，才最终累积出当下的问题，怎么能在朝夕之间就清除病根呢？这就好像下水道从没清理，到最后吸引来许多害虫，而这个时候只想通过杀虫剂快速解决问题，而不重视淤堵的垃圾，那么问题自然无法真正解决。

如果通过治疗，身体的各项指标短暂地恢复了正常，我们会进入一种假象当中，认为身体已经没有任何问题了，于是又回到了之前错误的生活习惯。殊不知这个时候，可能只是通过药物暂时控制住了症状。所以，我们不仅在患病时要进行治疗，回到生活中更是要高度重视正确的生活方式，而且还要不断地提升健康观念，让身体的自愈能力得到更好的修复。最后，用调理加治疗的方式来共同平衡身体，才能避免以上的错误反复发生。

调理和治疗的区别

健康路上，我们时常会遇到两个关键词——"调理"与"治疗"。两者共同维护健康，却各自承载着不同的理念与方法。下面我们将深入探讨调理与治疗的差异与联系，以及如何在现代生活中将二者有机结合，共同促进个体的身心健康。

"调理"一词，蕴含着深厚的东方哲学思想，它不仅是对疾病的治疗，更是一种生活方式的调整与优化。调理强调通过改善饮食习惯、调整作息规律、调节心理状态、优化生活环境等多维度手段，达到预防疾病、增强体质、延缓衰老的目的。它注重的是身心和谐统一，追求的是长期健康与生命质量的提升。

在中医理论中，调理占据了举足轻重的地位。中医认为"上医治未病"，即通过调理人体内部环境，增强自身免疫力，使机体达到自然平衡状态，从而避免疾病的发生。这种理念强调的是整体观念与个体化治疗，体现了对生命深层次的理解与尊重。

相比之下，"治疗"则更侧重于对已经发生的疾病进行干预，通过药物、手术、物理疗法等等，快速控制病情恶化，减轻患者痛苦，恢复身体正常功能。治疗的目标是明确的，即消除疾病症状，恢复健康状态。在现代医学体系中，治疗扮演着至关重要的角色，是医学进步的重要标志之一。诚然，药物可能产生依赖性或耐药性，手术则可能带来创伤与并发症。尽管过程中可能对人体有一定的副作用或潜在风险，但更重要的是，合适的治疗能让病情得到有效控制。

调理与治疗并非水火不容，而是相辅相成、相得益彰的关系。在健康维护的道路上，二者缺一不可。调理为治疗提供基础与支撑，通过改善生活方式、增强体质等方式，降低疾病发生的风险；而治疗则在疾病发生时迅速介入，控制病情发展，为患者争取宝贵的康复时间。

生活中，我们应树立"预防为主，防治结合"的健康观念。在身体尚未出现明显问题时，注重调理与养生，通过科学合理的生活方式提升免疫力与抵抗力；而当疾病来临时，则应积极寻求专业治疗，同时不忘持续学习健康观念，继续调理身体，促进康复进程。

从事健康行业多年，我学习了各种运动课程和中医传统文化课程，深刻地感悟到，人生的旅程中，无论是身体健康还是心灵成长，都有太多的功课需要完成。人体每一种疾病的背后都有原因，都需要我们深度探索和学习；任何一件事的发生也必有其原因和安排。因而，疾病有时也许是一份礼物：因为可能通过疾病的"果"，让我们重建对健康之"因"的认知，进而开始敬畏自然和敬畏生命。

健康是生命之本，而调理与治疗则是维护健康不可或缺的两翼。在追求健康的道路上，我们应摒弃"重治轻防"的错误观念，树立"调理与治疗并重"的正确理念。通过不断学习健康知识、改善生活方式、加强心理调适等方式，实现身心和谐统一；同时，在疾病来临时保持冷静与理性，积极寻求专业治疗与调理方案，共同守护我们的健康与幸福。

小结

　　生活中蕴藏大智慧，需要我们细心挖掘。而"调理"和"治疗"更是一种相互协作的关系。真正懂得了其中的因果关系，健康就会在规律中回归本源。

第二章

呼吸的认知

呼吸对健康的影响

— ❦ —

呼吸和人体的关系

呼吸，这一维系生命的基本动作，其重要性远超我们的想象。平日里，它自然而规律地进行着，无须刻意干涉。然而，当我们有意识地去调节和控制呼吸时，竟能对身体的生理状态产生奇妙的影响。深呼吸恰似一阵清风，能拂去身心的焦虑与紧张，带来放松与宁静；慢呼吸则如一首舒缓的旋律，降低心率，助力压力的缓解和睡眠的改善。

但须谨记，凡事皆有度。过度控制呼吸或采用错误的呼吸方式，可能会引发呼吸肌疲劳、胸闷、头晕等不适，影响呼吸效果，加重身体负担。因此，在调节呼吸时，务必依据自身状况和需求，选择恰当的方式和节奏，尊重呼吸的自然规律。

生活中，每个人的呼吸频率不尽相同，这与个人的身体、情绪和精神状态紧密相关。顺畅的呼吸，不仅能提高血氧含量，还能让脏腑间的循环机制如丝般顺滑。要知道，人体每天要呼吸两万余次，倘若呼吸方式有误或未能充分发挥呼吸能力，身体缺氧的症状便会接踵而至，注意力不集中、思维迟缓等问题纷至沓来，心理健康受到损害，甚至身体疾病也可能悄然降临。

错误呼吸损害健康

说到学习呼吸，就要提起一个部位——膈肌。它是一个重要的肌肉结构，位于胸腔和腹腔之间，像一个隔板，将胸腔和腹腔分隔开来，使它们各自保持独立的空间（图2-1）。这有助于保护胸腔内的器官不受到腹腔内器官的压迫。膈肌是主要的呼吸肌之一，在呼吸运动中扮演至关重要的角色。在吸气时，膈肌会向下移动，使胸腔容积增大，进而使肺部扩张，吸入更多的空气。而在呼气时，膈肌则会上移，帮助肺部排出废气。它的收缩和松弛还可以帮助维持腹压的稳定。

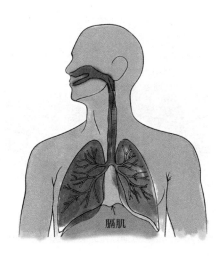

膈肌

图2-1 膈肌的位置

充分激活的膈肌增加了胸腔的容积，使肺部能够充分扩张，容纳更多的氧气（图2-2）。这意味着在每一次呼吸中，身体能够摄取更丰富的氧气资源。更多的氧气被输送到各个组织和器官，为细胞的新陈代谢提供充足的动力。

然而，生活中最常见的呼吸方式是浅短呼吸，这种呼吸方式并没有充分利用膈肌的功能，通常更多地涉及胸腔上部的运动，未能充分调动膈肌来增加呼吸的深度。长此以往，氧气供应不足成为常态，不仅如此，身体的结构形

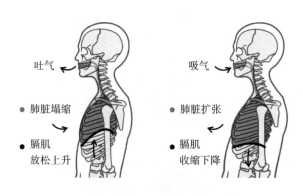

吐气 →

● 肺脏塌缩

● 膈肌
　放松上升

吸气 →

● 肺脏扩张

● 膈肌
　收缩下降

图2-2　呼吸时膈肌的运动

态也会逐渐偏离正轨，进而产生脊柱侧弯、含胸驼背、腿形不正等一系列体态问题。身体的歪斜还会对内脏形成压迫，随着时间的推移，内脏可能出现不同程度的损伤，这也为疾病埋下隐患。

　　除了浅短呼吸，用嘴呼吸、过度换气等错误的呼吸方式，同样不利于身体健康。呼吸与体态，恰似一对相互影响的孪生兄弟。错误的呼吸在不知不觉中使身体变得不端正，而不良的体态反过来也会阻碍呼吸的顺畅进行。

　　当我们进行大强度运动时，身体对氧气的需求急剧增加，众多辅助呼吸的肌肉纷纷参与，以保障呼吸的畅通无阻。然而，当人回归安静状态，若仍有过多的辅助呼吸肌肉持续工作，这种呼吸方式便已误入歧途。这就是膈肌没有正常工作，被其他辅助肌肉代偿了呼吸功能所致。常见有以下情况：

1. 肩式呼吸

最常见的表现就是肩膀区域的肌肉过分参与活动，而抑制了膈肌的活动空间。经常看到耸肩、含胸、不自觉地叹气，或者是肋骨外翻的情况。长期使用胸式呼吸会出现慢性颈椎劳损，而过度使用肩带周边的肌肉群体，也会影响整个胸腰部脊柱的灵活性。

2. 胸式呼吸

过度依靠胸部的扩张和收缩来呼吸，而腹部参与较少。这种呼吸方式较为浅短，不能充分利用肺的容量。长此以往，更容易出现胸廓肋骨的过度活动，使结构不稳定，造成腰痛问题。

3. 浅呼吸

这种呼吸方式通常表现为呼吸频率较快，但深度较浅，还会导致头前倾或者圆肩、耸肩的姿势出现。其特征是呼吸时只充分使用了肺的上部，而下部的肺则使用得较少，导致肺的功能得不到充分发挥。

4.用嘴呼吸

用嘴呼吸会使空气绕过鼻腔的过滤和温暖化过程，这可能导致喉咙和肺部受到干燥、寒冷或污染空气的刺激，增加呼吸道感染的风险。嘴巴呼吸还可能影响面部骨骼和肌肉，导致下颌后缩、牙齿排列不齐等口腔问题。另外在日常生活当中，经常用嘴巴大口吸气和呼气，容易引起呼吸过量。比如一个人深呼吸几次，就会出现头晕的感觉，这就是过度呼吸导致的问题。

小结

身体的强弱取决于气血的旺衰，而气血的物质基础就是呼吸，所以，呼吸是生命力的根本来源。保持正确的呼吸方式，同样是践行健康的功课之一。

建立正确的呼吸

— ❦ —

膈肌的激活

激活膈肌对于心肺功能的提升不可或缺。强大而活跃的膈肌能够减轻心肺的负担，使心肺系统更高效地运作。这不仅有助于提高身体在运动时的耐力和体能表现，还能在日常生活中让我们感到更加轻松和有活力，减少疲劳和气短等不适。

练习之前，我们可以用横向呼吸来激活呼吸的张力。坐在椅子上，保持背挺直。放松肩膀和上背部，双腿稳定支撑地板。两手张开，再握拳。然后，将两手掌根放于肋骨角两侧，吸气时注意力集中在肋骨，感受它的扩张，呼气时感受肋骨慢慢下降。如图 2-3。

整个过程中，双手和肋骨都要保持力量的对抗，这是为了更好地激活胸腔和腹腔，让气息深长而稳定。练习时

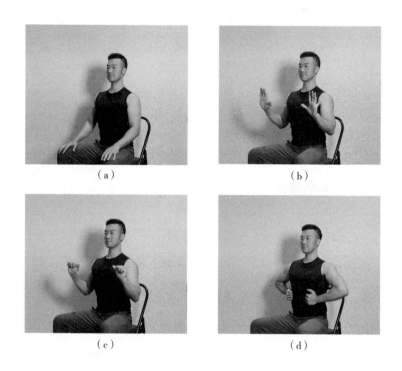

（a）　　　　　　　　　（b）

（c）　　　　　　　　　（d）

图2-3　膈肌的激活

肩膀放松，不要耸肩发力。时刻保持身体端正，下巴微收。吸气时保持 4 秒的时间，呼气同样保持 4 秒，这样可以更好地让吸气和呼气变得深长，身体也就会慢慢学会控制呼吸的长度，提升核心力量。

需要强调的是，每一次吸气时一定不能太用力，而要匀速而缓慢，呼气也同样。整个过程，去感受膈肌在对抗式练习下的收缩力量，激活膈肌，更好地打开呼吸空间。

放慢呼吸节奏

找一个安静的环境，通过放慢呼吸，去感受身体的呼吸节奏。过程中，注意保持呼吸的深度和均匀性，吸气和呼气分别保持 5 秒左右。吸气时，想象身体能量慢慢提升，呼气时，感受负面情绪被排出体外。不必太用力呼吸，保持平稳和顺畅是关键。

人有五感，脑海中关闭其他四感，留下一感，即可专注。比如，把所有的注意力完全放在耳朵上，内心始终想着耳朵，就可以忘掉其他的事物。若是把五感全部关闭，心中只保留呼吸，那么呼吸就是独一无二的存在。当然，这也需要持之以恒才能触达。

舌尖抵上腭

舌头抵上腭是一种特定的呼吸技巧，它可以帮助调整呼吸方式，进而对身体健康和心理健康产生积极的影响。当舌尖抵住上腭时，口腔会分泌大量的津液，这可以起到润喉的作用，使人在练功或进行其他活动时不会感到口干或口渴。同时，这些津液被认为是人体的精华，它们可以滋润和濡养身体，有助于化生血液、调节机体阴阳以及排泄废物。方法也很简单，随时都可练习，舌尖抵住上腭即可，力度不必太大。从呼吸的角度来看，舌尖抵上腭的呼吸法有助于使呼吸变得更深更慢。特别是吐气的时间会被明显拉长，而吸气的时间也会相应地增加。这种深呼吸有助于全身放松，甚至可以增加肺活量，提高人体血液中的氧含量。血液氧含量的增加不仅对身体健康有益，还有助于促进睡眠。

适度屏息

这里要讲的屏息并不是马上停止呼吸，而是逐渐让自己的呼吸放慢节奏。慢慢地吸一口气，再慢慢地屏住；当感受到有点想呼气时，再慢慢恢复呼气。

其实它的原理很好理解，当身体产生不好的情绪时，我们的全身包括毛细血管都在收缩，这时不宜大口呼吸，而应屏息，放慢呼吸的节奏，让身体不再过快吸气，从而让意识也不再冲动。

做法很简单：吸气4秒，充分打开胸腔（上焦），屏息4秒，气息停留在上腹部（中焦），再慢慢呼气4秒，此时腹部开始收缩，压缩出气体的同时，下腹部（下焦）收紧。此时就完成了一组练习。通过10分钟的练习，感受我们的身体开始变得放松，气息变得专注，整个人的精神状态会变得不同。

站桩练气法

（1）沉肩坠肘：肩膀自然下沉，放松肩部肌肉，避免耸肩；肘部有向下坠落之感。这样能使上肢的气血流通更顺畅，减少肩部和肘部的紧张。

（2）含胸拔背：胸部微微内含，但不是刻意地弯腰驼背，而是保持自然的弧度；背部挺直，脊椎向上伸展，有一种向上拔起的感觉。这有助于打开胸腔，使呼吸更顺畅，同时也能调整身体的姿势，促进气血运行。

（3）虚领顶劲：头部保持正直，下颌微收，头顶好像有一根绳子轻轻向上提拉，产生一种向上的挺拔之力，但又不能过于用力，保持自然的状态。这样可以使颈椎正直，气血能更好地上升至头部。

（4）松腰坐胯：腰部放松，不要僵硬挺直；胯部微微下沉，如同坐在凳子上，但又不是完全坐实，保持一定的弹性和张力。这有助于稳定身体重心，使下盘更稳固。

（5）屈膝圆裆：膝盖微微弯曲，但弯曲的角度要适中，不能过度；两腿撑开呈圆形，但不要过分用力。这样能增强腿部的支撑力和稳定性。

（6）意守丹田：将注意力集中在丹田部位（位于下腹部），可以帮助排除杂念，集中精神，引导气息下沉，汇聚内气。

（7）气沉丹田：通过呼吸和意识的引导，使气息下沉至丹田，感觉气息在丹田处聚集，有一种充实饱满的感觉。这有助于稳定身体的重心，增强内在的力量。

小结

呼吸的方式虽然多种多样，但是万变不离其宗，都旨在提升健康的状态，也都会具备以下几种因素：调节气息深度、引导意念贯穿、顺应自然规律、达到身心合一。

呼吸让气血平衡

在中医的养生智慧中，气和血相互依存、相互促进。气为血之帅：气能生血，气的运动变化是血液生成的动力；气能行血，气的推动作用是血液运行的动力；气能摄血，气对血液具有统摄作用，使血液在脉中正常运行而不逸出脉外。血为气之母：血能载气，血是气的载体，气依附于血而存在；血能养气，血液为气的生成和功能活动提供营养。

传统养生智慧中"吸则养阴，呼则养阳"这一至理名言，引领着人们探索生命的奥秘。它不仅是一种呼吸的哲学，更是阴阳平衡、身心和谐的艺术体现。在这悠长的呼吸之间，蕴藏着调养身心、滋养阴阳的无限奥秘。

吸气，这一自然的动作，实则是身体与宇宙间清气的一次连接。当清新的空气缓缓进入体内，它不仅是肺脏"肃降"功能的展现，更是"天地清气"与人体内在世界融合的桥梁。这股清气，在中医的视野里，被赋予了非凡的意义——它不仅是生命的源泉，更是滋养阴血的甘露。

天地清气与脾胃运化而来的水谷精气相遇，在肺脏中交织融合，共同化生为宗气。宗气，这股强大的生命能量，不仅随着心脏的搏动，推动血液在全身奔流不息，更如同生命的引擎，驱动着身体的每一个细胞、每一条经络。

在吸气的瞬间，肺脏的肃降之力与天地清气相辅相成，助力元气汇聚成一身之气。这股气，如同无形的纽带，连接着五脏六腑，确保它们的气化功能得以正常运转，维持着生命活动的和谐与平衡。

肺朝百脉，吸入的天地清气渗透入血液之中，成为滋养全身的营养成分。它如同细雨般滋润着五脏六腑以及四肢百骸，让生命之树茁壮成长，绽放出勃勃生机。这便是"吸则养阴"的深刻内涵——在每一次的吸气中，我们都在无声地滋养着阴血，维护着生命的阴柔之美。

与吸气相对应，呼气则是身体排出浊气、养护阳气的过程。在古人的观念中，凡身体排出之物，皆被视为污浊或无用的。因此，呼气被赋予了排出体内浊气、维护阳气清正的重要使命。

当我们将体内的浊气缓缓呼出时，仿佛在进行一场阳刚之舞。这不仅是肺脏功能的体现，更是全身阳气振奋、推动、宣发、温煦功能的展现。若浊气在体内淤积，不仅会损伤阳气，还会影响身体的正常代谢和生理功能。因此，及时排出浊气，是养护阳气的关键所在。

以肺中有痰饮导致的咳嗽痰多为例，这正是浊气未能及时排出，肺阳受损的表现。肺阳受损后，无法温化水液，导致痰饮聚积于胸中。而痰饮的存在又会进一步损害肺阳，形成恶性循环。因此，通过呼气排出浊气，恢复肺阳的温煦功能，是打破这一恶性循环，恢复身体健康的重要途径。

✍ 小结

"吸则养阴，呼则养阳"，这一简单的呼吸哲学，却蕴含着深刻的养生智慧。在每一次的呼吸之间，我们都在与宇宙间的清气进行着生命的交流，滋养着阴血、养护着阳气。用心感受这份来自自然的恩赐，让身心在阴阳的和谐中达到最佳状态。

第三章

动则升阳

运动健康：观念的成长与转变

— ❦ —

自从 2011 年我踏入了运动的世界，我的生活便被一系列富有节奏和力量的课程所填满。瑜伽的深呼吸和柔韧，普拉提的精准与力量，还有八段锦的古典与和谐，它们犹如一把把钥匙，为我打开了通向健康的大门。然而，我真正领悟到健康真谛的转折点，是在 2016 年。

那一年，我接触了中医、正骨、手法放松以及运动康复的课程。这些看似与我之前所学的领域截然不同，却在我心中激起了巨大的波澜。这些课程犹如一盏明灯，让我对健康有了全新的认知。它们让我意识到，健康不仅是外在的线条和肌肉的强化，更是内在气血的平衡与和谐统一。中医所说的"天人合一"，让我对生命和自然有了全新的认识。在以前，我总以为拥有健美的身姿和强健的肌肉就是健康的全部。然而，随着对中医的深入学习，我逐渐明白，内脏气血的升降循环，以及它们与外在身体状态的紧密联系，才是健康的真正核心。这种由内而外的健康观念，让我对运动和健身有了全新的理解。

学习完这些课程后，我更加坚信，只有内在的健康才能真正让身体外在达到平衡。在后续的公益课中，我开始分享传统文化，让更多人明白健康的身体不仅依赖外在的强健体魄，更在于内心的平和与气血的顺畅。正如《素问·调经论》所说："血气不和，百病乃变化而生。"这句话体现了中医理论中对气血和谐与疾病关系的深刻理解。中医认为，人体的健康与否，与气血的运行状态密切相关。气血不和，即血液和气体的运行不畅，被视为百病产生的根源。

在当今这个快节奏的时代，我们似乎都在忙碌中迷失了自我，生活方式也逐渐变得混乱不堪。太多人陷入了这种快节奏的漩涡，随之而来的便是身体出现各种各样的问题。我们常常在身体出现状况时，仅仅关注到那些表面的症状，急于去消除它们，却忽略了深层次的原因。其实，很多时候正是我们错误的生活方式扰乱了身体的气血平衡，进而引发一系列的连锁反应。

熬夜成为许多人的常态，这严重影响了身体的自我修复和气血的正常生成与运行。过度的劳累和压力，让我们的身心长期处于紧张状态，气血也因此而紊乱。不规律的饮食——要么暴饮暴食，要么过度节食，或是偏好油腻、辛辣等刺激性食物——都会对脾胃造成负担，影响气血的化生之源。运动的缺乏，使得身体的气血流通不畅，新陈代谢减慢。还有情绪的不稳定——时常焦虑、愤怒、抑郁等，同样会对气血运行产生负面作用。

然而，我们并不需要成为中医专家，去把中医学个遍；我们只须明白其中的来龙去脉，理解因果法则，就能找到改善的方向。从正确的生活习惯开始践行，就是走向健康的关键一步。

保持规律的作息，让身体有足够的时间休息和恢复。合理安排工作与生活，学会释放压力，给自己的身心留出放松的空间。饮食上注重营养均衡，定时定量，为气血化生提供良好的基础。坚持适度的运动，促进气血的循环和流通。同时，努力保持情绪的稳定和乐观，以平和的心态面对生活的种种。

这些年，我看到太多人饱受身体病痛之苦。2018 年我立下宏愿：此生，将这一健康理念传递给更多的人。在未来的日子里，我会继续在这条道路上探索前行，为更多人带去健康与希望。我将继续秉持这种理念，不断传播健康的观念，让更多人受益。让我们都能真正领悟到健康的真谛，追求内在与外在的和谐统一，在身心健康的道路上稳步前行，绽放出更加美好的生命光彩。

仓 小结

健康是一种动态的、积极的观念，它需要我们不断地学习、反思和改进。通过提升认知，开阔视野和明确目标；通过践行，将美好的愿景化作现实。

平衡训练法：
融合古人智慧与现代运动理念

— 🪷 —

在中医的天人合一整体观念中，我们能领略到深刻的智慧，它让我对运动的认知有了全新的升华。运动不再仅仅是简单地放松身体或训练肌肉，而是有着更为深远的意义和内涵。呼吸与每一个关节、每一块肌肉的张力紧密相连，通过这种关联，能够充分开启身体内在的平衡。正如古人所言"内练一口气，外练筋骨皮"，当骨正筋柔时，气血便能自然流畅。当我们吸收了古人的智慧，便会惊喜地发现，气息的流动与身体活动方式的巧妙结合，能够充分打开内在气机。

基于此，我重建了一个独特的运动体系——平衡训练法。它共分为八个小节，是对《黄帝内经》中经络走向的延伸与创新，它与呼吸运动法相结合，旨在更好地平衡内在气血，将身体视为一个整体。在平衡训练法中，我们以呼吸为引导，循序渐进地展开身体的打开与激活。每一次呼吸，都仿佛是与身体内在生命力的一次对话，引领着气血在经络中顺畅运行。随着训练的推进，身体的外在气机也会逐渐达到平衡状态。

练习时定要把呼吸作为运动的重点，每一个动作保持呼吸的放松和延展。同时体态端正，让顺畅的呼吸配合动作，充分地激活身体的内在和外在。每次练习，每节动作可以做1~3组，不要贪多，按照个人状态循序练习即可。

1. 足底激活

运动主题：做之前先泡脚15分钟，然后用10分钟的时间，双手把每一个脚指头前后搓动来放松。人的精气汇聚于足底，当足底灵活、充满热量的时候，就能够生发阳气，回流到整个身体。这一运动主题就是锻炼双脚足背屈和足背伸的功能，即绷脚背和勾脚趾、勾脚掌。保持25分钟。

（1）坐立，双手抓握单侧脚趾，前后交叉摆动，做放松练习。放松时要注意，要把所有脚趾逐一放松一遍，让脚趾充分地灵活起来。把第一步的动作做充分，为后续动作做好铺垫。如图3-1（a）。

（2）坐立，做足背屈和足背伸，就是双脚勾脚掌和绷脚背，来灵活我们的足踝活动空间。每一个动作可以保持3秒的发力，然后继续下一个动作。如果发现这种坐姿很难坐直，也可以坐在凳子上练习。如图3-1（b）。

（3）双手抓握椅子杆，前后滚动足底，来提升足踝的力量和稳定。同样保持3秒的稳定发力，然后继续滚动。需要注意的是，背部挺直，双手呈90°，脚跟尽可能接触地板，打开活动幅度，同时保持整体端正和稳定。如图3-1（c）。

（4）跪立，释放双腿压力，预防劳损酸痛。练习时在膝盖下方和膝盖窝后侧分别垫上毛毯来缓解双腿压力，若是膝盖已经不适可以不做。同时，双手可以交叉拍打整个大腿上方，来释放大腿前侧和外侧紧张。如图3-1（d）。

（5）金刚坐，打开双腿空间。保持臀部坐在脚跟上，初次练习时可以在膝盖下方、膝盖窝后侧和脚后跟分别垫上毛毯。做好保护措施。同时身体端正，两手体后交扣，更好地打开胸腔，来顺畅呼吸。如图3-1（e）。

（6）双手放在椅子面上，与身体呈90°，保持双腿分开和臀部的宽度一致，抬起所有的脚趾并张开，保持

30秒一组，去提升脚趾打开的张力，避免粘在一起。结束时再用所有脚趾发力，来抓垫子，提升脚趾抓握力量。如图3-1（f）。

（7）抬起所有的脚趾并张开，把两个大脚趾压到垫子上，其余八个小脚趾张开抬起来。10秒后，让八个小脚趾落地抓握垫子，再抬起两个大脚趾张开。依次重复，尝试打开每一个脚趾的空间，来训练脚趾的力量。如图3-1（g）。

（8）双脚依次训练，练习用脚趾抓毛巾，来提升足弓的空间，同时更好地提升脚趾的张力。练习时，先把脚趾向后缩，提高足弓高度。保持10秒后，再用脚趾抓毛巾提

（a）放松脚趾　　（b）灵活双脚　　（c）滚动足底　　（d）足弓稳定

（e）金刚坐姿　　（f）训练脚趾　　（g）交叉练习　　（h）抓握训练

图3-1　足底激活

起来。20 次一组，感受双脚从放松到充满力量的平衡。如图 3-1（h）。

2. 腿后侧伸展

运动主题：充分地伸展大腿后侧。腿后侧是整个后侧链条，它会直接地影响到整个人的体态，还有双腿的腿形。在这里我们可以通过练习，放松腿后侧，伸展足太阳膀胱经，让足底的热量更好地通过腿后侧升阳通道，来到后背及全身。保持 30 分钟的练习。

（1）弓步拉伸，双手放在脚两侧，后腿向后方伸展，同时前腿保持 90°。后腿膝盖下可以垫上毛毯，避免压力太大损伤膝盖。保持身体端正。注意前腿 90° 稳定。后腿向后伸展，压力不要放在膝盖上，而要放在脚背上，30 秒后换另一边。如图 3-2（a）。

（2）后腿勾脚趾，前腿伸直，臀部向后，直接轻轻地靠近脚跟，两手放在膝盖的两侧。同时要注意背部和头颈的延展，不可驼背练习。单侧膝盖下方可垫毛毯。充分伸展腿后侧，同样保持 30 秒，然后换另外一边。如图 3-2（b）。

（3）坐在椅子上，双腿保持 90° 端正。双手放于膝盖，单腿蹬直勾脚掌，再次伸展腿后侧，注意两腿不能歪斜。同样保持背部和头颈的延长，不要驼背。30秒之后换另外一侧。如图3-2（c）。

（4）缓冲并调整呼吸。坐在椅子前二分之一的位置，保持双腿呈90°，两手向后抓握椅子杆，同时保持背部和头颈的延长端正。深深地吸气，保持4秒时间，缓慢地呼气，同样4秒时间，来释放身体刚刚练习的压力。如图3-2（d）。

（5）坐在椅子前二分之一的位置，双腿向前蹬直，勾脚掌。双脚宽度与肩同宽，缓慢地弯腰向前，呈90°。两手轻轻地捏揉大腿后侧，来做大腿后侧整体放松。练习时注意，向前弯腰幅度不必太大，让整个上半身整体向前做伸展。如图3-2（e）。

（6）坐在地板上，双腿交叉，双手轻轻地来放松整个小腿的后侧，避免练习产生酸痛。从脚跟后侧，一直放松到膝盖窝的后侧。同时要注意，捏揉的时候不要过分用力，轻轻放松即可。如图3-2（f）。

（7）站立前屈，初次练习时，可以把双手放在椅子面上，避免身体僵硬不下。循序渐进练习，若是能接受的情况下，可以把双手落地，轻轻地向下整体折叠来伸展腿后侧。配合匀速呼吸，放慢节奏。若是已经有腰痛问题，可以选择不练。如图 3–2（g）。

（8）坐立前屈，循序渐进地练习。双脚可以先屈膝，踩在椅子的横杆上，双手抓握两侧椅腿。然后先蹬直单腿，保持 3 秒之后收回来，再缓慢蹬直另外一条腿，做交叉的蹬腿训练。让双腿慢慢地适应前屈的伸展。如图 3–2（h）。

（a）弓步拉伸　　（b）弓步后撤　　（c）坐立伸展　　（d）放松呼吸

（e）双腿伸展　　（f）放松小腿　　（g）站立前屈　　（h）坐立前屈

图3-2　腿后侧伸展

3. 腿内侧拉伸

运动主题：释放腿内侧的肝经，让我们的身体得到释放和放松。腿内侧直接地控制着人体站立的力量方向，通过这样的练习方式，可以更好地疏通我们的下焦平衡，来释放整个身体自上而下产生的压力。保持30分钟的练习。

（1）弓步侧面伸展。两手落地，一腿屈膝，另一腿伸直，保持身体的端正，双肩后展。伸展一腿内侧时，要注意屈膝腿，保持稳定，重心才能够得到平衡。保持10秒后换另一侧练习，练习时双手撑地保持稳定，10次为一组。如图3-3（a）。

（2）先站立，然后双腿屈膝，双手的手肘抵靠在膝盖窝的内侧。保持背部和头颈的延展。背挺直，打开胸腔，顺畅呼吸。同时双手支撑膝盖窝内侧，相互对抗发力，做腿内侧的加强伸展。30秒一组。如图3-3（b）。

（3）弓步伸展，侧方位拉伸腿内侧。前腿保持90°，双手放在前脚两侧，后腿蹬直勾脚掌，脚尖点地。让身体呈现出一条直线，做小幅度动态下压动作。单侧可保持20个一组，然后换另外一侧练习。如图3-3（c）。

（4）单腿侧伸展。单腿屈膝，脚跟靠近身体。另外一条腿蹬直，脚掌回勾。单手抓握蹬直腿脚掌。另一手扶于膝盖。吸气，延长上体；呼气，以髋部为折点，上体轻轻向伸直腿的方向伸展，拉伸腿后侧。单腿内侧伸展30秒之后，换另外一侧。如图3-3（d）。

（5）坐立，双腿屈膝，脚掌对脚掌，两手抓握脚外侧。

然后双腿缓慢上下弹动，同时保持顺畅的呼吸，可以连续放松2分钟。如果发现坐立时身体无法端正，可以靠墙练习。如图3-3（e）。

（6）坐立，双腿打开，两手先抓握椅子杆，以髋部为折点，重心朝前。用辅助工具练习，控制高度，可以轻松缓解腿内侧酸痛。每次保持30秒。当身体发力稳定后，可把双手向放在椅子面上，循序渐进地练习。注意始终双腿蹬直勾脚掌，脚尖朝向正上方。如图3-3（f）。

| （a）侧面拉伸 | （b）屈膝对抗 | （c）弓步伸展 | （d）单腿拉伸 |
| （e）坐立弹腿 | （f）辅助伸展 | （g）坐角加强 | （h）坐立摆动 |

图3-3　腿内侧拉伸

（7）保持背挺直，两手放在身体前侧，打开双腿，吸气延长，呼气时屈手肘，以髋部为折点下压身体。吸气，手臂伸直，身体回正。始终保持双手掌贴地，小幅度动态练习。注意始终保持双腿蹬直有力，背部和头颈延长，再以髋部为折点，来加强腿内侧伸展。如图 3-3（g）。

（8）保持坐立，同样双腿打开，勾脚趾，背挺直。做左右两侧的侧伸展。每次练习时保持呼吸的放松，左右摆动。背部时刻端正，伸展腰腹两侧，可连续练习 3 分钟。如图 3-3（h）。

4. 八髎穴激活

运动主题：八髎穴在我们的腰骶部区域，释放它就是让我们身体的腰骶部能够得到放松。而腰骶部是我们身体承上启下的联接点，这个地方的释放，可以让我们的身体更有力和平衡。保持 30 分钟的练习。

（1）坐在椅子上，双手连续搓动臀后侧八髎的位置，来提升后侧的温度，有助于练习。60 秒为一组。如图 3-4（a）。

（2）坐在椅子上，扭动整个身体，想象自己就像个陀螺一样，脊柱和肩膀整体扭转。正向扭转 15 次，反向扭转 15 次为一组。注意练习时双腿端正，与肩同宽。同时，保持下肢稳定，不可晃动。如图 3-4（b）。

（3）站立，微微屈双膝，两脚打开与肩同宽，保持身体的放松感。前后甩手臂，交叉甩手，用手背来击打臀后侧八髎的位置。拍打练习，左右算一次，20次为一组。如图3-4（c）。

（4）仰卧，屈双膝抬头，双手环抱住膝盖下方。双腿保持90°，上体呈C形弧度。保持稳定。吸气，延伸双腿，带动身体向头的方向摆动；呼气，反方向卷动。卷动时，保持身体的稳定，不要刻意伸腿或者放松脖子。前后算一次，20次为一组。如图3-4（d）。

（5）臀桥，训练臀部力量。仰卧于地面，双手放于臀部两侧。张开手指压实地面。屈双腿，让小腿垂直于地板。同时保持下巴微收。吸气，延长身体；呼气，将臀部提至最高点，保持10秒，然后慢慢卷动落回地面。20次为一组。如图3-4（e）。

（6）身体呈四角板凳形，双腿呈90°，脚背贴地。手臂伸直，垂直于地板，张开手指，稳定住身体。让后脑勺、背部、臀部最高点保持在一条直线上。吸气时，小幅度卷动骨盆，收尾骨；呼气，微微塌腰翘臀，灵活骶髂关节，20次为一组。如图3-4（f）。

（7）俯卧于地板，双臂屈臂呈90°向两侧打开，张开手指压实。吸气时延长身体，呼气时屈双膝，脚跟相触。慢慢向上抬小腿，让臀部充分收紧。每次吸气延伸，呼气发力向上，抬腿夹臀，保持3秒，10次为一组。如图3-4（g）。

（8）放松练习。仰卧于垫子，双腿屈膝，两手抓住脚外侧。同时双腿向两侧打开，充分地放松骶髂关节。练习时，深深地吸气，缓慢地呼气，充分放松身体。1分钟为一组。如图3-4（h）。

（a）双手搓热　　（b）扭动脊柱　　（c）拍打八髎　　（d）滚动练习

（e）臀桥训练　　（f）卷动骨盆　　（g）臀部训练　　（h）拉伸放松

图3-4　八髎穴激活

5. 灵活脊柱

运动主题：脊柱是我们的龙骨，它跟五脏六腑紧密相连，所以打通整个脊柱的灵活性，就能够帮助滋养五脏六腑，提升身体的气血平衡。保持 30 分钟的练习。

（1）吸气，手臂向前伸直，弓背，微微低头。呼气，拉动双手向后，反向挺胸夹背，微微抬头。充分地打开胸腔，灵活脊背。做弓背和挺胸的前后活动，循环动态练习，正反算一次，20 次为一组。如图 3-5（a）。

（2）双臂向后推，脚尖点地，身体呈 90°。屈膝提臀，保持双手和双脚的宽度一致，同时张开手指，受力面积越大，压力越小。将臀部提至最高点。吸气时，缓慢蹬直双腿，回到 90°；呼气，再次提臀屈膝，循环动态练习 20 次为一组。如图 3-5（b）。

（3）膝盖落地，臀部坐在脚跟上，双臂向正前方伸直，左手向左摆动 45°，右手放在左手的手掌上方。同时，右肩膀压低，充分拉伸侧腰。保持静态 30 秒，30 秒为一组，左右两边各做一组。如图 3-5（c）。

（4）坐立，双腿蹬直，先左腿屈膝，右手抓住左脚外侧，左手放在臀外侧。再缓慢蹬直腿。扭转拉伸肩胛骨缝隙，释放脊柱压力，30 秒为一组，左右两边各做一组。如图 3-5（d）。

（5）接下来的三个动作为一套连贯的脊柱灵活训练。

首先，把双臂向后推。身体呈90°，然后吸气，呼气，缓慢地弓背，低头。重心前移，脚尖点地，双腿蹬直，卷动脊柱向前推，弓背，身体呈C形。如图3-5（e）。

（6）其次，当重心向前移到极限时，慢慢过渡到斜板撑。保持脚尖点地，核心收紧，身体呈一条直线。手臂垂直于垫子，保持手指张开。准备进入反方向的卷动。双脚倾斜，做好臀部向上翘和塌腰的准备。如图3-5（f）。

（7）最后，双臂向后推，让重心靠向脚跟方向，塌腰翘臀。脚跟靠向地板的方向呈45°。当做到这种状态的时候，再返回到步骤（5），弓背低头，身体再次呈C形。让三个动作形成一个循环的卷动脊柱练习。要注意的是弓

（a）前后卷动　　（b）屈膝提臀　　（c）侧腰臂展　　（d）单腿拉背

（e）弓背卷动　　（f）还原中正　　（g）塌腰卷动　　（h）伸展放松

图3-5　灵活脊柱

背时低头，塌腰翘臀时抬头。一个完整的动态练习做 5 次为一组。如图 3-5（g）。

（8）仰卧，放松双脚，绷脚背，两手十指交叉，翻掌推向头顶上方。同时微微收紧腹部，让腰后侧贴向地板，拉长整个身体，吸气 4 秒，呼气 4 秒。30 秒为一组。如图 3-5（h）。

6. 膻中释放

运动主题：体态的端正非常重要，每一次身体的呼吸不顺畅都会影响到健康。而释放膻中穴可以直接地帮助我们改善呼吸状态，回到端正体态，平衡身体。保持 30 分钟的练习。

（1）含胸驼背的体态，会导致我们胸口的压力过大。坐立，双手四指并拢呈弧形状态，轻轻地用手指沿着胸骨上下约 10 厘米的距离来回拉动，来释放胸口前侧压力，打开紧张的肌肉。来回一次，30 次一组。如图 3-6（a）。

（2）坐在椅子前二分之一的位置，双腿呈 90°，保持背部挺直，两手抓握椅子边的后侧。双肩下沉向后展，挺胸，把背部夹紧，呈现扩展胸腔的状态。然后保持这个动作顺畅呼吸，自然地释放胸腔，30 秒为一组。

如图 3-6（b）。

（3）坐立，弓背低头。两手互抱手肘，左右 30° 摆动身体，灵活胸椎。左右算一次，20 次为一组。要注意，练习时双腿保持稳定，不可晃动。如图 3-6（c）。

（4）坐立，体态端正。两手互抱手肘，左右 30° 摆动身体，灵活胸椎。左右算一次，20 次为一组。注意，练习时双腿保持稳定，不可晃动。如图 3-6（d）。

（5）俯卧，双臂伸直，张开手指，抬头，扩展胸腔。把手腕放在泡沫轴上。吸气时延长身体，呼气时把双臂向后拉，上半身向上提起，来做稳定胸椎的动态练习。15 次为一组。如图 3-6（e）。

（6）仰卧，躺在泡沫轴上，训练身体的稳定。保持双腿屈膝，双脚与肩同宽，小腿垂直地面。脚掌压实地板。双臂向上高举过头顶，张开手指，放于地面，释放胸腔压力。保持 30 秒为一组。如图 3-6（f）。

（7）深度稳定训练。仰卧在泡沫轴上，双手张开，手指压实地板，稳定身体。同时抬起双腿，保持 90°，并拢双脚，绷住脚背。吸气，延长身体，后脑勺、背部、臀部在一条直线上；呼气时微微收紧腹部，下巴微收。让身体处于端正发力状态。保持30秒为一组。如图3-6（g）。

（8）扭转脊柱来放松胸腔。身体呈四角板凳形，双手撑地伸直，张开手指。双腿屈膝，脚背贴地。重心放于脚背，不要放于膝盖。吸气时，抬左手臂从右侧腋窝下穿过，放于地面，同时扭转身体。右手臂顺势保持屈手肘支撑，最后转头看向天花板的方向，30秒为一组，左右两边各一组。如图3-6（h）。

（a）释放胸口　　（b）扩胸练习　　（c）弓背扭转　　（d）塌腰扭转

（e）俯身推动　　（f）仰卧伸展　　（g）脊柱稳态　　（h）扭转放松

图3-6　膻中释放

7. 大椎放松

运动主题：帮助我们更好地把肩颈放松下来。肩颈会直接地影响到我们的头部，造成很多压强的问题，而释放了肩颈之后，整个人就会变得很轻松，帮助气血从督脉延伸到头顶。保持30分钟的练习。

（1）坐立在椅子前二分之一处，保持背部挺直。双腿呈端正的90°。双脚分开，跟肩膀的宽度一致。抬起双手，十指交叉放在后脑勺，头向后仰，和双手相互对抗。静态保持30秒为一组。如图3-7（a）。

（2）坐立在椅子前二分之一的位置，同样保持身体的端正。拿一条毛巾放于颈后侧，两手抓握毛巾向前拉动，头微微向后仰，相互对抗做动态练习。每次保持3秒，吸气，手抓毛巾端正体态；呼气，向后仰，做对抗练习。再次吸气，还原端正，呼气，再次向后仰。持续20次练习为1组。如图3-7（b）。

（3）坐立，双手交叉放在锁骨前侧。张开手指压住锁骨，缓慢向上仰头，慢慢地放松颈前侧肌肉。保持30秒为一组。如图3-7（c）。

（4）坐立，保持背挺直，两手抓握椅子边，挺胸夹背，双腿呈90°，背挺直，身体端正。抬右手放在左肩上。头部向右侧伸展，来释放颈侧肌肉。注意要收下巴，不可仰头。保持30秒为一组，左右两边各做一组。如图3-7(d)。

（5）坐立在椅子上，抬双臂，掌心朝前，高举过头顶。吸气，延长身体；呼气，弯腰向前。双手放在脚前侧，压实地板。缓慢低头，拉伸肩膀、背部。保持30秒为一组。如图3-7（e）。

（6）坐立，体态端正。两手抓握椅子边，挺胸夹背。抬右手臂放在左肩上，头颈端正，同时张开左手掌。吸气时延长身体，呼气耸肩向上提，右手掌与肩膀做对抗动态练习。上下算一次，做30次为一组。左右两边各做一组。如图3-7（f）。

（7）俯身，双臂向正前方伸直。吸气，延长身体；呼气的时候双臂向后拉动，肘关节撑向地板，保持双臂呈90°。吸气时感受胸腔扩展，延长腰背；呼气时缓慢收紧腹部。静态练习保持30秒为一组。如图3-7（g）。

（8）坐立，双臂向正前方伸直，张开手指。吸气时用肩关节向前微微挪动，呼气时拉动肩带向后回缩。整个运动过程中，身体保持稳定，仿佛只有肩膀带动手臂前后小空间来回拉动。保持沉肩，不要耸肩。前后算一次，30次为一组。如图3-7（h）。

（a）颈部对抗　　（b）毛巾伸展　　（c）颈前拉伸　　（d）颈侧伸展

（e）弯腰伸展　　（f）肩膀训练　　（g）头颈延长　　（h）肩带伸展

图3-7　大椎放松

8.风池放松

运动主题：放松风池穴能够帮助我们放松头部的筋膜组织，更好地缓解我们的紧张感，让整个身体更加轻松。因为头部肌肉紧绷的时候，我们整个人都会难以放松。保持30分钟的练习。

（1）坐立，保持体态端正，背挺直，抬双臂，从颈椎最下缘开始放松。从下而上把后脑勺、头部两侧和头顶全部都放松一遍，使整个头部放松下来。注意放松时不要太用力，双手掌完全贴附于头皮即可。如图 3-8（a）。

（2）坐立，保持背挺直，抬起双臂，双手交叉，大拇指向下。然后把大拇指放在风池穴的位置，向下按压，同时吸气，缓慢抬头挺胸。仰头向上。做静态放松练习，保持30秒为一组。如图3-8（b）。

（3）坐立，保持端正，抬双臂，搓热双手。从我们的面部，一直推送到后脑勺，释放面部张力，来提升面部的紧致度，同时放松面部的筋膜。30次为一组。如图3-8（c）。

（4）坐立，双手反掌向上，大拇指在前，四指在后，轻轻地从下颌的位置环绕颈部。吸气时延伸，把双手轻轻向上推，感受颈部缓慢向上提拉。微微仰头来放松颈部。保持30秒为一组。如图3-8（d）。

（5）巩固练习，呼吸放松。保持坐立，双腿呈90°，背挺直，两手向后抓握椅子杆中段。双肩后展下沉，后脑勺与背部在一条直线上。充分打开胸腔，让我们的吸气更加有张力，呼气更加延长，达到充分放松。可以保持30秒为一组。如图3-8（e）。

（6）接下来的动作是一组连贯的扭转练习。坐立端正，两手十指交叉放于后脑勺。自由地扭转摇摆整个身体。从肩颈到腰背，再到骨盆。如图3-8（f）。

（7）继续练习，感受身体像一个陀螺一样，先顺时针方向扭转 15 次，再反方向扭转 15 次，左右两边共 30 次作为一组。练习时保持全身的放松，同时注意双腿稳定，只活动上半身。如图 3-8（g）。

（8）坐立，双手合十，体态端正。慢慢地放松呼吸，进入冥想的环节。深深地吸气，保持 4 秒；缓慢地呼气，保持 4 秒，让呼吸更加延长。感受我们的身体从头到脚慢慢地放松下来。从练习中，找到打开能量的感觉。放松身心，活在当下。可以保持 3~5 分钟。如图 3-8（h）。

（a）放松头皮　　（b）穴位释放　　（c）面部提拉　　（d）颈部拉伸

（e）呼吸调整　（f）扭转练习（左）（g）扭转练习（右）　（h）冥想放松

图3-8　风池放松

小结

　　《医效秘传》中有句话叫"动而升阳"，强调了运动对人体阳气的生发作用。运动可以促进气血流通，加快新陈代谢。练习平衡训练法，释放全身的压力，帮助我们提升身体的阳气。

第四章

饮食的力量

我的食素经历

—— ❧ ——

在人生的长河中，每个人的饮食习惯如同一面面镜子，映照出不同的生活态度与健康观念。于我而言，从儿时记忆中无肉不欢的纯真，到成年后对素食文化的深刻探索，这段旅程不仅是对食物本质的追寻，更是心灵觉醒与健康重塑的过程。

回望童年，那时的我，对于肉食有着近乎偏执的喜爱。在那个物资相对匮乏的年代，一块肉，不仅是餐桌上的美味，更是身体"滋补品"的象征。每当体弱多病的我偶尔尝到肉食时，那份满足感与幸福感，至今仍难以忘怀。然而，家庭条件的限制，让这份美味成为了一种奢侈，更多时候，我们只能在平凡的饭菜中寻找生活的甘甜。

那个时候，我们因物质匮乏而视肉食为珍宝；如今，物质生活早已十分充实，我们却陷入了肉食摄取过量的陷阱。为了满足口腹之欲，我们忽略了身体真正的需求，导致了一系列亚健康问题的出现。这不禁让人反思：当下的我们是真的在"滋补"身体，还是在无意识地自我伤害？

2021年，我踏上了探索食品真相的旅程。从蔬菜种植基地到家禽养殖基地，我亲眼见证了食物从田间地头到餐桌的全过程。一直以来，从事健康行业的我，自以为在饮食、运动、睡眠和情志等方面做得还算不错。但有了这一路上的经历，我才如梦初醒般地意识到，食物在健康的天平上竟占据着如此举足轻重的位置。食物并非仅仅是满足口腹之欲的存在，它携带着能量，我们摄入的每一口食物，都在悄然影响着身体内部的运作。

正是基于这样的认识，两年前，我做出了一个决定——开始吃素食。起初，我也曾担心素食会导致营养不足、体力下降等问题。然而，随着对素食文化的深入了解与实践，我逐渐发现了素食之美与健康之道。原来，只要合理搭配、多样化选择，素食同样可以提供身体所需的各种营养素，甚至在某些方面优于肉食。

素食让我不仅感受到了食物的原汁原味，更体验到了身体由内而外的变化。我开始更加注重食物与身体的和谐，学会了倾听身体的声音、尊重身体的需求。在这个过程中，我深刻体会到了《黄帝内经》中阐述的情志与脏腑健康息息相关的洞见。正如书中所说，"肝主怒，心主喜，脾主思，肺主忧，肾主恐"，情绪作为五脏六腑功能活动的外在映射，情绪反映着人体内部的各种状态。当我们摄入健康的食物时，身体自然能够保持平衡与和谐；反之，则会导致情绪失衡、脏腑受损等一系列问题。

　　然而，许多人对素食存在着误解。听到素食，他们便担忧会没有力气，认为蛋白质摄入过少会导致气血不佳。实际上，这种观念是站不住脚的。问题的关键往往在于饮食搭配的单一性。如果只是简单地食用几种素食，确实可能导致蛋白质摄入不足或营养不均衡。但倘若我们能够学习一些更为专业的知识，了解身体所需的各类能量，便能自然而然地找到保持健康平衡的正确方法。

　　在这个快节奏、物质丰富的现代社会中，我们不妨停下匆忙的脚步，重新审视我们的饮食选择。不要被口腹之欲所迷惑，而应以健康为导向，去探索和实践更合理的饮食方式。学习正确的素食搭配，不仅是为了当下的身体健康，更是为了未来的生活质量和幸福。

因此，我邀请更多的朋友加入到素食的行列中来。当然，这并不是要求每个人都成为严格的素食主义者，而是希望我们能够树立一种更加健康、科学的饮食观念——减少肉食的摄入量、增加素食的比例、注重食物的多样化与营养均衡。毕竟，我们的身体在长期的荤食习惯下，已经积累了过多的负担，迫切需要通过增加素食的比例来调整平衡。将持续的学习和科学的搭配相结合，只有这样，才能真正实现素食健康。

同时，也希望社会各界能够加强对健康饮食的宣传与教育力度，让更多的人了解到素食文化的魅力与健康之道。只有这样，我们才能共同构建一个更加健康、和谐的社会环境，让每个人都能享受到生命的美好与幸福。

在未来的日子里，我将继续探索素食文化的奥秘与健康之道，并将自己的所学所感分享给更多的人。让我们一起，用素食的力量，为身体注入清新与活力，摆脱亚健康的困扰，拥抱充满生机的精彩人生。让健康的饮食成为我们生活的基石，支撑我们走向更远的未来。

⽯ 小结

　　食物是有能量的，若是没有被正确地搭配以及合理地食用，同样会造成身体的损伤。当我们开始践行科学营养搭配时，身体的能量也会在潜移默化中提升。

常见素食的类别

—— ❦ ——

健康，是我们最宝贵的财富。然而，慢性疾病如同一个潜伏的敌人，一旦现身，便可能给我们的生活带来诸多困扰和负担。当身体被病魔侵袭，便不得不服用多种药物。但倘若我们能早些转换思维，在疾病尚未敲门之前，就及时关注食物，或许就能改写健康的篇章。

通过多样化的食物搭配实现均衡营养，会让身体如同获得了一支精锐的"营养军团"。不过，饮食均衡并非一朝一夕之功，它需要我们持之以恒地关注和付出。这意味着告别随意的饮食习惯，告别对高热量、高盐分、高糖食物的过度依赖。取而代之的是，用智慧和耐心去规划每日的饮食结构，让每一口食物都成为健康的积累。

豆类

黑豆、白凤豆、白腰豆、鹰嘴豆、毛豆、豌豆、菜豆、兵豆、白豆、花豆、红豆等。

豆制品营养丰富，富含优质蛋白、膳食纤维、钙、维生素 B 族、不饱和脂肪酸、大豆异黄酮和磷脂等。其作用包括：促进组织生长与修复，预防便秘，维护骨骼健康，调节内分泌，降低胆固醇，促进大脑和神经细胞发育，对预防心血管疾病等具有积极意义。

浆果

巴西莓、刺莓、黑莓、蓝莓、葡萄、蔓越莓、枸杞、桑葚、覆盆子、草莓等。

浆果被认为是营养非常丰富的一类水果，主要因为它们含有丰富的抗氧化物、膳食纤维、维生素和矿物质等，对于维持身体健康、预防疾病和提高免疫力都有重要作用。浆果的抗氧化成分，如花青素等，有助于抑制自由基的产生，从而减缓细胞氧化应激反应，预防慢性疾病的发生。而且，浆果的营养成分也更容易被身体利用，因为它们的分子结构较小，更容易穿透细胞膜进入细胞内部。

其他水果

苹果、牛油果、香蕉、哈密瓜、小柑橘、椰枣、无花果、柠檬、荔枝、木瓜、百香果、桃子、梨子、菠萝、李子、石榴、西梅、西瓜等。

水果含有多种维生素，如维生素 C、维生素 E 等，以及矿物质如钾、镁等，对维持身体正常生理功能会有帮助。水果也含有丰富的膳食纤维，有助于维持消化道健康，改善便秘等问题。

十字花科蔬菜

芝麻菜、小白菜、西兰花、圆白菜、菜花、辣根、紫甘蓝、芥菜、萝卜、豆瓣菜等。

十字花科蔬菜拥有许多重要的营养成分，对人体健康有着积极的影响。它们通常含有大量的纤维素。纤维素有助于维持肠道健康，促进消化和排泄，预防便秘等肠道问题。而且这些蔬菜中含有丰富的维生素 C，有助于增强免疫系统，促进伤口愈合，同时也作为一种强效的抗氧化剂，帮助身体抵抗自由基的侵害。

十字花科蔬菜也是植物性蛋白质的良好来源，对于素食者来说，它们是获取蛋白质的重要食物，同时含有大量的维生素 K，有助于骨骼健康和血液凝固，对于预防骨折具有重要意义。除了上述提到的营养素外，十字花科蔬菜还含有丰富的叶酸、钾等矿物质，以及多种抗氧化物质，如类黄酮。这些营养素对维持身体健康、预防疾病具有重要作用。

绿叶蔬菜

菠菜、芹菜、莴笋、油麦菜、球茎茴香、香菜等。

绿叶蔬菜含有丰富的营养，富含维生素、矿物质和膳食纤维。膳食纤维有助于增加粪便体积，促进肠道蠕动，预防便秘。

需要注意的是，要尽可能选择当季的蔬菜，它们含有更多对人体有益的成分，尤其是维生素 C、可溶性糖和矿物质。维生素 C 是维持人体健康的重要营养素，有助于增强免疫力，可溶性糖能为我们提供能量，而丰富的矿物质则参与到身体的各种生理活动中。

相比之下，反季蔬菜在这些方面则稍显逊色。应季蔬菜在自然环境中生长，充分接受阳光雨露的滋养，因此积累了更多的营养物质。而且，应季蔬菜顺应天时生长，对化肥、农药、生长调节剂的依赖更小，这大大减少了有害物质的侵入和污染的可能，更加环保和健康。

选择应季蔬菜，不仅是对味蕾的满足，更是对身体的呵护，也是对大自然的尊重。遵循自然的节奏，享受应季食物带来的美味与营养。

亚麻籽

亚麻籽是营养丰富的食物，富含膳食纤维、健康脂肪、蛋白质、维生素、矿物质以及抗氧化物质，对维持健康和预防疾病意义重大。

它是膳食纤维的良好来源，能促进肠道健康，调节血糖和增强饱腹感。它富含 Omega-3 脂肪酸，尤其是 α- 亚麻酸，有益心脏健康、脑功能及炎症调节，可降低多种疾病风险。同时，亚麻籽也是优质植物蛋白来源，含多种必需氨基酸、多种维生素和矿物质，有助于维持身体正常功能。

日常饮食中适当摄入熟亚麻籽有益健康。可在早餐燕麦片或植物奶中添加，或烹饪后用亚麻籽油凉拌。但须注意，亚麻籽油不宜直接加热，因其富含的 α-亚麻酸等多不饱和脂肪酸对热不稳定，加热易氧化，导致营养的损失。

坚果

杏仁、巴西坚果、腰果、榛子、山核桃、开心果、南瓜子、葵花籽、核桃等。

坚果是一种营养丰富的食物，含有多种重要的营养成分，包括健康脂肪、蛋白质、膳食纤维、维生素和矿物质等。坚果类也是优质的蛋白质来源，含有多种必需氨基酸。此外，坚果中的膳食纤维有助于促进肠道健康、缓解便秘，并有助于控制血糖水平。坚果还含有丰富的维生素和矿物质，如维生素 E、维生素 B 族，钙、镁、锌等。这些营养素在维持身体正常功能方面起着重要作用，例如，维生素 E 是一种抗氧化物质，可以帮助保护身体免受自由基的损害，而钙和镁则对骨骼健康和神经传导至关重要。

香草与香料

月桂、豆蔻、辣椒粉、肉桂、丁香、小茴香、咖喱粉、姜辣根、芥末粉、胡椒、薄荷、迷迭香、藏红花、百里香、姜黄、香草等。

天然香草和香料，能够增添食物的风味和口感，丰富菜肴的层次，使食物更加美味可口。而且，许多天然香料有助于促进血液循环，让身体产生热量，增强身体的代谢能力。

像姜黄、丁香、胡椒等含有抗氧化成分，具有抗癌、抗炎、抗菌的功效，有助于预防和抵抗疾病，增强身体的免疫力。合理利用天然香料温热或寒凉的属性，可以帮助调节人体的寒热平衡。对于体质偏寒的人，适当食用热性的香料可以提升身体的升阳功能，缓解因食用过多凉性食物造成的脾虚胃寒等不适。

总之，天然香料不仅为食物增色添香，还对身体健康有着诸多积极的影响。

全谷物类

大麦、糙米、荞麦、小米、燕麦、藜麦等。

全谷类食物在饮食中起着至关重要的作用，它们为人体提供了丰富的营养和多种健康益处。中国营养协会

2022 年发布的《中国居民膳食指南》指出，全谷类食物是多种维生素和矿物质的优质来源，包括 B 族维生素、维生素 E、镁、铁、锌等。这些营养物质对于维持身体的正常生理功能至关重要。研究表明，长期食用全谷类食品可以降低心血管疾病、2 型糖尿病、结肠癌等慢性疾病的发病率。这主要归功于全谷类食物中的膳食纤维和复杂碳水化合物，它们有助于控制血糖和血脂。

全谷类食品富含膳食纤维和复杂碳水化合物，这些成分能够增加饱腹感并减少摄入的热量，从而有助于控制体重。此外，膳食纤维是肠道的"清道夫"，可以促进肠道蠕动，改善便秘等问题。同时，膳食纤维还可以调节肠道菌群平衡，有益于肠道健康。此外，全谷类食物中的某些化合物还具有抗炎作用，可以降低肠道炎症症状。

仓 小结

素食需要用智慧去践行。正确地认识每一种食物的属性，建立均衡搭配的认知，才能感受和利用食物的真正能量。

饮食结构的思考

—— ❦ ——

在当今社会，饮食结构的话题日益为人们所关注。尤其是纯素饮食能否满足身体需求这一问题，引发了广泛的讨论。众所周知，地球上的能量流动遵循着食物链的规律。从生物学和生态学的角度看，肉类中的能量其实也源自植物。在食物链中，植物通过光合作用吸收太阳能，转化为有机物，成为初级生产者；随后，这些能量被草食性动物摄取，再经过食肉动物或杂食动物的捕食，形成更高级的营养循环。然而，这一过程中存在能量的逐级递减，即所谓的"十分之一法则"，这意味着每上升一个营养级，能量损失大约90%。因此，从能量利用效率和环境保护的角度考虑，直接食用植物性食物是一种更为高效和可持续的方式。

然而，肉制品在现代社会中已成为重要的蛋白质供应源，也有许多孩子对肉制品的摄入量严重超标。30 年前，我国制订了第一版《中国居民膳食指南》，直至最新版本，鱼肉蛋奶在其中都占据着一定比例（图4-1）。几十年来，我们依照这样的饮食模式，培养了数代人的饮食习惯。

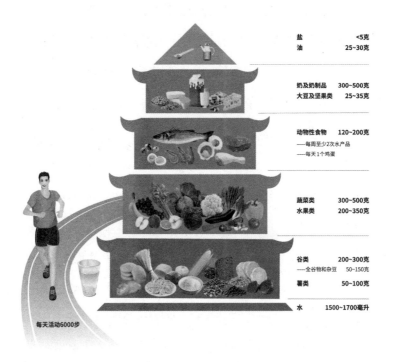

图4-1 居民平衡膳食宝塔（2022）

注：图片来源为中国营养学会。

当前最常见的饮食方式涵盖了蔬菜瓜果、五谷杂粮、鱼肉蛋奶，甚至还有保健品和补品。

不可否认，这种多元化的饮食结构在一定程度上满足了我们的营养需求。但在食物丰富的当下，过度食用肉制品却可能引发诸多健康问题。首先，肉类中有较多的脂肪和胆固醇，过多摄入会显著增加肥胖的风险。肥胖不仅影响个人的外在形象，更会成为一系列慢性疾病的潜在诱因，如心血管疾病、糖尿病等。心血管疾病的危害不容小觑，它可能导致心脏功能受损、血管堵塞，甚至危及生命。其次，过量的肉制品会加重胃肠负担，从而引起消化不良等问题。肠胃作为消化吸收的重要器官，其负担过重会直接影响身体对营养的有效摄取，导致营养失衡，进而影响整体的健康状况。

那么，纯素饮食能否满足身体的需求呢？从理论上讲，如果能够科学合理地搭配各类素食，确保摄入足够的蛋白质、维生素、矿物质等营养素，纯素饮食是可以满足身体需求的。例如，可以将豆类、坚果、谷物等作为各类蛋白质和其他必需营养素的来源。

在食物的烹饪中，也要注意控制油、盐、糖的摄入。控油的核心在于减少高热量油脂摄入，避免肥胖及其引发的多种慢性疾病风险,如心血管疾病,还能减轻肝脏负担,预防脂肪肝。控盐的关键是降低钠离子摄入,从而控制血压,减轻肾脏负担,防止因水钠潴留导致的水肿等。控糖的要点是减少糖类尤其是添加糖的摄取,预防龋齿、糖尿病,维持健康体重,降低心血管疾病发生概率。

素食的魅力在于,它不仅可以避免蛋白质过剩给身体带来沉重负担,还能更有效地帮助我们代谢垃圾,让身体轻松地维持健康平衡的状态。每一种蔬菜、水果、谷物和豆类都蕴含着独特的营养成分,当我们巧妙地将它们组合在一起,就能为身体提供充足而全面的营养支持。例如,豆类富含优质的植物蛋白,与全谷物搭配,能够提供身体所需的氨基酸组合;绿叶蔬菜富含维生素、矿物质和膳食纤维,有助于消化和排毒;水果则为我们补充丰富的维生素 C 和抗氧化剂,增强免疫力;天然香料可以帮助我们平衡蔬果的凉性,更好地升阳。纯素饮食通常富含纤维、低饱和脂肪,有助于降低血压、改善血脂水平。植物性食物通常热量较低且富含纤维,所以有助于增加饱腹感,减少总热量摄入。对于饮食健康而言,新陈代谢,即能够把吃进来的食物充分吸收,又能够把垃圾代谢出去至关重要。

植物性食物富含膳食纤维，有助于促进肠道蠕动，预防便秘，因此很好地提升了我们排毒的能力。

总之，纯素饮食是一种值得探讨和实践的生活方式，它不仅能够满足人体的基本营养需求，还能带来一系列潜在的健康益处。在实现营养均衡的过程中，保持开放的心态，持续学习和调整自己的饮食习惯，让身体的状态越来越好。

守护生命之源

在当今社会，我们对饮食与健康的关系有了更清晰的认识，却同时更加意识到这一方面存在的挑战。每日的饮食，本应是滋养身体、赋予活力的源泉，然而，一旦食物不洁或搭配不当，身体的脏腑便首当其冲受其所害。如今工业化的农业生产模式，在带来丰富物产的同时，也埋下了隐患。大量的农药和生长激素用于植物种植，动物养殖中也充斥着各类药物。这些化学物质的残留，悄然无声地登上了我们的餐桌，使我们的健康在不知不觉中遭受威胁。

回望古代，那是一个未被工业污染的时代。古人所享用的饮食，无论是清新的蔬菜、香甜的水果，还是鲜嫩的肉制品，皆可称为有机产品。有机产品，意味着从种植到养殖，皆遵循着纯天然的原则，没有农药残留或化肥污染的困扰。

食物，它绝非仅仅是满足口腹之欲、获取能量的途径，更是维系身体健康的基石。不妨将其想象为一座为身体源源不断提供必需燃料的工厂。当我们把食物送入口中，一系列复杂而精妙的化学反应便在体内开启，能量和各类营养素得以释放，供给我们的日常生活所需。

但设想一下，倘若我们所摄入的食物，在种植、养殖过程中饱受农药残留和污染的侵害，又经过了不健康的烹饪方式，那么进入我们身体的，无异于一堆"垃圾"。这些不良物质在体内经过微循环，蔓延至身体的每一寸角落，垃圾毒素不断累积，最终引发病变。正如中医所言："粪毒入血，百病生。"人体内部环境的平衡和谐对于健康至关重要。

人体的肠道，是食物摄入、消化和吸收的关键场所，更是重要的排毒通道。若体内每日都在堆积垃圾，肠道功能必然逐渐失调，毒素便可能在肠道内滞留，无法顺利排出体外。长此以往，这些毒素甚至可能穿透肠道黏膜，进入血液系统。一旦毒素进入血液循环，它们将随着血液流向全身各个部位，对组织和器官造成难以估量的损害，从而诱发多种疾病。毒素若侵入心血管系统，可能导致高血压、冠心病等疾病；肝肾功能也可能在毒素的影响下受损，引发肝炎、肾炎；免疫系统同样会因毒素的干扰而紊乱，使人体感染疾病的风险大幅增加。

鉴于此，我们务必高度重视食品的渠道来源以及卫生安全。健康，绝不是一个空洞的观念；要获得健康，需要将正确的认知与实际行动相结合。从深刻理解健康的内涵，到切实践行正确的生活方式，这是每个走在追求健康之路上的人必须修习的重要功课。

我们应当倡导绿色、有机的农业生产，减少化学物质的使用，让食物回归其天然、纯净的本质。在选择食材时，要精挑细选，确保其来源可靠、安全无害。烹饪过程中，应采用健康的方式，尽量保留食物的营养成分。

健康，是生命最宝贵的财富。在追求高效与便利的同时，我们不应忽视对健康的守护。通过选择有机食品，遵循健康的生活方式，我们不仅能够为自己和家人营造一个更加安全、健康的饮食环境，更能为地球的可持续发展贡献一份力量。

饮食与疾病关系的探索

面对反复发作的慢性疾病，我们或许不应仅仅纠结于如何缓解其症状，而更应着眼于如何吃得更健康，以减少其发作。即使是已经长期服药的患者，通过学习健康知识，养成良好的生活习惯，状态也会越来越好，此时与医生充分沟通并尝试控制或略微减少药量，以此重建身体的自我调节能力，不失为一种积极的应对之策。

当下，慢性疾病种类繁多，"三高"人群规模庞大。如何改善这一状况？古人在《黄帝内经》中虽未明确针对某一病症给出具体解法，但我们若能领悟其真谛，将人与自然规律视为一体，注重随季节变化养生，在生活中采取升阳和排毒的方式来平衡内脏功能，便有望重建身体的健康。

把饮食作为改善的基础，选择天然、新鲜、多样化的食材，遵循自然规律进食，让身体顺应时节变化。同时，保持规律的作息和适度的运动，为身体注入活力。相信通过这些努力，我们能够更好地应对慢性疾病，重回健康的生活。

在人体的五脏六腑中，肾脏被视为先天之本，而脾胃则是后天之本，其重要性不言而喻。一旦脾胃出现问题，人体吸收营养和运化营养的功能便会紊乱。食物无法被正常消化吸收，人体就容易产生淤积，内脏气血的平衡也会被打破。气血不畅，营养便无法输送到身体各处，脏腑功能逐渐失调。久而久之，身体的抵抗力下降，各种疾病便有了可乘之机，人的健康状况会每况愈下。

由此可见，脾胃对于维持人体健康起着至关重要的作用。我们必须重视脾胃的养护，保持良好的饮食习惯和生活方式，呵护这一后天之本，为身体的正常运转提供坚实的保障。

当我们接受抽血化验时，会发现大多数时候只须从手臂上采血。肝功能、肾功能、脾功能等等，都能通过手臂上抽取的血液反映出来。这不禁让人思考：为何血液能如此准确地反映出内脏的病变情况？

原来，人体血液中长时间积累的垃圾所形成的毒素，是导致病变的重要原因之一。血液作为生命的河流，流淌在身体的每一个角落，不仅负责输送氧气和营养，还承担着排出废物和毒素的重任。血液如同池塘里的水源，水源一旦浑浊，池塘里的生物就难以健康生长。我们的身体亦是如此，血液时刻影响着身体的代谢和循环，血液的洁净程度直接关乎着生命的活力。若每天身体内部充斥着垃圾和毒素，脏器必然会受到损伤。

那么，如何净化血液呢？最直接有效的方式之一便是健康的饮食。正所谓病从口入，我们摄入的食物直接影响着身体的健康状况。对于患有慢性疾病的朋友而言，尤其需要控制高脂肪、高胆固醇、高糖分和高盐食物的摄入。通过对这几种食物的控制，可以改善身体的健康状态。

在西医的理念中，人体许多部位都可能发炎，产生肾炎、胃炎、肝炎、肩周炎等。我们应该深思，究竟是什么导致身体发炎？若能找到发炎的源头，问题便能迎刃而解。

就像我曾经的一个学生，其家人多有高血糖、高血压的症状，他一度十分担忧自己也会出现"三高"。在深入了解他们的饮食习惯后，我发现他们一家人尤其爱吃油炸食品和重口味的加工食品。这些不良的饮食选择，使内脏犹如长期浸泡在污水之中，身体出现问题似乎也在情理之中。

　　像这样一家人集体出现的身体症状，常被认为由遗传导致，但其实更多是与错误的生活习惯有关的。当这位学生带领家人践行健康的饮食计划，多吃五谷杂粮、蔬菜水果，少吃过度加工的肉制品，并保持正确的作息和规律的运动后，仅仅三个月，家人的体检指标便开始趋于正常，精气神也越来越好。他这才恍然大悟：不良的生活方式才是问题的关键。此后，他持续践行健康的生活方式，再也没有为此担忧过。

　　这个案例为许多朋友化解了心中的忧虑，让大家明白不能仅将疾病归咎于遗传，而忽视了生活环境和习惯的重要性。身体疾病的出现，就如同厨房里发臭的食物最终会引来苍蝇。若不解决食物变质的源头问题，无论采取何种手段，都无法真正让苍蝇消失。

　　"病从口入"这句古训，在今天依然具有深刻的现实意义。许多慢性疾病，其根源往往在于不健康的饮食习惯。那些看似美味的油炸食品、重口味加工食品，实际上是在给我们的身体埋下隐患。它们如同污水，一点点侵蚀着我们的内脏，让身体逐渐陷入亚健康状态甚至患上疾病。因此，坚持正确的饮食搭配和生活方式，就是在为身体的健康打下坚实的基础。

七分饱的饥饿感

"让身体保持饥饿感"，相信大家都对这样的话题有过了解，也理解它对身体是有帮助的，但是每一次践行的时候就会遇到各种各样的问题。比如生活节奏太快、作息时间颠倒、无法抵制美食的诱惑，等等。人的身体保持饥饿感的原因和其对身体的影响是非常复杂而有趣的。从进化的角度来看，保持一定的饥饿感是人类和动物为了生存而发展出的一种机制。在食物稀缺的环境中，能够控制食欲、节约能量的人或动物更有可能生存下来。

当然，这里说的保持饥饿感并不是盲目地节食，这样反而会损伤身体健康；而是在饮食当中尽可能保持七分饱，不要吃过量。身体真正的食量很容易受到食欲的干扰而为人所误解，一不小心就吃得太多。尽管我们不再面临食物短缺的困境，但过度的饮食会给我们的身体带来沉重的负担。这种超负荷的状态不仅可能导致肥胖、心血管疾病、糖尿病等健康问题，还可能影响心理状态，让人焦虑、抑郁、暴躁。

　　肥胖是过度饮食最直接也是最常见的影响。肥胖会进一步引发一系列健康问题，如糖尿病、高血压等。同时，长期过度饮食还可能对消化系统造成负担，引发胃炎、胃溃疡等疾病。此外，过度饮食还可能影响骨骼健康，增加骨质疏松的风险。从心理方面来看，过度饮食往往与一些心理问题息息相关。例如，很多人会在压力大的时候选择用食物来安慰自己，这种行为可能会导致情绪性进食，从而加重心理负担。此外，过度饮食还可能引发自卑、羞耻感等情绪问题，最终影响整个人的身心健康。

　　保持适度的饥饿感是一种健康的生活方式，通过控制食量和频率，我们可以让身体保持在一个适度的饥饿状态，从而促进身体的健康。当然，这并不是说要刻意让自己挨饿，而是要学会聆听身体的信号，合理安排饮食。可以每餐保持七分饱，只要身体有微微饥饿的感觉就可以。吃饭吃七分饱之所以有利于健康，主要是因为它遵循了人体生理机能的自然规律，既保证了身体对营养的需求，又避免了过度负荷对身体造成的损害。

　　当我们吃得过饱时，胃肠道需要分泌更多的消化液来消化食物，会增加胃肠的负担。长期下来，可能会导致胃肠功能紊乱，出现消化不良、胃痛等问题。而吃七分饱则可以让胃肠道在舒适的状态下工作，有利于食物的消化和吸收。过度饱食容易导致能量过剩，进而转化为脂肪堆积在体内，导致体重增加。七分饱则有助于控制能量的摄入，从而控制体重，预防相关疾病。

过饱会增加身体的代谢负担，影响身体正常的排毒功能。而吃七分饱则可以让身体在较轻的负荷下运行，有利于身体正常的代谢和排毒。

适度的饥饿感还可以刺激身体的免疫系统，提高身体的抵抗力。而长期过饱则可能导致身体免疫力下降，容易生病。所以，吃饭七分饱是一种科学的饮食习惯，它符合人体生理机能的自然规律，有利于维护身体的健康。因此，我们应该在日常生活中注意控制饭量，避免过度饮食，让身体在适度的饥饿感中保持健康。

认识有机食品

有机农业种植采取的是一种可持续的农业方式，其核心在于注重生态平衡和环境保护。通过大幅减少化学农药和化肥的使用，有机农业不仅有助于保护我们赖以生存的土壤，保障水源的纯净，还对维护生物多样性发挥着关键作用。有机食品往往含有更多的维生素、矿物质和抗氧化物等有益成分，这些都是维持身体健康所必需的营养成分。

当我们比较有机食品与非有机食品时，不可否认，有机食品的价格确实普遍高于非有机食品。然而，如果我们换个角度思考就会意识到，当一个人不幸患上慢性疾病或者遭遇重大疾病时，治疗期间所产生的高昂费用可能足以拖垮一个家庭。所以，从长远的价值角度来看，我们所吃的每一口有机食品实际上都在为我们的健康加码。

当然，如果我们当下确实没有足够的条件将所有食品都选择为有机食品，那我们在食用非有机食品前，一定要将其仔细清洗干净。例如，当我们购买了蔬菜瓜果后，在食用前应将其泡水，随后再用小苏打进行二次清洗，务必做好清洁工作。小苏打，作为一种弱碱性的物质，能够与水果蔬菜上多为酸性的农药残留发生反应，从而有效地将其去除。不过，在用小苏打清洗过后，也需要用清水再次冲洗，避免小苏打的残留。

为了让更多的人能够选择有机食品，摄入更多的天然营养成分，减少有害物质的摄入，同时为保护珍贵的环境资源贡献一份力量，我立志做好有机食品商城——"致初有机"。"致初有机"，寓意着让食物回归到最初的天然味道。商城里的每一款商品都经过了严格的筛选，做好了质量把关。在线下课程中，我们还融合了《黄帝内经》的知识，充分考虑每个人的体质差异，帮助大家制订适合自己的饮食规划。我们的终极目标是"让每一个家庭都有一个懂得食疗的人"，让每一个人都能通过正确的饮食选择，拥抱健康、美好的生活。

在"致初有机"商城，我们不仅提供优质的有机食品，还传递着一种健康的生活理念。我们希望每一位朋友都能在这里找到属于自己的健康饮食方案，无论是为了预防疾病，还是为了在患病后更好地康复，都能从我们的产品和服务中受益。

相信在不久的将来，随着人们对健康和环境意识的不断提高，有机食品将不再是一种高端产品，而是成为每个人餐桌上的常客。"致初有机"也将在这一伟大的进程中，发挥自己的光和热，与所有人携手共进，共同追求可持续的健康生活方式。

蔬果昔的秘密

在西方的饮食文化中，蔬果昔占据着重要的地位。西医指出，人体常常会发炎，并由此产生一系列症状。而蔬菜和水果中蕴含着丰富的抗氧化物质，可帮助我们抵抗炎症。

那么，究竟什么是抗氧化呢？抗氧化指的是抑制或延缓氧化反应的进程，其核心在于对抗自由基对人体造成的损害。自由基是一种极具活性的化学物质，它们在身体内肆意游走，攻击和破坏健康的细胞与组织，导致细胞损伤甚至死亡。

这一过程，作为身体应对损伤的自然反应机制，本有助于清除死亡的细胞，促进伤口的愈合。然而，一旦自由基数量过多，它们就会持续不断地攻击身体细胞和组织，致使炎症反应长期持续，给身体带来严重的损害，从而诱发各类慢性疾病，如令人忧心的心血管疾病、棘手的糖尿病以及折磨人的关节炎等。

好在食物中的抗氧化剂，例如维生素 C、维生素 E、β–胡萝卜素、硒、类黄酮等，能够有效地中和自由基，显著减轻它们对身体的危害。这些珍贵的抗氧化剂既可以从日常的食物中获取，也能通过补充剂来摄入。而蔬菜和水果无疑是抗氧化剂的重要来源，能够助力身体抵御自由基的侵害。

不仅如此，蔬菜和水果还富含膳食纤维，有助于维持肠道的正常功能，促进排便，将体内的毒素顺利排出。当身体不适、食欲欠佳时，蔬果昔能以一种相对易于接受的形式为身体提供必需的营养和水分。

众多食物，像我们此前介绍的十字花科蔬菜和浆果类水果，都具备出色的抗氧化能力。只须将它们清洗干净，用破壁机打成汁饮用就行。对于脾胃能够接受的人，可以直接饮用；若脾胃难以承受，兑上少量温开水也是不错的选择。

倘若您已经出现了明显的脾虚胃寒症状，不妨尝试以下三个小方法。其一，根据个人情况，在蔬果昔中适量增加亚麻籽粉、姜黄粉、胡椒粉等，提升食物的温热属性，平衡其寒凉性质，促进肠胃更好地吸收和代谢。其二，在饮用时间上尽量选择下午 3 点左右，此时气温相对较高，有利于人体内外的温度平衡。同时要注意蔬果昔的温度，

加热到45℃左右再饮用为宜。其三,少量多次饮用蔬果昔,
以促进脾胃的吸收。

小结

　　从人体生理机制到疾病的发生,从饮食的搭配
到食物的筛选,每一点都环环相扣,紧密相连。建
立正确的饮食观念,选择干净的食物,持之以恒,
就已经是走在了健康的道路上。

食品健康知多少

— ❦ —

学会看食品配料表

日常生活外出采购，面对商品橱窗里琳琅满目的包装食品，大多数人只是关心生产日期和保质期。其实，除了这两者外，还要关注食品包装背后的其他标签，包括商标、储存方式、营养成分表、配料表、生产厂家和地址以及食用方法等。其实这就好像一份食物的"体检报告"，所有的详细信息都会写在其中。读懂食品标签，就像了解了食物的"体质"，这样我们才能筛选出更多健康的食品，做自己的营养专家。

拿到一个包装食品，不要急于撕开包装，而要首先仔细阅读包装上的配料表。配料表通常会列出食品中所有的成分，并按照含量从高到低排序，这意味着配料表中排在最前面的成分是该食品中含量最高的。接下来，关注那些你不熟悉的名称。这些通常是添加剂，如防腐剂。了解这些添加剂的作用和可能的风险是非常重要的。例如，一些人工色素和防腐剂可能与过敏、哮喘及其他健康问题有关。如果你对某种添加剂特别敏感或担心，那么你可能需要避免含这种添加剂的食品。

其次，注意配料表中的关键词，比如"糖""盐"和"油"。这些是我们日常生活中应该尽量控制摄入的。高糖、高盐和高油的食品可能对健康造成不良影响，特别是如果它们是你日常饮食中的主要组成部分的话。

再次，试着寻找那些配料表简单的食品。这意味着食品中的成分主要是天然的，而不是经过大量加工或添加了许多化学物质的。例如，一个苹果的配料表就非常简单，只有"苹果"这一个成分。

最后，别忘了查看食品的营养标签。营养标签会告诉你食品中的营养成分，如蛋白质、脂肪、碳水化合物、纤维以及各种维生素和矿物质。这些信息可以帮助你了解食品的营养价值，以及它是否适合你的饮食需求。在看配料表的过程中，也并不仅仅是看看里面有哪些成分，更要理解这些成分的含义和可能产生的影响。这样，你才能做出更明智、更健康的食品选择，做自己健康的主宰！

认识添加剂

在食品配料表中，除了我们熟悉的农作物原料外，还可以看到各种食品添加剂。我们首先要搞懂的就是添加剂是什么，因为它直接地影响了这款食品的营养价值。了解食物中的添加剂成分对于选择食品非常重要。虽然一些添加剂在适量使用下是安全的，但过量摄入某些添加剂可能会对人体健康产生负面影响。因此，在购买食品时，我们应该仔细查看配料表，了解食品中的添加剂种类和含量，尽量选择添加剂较少、营养均衡的食品。同时，我们也可以通过阅读食品营养标签、选择有机食品、自己动手制作食品等方式来更好地了解或控制食品中的成分。在选择食品时，我们应该注重食品的营养价值和健康程度，而不仅仅是口感和价格。

中国营养学会曾对食品添加剂的相关问题进行过科普。食品添加剂在规定的使用范围和剂量内是安全的，并且在食品生产中起到重要作用。然而，如果不规范使用或过量使用某些食品添加剂，可能会带来一些潜在风险，如影响营养吸收、引起过敏反应等。营养学会强调合理使用食品添加剂,并倡导消费者保持均衡饮食和健康生活方式。

食品中常见的添加剂包括以下几类:

(1)防腐剂:用于延长食品的保质期,防止食品腐败变质。常见的防腐剂包括苯甲酸钠、山梨酸钾、二氧化硫等。

以苯甲酸钠为例,苯甲酸钠在食品工业中常被用作防腐剂,可以延长食品的保质期,抑制细菌和霉菌的生长,保持食品的新鲜度。此外,它还可以用于抗真菌、皮肤护理、医药应用和乳制品防腐等。然而,苯甲酸钠的使用也存在一些争议和危害。此外,苯甲酸钠还可能引起过敏反应,如皮肤瘙痒、红肿等。

(2)增稠剂:用于改善食品的质地和口感,使食品更加浓稠、滑顺。常见的增稠剂包括明胶、卡拉胶、果胶等。

以卡拉胶为例,卡拉胶能够吸收水分并形成一种黏稠的胶状物,因此被广泛应用于各种液态或半固态食品中,例如饮料、果汁、奶制品、冰淇淋等。卡拉胶还可将不同的成分黏合在一起,发挥它的黏附性作用。关于卡拉胶的伤害,目前尚未有明确的证据表明卡拉胶会对人体健康造成直接危害。然而,过量摄入任何食品添加剂都可能对人体健康产生不良影响，因此建议适量食用含有卡拉胶的食品。

（3）酸度调节剂：用于调节食品的酸碱度，抑制细菌繁殖，保持食品的新鲜度和口感。常见的酸度调节剂包括柠檬酸、乳酸、醋酸等。

以柠檬酸钠为例，它是一种有机酸盐，常在食品中起调味、防腐和酸化作用。然而，过量或不当使用柠檬酸钠也可能带来一些潜在的健康风险。

（4）甜味剂：用于增加食品的甜度，满足人们对甜食的喜爱。常见的甜味剂包括蔗糖、葡萄糖、果糖、安赛蜜、阿斯巴甜等。

比如，安赛蜜是一种白色或略带浅黄色的粉末，具有清爽、酥脆的口感，并且具有较好的水溶性。安赛蜜的甜度是蔗糖的几十倍甚至上百倍，因此在食品中添加少量安赛蜜就可以显著提高食品的甜度。然而，使用安赛蜜也存在一定的潜在危害。过量摄入可能造成人体患癌症的风险增加、损害肝肾功能等。此外，安赛蜜还可能引起过敏反应，如皮肤瘙痒、红肿等。

阿斯巴甜是一种非碳水化合物类的人造甜味剂，其主要作用是增加食品的甜味。是一种天然功能性的低聚糖，其甜度高，不易潮解。然而，阿斯巴甜如果使用不当，可能会对人体健康造成损害。虽然它被归类为可食用的添加剂，但其代谢物可能会产生神经毒素，摄入过量可能会导致神经损伤。阿斯巴甜还可能引起一些副作用，如头痛、失眠、记忆力减退等。此外，一些研究表明，阿斯巴甜可能与多种健康问题有关，包括癌症、免疫系统紊乱、情绪问题等。

（5）香精香料：用于增加食品的香气和味道，使食品更加美味可口。常见的香精香料包括天然香精、合成香精等。

合成香精主要是为食品提供香味，掩盖不良气味，增加食品的感官吸引力，使其更加诱人。它们可以模拟天然香料的香气和味道，为食品带来丰富的层次感。然而，合成香精也存在一些潜在的危害。部分合成香精可能含有对人体有害的化学物质。长期摄入这些物质可能会对人体健康有潜在风险，如影响神经系统、内分泌系统等。

所以，了解添加剂对健康的重要性以及食物配料表的种类对于健康至关重要。添加剂在食品中扮演着重要的角色，它们可以改善食品的口感、色泽、保质期等方面，但同时也可能带来一些健康风险。因此，我们对添加剂需要有正确的认识和了解，以便更好地选择健康的食品。

厨房卫生知多少

在追求健康的道路上，我们往往将重点放在饮食的选择上，却容易忽略"用"的方面。其实，厨房中那些看似平常的用品和操作，对我们的健康也有着深远的影响。

比如：长时间使用发霉的木砧板，霉菌可能随着食物进入体内，危害健康；劣质的塑料水杯在盛装热水时可能释放有害物质；印着各种颜色、图案的餐具，如果质量不过关，也可能含有有害成分。长期使用这些物品，无疑给健康埋下了隐患。

餐具消毒是厨房卫生管理的重要环节。一个消毒柜能为家庭健康发挥大作用，每日对餐具、厨具进行一次消毒，能有效杀灭病菌，降低病从口入的风险。

厨房中，抹布卫生容易被忽视。不少人洗碗和擦桌子共用一块抹布，这大大增加了细菌传播的机会。为了保障健康，建议准备三块抹布，分别用于擦桌子、擦灶台和洗碗，且严格禁止交叉使用。用洗碗的抹布去擦桌子或灶台，必然会助长细菌滋生。另外，做好区别使用的同时，还要定期对抹布进行消毒和晾晒，确保其清洁卫生。

此外，锅具的品类选择也有讲究。不同的锅具适用于不同的烹饪方式，选择不当可能影响食物的营养和口感，甚至可能产生有害物质。同时，油烟的排出也不容忽视。厨房中若不能及时有效地排出油烟，其中的有害物质会被人体吸入，长期积累可能引发呼吸道疾病等健康问题。

因此，我们要重视厨房中的每一个环节，做好全方位的健康保护，让厨房成为健康的堡垒，而非疾病的温床。最后，送给大家一首健康打油诗：

厨房就是身心道场

抹布定要分两块，洗碗擦桌要分开。

每次用后须晾晒，避免细菌来感染。

洗菜池子用不对，太多污垢会重来。

开水不得灌塑料，做好管理毒害少。

洗菜之前戴手套，个人卫生很重要。

清洗应用小铁盆，反复清洁要记好。

下厨口罩要戴好，清淡饮食很可靠。

要是把菜煎炸炒，厨房油烟不得了。

锅碗瓢盆要消毒，饭菜美味真是好。

餐具质量要合格，避免花纹和塑料。

蒸锅清蒸真不孬，省事方便轻松了。

若是反复来加工，菜有味道人衰老。

营养均衡很必要，蔬菜瓜果不可少。

还有各种豆制品，素食搭配真美好。

记得留意时辰表，几点做啥要记牢。

新陈代谢要平衡，喝水运动都需要。

每天食物补能量，厨房卫生真重要。

开开心心活到老，你我都是一个宝。

小结

健康不仅体现在餐桌上，更体现在厨房的每一个角落里。从餐具的选择、消毒，到抹布的使用，再到锅具挑选和油烟处理，这些细节都至关重要。如果长期对它们视而不见，久而久之，都可能成为引发疾病的源头。

第五章

顺天时，更健康

子午流注的解读

子午流注，是中医学最有特色的理论之一（图 5-1）。将一天 24 小时分为 12 个时辰，每个时辰对应一个地支，并与人体的 12 脏腑气血运行相结合。人体的气血首尾相衔地循环流注，盛衰开合均有时间节奏、时相特性。这种理论是根据古代的天文、历法、气象、医学等学科知识，通过观察、分析和总结人体与自然界之间的相互关系而得出的。

每个时辰也对应着人体特定的脏腑经络，人体内部的气血在一天之内会按照特定的规律运行，与自然界的变化相互呼应。这种理论主张顺应自然，根据时辰调整作息和养生，以达到调和阴阳、保持身体健康的目的。所以，了解 12 个时辰与五脏六腑气血的对应关系，并建立与之匹配的规律作息，对于保持良好的睡眠和身体健康非常重要。根据子午流注理论，每个时辰对应一个脏腑经络的"当令"，就是"当班"的意思，这意味着在特定的时辰，相应的脏腑经络的气血运行最为旺盛。因此，如果我们能够顺应这种自然规律，就有助于保持身体的气血平衡，提高睡眠质量。

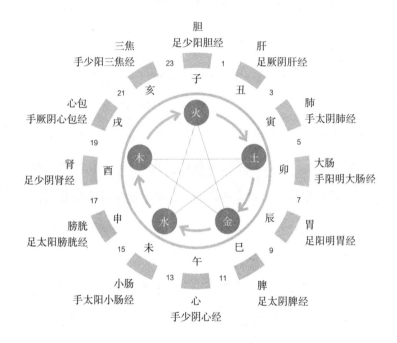

图5-1 子午流注示意图

子时（23:00—1:00）足少阳胆经

子时是指夜里 23 点到次日凌晨 1 点，这个时候是胆经当令。中医认为，子时是一天中阴气最盛、阳气初生的时刻。此时人体的阳气处于萌发、初始的阶段，需要在安静的睡眠状态中得到呵护和滋养，以利于阳气的逐渐生长。如果在这个时间不睡觉，可能会影响阳气的生发，对身体健康不利。

《东医宝鉴》中提到："肝之余气，泄于胆，聚而成精。"《素问·六节藏象论》则明确表述"凡十一脏，取决于胆"，意味着包括五脏六腑在内的十一脏的发挥，都取决于胆气的生发。这说明了胆在人体中的重要作用，它不仅与肝脏相互关联，还影响着五脏六腑的功能。胆气的充足与否直接关系到人的勇气、决断力和精神状态。所以，在子时，人们应该注重睡眠，养足胆气，以保持身体健康和精神状态的良好。这也是养生学中的一个重要原则，即通过调整作息时间和生活习惯来顺应自然规律，达到调和阴阳、保持身体健康的目的。

丑时（1:00—3:00）足厥阴肝经

中医认为丑时肝经最活跃，丑时是肝脏修复养护的最佳时段。"肝藏血"，睡眠时血液流入肝脏滋养肝脏。若此时未睡或睡眠差，肝脏无法完成新陈代谢和自我养护，会导致情志、脾气问题，面色不佳，长期还可能引发肝病，所以养肝需要睡好觉。

五脏六腑靠肝血代谢血液垃圾、支持内在循环。肝排毒功能体现在疏泄和藏血上，疏泄能调畅气机等，藏血能保持血液循环畅通，帮助排泄毒素废物，调节血量和水分平衡。

寅时（3:00—5:00）手太阴肺经

寅时是肺经当令的时间，也就是肺经的气血最旺盛的时候。在这个时段，人体的气血开始由静转动，需要通过深度睡眠来完成生命由静而动的转化。因此，健康的人在寅时应该处于深睡状态，这样有助于养肺和排毒。中医还认为"肺朝百脉"，也就是说全身的血液都通过经脉而汇聚于肺，通过肺的呼吸进行血液中的气体交换，然后输送到全身。它描述了肺与全身各个穴位和经脉之间的连接关系。

这个过程不仅关乎气血的畅通，也涉及全身气机的调节。因此，肺朝百脉的生理意义在于维持人体气血的正常运行和全身气机的平衡。但如果在这个时段醒来，可能是肺经出现了异常，需要关注肺部健康。

卯时（5:00—7:00）手阳明大肠经

在《黄帝内经》中，卯时被认为是大肠经当令的时间，这个时间段是大肠经气血最为旺盛的时刻，因此是排便的最佳时机。大肠的主要功能是传导糟粕，也就是排泄废物。在卯时，由于大肠经的气血旺盛，肠道蠕动活跃，因此排便更为顺畅。通过排便，可以清除体内的废物和毒素，保持肠道的清洁和健康。

中医还强调了肺与大肠相表里的密切关系。肺气充足，犹如一股强大的动力源泉，能够有力地支持大肠的传导功能。反之，若肺气虚弱，可能会影响大肠的正常运作，导致排便不畅等问题。这种脏腑之间相互关联、相互影响的理念，充分体现了中医整体观念的精髓。

为了充分利用卯时这一宝贵的时段，我们可以养成早起后喝一杯温水的习惯，以滋润肠道，促进排便。同时，保持规律的作息时间，保证充足的睡眠，有助于肺气的充盈和大肠功能的稳定。

辰时（7:00—9:00）足阳明胃经

中医强调 7 点到 9 点这一时间段对于人体的重要性，并指出这是胃经最为活跃的时候。在这个时间段，人体的阳气逐渐升发，胃经的气血也最为旺盛，因此是进食的最佳时机。进食早餐可以补充身体经过一夜代谢后所需的能量和营养，为一天的活动提供动力。同时，早餐的摄入也有助于启动身体的消化系统，促进肠胃蠕动，帮助排便，进一步清除体内的废物和毒素。保护好胃的健康也至关重要。胃作为人体的主要消化器官，其健康与营养的吸收、身体的免疫力等方面都密切相关。因此，在 7 点到 9 点这一时间段，不仅要吃早餐，还要注重早餐的质量和营养搭配，避免油腻、辛辣等刺激性食物，选择易消化、富含营养的食物。

巳时（9:00—11:00）足太阴脾经

脾被赞誉为"后天之本"和"气血生化之源"，其地位举足轻重。这一殊荣的赋予，根源在于脾在人体消化、吸收以及营养转化方面发挥的不可替代的关键作用。

脾之所以如此关键，是因为它具备将食物转化为气血的神奇能力。当我们摄入食物，经过消化后，它们转化为营养丰富的水谷精微。脾就如同一位精细的调度师，将这些珍贵的营养物质有条不紊地输送至全身各个脏腑。使之能够进行各种生理活动。早晨9点到11点是脾经当令的时间。在这一时段，保护好脾脏，就相当于呵护了身体的阳气。

午时（11:00—13:00）手少阴心经

《黄帝内经》称心脏为"君主之官"，强调其统领全身的重要性。人的生理活动与自然节律紧密相连，午时阳气盛，心脏功能活跃，此时精神思维更清晰敏锐。因此，午时应注重调整身心，保持安定平和，充分发挥心脏功能，达到身心最佳状态，这体现了中医人与自然和谐共处的理念。

午间休息哪怕15分钟，就能释放身体负担、安宁心神，使心脏气血充盈，也使我们神志清醒，表现出好的状态，同时也能够提升我们的肠道功能。心脏和小肠相表里，肺和大肠相表里，当心肺得到了平静，肠道自然就会更好地排毒。

未时（13:00—15:00）手太阳小肠经

下午 13 点到 15 点小肠功能最为活跃，它是食物消化吸收的主要场所，阳热作用的关键。很多人生活习惯不良，就会导致阳气不足，影响小肠吸收功能。

养护小肠关键在于养阳气，此时间段应避免过度劳累、保持心情愉悦。《黄帝内经》赋予小肠极高重要性，描述其为"受盛之官，化物出焉"，就是说它接收胃初步消化的食物，进一步消化吸收，转化成营养成分滋养全身，并排出糟粕垃圾，保持肠道清洁健康。小肠上接胃幽门，下连阑门，与大肠相通，内壁绒毛增大吸收面积，提高吸收效率。小肠功能正常则气血生化有源，脏腑器官获充足营养，反之则会致病。

申时（15:00—17:00）足太阳膀胱经

这个时间段，膀胱经的气血最旺。膀胱经是人体的一条重要经脉，它的循行路线起于头部，经过背部，一直下行到脚部，是人体行程最长、穴位最多的经脉。在这个时间段，身体的阳气处于快速下降阶段，而膀胱经是人体储存阳气的仓库，同时也是排泄废物的通道。所以，保持膀胱经的通畅非常重要，这样可以帮助我们排毒顺畅，储备更多阳气，保持人体阳气充足。

在《黄帝内经》中，膀胱经被描述为"州都之官"，它的主要功能是聚集和储存人体的水液，当这些水液被汽化后，就可以排出体外。此外，膀胱经还是人体抵御外界风寒的一个天然屏障，能有效防止病魔侵入。当膀胱经出现问题时，可能会引发一系列的健康问题，如脖子发僵、胃疼、眼睛发坠、腰酸背痛、头痛、痔疮等。

所以我们经常会听到，人的身体不舒服跟膀胱经的淤堵有很大的关系。可见，膀胱经的淤堵会直接影响到我们阳气的生发，它就像升阳的通道一样，时时刻刻影响着我们身体能量的循环。膀胱经也是人体最大的排毒通道，保持其通畅对于身体的健康至关重。

酉时（17:00—19:00）足少阴肾经

中医理论中，肾脏是先天之本、藏精之处，主骨生髓，与生长发育、衰老和生殖密切相关。精包括先天和后天之精，肾脏对精的储藏调节起决定性作用。

肾脏主骨生髓，其功能衰退会影响骨髓造血，导致贫血，还会影响骨骼健康，导致腰膝酸软、骨质疏松。肾经协调阴阳能量、维持水液平衡，下午17点到19点肾经当令，此时肾脏收纳储存营养，要注意饮食节制，避免油腻、难消化的食物影响肠胃；同时，因为心肾相交，还应保持心情平和放松，避免劳累和情绪波动损伤肾脏。

戌时（19:00—21:00）手厥阴心包经

心包经是心脏的外围保护组织和气血通道，能保护心脏、清除外邪。晚上19点到21点心包经当令，此时有助于心脏修复调养，修复心脏周围组织，若能保持心情平和放松则更有效。

此阶段是阳气收敛、阴气旺盛之时，应避免剧烈运动和过度活动，以利身体恢复。心包经与情绪密切相关，情绪不稳定会影响其正常功能和心脏健康，所以此时间段保持心情平和放松，有助于心包经正常运行，维护心脏健康。

亥时（21:00—23:00）手少阳三焦经

三焦经主要调节水液代谢（如汗液、尿液排出）和气血运行。晚上 21 点到 23 点三焦经活跃，能帮助身体排出多余水分和毒素，维持正常代谢，促进气血流通，改善血液循环，增强免疫力。

此时阳气收敛、阴气生发，通过调整作息、放松心情等有助于养阴护阳、保持平衡。如果每一天都能够不晚于这个时间段入睡，那么次日早起就能够更好地提升阳气，让身体达到最佳状态。

仓 小结

通过中医子午流注的理论可以知道，每个时间段都与脏腑经络紧密相关。人类和动植物都是地球生物，当我们开始顺应自然规律时，就开启了健康之门。

二十四节气规律

二十四节气的真正意义在于它是中国古代农耕文明的重要产物，蕴含了丰富的文化内涵和深厚的历史积淀，是中华民族历史文化的重要组成部分。它不仅准确地反映了自然节律变化，还在人们日常生活中发挥了极为重要的作用。在长期的农业生产中，古人根据天地运行以及气候变化规律创造了这一时间制度，用来指导农耕活动，如春耕、夏耘、秋收、冬藏等。这不仅养育了中华儿女，而且为辉煌的中华农耕文明奠定了基础。

二十四节气制度体现了中国人"天人合一"的生态思想，以及因时制宜、因地制宜、循环发展的生态智慧。也是人们认识自然、顺应自然的重要参照。它反映了太阳在黄道上的位置变化，以及这种变化对地球气候、农业生产和人体健康等方面的影响。通过了解和遵循这些节气，人们可以更好地适应自然环境，保持健康，实现人与自然的和谐共生。

　　一年有四个季节，每个季节有六个节气。不同的季节有不同的属性，并且和我们的健康息息相关。《素问·四气调神大论》告诉我们，春天，是生命萌发的季节。当大地从冬日的沉睡中苏醒，世间万物开始焕发新的生机。此时我们应顺应春的节奏，晚卧早起，让身体如复苏的大地一般，慢慢从冬日的静谧中活跃起来。披散头发，解开衣带，这看似简单的行为，实则是让形体得以舒缓，摆脱冬日的束缚，拥抱春天的轻盈。在庭院中悠然漫步，感受着微风的轻抚，让精神保持愉悦，胸怀也随之开阔。在这充满希望的季节里，我们更要懂得尊重生命，不滥行杀伐，多施予、少敛夺，多奖励、少惩罚，如此方能保养好那蓬勃的生发之气。倘若违逆了春生之道，肝脏便会受到损伤，进而影响到夏季的生长之气，到了夏季，寒性病变便可能悄然来袭。

　　夏天，是万物繁茂秀美的时节。天空中的骄阳似火，大地上的万物蓬勃生长。我们依然保持晚卧早起的习惯，去迎接每一个崭新的清晨。上午可以选择温度适宜的时候晒一晒后背，提升后背的温度，让整个身体的热量得以提升，为生命注入更多的活力。情志方面，应始终保持愉快，避免发怒，让心中的怒火如同被清凉的夏雨浇灭，精神如同夏日盛开的花朵般英华四溢，适应夏季的繁茂，让气机宣畅、通泄自如，保持对外界事物浓厚的兴趣。因为若情绪波动太大，易造成心血不足，进而导致秋收之气的条件不足，秋季的疢疾可能会在不经意间找上门来，甚至到了冬季还会引发新的健康问题。

秋天，是成熟与收敛的季节。大自然的景象随着万物的成熟而逐渐平定收敛。天高风急，地气清肃，在这样的氛围中，早睡早起成为了我们的养生准则。作息时间应与秋季的节奏相契合，保持神智的安宁，让秋季肃杀之气对人体的影响得以减缓。收敛神气，如同成熟的果实将精华内敛，以适应秋季容平的特征，不使神思外驰，全力保持肺气的清肃功能。只有这样，我们才能顺应秋令的特点，保养好人体收敛之气。一旦违逆了秋收之气，肺脏就会受到伤害，冬藏之气的条件也会随之不足，到了冬天，飨泄问题便可能给我们带来困扰。

冬天，是生机潜伏、万物蛰藏的时令。水寒成冰，大地仿佛也进入了深沉的睡眠。此时的我们应早睡晚起，耐心等待阳光的照耀再起身活动，避免轻易扰动那潜藏的阳气。也不要万事操劳，让神志如同被珍藏的宝物一般深藏于内，安静自若。避开寒冷，求取温暖，精心呵护身体，防止阳气无端损失，这便是适应冬季气候、保养人体机能的正确方法。倘若违逆了冬藏之气，肾脏必将受到损伤，春生之气的条件也会变得匮乏，来年春天，痿厥问题或许就会不期而至。

二十四节气反映自然界气候变化，人们应依据其特点调整作息与饮食习惯，以调和阴阳、平衡五行。古人的智慧在于让我们从多维度平衡身体的内外关系，只有领悟这些，才能在生活中更好地践行，保持良好状态。

△ 小结

古人的智慧将健康与四季变化紧密相连。它如神秘时钟，展现四季韵律，让我们感知生命与自然息息相关。这一智慧的传承，提醒我们顺应天时，使健康与四季和谐共生。

提升睡眠的质量

中医理论中，"心肾相交"是一个重要的概念。心火下降、肾水上升，两者交汇实现气血平衡，这直接关联着睡眠状况。睡眠不仅是生理需求，更是实现心肾相交、促进健康的重要途径。很多人渴望能够拥有良好的睡眠，然而睡眠质量的好坏实则牵涉众多因素。接下来，让我们逐步剖析如何平衡这些因素，从而提升睡眠质量。

睡前的感恩

每天晚上睡觉之前学会跟身体对话，可以更好地让我们的身体放松，也能够让情绪得到很好的缓解和平衡。有一种力量叫感恩的力量，当你开始感恩生命当中的一切时，内心就会油然升起一种平静的力量。学会感恩天地万物，感恩家人，感恩生命当中所有的一切。这不仅是内心当中产生敬畏之心，更是把所有的情绪表现出来，和自己和解的过程。躺在床上，用5分钟调整呼吸，放松身心，然后就可以开始。

从明天开始的每一天，我的全身会充满力量和喜悦，我更加爱自己和周围的一切，我的身体时刻自我疗愈着。

我越来越健康和美好，我接纳全部的自己和别人，并且释放内心的不安和恐惧，变得越来越平安和幸福。我和周围的人们相处和谐，我的脾气越来越好，我的笑容越来越多，每一天我都感受到宇宙的丰盛。我遇到的一切困难和障碍都会自然消退。只要我对它们心怀敬意，并且从不抗拒，它们很快就会变成对我的祝福。我沉浸在无限美好的恩泽里，即使我遇到了一些挫折，我也知道它是爱的表达，很快就会过去。我不再证明我自己，我可以真诚、真实、坦荡呈现我自己，我可以看到内在的智慧与宝藏如同泉水般源源不断。我如实地接纳自己，我学会了臣服和感恩，我感恩生命里每一次的遇见，我感恩生命里每一次的发生，一切都是最好的安排，一切都是爱意的表达，感恩当下，感恩生命当中所有的一切。

当你感恩完之后，默默地说4句话：谢谢你，对不起，我爱你，请原谅。你会发现你跟自己的身体产生了共鸣和联结，你的身体会慢慢提升内在的力量，这是潜意识内在提升的训练方法。然后我们的身体会变得越来越柔软和放松，内心情绪也会平衡地流动起来。

光线的影响

光线对睡眠质量的影响不容小觑。当我们处于睡眠状态时，倘若光线过于明亮，或者有强烈的光线直接刺激眼睛，身体就会不由自主地呈现出不安定的状态。这种不安定源自内心的无法宁静，使得身体的潜意识认为我们尚未进入放松阶段。这就需要睡眠环境保持黑暗，营造出一种能让身体清晰觉察到睡眠意图的氛围。

即便是在白天补觉，对于窗户光线也得格外留意，做好遮光工作，不能让光线太亮，稍暗一些为宜。而平时卧室里尽量选择暖光灯，暖光会给人一种温馨、舒缓的感觉，能够更好地促使身体放松下来。

光线对褪黑素的分泌具有显著影响。褪黑素是一种由脑松果体分泌的激素，主要负责调节人体的昼夜节律，包括入眠和醒来。当人体处于黑暗环境中时，松果体会开始分泌褪黑素，促进睡眠。这是因为黑暗环境刺激视网膜传递信号到脑部的松果体，进而刺激褪黑素的分泌。

然而，明亮的光线，特别是蓝光，会抑制褪黑素的分泌。这是因为光线刺激视网膜上的光感受器，向松果体发送信号，减少褪黑素的产生。蓝光对褪黑素的抑制作用尤为明显，因为蓝光波长在400~495nm范围内，正是对褪黑素分泌影响最大的波长区间。

这种影响在日常生活中有重要意义。例如，晚上使用电子设备（如手机、电脑等）会使我们暴露于蓝光下，这会抑制褪黑素的分泌，导致入睡困难或睡眠质量下降。因此，建议在睡前避免使用电子设备，或使用防蓝光滤镜来减少蓝光的影响。为了提升睡眠质量，每天睡觉前也可以戴上一副眼罩，让眼睛得到放松，身体也慢慢地放松下来。

睡前的专注练习

睡前如果总有万千思绪，我们可以做一个专注力的训练。想象一下，把我们脑海中纷乱的思绪和念头看作一只只调皮的小老鼠，而我们的专注力则是一只敏捷的猫。每当一只"小老鼠"，也就是一个杂念冒出来时，那只专注的"猫"就迅速地将其捉住。再出现一只，再捉住，如此反复。

在这个过程中，我们并不是单纯地为了捕捉这些"小老鼠"而行动，其重点在于通过这样的练习，不断地提升我们的内心力量。每一次成功地捕获杂念，都意味着我们内心的力量得到了增强。我们逐渐学会掌控自己的思维，不再被无休无止的胡思乱想所左右。

刚开始进行这种练习时，难免会感到不适应。思绪可能如脱缰的野马，难以迅速被控制。但这正是考验我们的时候，我们需要不断地强大自己的信念。相信只要持之以恒，这个方法终将发挥作用。

每一次练习，都是在向内心注入一股坚定的力量。随着时间的推移，我们会惊喜地发现，那些扰人的"小老鼠"越来越少，内心逐渐恢复平静。当我们能够在睡前成功地让内心的"猫"制服所有的"小老鼠"时，宁静的睡眠便会降临。

睡前的放松练习

每天晚上，不妨准备一盆温热的水，泡泡脚。通过提升足底的温度，能够让身体逐渐放松下来。在泡脚之后，不要忘了用双手轻柔地按摩足底。这样做可以更好地促进血液循环，消除一天的疲劳，有助于提升睡眠质量。

此外，还有一个独特的动作练习能助我们一臂之力：

首先保持舌抵上腭，吸气，保持4秒，绷住脚背，并且拇指在内、四指在外握拳，双手成握固状态。随后呼气，同样用4秒的时间，轻轻回勾脚掌，双手张开。就这样有节奏地循环进行，持续5~8分钟。在这个过程中，仿佛有一种温暖的力量在身体内缓缓流淌，滋养着每一个细胞。

通过这样的练习，我们能够固本培元，让身心得到深度的滋养与放松。随着每次呼吸和动作的配合，身体逐渐沉浸在一种宁静的状态中。渐渐地，这种温暖会传遍全身，驱散紧张与不安，引领我们进入深度睡眠的美妙境界。

🏠 小结

睡眠的质量，不仅关乎于我们的生活起居，还

体现出修心的智慧以及对于健康的认知。所以，在
多维度上做到知行合一，精、气、神自然就会呈现
出好的状态。

第六章

温度的重要性

寒湿对身体的影响

中医当中说，"六邪"——风、寒、暑、湿、燥、火，特别容易引起人体的脏腑气血失调，从而引发各种健康问题。寒和湿确实是生活中最常见的问题，可以说身体各种各样的不健康状态都和寒湿有关联，正如俗话所说，"百病寒为先"。在我们当下的环境当中，我们的生活工作普遍不规律，又常常贪凉。在我们追求时尚的同时，忘了穿衣最基本的作用是为了保暖。夏天经常喝冷饮、吹空调，又经常熬夜久坐，这样寒气都会乘虚而入。

《黄帝内经》中提到，寒湿之邪容易阻滞气血的正常运行。当寒湿侵袭人体时，会导致气血不畅，出现疼痛、麻木等症状。这是因为寒湿会使气血凝滞，不能畅通无阻地流动于身体各处，从而引起各种不适症状。人体的气血平衡是维持生命活动的重要力量。寒湿之邪容易损伤人体，导致人体出现畏寒怕冷、四肢不温等症状。

寒和湿有所不同，寒为百病之源。寒气就是一种阴邪，它最容易损伤我们身体的阳气。人其实就是依靠着阳气来推动身体的循环，让我们内在平衡、身体健康的。当我们身体内部的血液流动到全身，滋养整个经络、四肢百骸、肌肉、毛发，身体便能够循环起来。但是当寒气进入内部时，我们身体中就会形成淤堵，经络也不通，不通就会痛，还会导致我们的脏腑失调，出现很多问题。

湿气也是中医理论中常见的病理因素，常常被称为"湿邪"。湿邪具有重浊、黏滞、趋下的特性，容易阻滞气血的运行，影响人体的正常生理功能。湿邪的来源主要有两个方面：一是外湿，即由于气候潮湿、居住环境潮湿等外界因素导致的湿气侵入人体；二是内湿，即由于脾胃虚弱、运化失职等内部因素导致的湿气内生。由于湿邪具有黏滞的特性，一旦侵入人体，就容易附着在脏腑经络上，难以迅速清除。同时，湿邪还容易与其他邪气相互结合，形成更为复杂的病理变化，如寒湿、湿热、风湿等。

湿气和寒气存在密切关系。两者本身都是中医所说的外邪，它们既可以独立存在，也可以相互结合，形成更为复杂的病因。湿气多由于脾胃虚弱、水谷运化失常而产生，而寒气多由于外感风寒或体内阳气不足而引起。它们相互影响，湿气容易滋生寒气，而寒气也会加重湿气。湿气具有重浊、黏滞的特性，容易阻滞气血运行，形成痰湿、水饮等病理产物；而寒气则具有收敛、凝滞的特性，容易使气血运行不畅，导致疼痛、麻木等症状。因此，湿气和寒气在病理上相互影响，共同作用于人体，导致各种病理变化。古话说："千寒易除，一湿难去。"所以我们更需要时刻留意健康的生活方式。

🏠 小结

《黄帝内经》中讲："风寒湿邪客于脏，病入脾胃。"意思是，当风寒湿邪侵袭并留驻于人体内脏时，往往会导致疾病累及脾胃。强调了外界环境中的风寒湿邪对人体内部脏腑的损伤，因此我们更加要做好防范，避免损阳。

人体温度的认知

— ❦ —

体温可以被视为人体内部阳气是否充盈的一个判断指标。在中医理论中，阳气是推动和温煦身体各种生理活动的能量，它的充盈与否直接关系到人体的新陈代谢、血液循环、免疫力等方面。西方医学说正常体温的维持依赖于人体的产热和散热系统的平衡。体温过低，可能导致血液循环减慢，因为血液在体内的流动受到温度的影响。血液循环减慢，一方面影响身体各部位获得足够的氧气和营养物质，另一方面也导致代谢废物和毒素的堆积，无法及时排出体外。

在《黄帝内经》中，人体温度被视为维持生命活动的重要因素。它强调"阳气者，若天与日，失其所，则折寿而不彰"，意指人体的阳气（可以理解为体温和生命能量）如同天空中的太阳，如果失去其正常的作用，人的寿命就会受到影响，身体也会出现问题。人体温度对人体的正常运行有着至关重要的作用。首先，它影响着气血的流通。气血是人体内的两大基本物质，它们需要在适当的温度下才能顺畅流通，供给身体各个部位所需的营养和氧气。当人体温度过低时，气血流通会受阻，导致身体出现各种不适症状。其次，人体温度还影响着内脏器官的功能。各个内脏器官都需要在适当的温度下才能正常工作，维持身体内部的平衡。当人体温度过低时，内脏器官的功能也会受到影响，导致身体出现各种疾病。

正常状态下，人体的体温（腋窝温度）一般在36~37℃，若是体温过低则血液循环就慢，排毒功能自然就会受到影响，输送营养的速度也会变慢，会加速机体组织的衰老，低于35℃可能会危及生命。中医所说的"气血遇热则行，遇寒则凝"是对人体气血流动状态的一种形象描述。气和血是构成人体和维持生命活动的基本物质。气是推动和调控人体内新陈代谢、血液循环、呼吸等生理活动的动力，而血则是滋养和濡润全身脏腑组织器官的基本物质。当人体处于温暖的环境中或受到温热的刺激时，气血会变得活跃，流动性增强，这有助于促进新陈代谢、血液循环和营养物质的输送，从而维持身体的正常功能。

这种情况下，人们通常会感到身体舒适、精神焕发。所以，温度影响健康，影响生命质量，甚至影响寿命。以下的内容，可能会让你对温度有一个新的认识。

温度与生长

四季更迭，春夏之际，万物复苏并蓬勃生长，大自然充满生机与活力；秋天来临，生长节奏放缓，迎来收获的时节；而冬天，寒冷的天气下几乎无人种植庄稼。这似乎清晰地表明，温度在很大程度上决定着新生。适宜的温度能催动万物生长，不适的温度则会抑制生长的步伐。

温度与新生

母鸡孵小鸡时，须一直卧在鸡蛋上，只有这样才能孵出小鸡。一旦离开，温度不足，鸡蛋就没办法孵化。可见，温度对于新生命的诞生至关重要。母鸡给予的适宜温度宛如神奇的催化剂，推动着鸡蛋内生命的孕育，就如同世间诸多新生事物的产生，都离不开适宜的"温度"。

温度与衰老

生活中，老人体温偏低，身体机能也处于衰退之中；而小孩体温偏高，精力也比较旺盛。这似乎表明温度与衰老会有关联。在正常的范围内，较高的体温是生命活力的象征，随年龄增长体温降低，身体机能也衰退。虽然温度不是唯一的衡量标准，但它意味着新陈代谢的快慢，对生命有着内在的意义。

温度与血液

清洗碗筷时，热水能轻松洗掉油污，冷水则比较难。这说明是温度在改变物质状态。就像热水能洗掉油污一样，温度对人体的血液也有一定影响。《难经》里有这样一句话："血得温而行，得寒而凝"。意思是血液在温暖的环境中能够正常运行、流通顺畅，而在寒冷的条件下，血液的流动会受到阻碍，甚至会凝结、瘀滞。从中医角度来看，这体现了温度对人体血液运行的重要性。

🏠 小结

温度，时刻关系着我们的内在健康。"热则行，寒则凝。"但提升温度也不能过度，应保持阴阳平衡，而非亢进。让我们远离低温，让生命在温暖中绽放光彩。

日常升阳的方法

— ❧ —

"阳气"是中医的一个重要名词。在中医学理论中，阳气被视为一种充盈于周身的气，它具有温养组织脏器、维持生理功能和固卫体表等多种作用。当阳气充足时，人体的各个脏腑器官得以正常运作，生理功能得以维持，体表也得以固卫，从而保持身体健康。在生活当中，有很多方法我们可以随时使用，来提升身体的温度，保持阳气生发。

保持心情的放松

《黄帝内经》说："恬淡虚无，真气从之，精神内守，病安从来？"它强调了要有平和安宁的心态，使精气和神气都留在体内，不要外泄，避免疾病的发生。

从中医的角度来看，中医认为"怒伤肝"，"喜伤心"，"思伤脾"，"忧伤肺"，"恐伤肾"。例如：长期愤怒会导致肝气郁结，气血运行不畅；过度思虑会损伤脾胃的运化功能，影响消化吸收。其原理在于，情绪的过度或持续变化会影响人体气血的运行和脏腑的生理功能。

可见，内心的放松至关重要，要做到这一点，我们可以每天做自己最喜欢的事情；可以日行一善，帮助他人；也可以每天学习，持续精进，直到找到自己内心的原本具足。

经常晒太阳

提升人体的阳气，晒太阳是一个很好的办法。一般选择背光而坐，这样可以晒到后背的督脉，督脉为阳脉之海，把背部晒热了，也就为人体提升了阳气。可以选择每天晒太阳 20~30 分钟，阳光和温度合适即可，不要过热。天气冷时可以穿一件黑色毛衣晒后背，天气热时可露出后背，直接跟阳光接触，更好地提升身体的温度。但同样要注意的是，不能在温度过高、阳光过强的时候直接在阳光下照射，导致皮肤损伤，而应选择合适的天气进行。

当然因为天气、时间等原因，并不是每天都有机会晒太阳。解决这个问题的一个方法是买一个小太阳取暖器。

每天起床后，吃早饭前或者早饭后都可以用来烤后背，保持 30 分钟左右，提升后背的温度。

使用艾灸

艾灸是一种传统的中医疗法，可以通过刺激穴位，调整人体的气血流通，从而达到提升体温、温阳散寒的效果。针对体温偏低的情况，可以选择一些具有温阳作用的穴位进行艾灸，如大椎穴、命门穴、神阙穴、关元穴等。这些穴位都具有温补阳气、调理身体的作用。常用的艾灸方法包括艾条灸和温灸盒灸。艾条灸是将艾条点燃后，靠近穴位进行熏烤；温灸盒灸则是将艾条或艾绒放入艾灸盒中，再将艾灸盒放在穴位上进行艾灸。无论选择哪种方法，都应在艾灸过程中保持适当的距离和温度，避免烫伤。

养成泡脚的习惯

我们的足底分布着众多穴位，宛如身体的密码，与各个脏腑器官紧密相连。正因如此，经常对脚底进行刺激，可以有效放松身体。

饮食依据时令

当季产的食物遵循着植物自身的生长规律，顺应天时，其发展处于平衡且健康的状态。大自然赋予我们的每一种食物都饱含深意，正如俗语所说，"冬吃萝卜夏吃姜"，这便是顺应自然的饮食智慧。

保持充足的睡眠

《黄帝内经》里说："阳气尽则卧，阴气尽则寐。"这句话的意思是：当阳气衰尽时人就应该入睡休息，当阴气衰尽时人就会醒来。

睡眠与醒寐乃是阴阳交替的结果。子时阴盛阳弱，午时阳盛阴弱，子、午皆是阴阳交替的关键时刻，也是人体经气"合阴"与"合阳"之时。所以，在这两个时间点保持规律的睡眠状态，能补养阴阳，让心情安定平和。

注意脚部保暖

道家说"精从足底生"，其实气也如此。脚底的涌泉穴就像生命源泉之口，为身体输能。天冷时若足底发凉，是阳气不足的信号。自热鞋垫可以温暖足底，促进阳气的生发。日常走路和锻炼，也要选择保暖、舒适、透气、合脚的鞋子，这些都很重要的。

日常活动筋骨

一日之计在于晨，清晨时光无疑是进行锻炼的黄金时段，能够开启身体的活力之门，提升新陈代谢的速率。这种加强的排毒过程，就像是为身体内部进行了一场深度的清洁，将积累的毒素和废物有效地排出体外。

学会正确喝水

喝水在维持人体健康中扮演着至关重要的角色。水是人体内含量最多的物质，成年男性体内的水分约占体重的60%，而成年女性体内的水分则约占体重的55%。水是人体进行各种生化反应的溶剂，有助于营养物质的消化、吸收、运输和代谢废物的排泄。多喝水可以增加尿量，有助于排出体内的毒素、代谢废物和药物，减轻肾脏负担。

喝水时，有几个细节需要注意：

（1）少量多次：口渴时不能一次猛喝，应分多次喝，且每次饮用量少，以利于人体吸收。每次以 80mL~100mL 为宜，喝完后可间隔半小时再喝，不要喝得太快。

（2）避免冰水：不管是哪种天气，水的温度都不能太低，可以保持在 40~45℃。

（3）选择白开水：白开水是最好的饮品，它具有特殊生理活性，很容易透过细胞，促进新陈代谢，使血液中的血红蛋白活跃，有利于氧的输送和改善免疫功能。

（4）不渴也要喝：千万不要等到口渴再去喝水，因为口渴时表明身体已经缺水了。如果发现体内流失水分较多，一定要注意及时补水。尤其老年人在运动后，更要及时补水。

（5）注意喝水时间：早晨起床后可以喝一杯温水，能够促进胃肠蠕动，有助于排出体内的宿便。饭后不要马上喝水，如果喝较多的水会中和体内的胃酸，进而影响消化功能。睡前要少喝水，如果睡前大量喝水会加速排尿，影响夜间休息。

总之，保持充足的水分摄入对维持人体健康至关重要。我们应该养成良好的饮水习惯，注意喝水的细节，确保身体得到足够的水分补充。

小结

　　生活习惯当中处处充满智慧，我们只要稍微多花一点心思去学习和践行，就能够收获到意想不到的惊喜。我们的身心状态也会在这一过程中呈现出中庸之道的智慧。

第七章

身体语言和体检

关注身体的语言

小问题被忽视，就会变成大问题。当口渴想要喝水的时候，身体早就已经缺水了。当人体不舒服时，身体会发出各种信号，比如酸、痛、麻、凉、热、胀、晕，等等，都是身体用自己独特的表达在告诉我们身体的问题，需要我们关注并采取行动。身体的不适或疼痛都是身体的信号，这些信号可能意味着身体某个部位出现了问题，也可能是身体的整体状况出现了问题。

因此，当我们感到不舒服时，我们应该倾听身体的语言，关注身体的感受，并及时采取行动，如休息、提升温度、调整饮食、寻求医疗帮助等，以保持身体的健康和平衡。所以我们需要在生活中，时刻建立对身体的觉察能力。一旦出现不好的情况就及时调整，不能拖延。

但现在很多人只要听到"保养身体"几个字，就马上联想到补品或者是保健，认为只有吃高档的补品、各种昂贵的保健品，才能有所谓"好身体"，这其实是一种误区。以前食物非常匮乏，人们正常的衣食住行乃至于生存都会受到威胁。若是饥饿时有肉质蛋白质的补充，那可真的是最好的美味佳肴。不过有个现象，那时疾病多与低血压和低血糖相关，但现在"三高"却随处可见，而且已经开始年轻化。可见，不再匮乏的物质反而让我们走向了另一个极端。

关于"保养身体"，《黄帝内经》有段经典的话："上古之人，其知道者，法于阴阳，和于术数，食饮有节，起居有常，不妄作劳，故能形与神俱，而尽终其天年，度百岁乃去。今时之人不然也，以酒为浆，以妄为常，醉以入房，以欲竭其精，以耗散其真，不知持满，不时御神，务快其心，逆于生乐，起居无节，故半百而衰也。"意思说的是上古的人，懂得天地之间运行的道理，所以行事都不和天地的正常运行道理相违背，自然是阴阳谐和的。他们的起居作息都很规律，并且顺应自然，这样就能让肉体与精神协调一致，尽终其天年。而现代人（即这段话中的"今时之人"，对我们来说也是古人了）不然，把酒当作饮料，过反常的生活，日夜颠倒也习以为常。酒醉后肆行房事，来枯竭他的精气，耗散他的真气。不懂得保持精气神的充满，不善于调养精气；贪图一时的快乐而违背自然规律。生活习惯错误又无节制，所以四五十岁就开始遭受各种病痛了。古人这段保养身体的要诀，到现在依然是值得我们现代人学习和借鉴的，它其实是在告诉我们，人体的升阳、真元之气的修补、排出体内的垃圾有多么重要。

如果还认为吃"好吃的"就能健康，那么不妨思考一下：打扫厨房的重点是扔垃圾还是不断买新厨具？修抽油烟机是清理油渍还是换新零件？汽车保养是要换掉坏了的配件还是添置新内饰？其实，生活中的这些经验都在告诉我们，保养就是在清理垃圾。用中医的话说，保养就是在排毒，排出身体里的垃圾——血液垃圾、粪便垃圾、化学垃圾，等等。所以，"保养身体"首先是要清理身体的垃圾毒素。身体内部干净了，自然就恢复健康了。这些常识都在告诉我们，要回归到正常的生活方式，调整日常的习惯，才能够维护健康。

身体的疾病有萌芽期和发展期，即便你身体已经出现头晕眼花、经常疲惫、食欲不振等问题，初期去医院检查，指标通常也是没有太大变化的，所以不能马上确诊具体病症。可怕的是，在这个萌芽期很多人还是不重视，依然胡吃海喝、经常熬夜、情绪不好，等等。一旦疾病到了发展期，就会越来越严重，到医院可能就会被诊断为"三高"或者其他慢性疾病。这时，我们内心就会开始恐慌，因为这可能意味着我们以后需要一直吃药才能够把相关指标控制在正常范围内了。这实在很令人惋惜。因为在萌芽期的时候，身体刚出现每种信号时，认真对待，是有充足的时间调整生活方式，让身体重归健康的。但就是因为忽略了身体语言，而且没有纠正不良生活习惯，所以问题就会不断严重。我们一定不能够有侥幸心理，以为蒙混过关就可以让身体从问题中摆脱。要行动起来，用正确的生活方式解决出现的问题。

在每天的生活中，我们要更好地理解和应对身体的不适。首先，观察身体信号。留意身体的各种感觉，包括疼痛、疲劳、紧张、不适等。当你感到不舒服时，尝试确定具体是哪个部位或器官在发出信号。例如，头痛可能是眼睛疲劳、缺水或压力过大的信号，而胃痛可能是饮食不规律或消化不良引起的。然后倾听身体需求，当身体不舒服时，它可能需要更多的休息、水分、营养或放松。尝试调整自己的生活方式，满足身体的需求。例如，如果身体感到疲劳，可以适当增加睡眠时间或进行轻松的休息活动；如果身体缺乏水分，可以多喝水。如果你无法确定身体不适的原因或症状持续不减，最好咨询专业医生或医疗机构。他们可以通过检查和诊断，确定身体问题的根本原因，并提供相应的治疗方案和建议。其次，记录自己的身体状况也很重要，包括时间、部位、症状和持续时间等。这有助于你更好地了解身体的健康状况，及时发现潜在的健康问题，并在需要时向医生提供有用的信息。最后，要保持健康的生活习惯，增强身体的免疫力和抵抗力，减少身体不适的发生。所以，掌握身体的语言，并及时调整，需要我们对自己的身体保持敏感和关注。同时也需要我们在日常生活中保持健康的生活方式，通过倾听身体的需求，及时采取行动，我们可以更好地保护自己的身体健康。

小结

身体时刻在给我们释放着信息，我们要像连接

Wi-Fi 一样，在第一时间感受身体的表达。要建立对身体的觉察能力，随时进行自我调整。当你开始加倍地关爱身体时，身体也会回馈给你一个最好的状态。

正确地认识体检

—— ❦ ——

　　健康体检是非常有必要的，它是预防疾病的有效手段之一，是疾病预防的第一道防线。通过体检，可以了解自身的健康状况，发现一些早期不易察觉的疾病，以便及时干预，及时终止疾病的发展，避免更严重的疾病。不管是哪个年龄段的人，都应该重视体检的作用。但在当下，我们很多人听到"体检"两个字，会产生一种恐惧感，仿佛是谈虎色变。很多人更是认为，不检查还挺好，检查之后反而检查出一身毛病，把责任归咎于检查。这种讳疾忌医的心理一旦出现，就会无形之中影响到我们的身体。心生恐惧，可能是因为本身的生活方式当中就已经出现了错误习惯，或者是身体已经出现了一些不舒服的感觉，它们加剧了对于体检会检出疾病的担心。这些恐惧疾病的人一旦真的检查出某些问题，以后每一天都会生活在恐惧感的笼罩之下，情绪因素更加导致身体每况愈下。

有句话说："人不是病死的，是病后吓死的。"这句话确实有其深意，它表达的是在面对疾病或困境时，往往不是疾病本身导致了死亡，而是过度的恐惧、焦虑、压力等心理因素导致身心崩溃，这种心理状态导致免疫系统减弱，身体机能下降，从而加速了疾病的进程。此外，过度的恐惧和焦虑还可能引发一系列的心理和生理反应，如失眠、食欲不振、心跳加快等，这些反应进一步削弱了身体的抵抗力，使疾病更容易侵袭。这句话也强调了预防和早期发现疾病的重要性。如果我们能够定期进行体检，及时发现并治疗疾病，就可以避免许多由恐惧和焦虑引起的身心问题。通过健康的生活方式和良好的心理状态，我们可以更好地抵御疾病的侵袭。所以，重视体检的价值是非常重要的。

体检的重要性主要体现在几个方面。首先，体检可以在早期发现疾病。因为很多疾病在早期是没有症状的，或者症状很轻微，容易被人忽视。通过体检，可以及早发现疾病的迹象，及时进行干预和治疗，避免病情恶化。其次，体检可以全面评估个人的健康状况，包括身体各个器官的功能、营养状况、免疫系统状态等。这样可以让人们更加了解自己的身体状况，及时调整生活习惯，保持健康。最后，对已经患病的人来说，体检可以帮助医生了解病情的发展情况，制订更加合适的治疗方案，增强治疗效果。所以，体检是保持健康、预防疾病、提高生活质量的重要手段。无论年龄大小，都应该定期进行体检，及时了解自己的身体状况。在保持健康身体的行为中，这是不可缺少的一环。

我们每一年都可以做一次全身体检。如果出现了一些小问题，就要在半年内做好复查。如果已经有了慢性疾病或不适感，每三个月就要及时复查，严重者甚至频率要更高，因为这样可以及时了解我们身体的动态，及时调理。而且，体检结果有效的关键在于做好充分的准备和遵守注意事项。第一，饮食调整，在体检前几天尽量保持正常饮食，避免大量摄入油腻、高糖、高盐的食物。体检前一天晚上，最好吃清淡的食物，以便让身体有一个适应过程。体检前12小时内最好禁食，以免影响血液检测结果。第二，做好充分的休息，体检前一天晚上要确保充足的睡眠，避免熬夜。充足的睡眠有助于身体机能的恢复，使体检结果更加准确。第三，要穿着合适，体检当天，穿着舒适、宽松的衣服和鞋子，便于检查时更换衣服或进行某些检查项目。第四，要保持轻松、愉快的心情，避免过度紧张和焦虑。如有需要，可以进行深呼吸、放松训练等心理调适方法。第五，有些体检项目需要空腹进行，如血糖、肝功能等，因此要根据医生的建议，在体检前保持空腹状态。如果正在接受治疗或服用药物，在体检前要告知医生，根据医生的建议决定是否停用药物或调整剂量。通过以上准备，可以获得更准确的检查结果。同时，也可以为医生提供更为详细和准确的身体状况信息。

健康，并非遥不可及，而是有其独特的"道、法、术、器"。

"道"乃规律，是健康的基石。提升健康的观念和意识，知晓健康的真相，方能领悟其中的奥秘。

"法"为方向，是知行合一的践行。只有将观念付诸行动，通过不断实践和总结，我们才能朝着健康的方向稳步迈进。

"术"是方法，回归生活是关键。规范生活方式，饮食注重营养搭配，让身体摄入均衡的养分；适度运动，激发身体的活力；早睡早起，让身体得到充分的休息；保持舒缓平和的情绪，为心灵寻得一片宁静。

"器"为工具，比如提升人体内外温度的方法，再如日常的体检，它如同身体的监测仪，时刻关注身体的语言，让我们能及时根据身体状态进行调整。

当健康的道、法、术、器相互结合，便会共同推动着身体回归自然平衡的状态。

小结

借助体检，能全面了解身体状况。很多疾病初期无症状，不体检难以及时发现，易发展成大问题。体检有助于制订个性化健康计划，降低患病风险。可见，体检也在无形中保卫着我们的健康。

第八章

情绪和关系

情绪对身体的影响

《黄帝内经》说：人有喜、怒、忧、思、悲、恐、惊，称为"七情"。七种情志激动过度，就会阴阳失调，气血运行不畅，从而导致各种疾病。尤其是情绪的大幅度波动，大悲大喜，都会造成整个身体内外的紊乱，引发疾病。中医理论中，情绪和内脏的关系很密切。心在志为喜、肝在志为怒、肺在志为忧、脾在志为思、肾在志为恐。所以情绪是能够导致脏腑功能失调的。但要明白，每个人的身体状态都是独特的，情绪和脏腑的对应关系也并非绝对的。但是我们可以把它当作理解症状、调节身体状态的一个依据。医治疾病不能仅仅依靠调节情绪，这一点必须注意，要综合身体的其他状态来作平衡，出现问题也要及时就医。

胃与急躁情绪相对应。胃的正向能量主接纳、豁达，而负面情绪则主焦虑。当胃部出现淤堵时，会表现出焦虑的情绪。此外，胃本身属于情绪器官，受自主神经系统的调节，因此情绪的变化也可能影响到胃的功能，形成恶性循环。

脾与胃互为表里，主思。适度的思考、思虑通常不会影响脾胃的功能，但过度思虑可能会引起脾气郁结不舒，打乱脾升胃降的正常秩序，影响食物的消化，会出现腹胀、食欲不振等现象。而且，脾气郁结等病证始于脾而成于心，因此过度思虑不仅伤害脾胃，心脏也会受到一定伤害，常表现为心悸、失眠、健忘、多梦等。

肝脏与"怒"这种情绪相对应。在中医理论中，肝脏在五行中属木。主疏泄，为藏血之脏，恶抑郁。当肝脏功能正常时，能够调节气机，保持气血平和，使人情绪稳定。当肝脏功能失调，比如出现肝气郁结或肝火旺盛时，可能会导致情绪上的不稳定，表现为易怒、烦躁、焦虑。这种情绪状态可能会进一步影响肝脏的功能，形成恶性循环。

胆与"胆怯"这种情绪相对应。胆主决断，具有中正无私的特性。当胆的功能强健时，人的决断力会很强，表现出中正无私的特点。然而，当胆出现问题，可能会导致情绪上的不安，表现出优柔寡断、左右摇摆的特点。

肺与"悲伤"这种情绪相对应。肺主一身之气，司呼吸，主宣发肃降，通调水道，朝百脉，主治节。当肺功能正常时，人体的气机调畅，情绪稳定，表现出愉悦、宁静的特点。然而，当肺的功能出现问题，如肺气不足或肺经淤堵时，可能导致情绪的悲伤和低落。

大肠主要与**"懊悔"**这种情绪相对应。当大肠功能出现问题时，如大肠不通或大肠泻下，可能会导致人们容易感到烦恼和无名火，同时对过去的事情产生懊悔的情绪。

心与"怨恨、仇恨"的情绪相对应。《黄帝内经》认为心为"君主之官"，主神明，主宰人体的精神意识思维活动。心主血脉，心气推动和调控血液在脉管中运行，流注全身，发挥营养和滋润作用。心有主血脉和主神志的功能，当心功能正常时，人体血液运行顺畅，神志清晰，情绪稳定。然而，当心功能出现问题，如心火过旺或心血不足时，可能导致情绪的失衡，表现为怨恨、仇恨等负面情绪。

小肠与"哀愁"这种情绪相对应。小肠的正向能量主要关联于悲悯和怜悯，而其负面情绪则与哀愁紧密相关。

当怜悯过度时，可能会转化为哀愁，而哀愁过度又可能进一步发展为哀伤。从身体健康的角度来看，过度的哀愁可能会导致小肠出现问题。

肾脏与"恐惧"这种情绪相对应。当肾脏功能失衡时，可能会出现恐惧、害怕、不安等不良情绪。《黄帝内经》曰："肾者，作强之官，伎巧出焉。"就是说肾的工作能力很强大，它维持着我们身体的精气神以及水液的代谢循环。当肾脏功能正常时，会帮助我们的身体平衡气血，更好地代谢水液垃圾。而当肾脏功能出现问题时，我们就会感觉腰膝酸软、疲惫劳累，也更容易出现压抑和恐惧等情绪。

虽然说情绪确实会造成我们的身心不平衡，但是从另外一个角度来看，情绪也有益于我们的心智成长。"喜"能够振奋心气，驱散哀愁；"怒"能够凝聚精神，斩断疑虑；"思"能够稳定心神，消除恐惧；"悲"能够使人冷静，提升理性和共鸣；而"惧"可以警醒我们不能过度，避免损伤。但需要重视的是，不能够过度沉湎于某一种情绪，都要适可而止。同时，不要忽略那些隐藏在深层的负面情绪。因为长时间负面情绪对人体的影响是多方面的，无论是对内分泌、神经系统还是对我们的内脏健康都有直接的冲击，因此我们更需要保持一种平和的状态，及时调整我们的情志，才能够避免身体的损伤。

情绪的放松对于健康至关重要。根据《黄帝内经》的理论，"百病生于气"，这里的"气"指的是人体内外的各种气机变化，包括情绪的变化。情绪的不稳定、过度波动或长期压抑都可能导致气机的紊乱，进而引发各种疾病。情绪的放松有助于维持气机的平衡。当情绪放松时，人体的气机能够顺畅地升降出入，保持正常的生理功能。这种平衡状态有助于身体的健康，减少疾病的发生。相反，如果情绪长期紧张、压抑或过度波动，可能会导致气机郁结、气血不和，从而引发各种疾病。养生在于养气，而养气在于养心。只有内心平静、放松愉快的时候，我们整个人的状态才能够平和下来，从而让身体精力充沛、气息顺畅。

小结

学会调整情绪，摒弃恼怒、愤恨，保持平和。

将恬淡和愉悦当作追求，让自得成为成就。如此，方能在喧嚣中寻得内心宁静，收获健康身心，领悟生命真谛。

平衡生命的关系

— ❦ —

生命实际就是一个平衡的过程，我们与世间万物的关系，都是内心最真实的写照。正如《道德经》中所言："天之道，其犹张弓与？高者抑之，下者举之；有余者损之，不足者补之。天之道，损有余而补不足。"万事万物都在一种动态的平衡调整之中，生命关系亦是如此。

敬畏自然，和谐共生

古人云："君子之心，常怀敬畏。"此乃深邃的智慧，它向我们昭示了人类在面对自然、生命和规律时，所应秉持的谦逊与尊重之态。

敬畏自然，是要深知自然之力的磅礴与伟大。自然乃生命之源，为我们慷慨地供给了生存的一切。但在人类社会的发展进程中，我们有时忘却了这份恩赐，肆意地过度开发自然资源，破坏了自然环境。故而，敬畏自然应当成为时刻警醒我们的钟声，促使我们珍惜并保护自然，维系与自然的和谐关系。

敬畏生命，意味着尊重每一个生命体的存在及其价值。在这浩渺的宇宙之中，无论是人类自身，还是其他生物，皆为独特的存在。我们应当尊重其他生命体的权利，杜绝无谓的伤害与杀戮。这种对生命的敬畏态度，有助于培育我们的同情心与爱心，让我们更加关怀他人。

我们还要时刻认识并遵循自然界的法则。无论是儒家所倡导的"天人合一"，还是道家主张的"道法自然"，皆在表达"天地与我共同生长，万物与我融为一体"的高远境界。

当我们对自然怀有敬畏之心，我们便能更加自觉地保护环境，守护生态平衡；当我们对生命怀有敬畏之意，我们就会以爱与善良对待世间万物，减少冲突与伤害；当我们对规律怀有敬畏之情，我们就能顺应自然的节奏，不盲目逆行。遵循规律的指引，实现人与自然万物的共荣共生。

父母之爱，践行孝道

《孝经》中有言："夫孝，德之本也，教之所由生也。"

此句阐释了孝道的核心意义，明确孝道乃是道德的根本，一切教化皆由此而生。在儒家的观念中，孝敬父母不仅是个人品德的展现，更是社会和谐、人类文明的基石。孝敬父母作为为人子女的基本责任，是人性中最根本的情感表达，也是实现家庭和睦、社会安定的必要条件。

孝敬父母体现在日常生活的众多方面，包含对父母的恭敬、供养，以及对他们身心健康的悉心关怀与照料。只有在实践中不断提升自身的孝道修养，才能够真正做到孝敬父母，从而实现家庭的和谐美满。

"父母在，人生尚有来处；父母去，人生只剩归途。"这句触动人心的话语，深刻地道出了父母在我们生命中独一无二、不可替代的重要地位。当父母健在时，我们有清晰的归属，那个温馨的家如同避风的港湾，无论在外面遭遇多少风风雨雨，家永远是我们最为坚实的依靠。他们的存在给予我们安心之感，让我们对未来充满了美好的期待与憧憬。

无论身处何种家庭环境，面对怎样的父母，首先都应与他们和解。只因和解之后，我们方能重新找准自己的方向，进而联结智慧，塑造出我们理想中的生命状态。让我们用爱与包容，珍惜与父母的缘分，践行孝道，为自己的人生增添更多的温暖与幸福。

自我和解，了悟当下

在人生的旅途中，搞懂和自己的关系至关重要。只有疗愈了自己的内心，与自己和解了，才能与外面的世界保持平衡。

当我们能明晰自己的起心动念是否纯正，能使用谨慎的措辞以免伤害他人，也能努力去做更有意义的事以帮助更多的人，便能达到明心见性、内在觉醒的境界。正如孔子所言："志于道，据于德，依于仁，游于艺。"应以君子之心要求自己，成为知行合一之人。对待人、事、物，不忘初心，真诚待人。时刻怀揣感恩之心，当我们帮助他人时，内心世界也会趋向平衡。

学习能力的提升是一生的功课，世间万物的知识与智慧皆须通过学习来获取。在学习的过程中，能够了悟自然规律与生命智慧，进而修炼自己的内心，戒除贪、嗔、痴、慢、疑，涵养内在的平静与清净之心，时刻审视自己的所作所为。

当以第三视角清晰地审视自身，便能联结更高的力量和智慧，接纳生命中的一切。清晰地认识到与自己的关系，实现内心的平衡。如此，在面对人生的起伏时，便能泰然处之，不为外界的纷扰所动。与自己和解，是一场深刻的修行，也是通向内心宁静与智慧的必经之路。

伴侣关系，实为修行

在伴侣关系中，学习应对分歧，是一种修行，能相互谦让，更是一种福气。若真心相爱，怎忍争吵，怎会强迫对方接受自己的观念？成为夫妻，皆因因缘和合。

面对矛盾，人们常试图改变对方，结果却适得其反。究其原因，一是未明生命真相和规律本质，二是惯用"小我"的思考方式，放纵贪婪、傲慢、计较之心，致使痛苦、烦恼不断。其实，婚姻中的矛盾是双方的共业。对方就像一面镜子，映出我们自身的优缺点。在婚姻中，尊重是唯一的修行之道。当面对对方的问题时，我们应心如明镜，不纠缠，反观自身、修正自身，对方也会随之改变。

在婚姻关系里，不争是长久的纽带。矛盾和摩擦往往源于固执己见，只要放弃坚持的观念，便能解脱。"小我"

狡猾且顽固，总想掌控一切，而当我们想说服别人时，实则是掉入了自己的陷阱。任何争吵，无论大小，都反映出对自我的执着。若不想生活在痛苦中，就应停止争吵。丈夫如天，妻子似地，天清地灵，家庭和睦，父母孩子才能安好。夫妻相遇应珍惜，伴侣助我们看清内在，摒弃"小我"，从小爱升华为大爱。在大爱与觉醒智慧中，共同踏上圆满修行之路。

亲子关系，爱的基石

"亲子关系永远大于亲子教育。"这句话揭示了亲子相处中的关键。只有当亲子关系构筑于信任、尊重和理解之上时，教育才能够真正发挥作用，达到预期的效果。

当我们成功与孩子建立起亲密无间的关系，他们会更愿意接受我们的教育与指导。这种关系不仅为教育提供了施展的良好基础，更能让孩子深深感受到来自我们的支持与爱，从而使得他们的自信心日益增强，安全感也得以筑牢。良好的亲子关系为孩子营造了一个温暖且安全的成长环境，这无疑是我们此生需要用心经营的重要功课。

维系高质量亲子关系的内在核心是让孩子感受到爱的

力量。爱是化解一切问题的关键，好的亲子关系胜过一切教育，是决定孩子幸福一生的底层密码。与此同时，在为孩子付出爱、构建良好关系的过程中，也能让我们在人生路上，获得内心圆满。

小结

　　生命就像是一场修行，让我们在众多关系中"明心"，在悲欢离合里"觉醒"。最终，了悟一切都是最好的安排，学会接纳、感恩和爱，活出最好的自己。

人生即是修行

生命如同一场修行，在健康、家庭、事业、修心的多维度中共同提升，开悟觉醒。在大自然中，我们如同一粒微尘，短暂而渺小。然而，正是这微不足道的存在，承载着无尽的奥秘与深意。生命，不仅是一段从生到死的自然过程，更是一场漫长而深刻的内求之旅。漫长旅途，我们历经风雨，饱尝酸甜苦辣。每一段经历，都是生命赐予的珍贵礼物，每一次挫折，都是成长的磨砺。当我们最终回望这段旅程时，会发现那些曾经的磨难与挑战都已化作生命中最宝贵的财富与经验。

负面情志是修行路上的一大障碍。它束缚着我们的心灵，让我们在痛苦与挣扎中徘徊。《中庸》有言："喜怒哀乐之未发，谓之中；发而皆中节，谓之和。"喜怒哀乐等各种情感没有表现出来的时候，称作"中"；表现出来以后符合节度，恰到好处，称作"和"。"中"是一种内在的平衡和稳定状态，是人在没有受到外界刺激和情感干扰时，内心所保持的一种平静、安宁的状态。"和"则强调在情感表现出来时，能够适度、有节制，符合道德规范和社会准则，不会过度或失当。在宏观上，达到了"中"与"和"，天地就会各安其位，万物便自然生长了。这句话深度体现了儒家对于人的情感表达和内心修养的一种理想追求，充分反映出修心的平衡。

爱与慈悲，是修行之旅中不可或缺的。爱让人感受到生命的温暖与美好，而慈悲则让人学会宽恕与包容。在修行的道路上，我们逐渐明白，每一个生命都是宇宙间独一无二的存在，都值得被尊重与爱护。学会放下仇恨与偏见，用一颗慈悲的心去对待身边的人和事。这样的修行，让我们的生命更加宽广、更加深厚。

正念，如同一盏明灯，照亮内心的每一个角落。当我们专注于当下的每一个瞬间，感受呼吸的节奏，聆听周围的声音，生活便展现出它最本真的模样。不再被杂念和纷扰所左右，内心开始变得澄澈。

放下，是一种智慧的抉择。我们常常执着于过去的错误和遗憾，或是对未来的担忧与不安。然而，只有放下这些包袱，我们的脚步才能更加轻盈。放下那些不必要的烦恼，让心灵自由地飞翔。

接受，意味着坦然面对生活的一切。无论是成功的喜悦，还是失败的痛苦，都是生命给予我们的礼物。接受自己的不完美，接受生活中的起伏，内心便会少了许多挣扎。

感恩，让内心充满温暖。感恩清晨的阳光，感恩他人的微笑，感恩每一个帮助过我们的人。当我们心怀感恩时，会发现世界变得如此美好，内心也被爱所填满。

生命的修行也是对苦难的包容与超越。世间充满了无常，生老病死、悲欢离合，皆是人生的常态。当苦难降临，我们曾痛苦、曾绝望，但正是这些刻骨铭心的伤痛，让我们学会了坚强，学会了在黑暗中寻找光明。我们以坚韧的姿态面对苦难，将其化作生命的养分，滋养心灵的成长。是对自我的不断探索，让我们在一次次的抉择中，逐渐明白自己的内心所向，明晰生命的价值与意义。在健康、家庭、事业、修心的平衡发展中，体验生命之美。让我们怀揣着敬畏与感恩之心，继续前行在这修行的道路上，去拥抱生命的无限可能。生命就是一场修行，一场永不停歇的心灵旅程。

⌂ 小结

生命犹如一个飞速转动的轮子，由健康、家庭、事业和修心共同构建，彼此相互作用，形成一个完整的循环。其中，健康不只是身体的良好状态，更是心灵修行的重要环节。这一生命飞轮运转的真正动力源于对自然和生命的敬畏，遵循天道，达到合道天成的境界。如此，方能全身心去体验这独特而精彩的人生。

第九章

承岐黄之志，谱健康华章

生于华夏，吾辈自豪；生于盛世，吾辈当强。感恩当下，感恩这个伟大的时代赋予我们的一切。

华夏文明，源远流长，五千年历史沉淀了无数瑰宝。岐黄之术，是中华民族智慧的结晶，是老祖宗留给我们的宝贵财富。《黄帝内经》穿越千年的时光，依然闪耀着智慧的光芒。作为中医理论的奠基之作，它不仅是中国古代医学的集大成者，更是中华民族智慧的结晶。它蕴含着深邃的医学哲理，阐释着人体与自然的和谐统一，为人类的健康指引着方向。

传承岐黄之术，这不仅是一份责任，更是一种使命。我们怀揣着对古老医学的敬畏之心，踏上这条传承之路。每一味草药，每一个穴位，每一种疗法，都承载着先人的智慧和期望。我们要让这些宝贵的知识在新时代焕发出新的活力，让更多的人受益于中医。

当今之世，在物质文明高度发达的同时，我们也面临着诸多健康挑战。慢性病、亚健康状态等问题日益凸显，成为影响社会进步和人民幸福的重要因素。实现民族的复兴，我们每个人都是一块坚实的砖瓦。健康是民族复兴的基石，只有全民拥有健康的体魄和积极的心态，我们才能在实现中国梦的道路上阔步前行。

让我们以满腔的热情和坚定的信念，共同书写中华民族伟大复兴的壮丽篇章。让《黄帝内经》的智慧之光普照大地，为人类的健康事业做出贡献。全民健康之路虽道阻且长，但只要心手相连、共同努力，就一定能够实现这一伟大梦想。

此生之愿，愿《黄帝内经》走遍天下；此生之责，为华夏民族复兴添砖加瓦；此生之幸，参与并见证这一伟大的历史进程，不负华夏！